Norbert Michelmann, Rolf Hettwer

Programmentwicklung mit C/C++ und HTML

4. Auflage

Bestellnummer 6800

Bildungsverlag EINS

Haben Sie Anregungen oder Kritikpunkte zu diesem Buch?
Dann senden Sie eine E-Mail an 6800_004@bv-1.de
Autoren und Verlag freuen sich auf Ihre Rückmeldung.

Der Bildungsverlag EINS ist für den Inhalt externer Internetseiten nicht verantwortlich.

www.bildungsverlag1.de

Bildungsverlag EINS GmbH
Sieglarer Straße 2, 53842 Troisdorf

ISBN 978-3-8237-**6800**-5

Vorwort

Dieser Band aus der Reihe Basiswissen IT-Berufe hat den Teil „Programmentwicklung“ des Lernfeldes 6 „Entwickeln und Bereitstellen von Anwendungssystemen“ zum Inhalt.

Das Buch ist in vier Hauptkapitel gegliedert:

- Grundlagen der prozeduralen Programmierung mit C/C++
- Einführung in die objektorientierte Programmierung mit C++
- Windowsprogrammierung mit C++Builder
- Erstellung von Webseiten mit HTML und CSS

Die Beispiele wurden mit Developer Studio C++Builder 2006 Professional erstellt. C++Builder ist eine Marke der Firma Embarcadero/Code Gear. Die Programme zur prozeduralen und objektorientierten Programmierung lassen sich jedoch prinzipiell mit jedem C/C++-Compiler realisieren. Für die Windowsprogrammierung ist der C++Builder erforderlich. Das Erstellen von Datenbankanwendungen setzt die Professional Version voraus.

Aus didaktischen Gründen wurden einerseits die Beispiele stark vereinfacht (z. B. fehlende Plausibilitätsprüfungen und Fehlerroutinen), andererseits ist nicht immer der effizienteste Lösungsweg implementiert. Zum Beispiel formulieren wir aufwendige, dafür aber leicht verständliche Anweisungen und Bedingungen und verzichten in Windowsprogrammen meist auf implizite Typumwandlungen.

Zur Sicherung des Lernerfolges und zur Vertiefung enthalten die Kapitel Übungsaufgaben, die Fragestellungen aus den kaufmännischen Lernfeldern aufgreifen. Am Ende der vier Hauptkapitel sind Projektaufträge beschrieben, die ein offenes, handlungsorientiertes und lernfeldübergreifendes Arbeiten in einem Projekt ermöglichen.

In den Tabellen zur Erläuterung von Funktionen, VCL-Objekten und Eigenschaften dieser Objekte wurden Auszüge aus der Online-Hilfe des C++Builders verwendet.

Weitere Informationen und Beispieldateien finden Sie im Internet auf der Seite www.bildungsverlag1.de unter der Rubrik Buchplus.

Die Verfasser

Inhaltsverzeichnis

1 Prozedurale Programmierung

In Kapitel 1 werden die Grundlagen der prozeduralen Programmierung mit C/ C++ dargestellt. Nach einer allgemeinen Einführung in die Programmierung und die Sprache C werden die Kontrollstrukturen und weitere Elemente von C/C++ behandelt.

- Einführung
  - Generationen von Programmiersprachen, C/C++, C++Builder, Erstellen eines Programms
  - Datentypen, Variablen, Konstanten, Ein- und Ausgabe
- Kontrollstrukturen
  - Folge, Auswahl, Wiederholung
- Weitere Elemente
  - Zeiger, Funktionen, Arrays, Strukturen
- Dateiverarbeitung
  - Verarbeitung sequenzieller Dateien

1.1 Allgemeine Einführung

1.1.1 Einführung in die Programmierung

Ein Programm ist eine Folge von Anweisungen an einen Computer, bestimmte Operationen durchzuführen. Dazu müssen die Anweisungen in einer dem Rechner verständlichen Sprache formuliert werden. Man unterscheidet fünf Generationen von Programmiersprachen:

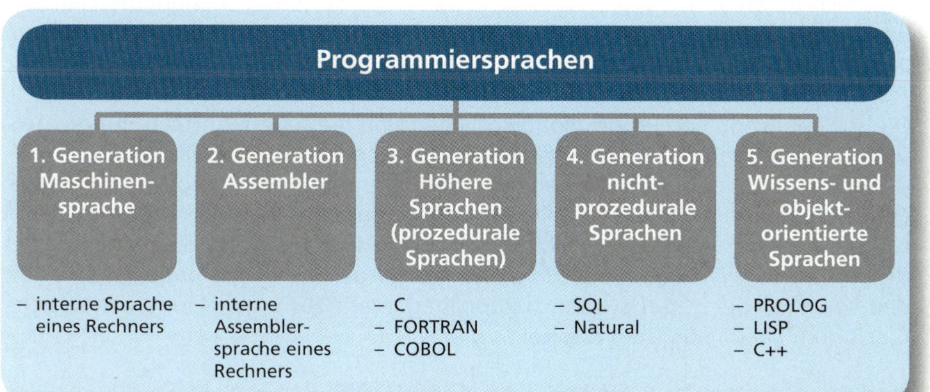

Die interne Sprache eines Computersystems ist die Maschinensprache (Sprache der 1. Generation). Diese Sprache verwendet nur die Symbole 0 und 1, ist also binär. Ursprünglich mussten Computerprogramme in dieser Form erstellt werden. Um die beiden Zahlen 4 und 5 in der Maschinensprache eines Intel Pentium-Prozessors zu addieren, müssen die Anweisungen

```
1011 0011 0000 0100            (Übertrage den Wert 4 in Regis-
                               ter BL)
1000 0000 1100 0011 0000 0101  (Addiere den Wert 5 in Register
                               BL)
```

codiert werden.

Diese Form der Programmierung hat gravierende Nachteile. Sie ist:

- schwer verständlich
- sehr unübersichtlich
- schwer zu warten
- fehleranfällig

Deshalb fand eine Weiterentwicklung der Programmiersprachen statt. Die Sprachen der 2. Generation, die Assemblersprachen, verwenden bereits mnemotechnische (einprägsame, besser verständliche, symbolische) Befehle (z.B. add, sub, mov usw.). Zur Addition der Zahlen 4 und 5 müssen in Assembler die Programmzeilen

```
mov BL, 4
add BL, 5
```

codiert werden. Bevor ein Assemblerprogramm ausgeführt werden kann, muss es mit einem Programm in die Maschinensprache übersetzt werden. Dieses Programm nennt man, ebenso wie die Programmiersprache selbst, Assembler. Zwischen einer Assemblersprache und der Maschinensprache besteht eine 1:1-Beziehung, d.h. jede Assembleranweisung wird in einen Befehl der Maschinensprache übersetzt.

Assemblerprogramme haben den Vorteil, dass die Verarbeitungsgeschwindigkeit sehr hoch ist und die Hardware optimal genutzt wird. Die Nachteile sind vor allem in der Hardwareabhängigkeit und der daraus resultierenden mangelnden Portierbarkeit auf andere Rechnersysteme zu sehen. Deshalb sind die Einsatzbereiche von Assemblerprogrammen vor allem in zeitkritischen Anwendungen zu sehen.

Die 3. Generation von Programmiersprachen sind die sogenannten höheren, problemorientierten Programmiersprachen. Diese Sprachen ermöglichen eine weitgehend maschinenunabhängige Form der Programmierung und sind sehr stark an Problembereichen (z.B. COBOL für kaufmännische Anwendungen, FORTRAN für technisch-wissenschaftliche Anwendungen oder PASCAL für die Ausbildung in der strukturierten Programmierung) orientiert. Auch die Programmiersprache C ist den Sprachen der 3. Generation zuzuordnen. Mehr zur Entwicklung der Sprache C erfahren Sie im nächsten Kapitel.

Sollen in C die Zahlen 4 und 5 addiert werden, ist lediglich die Anweisung

```
Summe = 4 + 5;
```

notwendig. In diesem Beispiel wird deutlich, dass aus einer Anweisung in einer problemorientierten Sprache mehrere Anweisungen der Maschinensprache erzeugt werden. Man spricht auch von einer 1:n-Beziehung.

Sprachen der 3. Generation werden auch als prozedurale Programmiersprachen bezeichnet, da man die Verarbeitungsprozeduren (= Folge von Anweisungen) genau festlegen muss.

Da die Anforderungen der Anwender hinsichtlich der Verfügbarkeit und der Darstellung von Informationen und der Benutzerfreundlichkeit (z. B. grafische Dialogsysteme) in den 80er- und 90er-Jahren immer mehr zugenommen haben, musste die Programmiereffizienz wesentlich verbessert werden. Deshalb wurden Programmiersprachen der 4. Generation, sogenannte nichtprozedurale (deskriptive) Sprachen entwickelt. Diese Sprachen sind meist auf ein Gebiet (z. B. relationale Datenbankanwendungen) zugeschnitten.

Sprachen der 5. Generation haben vor allem das Anwendungsgebiet der künstlichen Intelligenz. In diesen Bereich werden oft auch die objektorientierten Programmiersprachen eingeordnet. Wesentliche Merkmale der Sprachen der 5. Generation sind:

- Objektorientierung
- Wiederverwendbarkeit von Programmcodes
- Ereignisorientierung

Eine klare Trennung zwischen Sprachen der 4. und 5. Generation lässt sich jedoch nicht eindeutig vornehmen.
Auch die Sprachen der 3. bis 5. Generation müssen in die Maschinensprache übersetzt werden. Dazu gibt es entweder einen Compiler oder einen Interpreter. Ein Compiler übersetzt das gesamte Programm vor dem Ablauf in den Objektcode. Mit einem Linker wird der Objektcode zum ablauffähigen Maschinencode gebunden. Ein Interpreter hingegen übersetzt während des Programmablaufs Zeile für Zeile in den Maschinencode und führt die Anweisung durch.

Beschaffen Sie sich Informationen zur Einordnung und zum Einsatzgebiet der Programmiersprachen BASIC, DELPHI, Smalltalk, Visual C, Visual Basic, Java, JavaScript, PHP und ABAP/4 im Internet.

1 AUFGABE

1.1.2 Geschichte der Programmiersprache C/C++

Die Programmiersprache C wurde 1972 als Nachfolger der Systemprogrammiersprachen B und BCPL (Basic Combined Programming Language) von Dennis M. Ritchie entwickelt und von Brian W. Kernighan weiterentwickelt, um das Betriebssystem UNIX zu implementieren. C ist eine höhere Programmiersprache, die die Vorteile einer strukturierten Sprache kombiniert mit den Möglichkeiten der Assemblerprogrammierung. Der eigentliche Kern von C ist sehr klein und umfasst lediglich 29 Schlüsselwörter (siehe Online-Hilfe). Zum Sprachumfang gehören weder Anweisungen für die Ein- und Ausgabe noch Dateizugriffsroutinen oder Speicherverwaltungstechniken. Für diese Aufgabenbereiche stehen umfangreiche, standardisierte Funktionen in einer Bibliothek zur Verfügung. Die folgende Abbildung zeigt einen Überblick über die charakteristischen Eigenschaften von C/C++.

Eigenschaften von C/C++

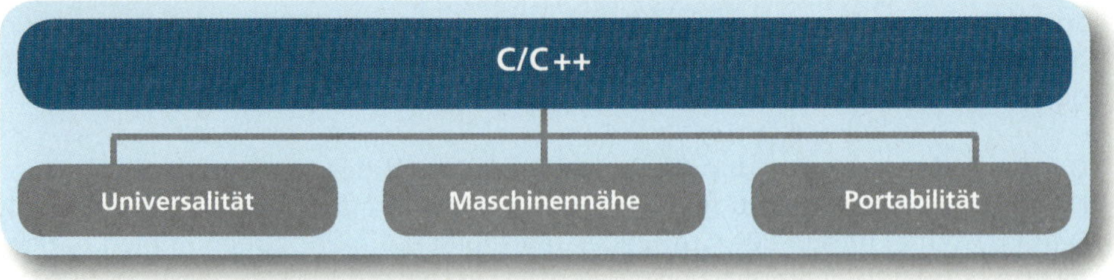

Universalität bedeutet, dass die Sprache sowohl in der Systemprogrammierung als auch in verschiedenen Anwendungsbereichen verwendbar ist. Aber auch die Maschinennähe, d.h. eine hardwarenahe Programmierung, ist möglich und die Übertragung (= Portabilität) auf andere Systeme ist in einem hohen Maße gegeben.

Die Sprache wurde ständig weiterentwickelt und es wurde auch ein ANSI-Standard (ANSI = American National Standard Institute) für C festgelegt. C++ wurde 1983 von Dr. Bjarne Stoustrup entwickelt und unterstützt sowohl ANSI-C als auch die objektorientierte Programmierung (OOP). Ziele der OOP sind es, die Fehleranfälligkeit von Programmen zu reduzieren und die Wiederverwendbarkeit von Programmcodes zu vereinfachen. Die Kapselung von Daten und die Vererbung sind Techniken zur Erreichung dieser Ziele.

1.1.3 C++Builder

Der C++Builder von Code Gear ist ein Programmiersystem, das sich besonders gut zur Erstellung von Windowsprogrammen eignet. Mithilfe der RAD-Programmierung (RAD = Rapid Application Development) lassen sich durch Drag&Drop-Operationen Programmfenster im Rahmen einer visuellen Programmierung sehr schnell im Windowsstandard (Windows-Logo) erstellen. Die von Code Gear mitgelieferte VCL-Bibliothek (VCL = Visual Components Library), die auch von Delphi genutzt wird (Quellcode der Komponenten basiert auf PASCAL und Assembler), erleichtert die visuelle Programmierung. Ein Großteil eines Windowsprogramms kann so ohne eine Zeile eigenen Quellcode erstellt werden. Erst wenn es um die eigentliche Logik der Verarbeitung geht, muss man mit entsprechenden C/C++-Funktionen eigenständig programmieren. Hauptziel der visuellen Anwendungsentwicklung ist es, den Programmierer von der Mühe des Aufbaus einer Windows-adäquaten Benutzeroberfläche zu befreien, sodass er sich im Wesentlichen auf den funktionellen Code seiner Anwendung konzentrieren kann. Ein Nachteil dieser Form der Programmierung ist, dass die Verwendung der Komponenten und die Nutzung der dazu notwendigen Methoden nicht mehr ANSI-kompatibel ist. Es handelt sich hierbei im Wesentlichen um Erweiterungen des Standards.

Die Stärken des C++Builders liegen in der Windowsprogrammierung. Es lassen sich mit diesem System jedoch auch Programme ohne GUI (Graphical User Interface) erstellen. Das typische Beispiel für solche Anwendungen sind die Konsolenanwendungen, die wir zunächst erstellen werden, um einen Einblick in die prozedurale Programmierung zu gewinnen. Es ist auch recht problemlos, alte C/C++-Programme mit C++Builder neu zu kompilieren, bzw. den alten Quellcode in neuen Projekten zu verwenden.

1.2 Konsolenanwendungen mit C++Builder erstellen

1.2.1 Elemente der C++Builder Programmieroberfläche

Zunächst sollen die wesentlichen Elemente der Programmieroberfläche (Developer Studio 2006) kurz dargestellt werden. Wenn im C++Builder eine VCL-Formularanwendung (Windowsprogramm) geöffnet wird, zeigt sich normalerweise folgende Oberfläche:

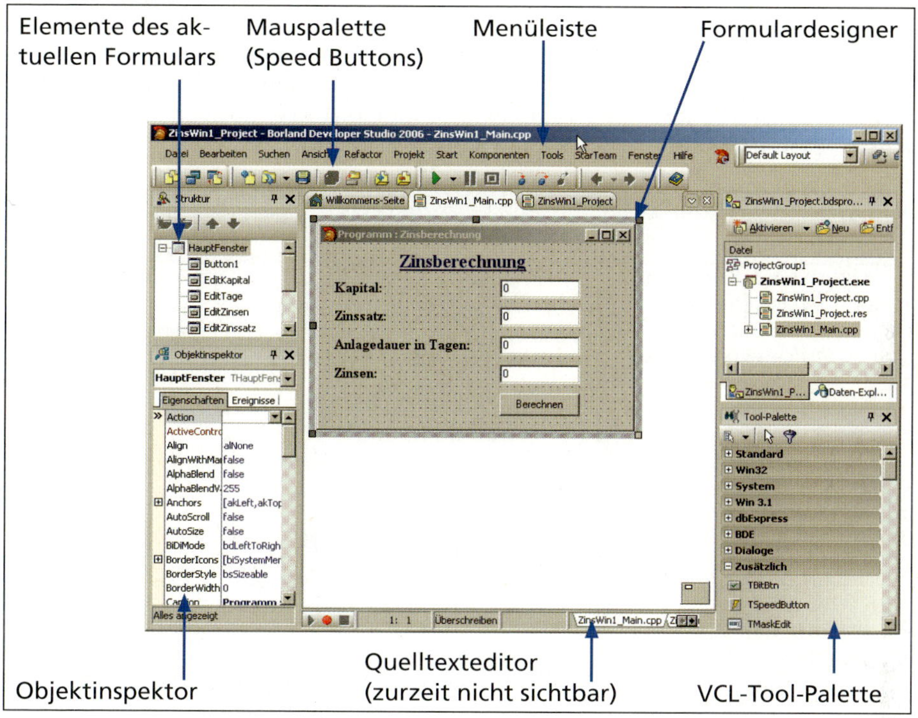

Programmieroberfläche

Über das Hauptmenü können alle Befehle ausgeführt werden, die der C++Builder unterstützt. Der Aufbau der meisten Menüs entspricht den Windowskonventionen. Zusätzlich existiert eine Mauspalette (Speedbuttons) mit der die wichtigsten Funktionen, z.B. Unit anzeigen, Formular anzeigen, Projekt öffnen, Speichern oder Programm starten, mit einem Mausklick aufgerufen werden können. Mit dem Menüpunkt Ansicht – Symbolleisten anpassen können Sie die Mauspalette auch an Ihre individuellen Bedürfnisse anpassen. Mit der Tool-Palette, die in verschiedene Ordner (Standard, Win32, System …) aufgeteilt ist, kann man im Rahmen der visuellen Programmierung auf die Objekte der VCL zugreifen. Im Formulardesigner wird bei einer neuen VCL-Formularanwendung zunächst das Hauptfenster der Anwendung dargestellt. Auf diesem Formular können die notwendigen Komponenten für die Anwendung abgelegt werden. Die Gestaltung des Fensters entspricht dann auch dem Aussehen des Fensters bei der Ausführung. Lediglich an der Rasterung im Hintergrund kann man erkennen, dass man sich im Entwurfsmodus befindet. Wenn Sie den Quellcode der Anwendung editieren wollen, müssen Sie auf den Reiter mit dem Namen der CPP-Datei (siehe Screenshot:

ZinsWin1_Main.cpp) klicken. Durch Anklicken des Reiters Design kommen Sie wieder zum Formulardesigner zurück. In dieser Ansicht können Sie durch Anklicken eines Elements im Strukturfenster auf dieses Objekt zugreifen. Die Eigenschaften und Ereignisse, die für das ausgewählte Objekt existieren, werden mit den aktuellen Attributwerten im Objektinspektor dargestellt. Grundsätzlich sind die einzelnen Fenster im linken bzw. rechten Bereich der Entwicklungsumgebung angedockt. Wollen Sie das Andocken aufheben, so müssen Sie mit dem Menüpunkt Tools – Optionen – Umgebungsoptionen diese Funktionalität ausschalten.

1.2.2 Konsolenanwendungen

Konsolenanwendungen sind rein textorientierte Anwendungen, die direkt in einem Textfenster als Konsole für die Ein- und Ausgabe ablaufen.

Objektgalerie

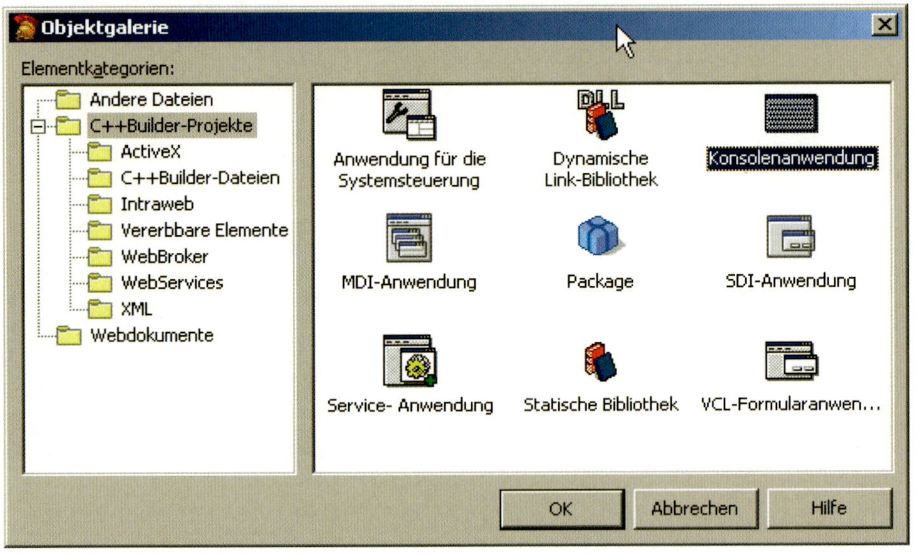

Um eine neue Konsolenanwendung zu erstellen, ruft man die Menüpunkte Datei – Neu – Weitere auf. Es öffnet sich das Fenster Objektgalerie. Auf dieser Seite kann man die Art des neu zu erstellenden Objektes auswählen, z. B. eine VCL-Formularanwendung, eine CPP-Datei, eine Headerdatei, ein neues Formular, eine neue Komponente (Elementkategorie: C++Builder-Dateien) oder auch eine Konsolenanwendung (Elementkategorie: C++Builder-Projekte). In diesem Dialogfenster wählen Sie die Konsolenanwendung aus.

Neue Konsolenanwendung

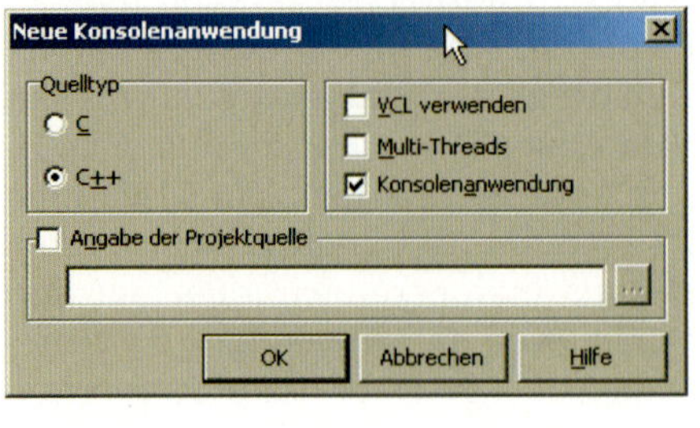

Im Dialogfenster Neue Konsolenanwendung geben Sie als Quelltyp C++ an und aktivieren den Eintrag Konsolenanwendung.

Der Konsolenexperte erzeugt das Programmgerüst einer Konsolenanwendung. Das Fenster des Formulardesigners wird automatisch geschlossen, da eine Konsolenanwendung keine Windowsfenster besitzt. Sinnvollerweise schließt man noch den Objektinspektor und vergrößert den Quelltexteditor auf maximale Größe, um übersichtlich den Quellcode der Anwendung erfassen zu können.

1.2.2.1 Aufbau eines C/C++-Programms

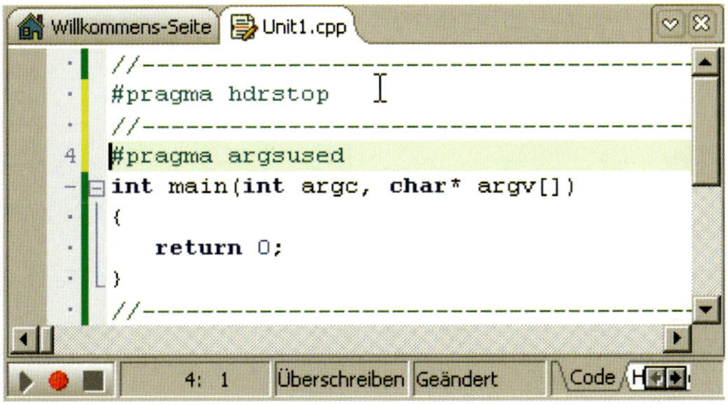

Konsolen-grundgerüst

Das Grundgerüst enthält einige Bestandteile, die für unsere Programmierung unbedeutend sind (z. B. die Compiler-Direktiven #pragma hdrstop bzw. #pragma argsused). Deshalb werden im Folgenden nur die wesentlichen Teile erläutert. Bei den Programmzeilen, die mit zwei Slashs (//) beginnen, handelt es sich um Kommentarzeilen, in denen z. B. Erläuterungen zum Programm angegeben werden können. In unserem Beispiel wird mit den Kommentarzeilen lediglich die Übersichtlichkeit des Programms verbessert. Die Programmzeile int main(...) stellt den Beginn des Programms dar. Jede Konsolenanwendung hat als Bezeichnung des Hauptprogramms den Funktionsnamen main(). Diese Funktion wird beim Start eines C/C++-Programms immer zuerst aufgerufen und übernimmt die Programmsteuerung. Dabei ist es möglich, dem Programm Parameter (int argc, char * argv [ ]) zu übergeben. Da diese Parameter nicht benötigt werden, können Sie sie aus dem Grundgerüst löschen. Das Hauptprogramm sowie jeder Strukturblock beginnt mit einer öffnenden geschweiften Klammer und endet mit einer schließenden geschweiften Klammer. Zwischen diesen Klammern werden die Anweisungen codiert, die für die Lösung der jeweiligen Problemstellung notwendig sind. Vor dem Ende des Hauptprogramms steht noch die Anweisung return, die die Steuerung an die nächst höhere Ebene (hier an das Betriebssystem) zurückgibt. Dabei übergibt die Funktion main() einen Wert an das Betriebssystem (hier die Ganzzahl 0), den man auf der Betriebssystemebene weiter auswerten könnte (z. B. ERRORLEVEL). Die einzelnen Teile eines C/C++-Programms werden später noch genauer erläutert. (Hinweis: Alle in C/C++ reservierten Worte werden im Codierungseditor gemäß den Default-Farbeinstellungen der Editoroptionen schwarz und fett dargestellt.)

1.2.2.2 Beispiel eines einfachen Programms

Das Beispiel Hello.cpp zeigt das am weitesten verbreitete C/C++-Programm.

```
1   //------ Programm: Hello.cpp V. : BDS 2006 ---------------
2   #include <iostream>
3   #include <cstdio>
4   using namespace std;
5   //-------------------------------------------------------
6   int main()
7   {
8      cout << "Hello World!";
9      getchar();
10     return 0;
11  }
12  //-------------------------------------------------------
```

Dieses Programm erzeugt die Bildschirmausgabe:

```
Hello World!
```

Die Programmzeilennummern, die im obigen Listing hinzugefügt wurden, sind nicht Bestandteil des Programms, sondern dienen nur zur besseren Erläuterung der einzelnen Zeilen.

Beim Aufbau einer Programmzeile kann man an jeder Stelle in einer Zeile mit der Codierung beginnen. Um die Übersichtlichkeit zu erhöhen, rückt man Programmblöcke (Anweisungen in den Zeilen 8–10) ein. Eine Anweisung kann sich auch über mehrere Zeilen im Quellcode erstrecken. Der Zeilenumbruch kann an jeder Stelle erfolgen, an der ein Leerzeichen steht bzw. stehen könnte. Mit dem Objekt cout kann man Bildschirmausgaben erzeugen. So wird in der Programmzeile 8 die Zeichenkette Hello World! mit dem Einfügeoperator (<<) an das Objekt cout geschickt und auf dem Bildschirm ausgegeben. Um das Objekt cout (und cin für Eingabe) verwenden zu können, muss man die Headerdatei iostream (siehe Zeile 2) einbinden. Headerdateien werden mit der include-Direktive (= Präprozessordirektive) eingebunden. Mit diesen Anweisungen an den Compiler wird einem C/C++-Programm der Aufbau von Funktionen (Übergabeparameter/Rückgabewert einer Funktion), die in der entsprechenden Headerdatei deklariert sind, bekannt gemacht. Nur wenn diese Prototypen bekannt sind (genauere Erklärungen folgen im Kapitel 1.5.3), kann das Programm die Funktionen benutzen. Nach C++-Standard werden die Headerdateien ohne Erweiterung (.h bzw. .hpp) eingebunden.

In den C++-Headerdateien gehören sämtliche Funktionen und Objekte dem Namensraum (namespace) std an. Mit der Anweisung using namespace std; wird der Namespace std allgemeingültig als Namensraum festgelegt. Beim Inkludieren einer Headerdatei müssen Sie diesen Namensraum nicht mehr für jede Headerdatei explizit angeben. Auch für die C-Headerdateien (z. B. stdio.h) soll der Namensraum std verwendet werden. Deshalb werden die für die C++-Standard kompatiblen Headerdateien (z. B. cstdio, cmath usw.) eingebunden.

In der Programmzeile 9 wird die Funktion getchar() (= get character) aufgerufen. Diese Funktion (genauer: Makro) liest ein Zeichen aus dem Standardeingabestrom stdin. Beachten Sie, dass getchar aus stdin liest, einem zeilenweise gepufferten

Stream. Dies bedeutet, dass die Funktion erst zurückkehrt, nachdem die Eingabetaste (Entertaste) gedrückt wurde.
Die Programmausführung wird angehalten und erst mit dem Drücken der Entertaste wird ein Zeichen aus dem Tastaturpuffer ausgelesen und das Programm mit der nächsten Anweisung fortgesetzt. Die Verwendung der Funktion getchar() setzt das Einbinden der Datei cstdio voraus. Mit der Return-Anweisung wird die aktuelle Funktion (main) verlassen und man kehrt zur aufrufenden Funktion (hier: Betriebssystem) zurück. Achten Sie auch darauf, dass in C/C++ jede Anweisung mit einem Semikolon abgeschlossen werden muss.

1.2.2.3 Schritte zur Erstellung und zum Ausführen des Programms

In diesem Kapitel sollen die Schritte zur Erstellung und zum Ausführen eines Programms dargestellt werden.

1. Erstellen einer neuen Konsolenanwendung
   Menüleiste Auswahl: Datei – Neu – Weitere
   Fenster Objektgalerie Ordner C++Builder-Projekte:
   Auswahl Symbol: Konsolenanwendung
   Fenster Neue Konsolenanwendung
   Quelltyp: C++; Konsolenanwendung aktivieren
   Fenster Unit1.cpp: Eingabe des Quelltextes

2. Speichern einer neuen Konsolenanwendung
   Menüpunkt: Datei – Alles speichern
   Dialogbox: Unit1 speichern unter
   Auswahl des Zielordners im Kombinationsfeld Speichern in (z. B. Hello)
   Eingabe eines Dateinamens im Eingabefeld Dateiname (z. B. Hello.cpp)
   Dialogbox: Projekt1 speichern unter
   Auswahl des Zielordners im Kombinationsfeld Speichern in (z. B. Hello)

   Eingabe eines Dateinamens im Eingabefeld Dateiname (z. B. Hello_Project.bdsproj)

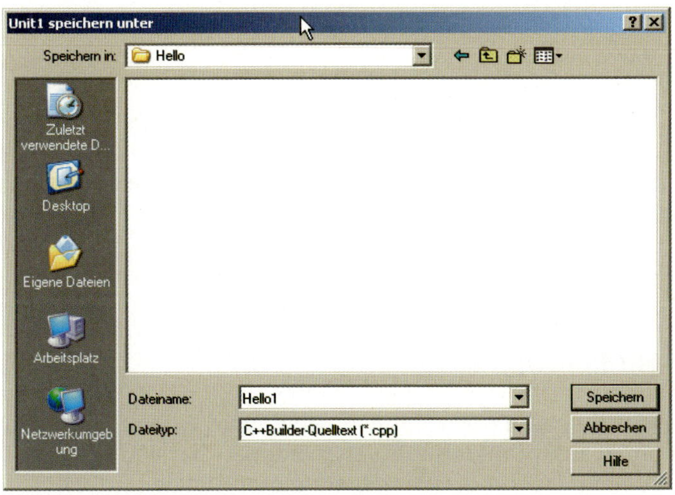

Konsolenanwendung speichern

3. Öffnen einer bestehenden Konsolenanwendung
   Menüpunkt: Datei – Projekt öffnen
   Dialogbox Projekt öffnen:
   Auswahl des Quellordners im Kombinationsfeld Suchen in
   Auswahl der gewünschten Anwendung (Projekt) oder Eingabe des Dateinamens im Eingabefeld Dateiname

   oder

   Menüpunkt: Datei – Zuletzt verwendet (Projektdatei in Liste auswählen)

4. Ausführen einer Konsolenanwendung
   Menüpunkt: Start – Start

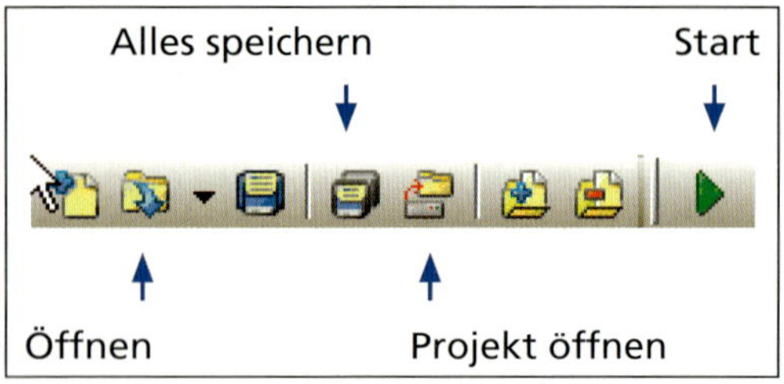

oder

Symbol Start (Symbol mit grünem Pfeil in der Mauspalette) anklicken. In der nebenstehenden Abbildung sind auch noch die Schalter für das Öffnen einer Datei und das Öffnen eines Projektes sowie für den Menüpunkt Alles speichern markiert. Um sich über die Funktionalität eines Schalters zu informieren, kann man den Mauszeiger auf dieses Objekt bewegen und es erscheint nach kurzer Zeit eine Information zu diesem Objekt.

AUFGABE 2

Das Programm SPRUCH.CPP ist noch fehlerhaft. Korrigieren Sie alle Fehler und führen Sie das Programm aus. Der Quellcode des fehlerhaften Programms sieht folgendermaßen aus:

```
/------ Programm mit Fehlern Spruch.cpp V.: BDS 2006 -----
/Programm: Spruch.cpp
# include iostream
#include conio
using namespace std,
/-----------------------------------------------------------
int main
(
    cout << "Wenn dieser Text auf Ihrem Bildschirm
    erscheint,
    cout << " können Sie sich auf die Schulter klopfen".
    getchar;
)
/-----------------------------------------------------------
```

1.2.3 Dateien eines Projektes

Wenn man mit dem C++Builder ein Programm erstellt, wird ein Projekt erzeugt, das je nach Programmart und -umfang aus verschiedenen Dateien besteht. Die folgende Tabelle gibt einen Überblick über die erzeugten Dateien:

Datei	Dateiendung	Bedeutung der Datei
Projekt-Make-Datei	BDSPROJ	Die Projekt-Make-Datei mit der Dateiendung BDSPROJ (Borland Developer System Projekt – Datei) enthält den Projektquelltext, d. h. Informationen, welche Dateien zum Projekt gehören und die Compiler- und Linkeroptionen.
Projekt-Datei	BPF	Projektdatei, die vom Projektmanager verwendet wird.
Unit	CPP	In den Units ist der Programmquelltext enthalten. Programme können aus mehreren Units bestehen.
Headerdatei	H HPP	Headerdateien enthalten z. B. die Prototypen für die im Programm verwendeten Funktionen.
Objektcodedatei	OBJ	Jede Unit wird vom Compiler in den Objektcode übersetzt, der dann vom Linker mit entsprechenden Bibliotheksfunktionen zur ausführbaren EXE-Datei gebunden wird.
Ressourcendatei	RES	Diese Dateien enthalten spezielle Teile des Programms, wie z. B. das Icon eines Programms.
Formulardatei	DFM	Die Formulardateien enthalten alle Informationen über Positionen und Eigenschaften der in einem Formular benutzten Komponenten.
Dynamische Linkbibliotheken	DLL	Anstelle einer EXE-Datei kann im Rahmen eines Projektes auch eine DLL-Datei erzeugt werden, die von mehreren Windowsprogrammen geladen werden kann.
Desktopdatei	DSK	Diese Datei enthält Informationen über Anordnung und Position der Fenster in der IDE während der Entwicklung eines Projektes.
Debuggerinformationen	TDS	In dieser Datei sind Informationen für das Debuggen von Dateien enthalten.
Inkrementelle Linkerdateien	IL?	Diese Dateien enthalten Informationen für das inkrementelle Linken. Beim Erstellen von großen Projekten ergibt sich dadurch eine große Zeitersparnis beim Kompilieren und Linken des Programms.
Backupdateien	~CPP, ~DFM u. a.	Wenn Units, Projektoptionen oder Formulare usw. verändert werden, erzeugt der C++Builder automatisch Backupdateien.
Programmdatei	EXE	Die Programmdatei kann auf Betriebssystemebene direkt ausgeführt werden. Wenn Sie bei der Erstellung der EXE-Datei alle Bibliotheksroutinen eingebunden haben, kann das Programm auf einem beliebigen Rechner (unter Windows) gestartet werden. Das Entwicklungssystem (C++Builder) ist dazu nicht notwendig.

Bis auf die Projektdateien, die Units und selbst erstellte Headerdateien können bei Konsolenanwendungen alle Dateien gelöscht werden, um den Speicherplatzbedarf eines Projektes (nach Abschluss der Programmierung) zu reduzieren. Die Dateien, die sich in den Unterverzeichnissen __HISTORY, RELEASE_BUILD bzw. DEGUG_BUILD befinden (z. B. *.tds, *.obj, *.exe) können Sie löschen. Wenn Sie Ihr Projekt neu kompilieren und linken, werden diese Dateien wieder erzeugt.

1.3 Grundlagen der Programmiersprache C/C++

1.3.1 Deklarationen von Variablen

Nachdem wir uns mit der Bedienung des C++Builders vertraut gemacht haben, müssen wir uns mit Grundlagen der Programmiersprache C/C++ beschäftigen. Um beispielsweise Werte einzugeben (Eingabe), Berechnungen durchzuführen (Verarbeitung) und die Ergebnisse auszugeben (Ausgabe), benötigen wir Speicher für diese Daten. Bevor wir den Speicherplatz benutzen können, müssen wir im Programm einen symbolischen Namen für diesen Speicherbereich (= Bezeichner) und einen Datentyp festlegen (= Deklaration einer Variablen).

1.3.2 Bezeichner

Bezeichner sind Namen von beliebiger Länge für Klassen, Objekte, Funktionen, Variablen, benutzerdefinierte Datentypen usw.

Regeln für die Bildung von Bezeichnern:
Bezeichner können die Buchstaben a bis z, A bis Z (ohne sprachspezifische Besonderheiten wie Ä, ä, ö, ß usw.), den Unterstrich »_« und die Ziffern 0 bis 9 enthalten. Es gibt jedoch zwei Einschränkungen:

Das erste Zeichen muss

- ein Buchstabe oder
- ein Unterstrich

sein.

Länge von Bezeichnern:
Für Bezeichner in C++-Programmen sind standardmäßig die ersten 250 Zeichen signifikant, d. h. es werden 250 Zeichen zur Unterscheidung von Variablen verwendet.

Groß- und Kleinschreibung von Bezeichnern:
In C/C++ wird zwischen Groß- und Kleinschreibung unterschieden, sodass Sum, sum und suM unterschiedliche Bezeichner sind.

1.3.3 Elementare Datentypen

Nicht nur der Name einer Variablen ist von Bedeutung, sondern man muss bei der Deklaration einer Variablen auch den Datentyp festlegen. Der Datentyp einer

Variablen entscheidet darüber, wie viel Platz das Datenobjekt im Speicher belegt und in welchem Format die Variable gespeichert wird. Daraus ergibt sich der Wertebereich (= möglicher Inhalt der Variablen) für dieses Datenobjekt.

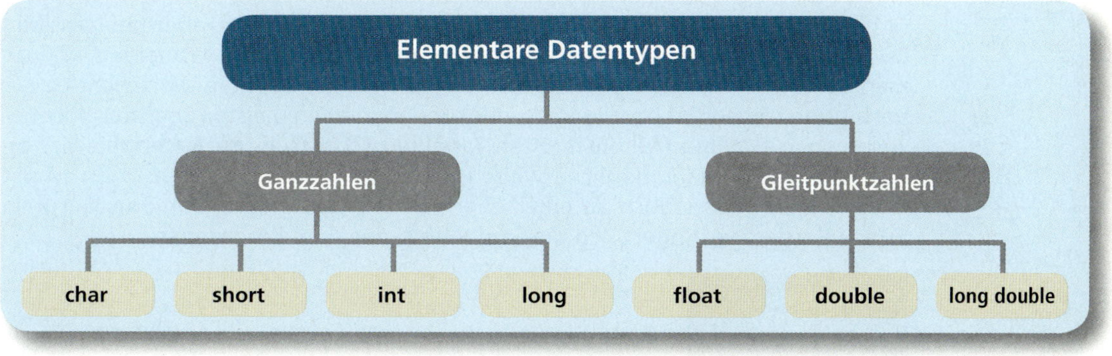

Die Größe und der numerische Bereich der elementaren Datentypen ist z. T. implementierungsspezifisch und normalerweise von der Rechnerarchitektur abhängig.

32-Bit Datentypen, Größen und Bereiche

Typ	Größe	Bereich	Beispielanwendungen
unsigned char	8 Bit	0 bis 255	Kleine Zahlen und kompletter PC-Zeichensatz
char	8 Bit	-128 bis 127	Sehr kleine Zahlen und ASCII-Zeichen
short int	16 Bit	-32,768 bis 32,767	Zähler, kleine Zahlen, Schleifensteuerung
unsigned int	32 Bit	0 bis 4,294,967,295	Große Zahlen und Schleifen
int	32 Bit	-2,147,483,648 bis 2,147,483,647	Zähler, große Zahlen, Schleifensteuerung
unsigned long	32 Bit	0 bis 4,294,967,295	Astronomische Distanzen
enum	32 Bit	-2,147,483,648 bis 2,147,483,647	Geordnete Wertemengen
long	32 Bit	-2,147,483,648 bis 2,147,483,647	Sehr große Zahlen, statistische Grundgesamtheiten
float	32 Bit	$1.18*10^{-38}$ bis $3.40*10^{38}$	Wissenschaftlich, 7-stellige Genauigkeit
double	64 Bit	$2.23*10^{-308}$ bis $1.79*10^{308}$	Wissenschaftlich, 15-stellige Genauigkeit
long double	80 Bit	$3.37*10^{-4932}$ bis $1.18*10^{4932}$	Finanzrechnung, 18-stellige Genauigkeit

Bei der Deklaration von Variablen muss man bedenken, welche Informationen in einem solchen Datenelement abgespeichert werden müssen. Hat man beispielsweise einen Datentyp gewählt, bei dem der Wertebereich nicht ausreicht, um entsprechend große Zahlen aufzunehmen, kommt es zwar bei der Kompilierung (= Übersetzung des Programms) zu keinen Fehlermeldungen, aber bei gewissen Datenkonstellationen ergeben sich Laufzeitfehler. Um dies zu vermeiden, könnte man generell die Datentypen wählen, die den größtmöglichen Wertebereich zur Verfügung stellen (int bzw. long double) und damit den meisten Speicherplatz beanspruchen. Dies mag für die meisten Variablen richtig sein. Bei Datenobjekten einer Datenbank, in der möglicherweise Hunderttausende von Datensätzen erfasst werden, führt das jedoch zu einer enormen Verschwendung von Speicherplatz und außerdem verringert sich die Laufzeiteffizienz des Programms.

Variablendeklaration

Syntax der Variablendeklaration

Datentyp Bezeichner [,...];

```
int Zahl;
double Summe, Betrag;
int Zaehler = 0;                // Deklaration mit Initialisierung
unsigned char Zeichen;
```

Die Variable Zaehler wird bei der Deklaration mit dem Wert 0 initialisiert. Die Initialisierung von Variablen ist sehr wichtig, da (lokale) Variablen beim Start eines Programms nicht automatisch auf einen Initialwert gesetzt werden. Bei Gleitkommazahlen müssen Sie beachten, dass das Dezimalkomma durch die amerikanische Schreibweise (Dezimalpunkt) zu ersetzen ist.

1.3.4 Konstanten

Konstanten sind feste Werte, die im Programm nicht verändert werden können. Es gibt:

- numerische Konstanten: 13 (= Ganzzahlkonstante), 2.3 (= Gleitpunktkonstante)
- Zeichenkonstanten: 'a' (einfache Anführungszeichen)
- Zeichenkettenkonstanten: "Hello World!" (doppelte Anführungszeichen)

```
Zahl = 3;        //Zuweisung der Ganzzahlkonstanten 3
Betrag = 5.5;    //Zuweisung der Gleitpunktkonstanten 5.5
Zeichen = 'a';   //Zuweisung der Zeichenkonstanten 'a'
                 //gespeichert wird der ASCII-Wert
                 //des Zeichens 'a' (= 97)
Zeichen = 97;    //Entspricht Zuweisung in vorheriger Zeile,
                 //da der Datentyp char ein
                 //numerischer Datentyp ist
```

1.3.5 Bildschirmausgabe und Tastatureingabe

Im Gegensatz zu Programmiersprachen wie COBOL oder BASIC verfügt C/C++ nicht über interne Mechanismen für Ein- und Ausgabeanweisungen. In C setzt man stattdessen Bibliotheksfunktionen wie printf() oder scanf() ein (siehe Online-Hilfe). Mit C++ erhält man mit den iostream-Klassen zusätzlich eine objektorientierte Bibliothek für die Ein- und Ausgabe, die im Folgenden wegen der einfacheren Handhabung grundsätzlich verwendet werden soll.

1.3.5.1 Bildschirmausgaben mit dem Objekt cout

Eine Ausgabe erfolgt mithilfe des Objekts cout. Die Erläuterung des Begriffs Objekt werden Sie in dem Kapitel „Objektorientierte Programmierung" kennenlernen. Mit dem Einfügeoperator << werden diesem Objekt Variableninhalte oder Zeichenketten gesandt.

```
double GesamtBetrag = 1500.50;
cout  << "Summe" << GesamtBetrag << "EUR";
```

Ausgabe: Summe 1500.50 EUR

Bei der Ausgabe der Zeichenkette „Summe" und der Variablen GesamtBetrag wird kein Zeilenvorschub erzeugt. Standardmäßig wird bei der Ausgabe immer ab der aktuellen Cursorposition weitergedruckt.

Zeichenketten (Strings) können Escape-Sequenzen enthalten. Diese besondere Art von Zeichenkonstanten werden mit einem Backslash (\) eingeleitet, dem ein Buchstabe (bzw. eine Oktal- oder Hex-Zahl) folgt; sie dienen der Darstellung von nicht druckbaren Zeichen. In dem folgenden Beispiel bewirkt die Escape-Sequenz '\n' einen Zeilenvorschub, bevor der Text „Dieser Text steht in einer neuen Zeile" ausgegeben wird.

```
cout << "Dieser Text steht in einer Zeile"
     << "\nDieser Text steht in einer neuen Zeile";
```

Escape-Sequenzen

Escape-Sequenz	Bedeutung
\n	Zeilenvorschub (new line)
\t	horizontaler Tabulatorsprung
\"	Anführungszeichen
\a	Alarm (Piepton)

In C++-Programmen verwendet man jedoch anstelle der Escape-Sequenz '\n' eher den Manipulator endl (= end of line), um einen Zeilenvorschub zu erzeugen. Die Anweisung zur Ausgabe in zwei Zeilen sieht folgendermaßen aus:

```
cout << "Dieser Text steht in einer Zeile" << endl
     << "Dieser Text steht in einer neuen Zeile";
```

1.3.5.2 Tastatureingaben mit dem Objekt cin

Eine Eingabe erfolgt mithilfe des Objekts cin. Mit dem Einleseoperator >> werden die Daten des Objekts cin (der Datenstrom, der von der Tastatur kommt) in Variablen platziert.

```
cout  << "Bitte eine Zahl eingeben! ";
cin  >> ErsteZahl;
```

Es können auch mehrere Variablen mit einer Anweisung eingegeben werden.

```
cout    << "Bitte zwei Zahlen eingeben: ";
cin  >> ErsteZahl  >> ZweiteZahl;
```

Der Datenstrom wird der Variablen ErsteZahl zugewiesen, bis ein oder mehrere White-Space-Zeichen (= Leerstelle, Tabulator oder Carriage-Return) auftreten. Der Rest des Datenstroms wird dann der Variablen ZweiteZahl zugewiesen.

1.3.6 Grundlegende Operatoren

Für die grundlegenden Rechenoperationen stehen arithmetische Operatoren zur Verfügung. Werden mehrere Operatoren in einem Ausdruck miteinander verknüpft, so ist die Reihenfolge der Auswertung der einzelnen Operatoren von Bedeutung. Es gibt in C/C++ 16 Prioritätsstufen. Je niedriger die Rangfolge ist, desto höher ist die Priorität des Operators.

Die Reihenfolge der Auswertung der arithmetischen Operatoren entspricht den üblichen Regeln der Mathematik (z.B. Punkt vor Strich). Der Klammeroperator, mit dem man die Prioritäten durch Klammersetzung beeinflussen kann, hat die höchste Priorität (Rangfolge 1).

Weitere Operatoren und ihre Prioritäten können Sie in der Online-Hilfe nachschlagen.

Arithmetische Operatoren

Operator	Bedeutung
+	Addition (Rangfolge 5)
-	Subtraktion (Rangfolge 5)
*	Multiplikation (Rangfolge 4)
/	Division (Rangfolge 4)
=	Zuweisung (Rangfolge 15)
( )	Klammersetzung (Rangfolge 1)

In dem Beispiel Mwst.cpp wird dargestellt, wie man Bezeichner verwendet, Datentypen festlegt und die Objekte cin und cout für die Ein- und Ausgabe benutzt. Hinweis: In Zeile 19 wurde der Funktionsaufruf fflush(stdin) vor dem Aufruf von getchar() eingefügt. Bei Windowssystemen wird dadurch der Eingabepuffer geleert. (Für sichere Lösungen bei verschiedenen Betriebssystemen recherchieren Sie im Internet.)

```
//------ Programm: MWSt.cpp V. : BDS 2006 ----------------
#include <iostream>
#include <cstdio>
using namespace std;
//-------------------------------------------------------
int main()
{
   double Nettobetrag=0.0, Mwst=0.0, Bruttobetrag=0.0;
   int MwstSatz = 19;

   cout << "Nettobetrag eingeben: ";
   cin  >> Nettobetrag;

   Mwst = Nettobetrag * MwstSatz / 100;
   Bruttobetrag = Nettobetrag + Mwst;

   cout << "Die Mwst betraegt: "<< Mwst << endl;
   cout << "Der Bruttobetrag betraegt: " << Bruttobetrag
   << endl;
   fflush(stdin);
   getchar();
   return 0;
}
//-------------------------------------------------------
```

1.3.7 Formatierte Ausgabe mit Manipulatoren

Um Informationen besser formatieren zu können, stellt C++ eine Reihe von Manipulatoren zur Verfügung.

Manipulatoren

Manipulator	Bedeutung
setw(int n)	Festlegung der Feldbreite (gilt nur für die nächste Einfügeoperation <<)
setfill(char)	Festlegung des Füllzeichens
left	linksbündig
right	rechtsbündig
scientific	Exponentialdarstellung
fixed	Gleitpunktdarstellung
showpos	Anzeige des positiven Vorzeichens

uppercase	Großbuchstaben
setprecision(int n)	Gleitkommagenauigkeit bzw. Nachkommastellen bei Gleitpunktdarstellung
dec, hex, oct	Umwandlung in das entsprechende Zahlensystem

Die Manipulatoren wirken wie Schalter. Eine aktivierte Formatierung bleibt bis zur Aufhebung (durch eine andere Formatierung) gültig (Ausnahme: setw(n)). Wenn Sie die parametrisierten Manipulatoren (z. B. setw(n)) nutzen möchten, müssen Sie die Headerdatei iomanip inkludieren.

Das Programm MehrWSta.cpp verdeutlicht den Einsatz der wichtigsten Manipulatoren für die Darstellung von Zahlen im Gleitkommaformat (fixed) mit einer vorgegebenen Genauigkeit (setprecision(n)) und der Festlegung der Feldbreite für die Ausgabe von Variablen (setw(n)).

```
1  //------ Programm: MehrWSta.cpp V. : BDS 2006 ------------
2  #include <iostream>
3  #include <iomanip>  //für parametrisierte Manipulatoren
4  #include <cstdio>
5  using namespace std;
6  //---------------------------------------------------------
7  int main()
8  {
9     double Brutto, Mwst, Netto;
10    int MwstSatz = 19;
11    cout << fixed << setprecision(2);
12    cout << "Nettobetrag eingeben: ";
13    cin >> Netto;
14    Mwst = Netto * MwstSatz / 100;
15    Brutto = Netto + Mwst;
16    cout << "Nettobetrag    : " << setw(10) << Netto << endl;
17    cout << "Mehrwertsteuer : " << setw(10) << Mwst << endl;
18    cout << "-------------------------------" << endl;
19    cout << "Bruttobetrag   : " << setw(10) << Brutto << endl;
20    fflush(stdin);
21    getchar();
22    return 0;
23 }
24 //---------------------------------------------------------
```

Zunächst muss die Headerdatei iomanip eingebunden werden, um die parametrisierbaren Manipulatoren für die Ausgabe mit dem Objekt cout verwenden zu können. Die Programmzeile 11 sollte man standardmäßig verwenden, wenn man Anwendungen für den kaufmännischen Bereich erstellt, damit Währungsbeträge im Gleitkommaformat mit zwei Nachkommastellen ausgegeben werden. Diese Anweisung ist für das gesamte Programm gültig. Um die Feldbreite für die Ausgabe einer Variablen festzulegen, wird der Manipulator setw eingesetzt. Hier ist jedoch zu beachten, dass damit lediglich die Feldbreite für die Variable nach dem nächsten Einfügeoperator (<<) beeinflusst wird. Das heißt, dieser Manipulator muss für jede Ausgabe einer Variablen erneut angegeben werden.

3 AUFGABE

Erstellen Sie das Programm UE_MANIP.CPP, das die nachfolgende Bildschirmausgabe erzeugt. Verwenden Sie dazu folgende Variablenvereinbarungen:
int IntWert = 32;
double DoubleWert = -12.3456789;

In der Darstellung der Bildschirmausgabe steht das Zeichen # für ein Leerzeichen!

Bildschirmausgabe:

IntWert:32	DoubleWert:-12.3457
IntWert:########32	DoubleWert:##-12.3457
IntWert:.....32	DoubleWert:..-12.3457
IntWert:#######+32	DoubleWert:##-12.3457
IntWert:#######+32	DoubleWert:#-12.34568

4 AUFGABE

Ein EDV-Händler beschäftigt einen Mitarbeiter und benötigt für die Gehaltsabrechnung ein geeignetes Computerprogramm. Vereinfachend nehmen wir an, dass der Mitarbeiter unverheiratet (Steuerklasse I), 25 Jahre alt und kinderlos ist, monatlich 2.456,00 EURO verdient und weder vermögenswirksame Leistungen noch sonstige lohnrelevante Daten Berücksichtigung finden. Der Monatslohnsteuertabelle entnehmen wir den Lohnsteuerbetrag in Höhe von 379,75 EURO. Die aktuellen Beitragssätze für Kirchensteuer, Solidaritätsbeitrag, Kranken-, Renten-, Arbeitslosen- und Pflegeversicherung entnehmen Sie dem Internet. Von den Beiträgen zur Sozialversicherung müssen der Arbeitnehmer und der Arbeitgeber jeweils die Hälfte des jeweiligen Versicherungsbeitrages bezahlen. Achten Sie auf den Pflegeversicherungszusatzbeitrag und den Krankenversicherungszusatzbeitrag, die vom Arbeitnehmer alleine getragen werden müssen. Aus Vereinfachungsgründen soll die Beitragsbemessungsgrenze zur Sozialversicherung unberücksichtigt bleiben. Der gesamte Personalaufwand des EDV-Händlers ergibt sich aus der Summe von Bruttogehalt und Arbeitgeberanteil zur Sozialversicherung. Erstellen Sie ein C/C++-Programm (GEHALT.CPP), mit dem der Bruttolohn und die Lohnsteuer (gem. Tabelle) eingegeben werden können und das die Ergebnisse gemäß der folgenden Bildschirmausgabe darstellt. Achten Sie dabei auch auf eine korrekte Formatierung der Daten. Das Dezimalkomma wird in der Ausgabe durch den Dezimalpunkt ersetzt.

Bildschirmausgabe:

Programm: Gehaltsabrechnung		
Bruttogehalt:		XXXX.XX EUR
Lohnsteuer (lt. Tabelle)	XXXX.XX EUR	
Kirchensteuer	XXXX.XX EUR	
Solidaritätsbeitrag	XXXX.XX EUR	XXXX.XX EUR
AN-Anteil zur Sozialversicherung:		
Rentenversicherung	XXXX.XX EUR	
Krankenversicherung	XXXX.XX EUR	
Arbeitslosenversicherung	XXXX.XX EUR	
Pflegeversicherung	XXXX.XX EUR	XXXX.XX EUR
Nettogehalt:	XXXX.XX EUR	
Personalaufwand:	XXXX.XX EUR	

Der Test eines Programms gehört zu den wichtigsten Tätigkeiten der Programmierung. Nur ein Programm, das in allen Situationen korrekt arbeitet, ist ein gutes Programm. Berechnen Sie deshalb zunächst geeignete Testdaten mit dem Taschenrechner, um Ihr Programm ordnungsgemäß testen zu können.

1.3.8 Phasen der Programmentwicklung

Um komplexere Programme zu entwickeln, ist eine phasenweise Programmerstellung zu empfehlen. Ausgehend von der Problemstellung (z. B.: Erstellen Sie ein Programm, mit dem man die Mehrwertsteuer und den Bruttobetrag für einen zu verkaufenden Artikel berechnen kann.), kann die Programmentwicklung in mehreren Phasen durchgeführt werden.

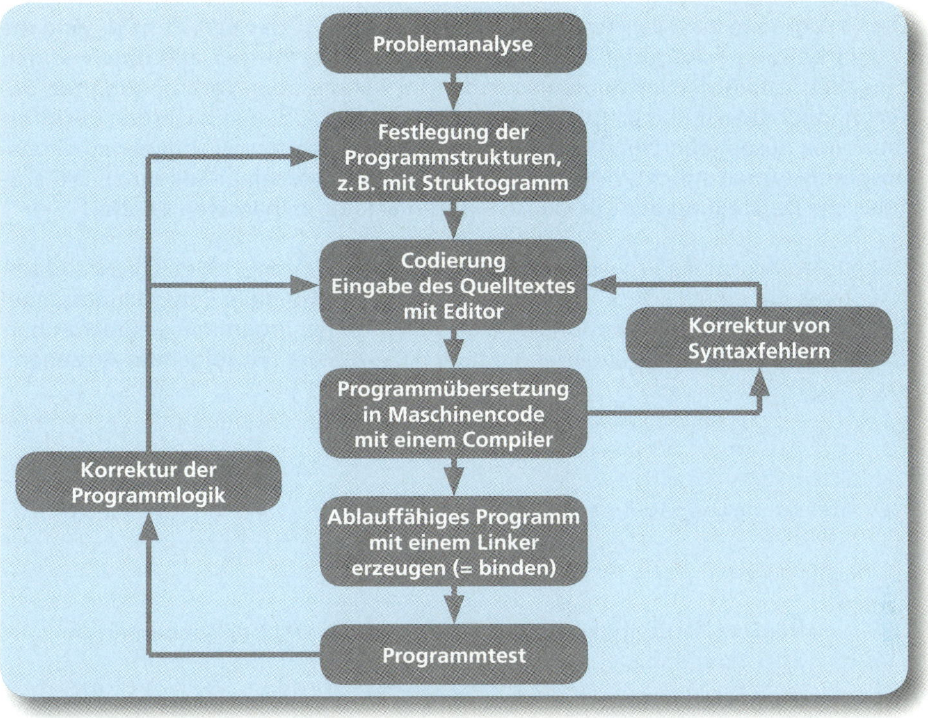

Zunächst muss man das gestellte Problem analysieren. Um in unserem Fall eine Mehrwertsteuer- und Bruttobetragsberechnung durchführen zu können, muss zuvor der Nettobetrag eingegeben werden. Bei der Bestimmung des Mehrwertsteuersatzes soll von einem einheitlichen Satz von 19 % ausgegangen werden. Die Berechnung der Mehrwertsteuer erfolgt als Prozentwert vom Grundwert (Nettobetrag) und der Bruttobetrag ergibt sich als Summe von Nettobetrag und Mehrwertsteuer. Nach der Berechnung können alle Werte auf dem Bildschirm ausgegeben werden.

Nach der Problemanalyse müssen im nächsten Schritt die Verarbeitungsalgorithmen festgelegt werden (= Programmierung). Hierbei wird die Programmstruktur grafisch dargestellt. Während früher die Darstellung der Programmlogik im Programmablaufplan (PAP) erfolgte, verwendet man heute die Struktogrammtechnik als grafische Darstellungsform. Die Darstellung der Programmierlogik im Struktogramm soll weitgehend programmiersprachenunabhängig sein.

Struktogramm: Mehrwertsteuerberechnung

Programm: Mehrwertsteuerberechnung
Variablen Netto, Mwst, Brutto, MwstSatz deklarieren
Eingabe: Netto
Mwst ← Netto * MwstSatz / 100
Brutto ← Netto + Mwst
Ausgabe: Mwst und Brutto
Programmende: Mehrwertsteuerberechnung

Dem Programm zur Mehrwertsteuerberechnung liegt das EVA-Prinzip (Eingabe – Verarbeitung – Ausgabe) zugrunde, d.h. zunächst müssen alle notwendigen Eingaben erfolgen (Netto), dann werden im Rahmen der Verarbeitung die Berechnungen (Mwst und Brutto) durchgeführt und anschließend werden die Informationen ausgegeben. In diesem Programm wird jede Anweisung genau einmal ausgeführt (man spricht in diesem Zusammenhang von einer Sequenz). Die ausführliche Darstellung der Kontrollstrukturen erfolgt im nächsten Kapitel.

Der nächste Schritt der Programmentwicklung, die Codierung, ist jetzt recht einfach. Man muss mit einem Editor (Quelltexteditor), der meist in die Entwicklungsumgebung integriert ist, die Anweisungen in die Befehle einer Programmiersprache übertragen. Das Ergebnis der Codierung mit dem C++Builder hat folgendes Aussehen:

```
//------ Programm: MWSt.cpp V. : BDS 2006 ----------------
#include <iostream>
#include <cstdio>
using namespace std;
//--------------------------------------------------------
int main()
{
   double Nettobetrag=0.0, Mwst=0.0, Bruttobetrag=0.0;
   int MwstSatz = 19;

   cout << "Nettobetrag eingeben: ";
   cin  >> Nettobetrag;

   Mwst = Nettobetrag * MwstSatz / 100;
   Bruttobetrag = Nettobetrag + Mwst;

   cout << "Die Mwst betraegt: "<< Mwst << endl;
   cout << "Der Bruttobetrag betraegt: " << Bruttobetrag
   << endl;
   fflush(stdin);
   getchar();
   return 0;
}
//--------------------------------------------------------
```

Der Quellcode (= source code) wird in einer Datei mit der Erweiterung CPP (z.B. MWST.CPP) abgespeichert.

Da jedes Programm, das auf einem EDV-System ausgeführt werden soll, nur im Maschinencode ausgeführt werden kann, muss der Quellcode in den Maschinencode übersetzt werden. Das Übersetzungsprogramm für Programme, die in einer höheren Programmiersprache erstellt wurden, nennt man Compiler. Dieses Programm führt zunächst einen Syntaxcheck durch, das heißt, alle Anweisungen werden auf syntaktische Korrektheit überprüft.

Nur wenn dieser Schritt erfolgreich war, erzeugt der Compiler den sogenannten Objektcode, der in einer Datei mit der Erweiterung OBJ abgelegt wird (MWST.

OBJ). Ansonsten muss man das Programm mit dem Editor weiter bearbeiten, bis alle Syntaxfehler behoben wurden, und anschließend das Programm neu übersetzen. Der vom Compiler erzeugte Objektcode (= object code) ist nicht lauffähig. Es müssen noch Bibliotheksroutinen (z. B. Ein-/Ausgabeprozeduren usw.) hinzugefügt werden. Deshalb wird der Objektcode mit dem Linker zu einem ausführbaren Programm gebunden. Anschließend können Sie das Programm (MWST. EXE) ausführen und testen. Aufgrund des Programmtests müssen eventuell wieder Veränderungen in der logischen Programmstruktur vorgenommen werden. Dieser Prozess erfolgt über die gesamte Lebenszeit des Programms.

1.4 Kontrollstrukturen

Die bisher erstellten Programme waren von der Programmlogik sehr einfach. Es handelte sich bei den Programmstrukturen ausschließlich um Sequenzen von Anweisungen, die jeweils einmalig (von oben nach unten) ausgeführt wurden. Dabei galt im Wesentlichen das EVA-Prinzip. Bei größeren Programmen kommt man mit dieser einfachen Programmstruktur jedoch nicht aus. Je komplexer ein Programm ist, desto wichtiger ist es, ein Programm übersichtlich zu gestalten und den gesamten Entwicklungsprozess sowie das Programm gut zu dokumentieren. Programme sollten in diesem Zusammenhang die Regeln der strukturierten Programmierung berücksichtigen. Im Einzelnen sind das folgende Regeln:

- Jeder Programmbaustein hat genau einen Eingang und einen Ausgang.
- Das Programm sollte linear lesbar sein, d. h. es sollten keine Sprünge von einem Programmteil zu einem anderen enthalten sein.
- Das Programmsystem wird schrittweise von oben nach unten (top down) entwickelt.

Die Ablaufsteuerung eines Programms wird durch die verfügbaren Kontrollstrukturen (Sequenz, Auswahl und Wiederholung) verwirklicht. Mit diesen Kontrollstrukturen lassen sich alle Probleme lösen. Sprünge sind in einem Programm, das den Anforderungen der strukturierten Programmierung genügen soll, nicht nötig und auch nicht erlaubt (keine GOTO-Anweisungen). Um den Programmablauf nach den Regeln der strukturierten Programmierung grafisch darzustellen, entwickelten Nassi und Shneiderman als Logikbeschreibungsmethode die Struktogrammtechnik. Für die Darstellung der Programmlogik werden grafische Sinnbilder zur Darstellung der Strukturelemente verwendet. Mittlerweile unterstützen alle modernen Programmiersprachen durch die Syntax und Form der Sprache die strukturierte Programmierung. In den nächsten Kapiteln wird die grafische Darstellung der einzelnen Kontrollstrukturen anhand von Beispielen erläutert.

1.4.1 Folgestruktur

Die einfachste logische Kontrollstruktur ist die Folge (andere Bezeichnungen der Folgestruktur: Sequenz oder Reihe). Das Kennzeichen dieser Struktur ist, dass jede Anweisung genau einmal ausgeführt wird, d. h. die Abarbeitung der einzelnen Programmanweisungen erfolgt sequenziell von oben nach unten. Eine Folge von Anweisungen wird in einem Struktogramm (= Nassi-Shneiderman-Diagramm) als

Folge von übereinander gesetzten Rechtecken dargestellt. Jede Anweisung wird dabei von oben nach unten einmal ausgeführt.

Struktogrammsymbol: Folgestruktur

Anweisung 1
Anweisung 2
Anweisung 3

In einer Folgestruktur lassen sich beliebig viele Anweisungen hintereinander ausführen.

1.4.1.1 Beispiel zur Folge

Ein Hardware-Großhändler möchte den Rechnungsbetrag einer Bestellung für PC-Mäuse mit einem Programm ermitteln. Zur Lösung des Problems müssen zunächst die Anzahl der bestellten Mäuse und der Einzelpreis eingegeben werden. Aus der Multiplikation Menge * Preis ergibt sich der Nettobetrag. Anschließend wird mit dem Mehrwertsteuersatz von 19 % der Mehrwertsteuerbetrag ermittelt und zur Errechnung des Bruttobetrags auf den Nettobetrag aufgeschlagen. Zum Abschluss werden Netto-, Mehrwertsteuer- und Bruttobetrag auf dem Bildschirm ausgegeben.

Eingabedaten: Anzahl der Mäuse, Preis je Maus
Ausgabedaten: Nettobetrag, Mehrwertsteuerbetrag, Bruttobetrag

Die Abbildung zur Folgestruktur zeigt die logische Struktur des Programms im Struktogramm und die zugehörige Codierung.

Folgestruktur (= linearer Ablauf, Sequenz)
Kennzeichen: Mehrere Anweisungen werden nacheinander (sequenziell) ausgeführt

Struktogramm (Nassi-Shneiderman-Diagramm)
Programm: Maus_1
Variablen Anzahl, Preis, Netto, Mwst, Brutto mit 0 initialisieren
Eingabedialog für die Anzahl
Eingabedialog für den Preis
Netto ← Preis * Anzahl
Mwst ← Netto * 0,19
Brutto ← Netto + Mwst
Ausgabe: Netto, Mwst, Brutto

Codierung

```
#include …
int main()
{
  int Anzahl=0;
  double Preis=0.0, Netto=0.0,
  Mwst=0.0,Brutto=0.0;
  cout<<"Anz. Maeuse eingeben: ";
  cin>>Anzahl;

  cout<<"Einzelpreis eingeben: ";
  cin>>Preis;

  Netto=Preis*Anzahl;

  Mwst=Netto*0.19;
```

```
    Brutto=Netto+Mwst;

    cout<<endl<<"Nettobetrag: "
                              <<Netto
    <<endl<<"Mehrwertsteuer: " <<Mwst
    <<endl<<"Bruttobetrag: " <<Brut-
    to;
    return 0;
}
```

Bei einer detaillierten Darstellung der logischen Struktur eines Programms in einem Struktogramm entspricht eine Anweisung in der grafischen Darstellung einer Anweisung in der Codierung.

5 AUFGABE

Ein Büroartikeleinzelhändler möchte den Bruttoverkaufspreis seiner Waren mit einem Programm berechnen. Er verwendet dazu die Zuschlagskalkulation. Die Prozentsätze für die Kalkulation sind dem Beispiel zur Zuschlagskalkulation zu entnehmen.

Der einzige Eingabewert für dieses Programm ist der Bezugspreis (Einstandspreis). Alle anderen Werte können als Konstanten betrachtet werden.

Zuschlagskalkulation (Beispiel):

Bezeichnung	Prozent	EUR					
= Bezugspreis		1.000,00 EUR	100 %				
+ Handelskosten	25,00 %	250,00 EUR	25 %				
= Selbstkostenpreis		1.250,00 EUR	125 %	100 %			
+ Gewinn	20,00 %	250,00 EUR		20 %			
= Barverkaufspreis		1.500,00 EUR		120 %	98 %		
+ Verkaufsskonto	2,00 %	30,61 EUR			2 %		
= Zielverkaufspreis		1.530,61 EUR			100 %	95 %	
+ Verkaufsrabatt	5,00 %	80,56 EUR				5 %	
= Listenverkaufspreis, netto		1.611,17 EUR				100 %	100 %
+ Umsatzsteuer	19,00 %	306,12 EUR					19 %
= Listenverkaufspreis, brutto		1.917,29 EUR					119 %

Erstellen Sie ein Struktogramm und die Codierung in C/C++. Speichern Sie das Programm unter dem Namen ZKALK.CPP ab.

1.4.2 Auswahlstruktur

In vielen Anwendungsfällen ist eine lineare Programmstruktur nicht anwendbar, da in Abhängigkeit von Eingaben verschiedene Werte für Berechnungen gesetzt bzw. andere Berechnungen durchgeführt werden müssen. So wird ein Mengenrabatt erst ab einer bestimmten Bestellmenge gewährt oder nach Auswahl eines Menüpunktes nur der entsprechende Programmteil abgearbeitet. Realisiert wird dieser Programmablauf durch die Auswahlstruktur.

Struktogrammsymbol: Auswahlstruktur

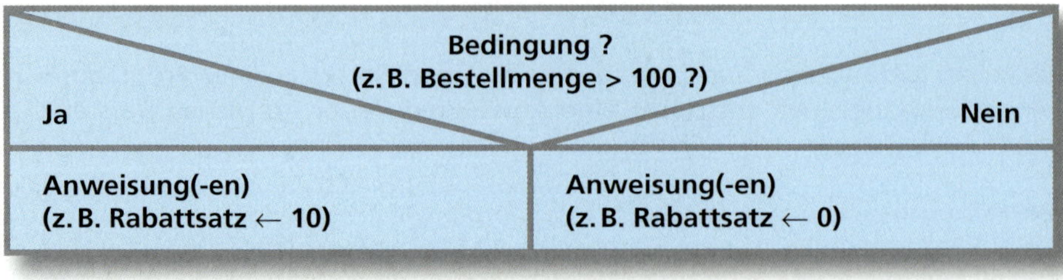

Die Auswertung eines Bedingungsausdrucks ergibt den Wahrheitswert true oder false (Bedingungsausdruck ist wahr oder falsch). In Abhängigkeit vom Wahrheitswert werden entweder die Anweisungen im Ja-Zweig oder im Nein-Zweig ausgeführt.

1.4.2.1 Vergleichsoperatoren und logische Operatoren

Zur Formulierung von Bedingungen können Vergleichsoperatoren und logische Operatoren benutzt werden.

Vergleichsoperatoren

Mithilfe von Vergleichsoperatoren können Ausdrücke miteinander verglichen werden. Ein Bedingungsausdruck wird zu einem Wert 0 (= false) oder ungleich 0 (= true) ausgewertet (Bsp.: if(x) ist wahr, wenn x nicht gleich 0).

Vergleichsoperatoren

Operator	Bedeutung
>	größer als (Rangfolge 7)
>=	größer als oder gleich (Rangfolge 7)
<	kleiner als (Rangfolge 7)
<=	kleiner als oder gleich (Rangfolge 7)
==	ist gleich (Vergleichsoperator Rangfolge 8)
!=	nicht gleich (ungleich Rangfolge 8)

Vor allem der Vergleichsoperator ist gleich (==) führt bei Programmieranfängern in C/C++ häufig zu Fehlern. Oft verwendet man anstelle des doppelten Gleichheitszeichens lediglich ein einfaches Gleichheitszeichen. Das einfache Ist-Gleich-Zeichen wird in C/C++ jedoch als Zuweisungsoperator verwendet.

```
Umsatz * 1.05 >= 100000.0
Auswahl == 'J'
Zahl != SuchZahl
```

Logische Operatoren
In vielen Fällen müssen komplexe Bedingungen formuliert werden, bei denen mehrere Bedingungen miteinander zu verknüpfen sind. Dazu können die logischen Operatoren NICHT, UND und ODER verwendet werden.

Logische Operatoren

Operator	Bedeutung	
!	Nicht:	kann einem Operanden oder Ausdruck zur Verneinung vorangestellt werden (Rangfolge 2)
&&	Und :	beide Bedingungen müssen wahr sein (Rangfolge 12)
||	Oder :	mindestens eine der beiden Bedingungen muss wahr sein (Rangfolge 13)

Der NICHT-Operator hat die Priorität 2, der UND-Operator die Priorität 12 und der ODER-Operator die Priorität 13. Wird in einer zusammengesetzten Bedingung sowohl mit UND als auch mit ODER verknüpft, so wird zunächst die UND-Verknüpfung überprüft und dann erst die ODER-Verknüpfung.

```
Umsatz > 1000.0 && Bezirk == 30
Auswahl == 'J' || Auswahl == 'j'
```

1.4.2.2 Arten von Auswahlstrukturen

Die Programmiersprache C/C++ stellt für die einseitige Auswahl die Anweisung if( ), für die zweiseitige Auswahl die Anweisungen if( )... else (auch für mehrseitige Auswahl als geschachtelte if( )...else...if( )...) und für die Fallunterscheidung die Anweisung switch( ) zur Verfügung.

Einseitige Auswahl
Das wesentliche Kennzeichen der einseitigen Auswahl ist, dass in Abhängigkeit vom Wahrheitsgehalt einer Bedingung entweder im Ja-Zweig oder im Nein-Zweig der Auswahlstruktur eine oder mehrere Anweisungen durchgeführt werden. Im Anschluss an diese Programmstruktur wird der Programmablauf wieder zusammengeführt.

Syntax der einseitigen Auswahl

Format 1: If-Anweisung

Syntax Format 1	if (Bedingungsausdruck) Anweisung;

Format 2: If-Anweisung

Syntax Format 2

```
if (Bedingungsausdruck)
{
    Anweisung1;
    Anweisung2;
    ...
}
```

Die Codierung der einseitigen Auswahl beginnt mit dem reservierten Wort if und dann folgt in runden Klammern ein Bedingungsausdruck. Nach der schließenden Klammer darf kein Semikolon stehen, ansonsten interpretiert C/C++ diese Auswahlstruktur als leere Anweisung und beendet mit dem Semikolon bereits diese Kontrollstruktur. Wenn im Ja-Zweig der einseitigen Auswahl nur eine Anweisung notwendig ist, kann man ohne geschweifte Klammern diese Anweisung codieren (Format 1). Aus Gründen der Übersichtlichkeit und zur besseren Dokumentation eines Programms ist es jedoch sinnvoll, auch bei einer Anweisung bereits den Kontrollblock in geschweifte Klammern zu setzen. Weiterhin ist es empfehlenswert, alle Anweisungen eines Blockes innerhalb der geschweiften Klammern um eine Tabulatorposition einzurücken. Falls die Tabulatorpositionen zu weit auseinanderliegen, kann man über die Menüpunkte Tools – Option – Editor-Optionen – Quelloptionen diese verändern.

Prinzipiell ist es möglich, dass bei der einseitigen Auswahl auch nur der Nein-Zweig der Auswahlstruktur verwendet wird. Dann muss man nach dem Kopf der Auswahlstruktur (if (Bedingungsausdruck)) das reservierte Wort else für den Beginn des Nein-Zweiges verwenden. Zur besseren Lesbarkeit des Programms sollte man aber die Bedingung verneinen, sodass nur der Ja-Zweig zu codieren ist.

Beispiel zur einseitigen Auswahl
Der bereits erwähnte Hardware-Großhändler liefert frei Haus, wenn die Bestellmenge bei mindestens zehn Mäusen liegt, bei einer geringeren Bestellmenge berechnet er eine Transportpauschale von 10,00 EUR. Zunächst wird die Variable für die Transportpauschale mit 0 initialisiert. Wenn die Bestellmenge weniger als zehn Mäuse beträgt, wird der Variablen ein neuer Wert zugewiesen.

Eingabedaten:	Anzahl der Mäuse, Preis je Maus
Ausgabedaten:	Nettowarenwert, Zufuhrpauschale, Nettobetrag, Mehrwertsteuerbetrag, Bruttobetrag

Die Abbildung zur einseitigen Auswahlstruktur zeigt die logische Struktur des Programms im Struktogramm und die zugehörige Codierung.

Auswahlstruktur (= bedingte Verzweigung, Alternative)
Kennzeichen: Der Programmablauf ist abhängig vom Wahrheitswert einer zu prüfenden Bedingung.

Einseitige Auswahl:

1. Abfrage mit Verzweigungsbedingung
2. Ja-Zweig und Nein-Zweig mit Operationen in nur einem der beiden Zweige
3. Zusammenführung der Zweige

Struktogramm (Nassi-Shneiderman-Diagramm)

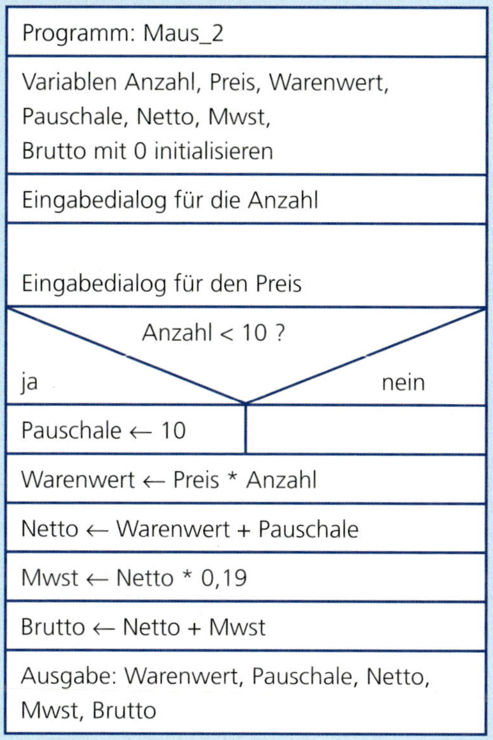

Codierung

```
#include …
int main()
{
   int Anzahl=0, Pauschale=0;
   double Preis=0.0, Warenwert=0.0,
   Netto=0.0, Mwst=0.0, Brutto=0.0;
   cout<<"Anzahl Maeuse eingeben: ";
   cin>>Anzahl;
   cout<<"Einzelpreis eingeben: ";
   cin>>Preis;
   if (Anzahl<10)
    Pauschale=10;

Warenwert=Preis*Anzahl;
Netto=Warenwert+Pauschale;
Mwst=Netto*0.19;
Brutto=Netto+Mwst;

cout<<endl<<"Nettowarenwert:"
<<Warenwert<<endl
<<"Transportpauschale: "<<Pauschale
<<endl<<"Nettobetrag: "<<Netto
<<endl<<"Mehrwertsteuer: "<<Mwst
<<endl<<"Bruttobetrag: "<<Brutto;
return 0;
}
```

6 AUFGABE

Es ist ein Programm GRAD.CPP zu erstellen, bei dem der Benutzer die aktuelle Temperatur eingibt. Wenn die Temperatur 30 Grad oder mehr beträgt, soll das Programm die Meldung ausgeben: „Heute ist ein schöner Tag. Viel zu schön, um zu arbeiten!"

7 AUFGABE

Schreiben Sie ein Programm GIRO.CPP, das die monatlichen Zinsen für ein Girokonto ermittelt und auf dem Bildschirm ausgibt. Es werden nur Zinsen vergütet, wenn der durchschnittliche Kontostand 2.000,00 EUR oder mehr beträgt. Ist dies der Fall, wird ein Zinssatz von 0,5 % p. a. gewährt. Einzugeben ist der durchschnittliche Kontostand.

Zweiseitige Auswahl
Bei der zweiseitigen Auswahl werden in Abhängigkeit vom Wahrheitsgehalt einer Bedingungsprüfung sowohl im Ja-Zweig als auch im Nein-Zweig der Auswahlstruktur eine oder mehrere Anweisungen ausgeführt. Im Anschluss an diese Programmstruktur wird der Programmablauf wieder zusammengeführt.

Syntax der zweiseitigen Auswahl

Zweiseitige Auswahl

Syntax

```
if (Bedingungsausdruck)
{
    Anweisung1;
    Anweisung2;
    ...
}
else
{
    Anweisung1;
    Anweisung2;
    ...
}
```

Die Codierung der zweiseitigen Auswahl beginnt mit dem reservierten Wort if und dann folgen in geschweiften Klammern die Anweisungen des Ja-Zweiges. Der Nein-Zweig beginnt mit dem reservierten Wort else und anschließend werden alle Anweisungen dieses Kontrollblockes ebenfalls in geschweiften Klammern codiert. Falls in einem Zweig der Auswahlstruktur nur eine Anweisung notwendig ist, kann man, wie schon erwähnt, auf die geschweiften Klammern verzichten.

Beispiel zur zweiseitigen Auswahl
Wegen eines Jubiläums bietet der Hardware-Großhändler Sonderkonditionen beim Kauf von 12 bzw. 24 Mäusen: Bei Abnahme von 12 Mäusen gewährt er einen Rabatt von 5 %, bei Abnahme von 24 Mäusen muss der Abnehmer nur 22 Stück bezahlen.

Im Unterschied zur einseitigen Auswahl sind Aktionen im Ja- und im Nein-Zweig erforderlich. Ist die Bedingung Anzahl = 12 wahr, wird im Ja-Zweig der Rabatt in Höhe von 5 % berechnet. Ist die Bedingung falsch (d. h. die Bestellung lautet 24 Mäuse), wird im Nein-Zweig der Rabatt in Abhängigkeit vom Stückpreis berechnet.

Eingabedaten: Anzahl der Mäuse (nur 12 oder 24 als Eingabe erlaubt), Preis je Maus

Ausgabedaten: Warenwert ohne Rabatt, Rabatt, Nettorechnungsbetrag, Mehrwertsteuerbetrag, Bruttorechnungsbetrag

Auswahlstruktur (= bedingte Verzweigung, Alternative)
Kennzeichen: Der Programmablauf ist abhängig vom Wahrheitswert einer zu prüfenden Bedingung.

Zweiseitige Auswahl:
1. Abfrage mit Verzweigungsbedingung
2. Ja-Zweig und Nein-Zweig mit verschiedenen Operationen in jedem der beiden Zweige
3. Zusammenführung der Zweige

Struktogramm (Nassi-Shneiderman-Diagramm)

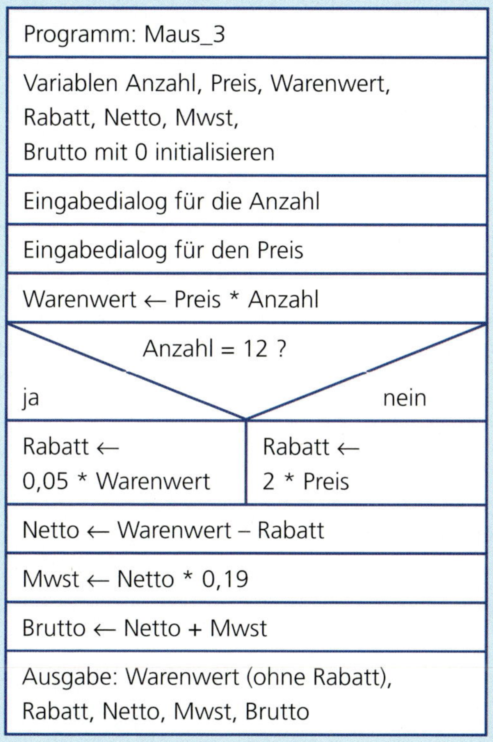

Codierung

```
#include …
int main()
{
  int Anzahl=0;
  double Preis=0.0, Warenwert=0.0,
  Netto=0.0, Rabatt=0.0, Mwst=0.0,
  Brutto=0.0;

  cout<<"Anzahl Maeuse eingeben: ";
  cin>>Anzahl;
  cout<<"Einzelpreis eingeben: ";
  cin>>Preis;

  Warenwert=Preis*Anzahl;

  if  (Anzahl==12)
    Rabatt=0.05*Warenwert;
  else
    Rabatt=2*Preis;
  Netto=Warenwert-Rabatt;
  Mwst=Netto*0.19;
  Brutto=Netto+Mwst;

  cout<<endl<<"Warenwert:"
  <<Warenwert<<endl
  <<"Rabatt: "<<Pauschale
  <<endl<<"Nettobetrag: "<<Netto
  <<endl<<"Mehrwertsteuer: "<<Mwst
  <<endl<<"Bruttobetrag: "<<Brutto;
  return 0;
}
```

AUFGABE 8

Schreiben Sie ein Programm PROV.CPP zur Ermittlung der Umsatzprovision von Verkäufern. Die Umsatzprovision ergibt sich aufgrund des erzielten Umsatzes. Verkäufer, die einen Umsatz unter 100.000,00 EUR erzielen, erhalten als Provision 5 % ihres Umsatzes. Verkäufer, die 100.000,00 EUR oder mehr Umsatz erreichen, erhalten 7,5 % des Umsatzes.

AUFGABE 9

Es ist ein Programm UEBERSTD.CPP zu erstellen, mit dem man den Bruttoarbeitslohn für einen Mitarbeiter berechnen kann. Für die Berechnung des Bruttolohnes bei Überstunden gilt folgende Regelung: Solange die Überstunden bis zu 10 % der monatlichen Sollstunden betragen, wird dem Mitarbeiter für jede Überstunde ein Überstundenzuschlag von 25 % seines Stundenlohnes zusätzlich vergütet. Übersteigen die Überstunden die 10 %-Grenze, so soll dem Mitarbeiter für jede Überstunde ein Zuschlag von 30 % gezahlt werden. Einzugebende Daten sind die Monatssollstunden, die Iststunden und der Stundenlohn.

Mehrseitige Auswahl

Bei der mehrseitigen Auswahl werden mehrere Auswahlstrukturen ineinander geschachtelt. Für die einzelnen Auswahlstrukturen gelten die Erläuterungen zur ein- und zweiseitigen Auswahlstruktur. Obwohl man prinzipiell Auswahlstrukturen tief schachteln kann, sollte man aus Gründen der Übersichtlichkeit nicht mehr als zwei oder drei Auswahlstrukturen ineinander verschachteln. Bei der Schachtelung von Strukturen ist die Verwendung von geschweiften Klammern und das Einrücken der einzelnen Kontrollblöcke besonders wichtig, um den Überblick über diese Strukturen zu behalten.

Syntax der mehrseitigen Auswahl

Mehrseitige Auswahl

Syntax

```
if (Bedingungsausdruck)
{
   Anweisung1;
   ...
}
else
{
   if (Bedingungsausdruck)
   {
      Anweisung1;
      ...
   }
   else
   {
      Anweisung1;
      ...
   }
}
```

Auch bei der mehrseitigen Auswahl gelten im Hinblick auf die Syntax dieser Struktur die Ausführungen zur zweiseitigen Auswahlstruktur.

Beispiel zur mehrseitigen Auswahl
Der Hardware-Großhändler führt für Wiederverkäufer neue Konditionen ein. Er wendet folgende Rabattstaffel an: Bei einem Bestellwert von weniger als 100,00 EUR gewährt er 10 % Rabatt, liegt der Bestellwert höher, jedoch nicht über 500,00 EUR, beträgt der Rabatt 15 %, in allen anderen Fällen liegt der Rabatt bei 20 %. Es gibt drei unterschiedliche Rabattsätze; zur Lösung des Problems werden zwei Auswahlstrukturen ineinander geschachtelt.

Eingabedaten: Anzahl der Mäuse, Preis je Maus

Ausgabedaten: Warenwert ohne Rabatt, Rabattsatz, Rabatt, Nettobetrag, Mehrwertsteuerbetrag, Bruttobetrag

Auswahlstruktur (= bedingte Verzweigung, Alternative)
Kennzeichen: Der Programmablauf ist abhängig vom Wahrheitswert einer zu prüfenden Bedingung.

Mehrseitige Auswahl:
1. Mehrere Abfragen zum gleichen „Thema"
2. Operationen in mindestens zwei Zweigen
3. Zusammenführung aller Zweige

Struktogramm (Nassi-Shneiderman-Diagramm)

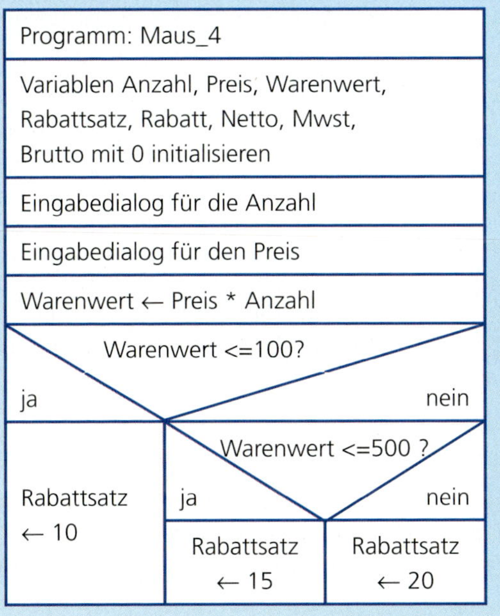

Codierung

```
#include …
int main()
{
  int Anzahl=0; Rabattsatz=0;
  double Preis=0.0, Warenwert=0.0,
  Netto=0.0, Rabatt=0;
  Mwst=0.0, Brutto=0.0;
  cout<<"Anzahl Maeuse eingeben: ";
  cin>>Anzahl;
  cout<<"Einzelpreis eingeben: ";
  cin>>Preis;
  Warenwert=Preis*Anzahl;
  if  (Warenwert<100)
    Rabattsatz=10;
  else
    if (Warenwert<=500)
      Rabattsatz=15;
    else
      Rabattsatz=20;
```

Rabatt ← Warenwert * Rabattsatz / 100
Netto ← Warenwert – Rabatt
Mwst ← Netto * 0,19
Brutto ← Netto + Mwst
Ausgabe: Warenwert (ohne Rabatt), Rabatt, Netto, Mwst, Brutto, Rabattsatz

```
Rabatt=Warenwert*Rabattsatz/100;

Netto=Warenwert-Rabatt;

Mwst=Netto*0.19;

Brutto=Netto+Mwst;

cout<<endl<<"Warenwert:"
<<Warenwert<<endl
<<"Rabatt: "<<Rabatt
<<endl<<"Nettobetrag: "<<Netto
<<endl<<"Mehrwertsteuer: "<<Mwst
<<endl<<"Bruttobetrag: "<<Brutto
<<endl<<"Rabattsatz :"<<Rabatt-
  satz;
return 0;
}
```

AUFGABE 10

Erstellen Sie ein Programm KSTAND.CPP, das aufgrund der Eingabe des Kontostandes ermittelt, ob das Konto ausgeglichen, im Soll oder im Haben geführt wird. Ausgegeben werden soll der jeweilige Zustand des Kontos („Konto ausgeglichen" etc.).

AUFGABE 11

Ein Bauartikelhändler gewährt seinen Kunden beim Kauf von Dachziegeln Mengenrabatt.

Rabattstaffel (Menge einschließlich):

Einkaufsmenge	Rabatt
bis 500 Stück	2 %
bis 1 000 Stück	5 %
darüber	10 %

Kunden mit einer Geschäftsbeziehung von mehr als zehn Jahren und einer Menge von mehr als 1.000 Stück erhalten einen zusätzlichen Rabatt von 5 %. Schreiben Sie ein Programm RABATT.CPP, das nach Eingabe des Preises/Stück, der Menge und der Dauer der Geschäftsbeziehung den Rabatt ermittelt und diesen ausgibt.

Fallunterscheidung

Bei der Fallunterscheidung (Mehrfachauswahl) ist – abhängig vom Ergebnis einer zu prüfenden Bedingung – genau ein Zweig mit Anweisungen auszuführen. Die Fallunterscheidung erhöht vor allem dann die Übersichtlichkeit, wenn viele Alternativen zur Auswahl stehen.

Struktogrammsymbol: Fallunterscheidung

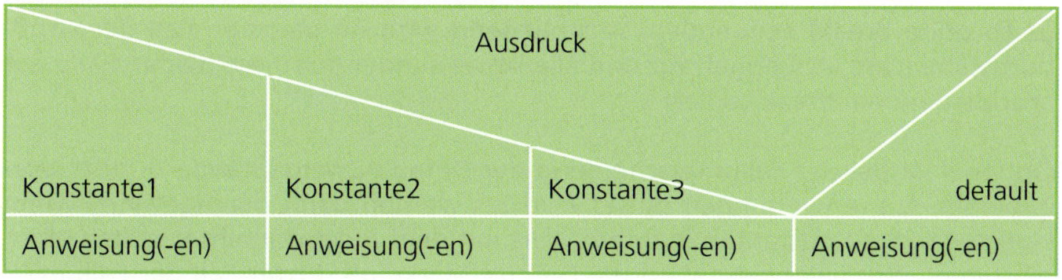

Switch-Anweisung

Syntax

```
switch (Ausdruck bzw. Variable)
{
case Konstante1:    {
                              Anweisung1;
                              Anweisung2;
                              ...
                    }
                    break;
case Konstante2:    {
                              Anweisung3;
                              Anweisung4;
                              ...
                    }
                    break;
default:            Anweisung n;
}
```

Die Fallunterscheidung in C/C++ beginnt mit dem reservierten Wort switch. In den folgenden runden Klammern kann ein Ausdruck oder eine Variable eines ganzzahligen Datentyps (z. B. int oder char) stehen. Komplexe Bedingungen können mit der Fallunterscheidung in C/C++ nicht codiert werden. Am Ende der ersten Zeile darf, wie bei den anderen Auswahlstrukturen, kein Semikolon stehen. Nun werden in geschweiften Klammern die Blöcke für die einzelnen Fälle codiert. Jeder Fall beginnt mit dem reservierten Wort case, danach muss eine ganzzahlige Konstante stehen. In geschweiften Klammern werden die Anweisungen eines Falles codiert. Falls nur eine Anweisung notwendig ist, kann man auf die geschweiften Klammern verzichten. Am Ende des Falles steht die Break-Anweisung, damit die Fallunterscheidung verlassen wird. Wenn der Wert des Ausdrucks hinter switch mit einer der Case-Konstanten übereinstimmt und die Break-Anweisung fehlt, werden alle nachfolgenden Fälle bis zum Ende der Switch-Anweisung bzw. bis zum nächsten break ausgeführt. Dies ist eine Besonderheit der Sprache C/C++. Bei den meisten anderen Programmiersprachen wird die Fallunterscheidung nach der Ausführung der Anweisungen eines Falles automatisch verlassen. Die Besonderheit bei der Ausführung von switch kann man aber auch sinnvoll nutzen, um eine Oder-Verknüpfung von zwei Konstanten vorzunehmen. Will man bei einer Menüauswahl beispielsweise Groß- und Kleinbuchstaben erlauben, so kann man im ersten Fall als Konstante den Kleinbuchstaben (case 'a':) ohne Anweisungen (auch ohne break) verwenden. Anschließend wird im nächsten Fall der Großbuchstabe (case 'A':) abgefragt und alle Anweisungen für diese beiden Fälle mit anschließendem break codiert.

Optional ist bei der Fallunterscheidung der Default-Zweig (Standard- oder Vorgabefall). Die Anweisungen dieses Zweiges werden dann durchgeführt, wenn keine der Case-Konstanten in ihrem Wert mit dem Ausdruck hinter switch übereinstimmt. Normalerweise wird die Default-Marke als letzter Fall der Fallunterscheidung codiert, sie kann aber auch an beliebiger Stelle in der Switch-Anweisung stehen.

Beispiel zur Fallunterscheidung
Der Hardware-Händler ändert seine Konditionen. Er gewährt seinen Kunden einen Treuerabatt. Hierfür hat er alle Kunden in Kategorien eingeteilt und gewährt folgende Rabatte:

Kategorie	Rabatt
1	10 %
2	12 %
3	15 %
4	20 %
5	30 %
andere	0 %

Das Problem ist auch hier mit der Schachtelung mehrerer Auswahlstrukturen lösbar. Bei sehr vielen Alternativen wird die mehrseitige Auswahl jedoch schnell unübersichtlich. Deshalb wird man in solchen Fällen als Kontrollstruktur die Fallunterscheidung verwenden.

Eingabedaten: Anzahl der Mäuse, Preis je Maus, Kundenkategorie

Ausgabedaten: Warenwert ohne Rabatt, Rabattsatz, Rabatt, Nettobetrag, Mehrwertsteuerbetrag, Bruttobetrag

Auswahlstruktur (= bedingte Verzweigung, Alternative)
Kennzeichen: Der Programmablauf ist abhängig vom Wahrheitswert einer zu prüfenden Bedingung.

Fallunterscheidung: Da die Codierung einer geschachtelten Auswahl schnell unübersichtlich wird, verwendet man bei mehreren gleichartigen Abfragen die Fallunterscheidung. Für unvorhergesehene Fälle oder Standardfälle ist die Codierung mit einem Fehlerausgang oder einer Standardoperation möglich.

Struktogramm (Nassi-Shneiderman-Diagramm)	Codierung

Programm: Maus_5
Variablen Anzahl, Preis, Warenwert, Rabattsatz, Rabatt, Netto, Mwst, Brutto, Kategorie mit 0 initialisieren
	`#include ...`
	`int main()`
	`{`
	`  int Anzahl=0, Rabattsatz=0,`
	`      Kategorie=0;`

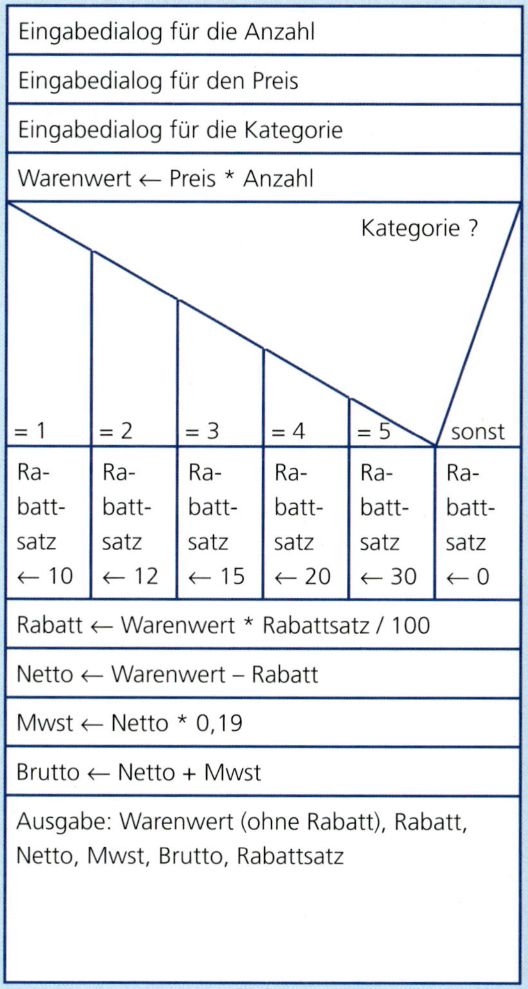


```
    double Preis=0.0, Warenwert=0.0,
           Netto=0.0, Rabatt=0.0,
           Mwst=0.0, Brutto=0.0;

    cout<<"Anzahl Maeuse eingeben: ";
    cin>>Anzahl;

    cout<<"Einzelpreis eingeben: ";
    cin>>Preis;
    cout<<"Kundenkategorie eingeben:
      ";
    cin>>Kategorie

    Warenwert=Preis*Anzahl;
    switch(Kategorie)
    {
      case 1: Rabattsatz=10; break;
      case 2: Rabattsatz=12; break;
      //entsprechend Fälle 3-5

      default:
        //keiner der vorangegangenen
        //Fälle trifft zu
        Rabattsatz=0;
  }
  Rabatt=Warenwert*Rabattsatz/100;
  Netto=Warenwert-Rabatt;
  Mwst=Netto*0.19;
  Brutto=Netto+Mwst;

  cout<<endl<<"Warenwert:"
  <<Warenwert<<endl
  <<"Rabatt: "<<Rabatt
  <<endl<<"Nettobetrag: "<<Netto
  <<endl<<"Mehrwertsteuer: "<<Mwst
  <<endl<<"Bruttobetrag: "<<Brutto
  <<endl<<"Rabattsatz :"<<Rabattsatz;
  return 0;
  }
```

AUFGABE 12

Erstellen Sie ein Programm ZINSEN.CPP zur Berechnung der Zinsen, des Kapitals, des Zinssatzes oder der Anlagedauer in Tagen. Dem Benutzer soll zunächst durch ein Menü die Möglichkeit der Auswahl gegeben werden, welche fehlende Größe zu berechnen ist. Bei falscher Eingabe (nicht existierender Menüpunkt) soll der Benutzer einen entsprechenden Hinweis erhalten. Die Berechnungen sollen mit der Tageszinsformel (Z = K * P * T / 100 / 360) erfolgen.

1.4.2.3 Entscheidungstabellen

Entscheidungstabellen eignen sich besonders zur Darstellung von komplexen Entscheidungsprozessen. Sie enthalten Verarbeitungsregeln logischer Strukturen. In DIN 66241 ist der Aufbau von Entscheidungstabellen festgelegt.

Beispiel zur Entscheidungstabelle:
Ein Softwareanbieter verkauft Software lediglich an Schüler, Lehrer und Studenten. Schulversionen werden nur verkauft, wenn eine Bescheinigung vorgelegt wurde. Bestellungen anderer Kunden werden abgelehnt. Die erste Lieferung an einen Kunden wird immer per Nachname durchgeführt. Ab der zweiten Bestellung erfolgt die Lieferung auf Rechnung.

Vollständige Entscheidungstabelle

Vollständige Entscheidungstabelle

	R1	R2	R3	R4	R5	R6	R7	R8
Bezugsberechtigt	J	J	J	J	N	N	N	N
Bescheinigung	J	J	N	N	J	J	N	N
1. Lieferung	J	N	J	N	J	N	J	N
Lieferung per Nachnahme	X							
Lieferung auf Rechnung		X						
Bescheinigung anfordern			X	X				
Bestellung ablehnen					X	X	X	X

Im oberen Teil der Entscheidungstabelle müssen die Bedingungen formuliert werden, die erfüllt (J) oder nicht erfüllt (N) sind (= Bedingungsanzeigeteil). In unserem Beispiel muss zunächst geklärt werden, ob der Kunde die Grundvoraussetzung für den Bezug von Schulversionen erfüllt, d. h. gehört er zur Gruppe der Schüler, Lehrer bzw. Studenten. In der zweiten Bedingung muss überprüft werden, ob der Kunde eine Bezugsbescheinigung vorgelegt hat. Im Aktionsteil wird festgelegt, welche Aktivität im jeweiligen Fall auszuführen ist. Der Aktionsteil besteht aus einer Aktionsbeschreibung (z. B. Lieferung per Nachnahme) und einem Aktionsanzeiger (x). Ist der Kunde beispielsweise bezugsberechtigt und hat eine Bescheinigung vorgelegt, so wird, sofern es sich um die 1. Lieferung handelt, die Ware per Nachnahme versandt (Regel 1). Bei allen weiteren Regeln müssen im Aktionsteil die entsprechenden Aktivitäten festgelegt werden.

Zur Überprüfung von Entscheidungstabellen gibt es mehrere Verfahren:

- Vollständigkeitsanalyse: Sind alle möglichen Regeln in der Tabelle berücksichtigt?
  Bei drei Bedingungen, die jeweils zwei Werte annehmen können, gibt es $2^3 = 8$ Regeln, bei vier Bedingungen $2^4 = 16$ Regeln. Allgemein gilt: Bei n Bedingungen mit zwei Ausprägungen existieren 2^n Regeln. Werden alle Regeln in einer Entscheidungstabelle dargestellt, so spricht man von einer formal vollständigen Entscheidungstabelle.
- Unlogische Regeln: Gibt es Bedingungskonstellationen, die unlogisch und daher unmöglich sind?
  Die Regeln 5, 6 und 7 sind unlogisch (Nicht Bezugsberechtigte können keine Bescheinigung vorlegen bzw. 1. Lieferung erhalten) und können daher gestrichen werden.
- Widerspruchsanalyse: Gibt es gleiche Bedingungskonstellationen, die zu unterschiedlichen Aktionen führen?

Entscheidungstabelle mit Widersprüchen

	R1	R2	R3
Bedingung 1	J	J	J
Bedingung 2	J	J	J
Bedingung 3	N	J	–
Aktion 1	X		X
Aktion 2		X	

Regel 2 führt zu Aktion 2, während Regel 3 in der Ausformung J – J – J zu Aktion 1 führt (Strich bedeutet J oder N). Dies ist ein Widerspruch. Da in unserem Beispiel nur unterschiedliche Bedingungskonstellationen enthalten sind, kann es keine Widersprüche geben.

- Redundanzanalyse: Gibt es identische Bedingungsanzeigen mit gleichen Aktionen?

Entscheidungstabelle mit Redundanz

	R1	R2	R3
Bedingung 1	J	J	J
Bedingung 2	J	J	J
Bedingung 3	–	J	N
Aktion 1	X	X	X
Aktion 2			

Löst man die komplexe Regel 1 in zwei einfache Regeln auf (1. J – J – J; 2. J – J – N), so erkennt man, dass die Regel R1 identisch ist mit den Regeln R2 und R3. Diese Redundanz kann man dadurch auflösen, dass die Regeln R2 und R3 gestrichen werden.

Wenn wir die vollständige Entscheidungstabelle zur Lieferung von Schulversionen gründlich analysieren, so stellen wir fest, dass bei den Regeln 3 und 4 die Überprüfung, ob es sich um die 1. Lieferung handelt, unerheblich ist, wenn keine Bescheinigung zur Bezugsberechtigung vorliegt. Deshalb können die Regeln 3 und 4 zur neuen Regel 3 zusammengefasst werden. Anstelle von J oder N wird im Bedingungsanzeigteil ein Strich (-) angegeben. Diesen Vorgang der Verdichtung bezeichnet man als Konsolidierung.

Konsolidierte Entscheidungstabelle

	R1	R2	R3	R4
Bezugsberechtigt	J	J	J	N
Bescheinigung	J	J	N	N
1. Lieferung	J	N	–	N
Lieferung per Nachnahme	X			
Lieferung auf Rechnung		X		
Bescheinigung anfordern			X	
Bestellung ablehnen				X

AUFGABE 13

Ein Unternehmen beschließt, seinen Mitarbeitern Belegschaftsaktien zu Vorzugskonditionen anzubieten. Für die Bezugsberechtigung werden folgende Konditionen festgelegt: Mitarbeiter mit einer Betriebszugehörigkeit von mehr als zehn Jahren können 20 Aktien beziehen. Bei einer Betriebszugehörigkeit von mehr als zwei Jahren können sie zehn Aktien erwerben. Mitarbeiter, die außertariflich bezahlt werden, und Mitarbeiter, die sich in einem gekündigten Arbeitsverhältnis befinden, sollen jedoch keine Aktien erhalten.
Erstellen Sie die vollständige Entscheidungstabelle. Führen Sie die Konsolidierung dieser Tabelle durch. Achten Sie dabei auch auf unlogische Regeln.

Zusammenfassende Übungen

Erstellen Sie für die beiden nächsten Übungen jeweils ein Struktogramm sowie die Codierung des Programms in C/C++. Wählen Sie bei den Auswahlstrukturen eine möglichst übersichtliche Form.

AUFGABE 14

Die Mitarbeiter der X-AG erhalten in diesem Jahr eine Prämie in Abhängigkeit ihres Vorjahreseinkommens und der Dauer ihrer Betriebszugehörigkeit.
Prämiensätze:

Betriebszugehörigkeit	Prämiensatz
0 bis unter 2 Jahren	5 %
2 bis unter 5 Jahren	10 %
5 bis unter 15 Jahren	15 %
15 und mehr Jahre	20 %

Erstellen Sie ein Programm PRAEMIE.CPP, das nach Eingabe des Vorjahreseinkommens und der Betriebszugehörigkeit die jeweilige Prämie ermittelt. Auf dem Bildschirm sollen die Eingabedaten und die Prämie ausgegeben werden.

15 AUFGABE

Berechnen Sie mithilfe eines Programms die Zinsen für eine Geldanlage. Als Eingabedaten werden der Geldbetrag und die Anlagedauer in Tagen benötigt. Der Zinssatz variiert in Abhängigkeit des Geldbetrags und der Anlagedauer:

Betrag	30 Tage	60 Tage	90 Tage
<100.000,00 EUR	3,25 %	3,30 %	3,35 %
>=100.000,00 EUR	3,30 %	3,35 %	3,50 %

Die Berechnung soll nach der kaufmännischen Zinsformel erfolgen. Werden andere als die drei vorgegebenen Anlagedauern (30/60/90 Tage) eingegeben, soll das Programm ANLAGE.CPP mit dem Hinweis „Anlagedauer von xx Tagen leider nicht möglich" (xx steht hierbei für die eingegebene Anlagedauer) die Berechnung abbrechen.

1.4.3 Wiederholungsstrukturen

In den bisherigen Beispielen mussten Anweisungen entweder einmal oder gar nicht ausgeführt werden. Häufig ist es aber notwendig, bestimmte Programmteile mehrfach auszuführen. Zu diesem Zweck gibt es Wiederholungsstrukturen. Eine Wiederholungsstruktur, meist als Schleife oder Iteration bezeichnet, besteht aus einer Folge von Anweisungen, die mehrfach durchlaufen werden kann. Ihrem Aufbau nach unterteilt man die Schleife in den Schleifenkopf und den Schleifenrumpf. Der Schleifenkopf enthält die Kontrollinformation für die Anzahl der Schleifendurchläufe; die mehrfach zu durchlaufende Anweisungsfolge heißt Schleifenrumpf. Will man zwei Anweisungen beispielsweise dreimal durchführen, könnte man in einer linearen Struktur die Anweisungen mehrfach hintereinander codieren. Einfacher und flexibler ist es aber, die beiden Anweisungen in einer Schleife nur einmal zu codieren und im Schleifenkopf die Bedingung für die Anzahl der Schleifendurchläufe festzulegen.

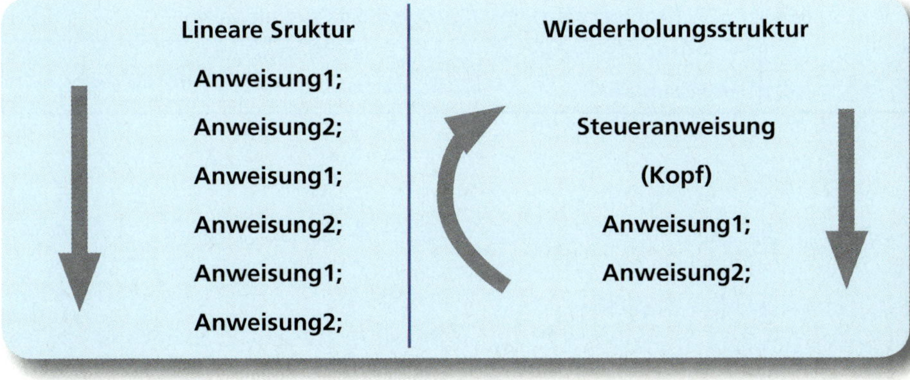

Schleifentypen

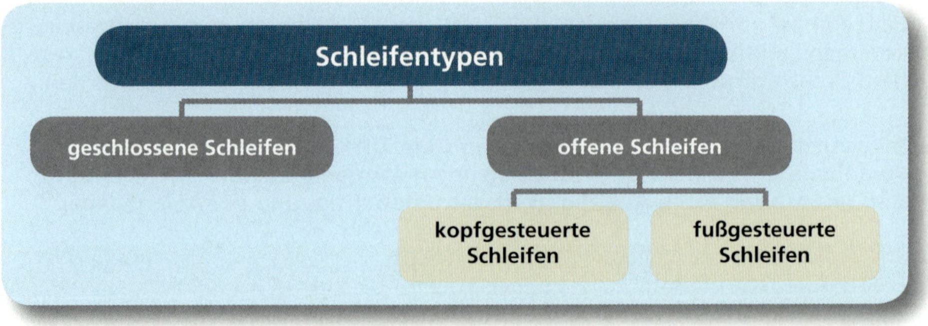

1. Die geschlossene Schleife: Bei dieser Schleife steht die Anzahl der Durchläufe zum Zeitpunkt des Eintritts in den Schleifenrumpf in der Codierung bereits fest. Vielfach wird diese Schleife auch als Zählerschleife bezeichnet. Die Programmiersprache C/C++ verwendet für diesen Schleifentyp die For-Anweisung.

2. Die offene Schleife: Im Gegensatz zur geschlossenen Schleife steht bei der offenen Schleife die Anzahl der Durchläufe zum Zeitpunkt des Eintritts in den Schleifenrumpf in der Codierung noch nicht fest. Die Überprüfung des Abbruchkriteriums kann zu zwei unterschiedlichen Zeitpunkten stattfinden. Findet sie vor Eintritt in den Schleifenrumpf statt, spricht man von einer kopfgesteuerten oder abweisenden Schleife. Findet sie nach Durchlauf des Schleifenrumpfs statt, handelt es sich um eine fußgesteuerte oder nicht abweisende Schleife.
   - Für eine kopfgesteuerte Schleife stellt die Programmiersprache C/C++ die While-Anweisung zur Verfügung.
   - Die fußgesteuerte Schleife realisiert man in der Programmiersprache C/C++ mittels der Do-While-Anweisung.

Geschlossene Schleife

Wie schon oben erwähnt, ist das Kennzeichen einer geschlossenen Schleife, dass die Anzahl der Durchläufe zum Zeitpunkt des Eintritts in den Schleifenrumpf in der Codierung bereits feststeht. Um eine solche Schleife zu realisieren, verwendet man in C/C++ die For-Schleife.

Die geschlossene Schleife wird in einem Struktogramm entsprechend der folgenden Abbildung dargestellt.

Struktogrammdarstellung: Geschlossene Schleife

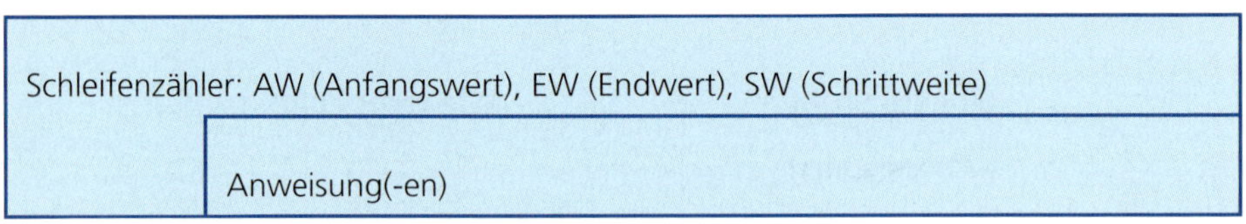

Syntax der geschlossenen Schleife

For-Schleife

Syntax	

	for ([Initialisierungsausdruck]; [Bedingungsausdruck];
	[Reinitialisierungsausdruck])
	{
	Anweisung1;
	Anweisung2;
	...
	}

Die Codierung der geschlossenen Schleife beginnt mit dem reservierten Wort for. Der Schleifenkopf enthält in runden Klammern – jeweils durch Semikolon getrennt – drei Ausdrücke:

1. Initialisierungsausdruck: Hier wird z. B. die Zählvariable auf einen Initialwert gesetzt. Diese Initialisierung wird lediglich beim ersten Durchlauf der Schleife ausgeführt.

2. Bedingungsausdruck: Im Bedingungsausdruck wird die Schleifenbedingung auf ihren Wahrheitswert geprüft. Ist die Bedingung erfüllt, so werden alle Anweisungen im Schleifenrumpf ausgeführt.

3. Reinitialisierungsausdruck: Mit dem dritten Ausdruck des Schleifenkopfes wird die Zählvariable reinitialisiert, d. h. auf einen neuen Wert gesetzt. Im Regelfall handelt es sich hierbei um ein Inkrementieren (= Erhöhen um 1 z. B. i ++) oder Dekrementieren (= Verringern um 1 z. B. i ––) des Schleifenzählers.

Solange die Bedingungsüberprüfung den Wahrheitswert true liefert, wird die Schleife weiter durchlaufen. Ergibt die Überprüfung der Bedingung einen Wert von 0 (= false), so wird die Schleife verlassen und die nächste Anweisung nach dem Schleifenkonstrukt durchgeführt.
Sofern in der Wiederholungsstruktur mehrere Anweisungen notwendig sind, muss der Anweisungsblock in geschweiften Klammern stehen. Ist jedoch lediglich eine Anweisung mehrfach durchzuführen, so kann man auf die Klammern verzichten.

Beispiel zur geschlossenen Schleife
Es soll ein Programm zur Zinsberechnung erstellt werden, mit dem man für einen einzugebenden Anlagebetrag die Jahreszinsen mit Zinssätzen von 1 %–5 % ermitteln kann. Die Berechnung und Ausgabe der Zinsen erfolgt in einer Schleife, die 5-mal durchlaufen wird (Zinssätze 1, 2, 3, 4 und 5 %). Die folgende Abbildung zeigt die Logik und Codierung für diese Problemstellung.

Wiederholungsstruktur (= Repetition, Iteration)
Kennzeichen: Wiederholungsstrukturen führen zu Programmschleifen, die mehrmals durchlaufen werden können.

Geschlossene Schleife: Die Anzahl der Schleifendurchläufe ist bereits in der Codierung festgelegt.

Struktogramm (Nassi-Shneiderman-Diagramm)	Codierung

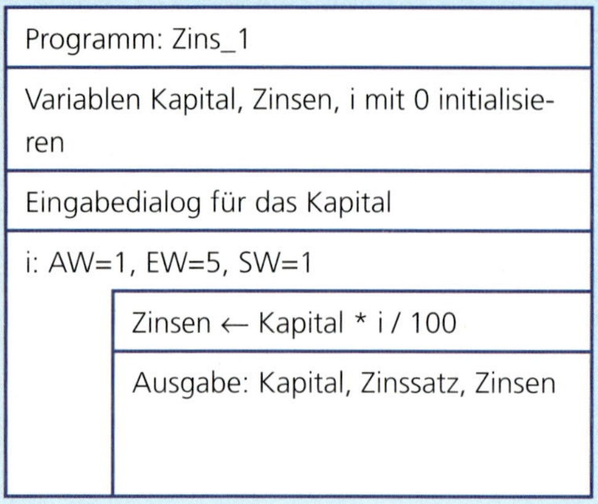


```
#include ...
int main()
{
  int i=0;
  double Kapital=0.0, Zinsen=0.0;
  cout<<"Kapital eingeben: ";
  cin>>Kapital;
  for  (i=1;i<=5;i++)
  {
    Zinsen=Kapital*i/100;
    cout<<endl<<"Kapital: "<<Kapi-
    tal
    <<" Zinssatz: "<<i<<" Zinsen: "
    <<Zinsen;
  }
  return 0;
}
```

AUFGABE 16

Es ist ein Programm ZINSESZINS.CPP zu erstellen, mit dem man mit der kaufmännischen Zinsformel unter Berücksichtigung von Zinseszinsen das Endkapital nach einer vom Benutzer einzugebenden Laufzeit berechnen kann. Am Ende eines Jahres werden die Zinsen dem jeweiligen Kapital zugeschlagen. Der sich daraus ergebende Betrag wird dann im nächsten Jahr verzinst usw.
Eingabewerte: Kapital, Zinssatz und Laufzeit
Ausgabewert: Kapital am Ende der Laufzeit

AUFGABE 17

Die Beschaffung und Lagerhaltung von Roh-, Hilfs- und Betriebsstoffen verursacht Kosten, deren Höhe von der Einkaufsmenge abhängig ist. Für eine kostenoptimale Beschaffung und Lagerhaltung ist es wichtig, die Gesamtkosten zu minimieren. Die Kosten können Sie mit folgenden Kostenfunktionen berechnen:

- **Lagerkosten** (LK):
  LK = m / 2 * k
- **Bestellkosten** (BK):
  BK = KFB * JB / m
  LK: Lagerkosten pro Jahr
  k : Lagerkosten pro Stück und Jahr (für den durchschnittlichen Bestand)

BK: Bestellkosten pro Jahr
KFB: Kosten einer Bestellung (bestellfixe Kosten)
JB: Jahresbedarf
m: Bestellmenge

Ermitteln Sie in einer Zählschleife, beginnend bei einer Bestellmenge von 10 Stück, die Lager-, die Bestell- und die Gesamtkosten und geben Sie die Werte tabellarisch auf dem Bildschirm aus. Erhöhen Sie nach jedem Durchlauf der Schleife die Bestellmenge um 10 Stück, bis die Bestellmenge den Jahresbedarf erreicht hat.

Eingabedaten: Jahresbedarf in Stück (JB), Kosten einer Bestellung in EUR (KFB), Lagerkosten pro Stück und Jahr in EUR (k)

Ausgabedaten: Bestellmenge, Lagerkosten, Bestellkosten, Gesamtkosten

Das Programm ist unter dem Namen BESTELLMENGE.**CPP** zu speichern.

Offene Schleife

Bei der offenen Schleife ist die Anzahl der Schleifendurchläufe beim Eintritt in den Wiederholungsteil noch nicht festgelegt. In Abhängigkeit von der bei jedem Schleifendurchlauf durchgeführten Bedingungsprüfung wird die Schleife entweder nochmals durchlaufen oder beendet und die Programmausführung mit der nächsten Anweisung nach der Schleife fortgesetzt.

Offene kopfgesteuerte Schleife

Die While-Schleife ermöglicht die wiederholte Ausführung von Anweisungen, solange die im Bedingungsausdruck spezifizierte Bedingung erfüllt ist. Auch bei der offenen, kopfgesteuerten Schleife erfolgt die Bedingungsprüfung beim Eintritt in die Schleife.

Solange <Bedingung>	
	Anweisung(-en)

Struktogrammdarstellung: Offene kopfgesteuerte Schleife

Syntax der offenen kopfgesteuerten Schleife

Syntax

```
while     (Bedingungsausdruck)

{
    Anweisung1;
    Anweisung2;
    ...
}
```

While-Anweisung

Die Codierung der while-Schleife beginnt mit dem reservierten Wort while. In runden Klammern folgt ein Bedingungsausdruck, dessen Wahrheitswert zu Beginn eines jeden Schleifendurchlaufs überprüft wird. Sofern die Bedingung wahr ist, werden die Anweisungen im Schleifenrumpf ausgeführt. Es ist darauf zu achten, dass vor Eintritt in die While-Schleife die Kontrollvariable für die Schleifenbedingung initialisiert wird. Beispielsweise soll ein Programm erstellt werden, mit dem man eine beliebige Anzahl von Zahlen addieren kann. Wird die Zahl 0 eingegeben, dann ist die Eingabe zu beenden. Damit die Schleife durchlaufen werden kann, muss entweder die entsprechende Variable zur Schleifensteuerung explizit mit einem Wert ungleich 0 belegt werden oder es muss eine Eingabe der Variablen vor Eintritt in die Schleife erfolgen. Im Schleifenrumpf muss schließlich eine Modifikation der Kontrollvariablen, z. B. durch erneute Eingabe oder eine Zuweisung erfolgen. Für die Verwendung der While-Anweisung gelten ansonsten die Erläuterungen, die bereits für die Auswahlstrukturen oder für die For-Anweisung dargestellt wurden (z. B. Klammerung der Anweisungen).

Beispiel zur offenen kopfgesteuerten Schleife
Ein Lottospieler hat 1 Million EUR gewonnen. Das Geld legt er zu 4 % p. a. an und er lässt sich eine monatliche Rente von 5.000,00 EUR (d. h. jährlich 60.000,00 EUR) zahlen. Für welchen Zeitraum (auf volle Jahre gerundet) kann er sich diese Rente auszahlen lassen?

Wiederholungsstruktur (= Repetition, Iteration)
Kennzeichen: Wiederholungsstrukturen führen zu Programmschleifen, die mehrmals durchlaufen werden können.

Offene Schleife:	Die Anzahl der Schleifendurchläufe ist zum Zeitpunkt des Eintritts in den Wiederholungsteil in der Codierung nicht festgelegt.
Abweisende Schleife:	Die Schleifenabfrage befindet sich vor dem Schleifenkörper (kopfgesteuerte Schleife, While-Schleife).

Struktogramm (Nassi-Shneiderman-Diagramm)

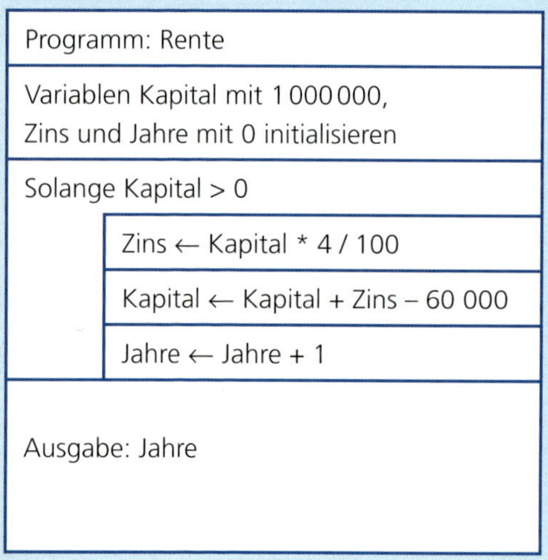

Codierung

```
#include …
int main()
{
  double Kapital=1000000, Zins=0;
  int Jahre=0;
  while (Kapital>0)
  {
     Zins=Kapital*4/100;

     Kapital=Kapital+Zins-60000;
     Jahre++;
  }
```

```
    cout<<"Die Rente kann "<<Jahre
    << " Jahre gezahlt werden.";

    return 0;
}
```

18 AUFGABE

Mit dem Programm QUERSUMME.CPP soll die Quersumme einer einzugebenden ganzen Zahl berechnet werden. Zur Ermittlung des Wertes der einzelnen Stellen können Sie den Modulo-Operator „ %" verwenden. Der Modulo-Operator liefert den ganzzahligen Rest einer Ganzzahldivision (z. B. 86 % 10 = 6).

19 AUFGABE

Entwickeln Sie ein Programm MILLION.CPP, das die Anzahl der Jahre errechnet, die man warten muss, bis man aufgrund einer einmaligen Einlage und eines konstanten Zinssatzes Millionär geworden ist.

20 AUFGABE

Für die Berechnung des Endkapitals eines Sparplans mit verschiedenen Laufzeiten ist ein Programm SPARPLAN.CPP zu entwickeln. Das Anfangskapital und die Laufzeit in Jahren sind über die Tastatur einzugeben. Der Zinssatz ist nach der Laufzeit gestaffelt:

Laufzeit	Zinssatz
bis 2 Jahre	2,8 % p. a.
über 2 bis 10 Jahre	3,8 % p. a.
über 10 Jahre	4,5 % p. a.

Es soll das Endkapital berechnet und mit zwei Nachkommastellen ausgegeben werden. Das Programm soll beliebig viele Zinsberechnungen ermöglichen (Abbruchbedingung: Anfangskapital = 0).

Die Formel für die Berechnung des Endkapitals lautet:
Endkapital = Anfangskapital * (1 + Zinssatz /100) ^{Laufzeit}
Hinweis: Zur Potenzierung können Sie die Funktion pow() verwenden.

Auszug aus der englischen Hilfe des C++Builders zur Funktion pow():

Header File: math.h
Category: Math Routines
Syntax
#include <math.h>
double pow(double x, double y);
long double powl(long double x, long double y);
Description: Calculates x to the power of y.
powl is the long double version; it takes long double arguments and returns a long double result.
Return Value: On success, pow and powl return the value calculated of x to the power of y.

Offene fußgesteuerte Schleife

Im Gegensatz zu den beiden vorher dargestellten Schleifen erfolgt bei der fußgesteuerten Schleife (Repeat-Until-Schleife) die Bedingungsprüfung erst am Ende der Schleife. Dies hat zur Folge, dass eine fußgesteuerte Schleife mindestens einen Schleifendurchlauf hat.

Struktogrammdarstellung: Fußgesteuerte Schleife

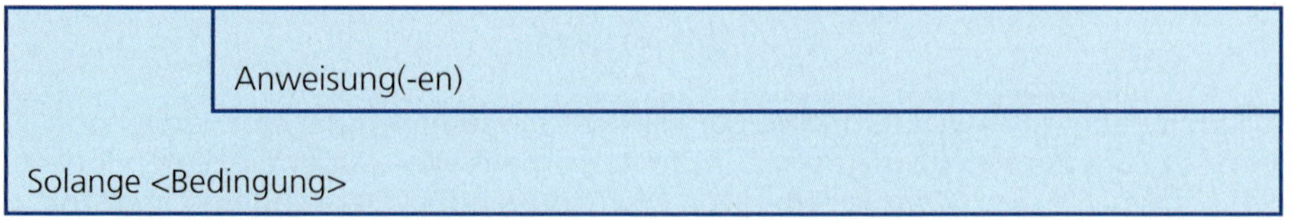

Syntax der fußgesteuerten Schleife

Do-While-Anweisung

Syntax

```
do
{
        Anweisung1;
        Anweisung2;
        ...
}
while (Bedingungsausdruck);
```

Die Codierung der Do-While-Schleife beginnt mit dem reservierten Wort do. In geschweiften Klammern wird der Schleifenrumpf mit den Anweisungen codiert. Danach folgt das reservierte Wort while und in runden Klammern der Bedingungsausdruck. Es ist darauf zu achten, dass diese Zeile (= Schleifenfuß) mit einem Semikolon abgeschlossen werden muss.

Da die Do-While-Schleife auf alle Fälle mindestens einmal durchlaufen wird, muss keine Initialisierung der Kontrollvariablen vor dem Schleifeneintritt erfolgen. Es ist jedoch darauf zu achten, dass im Schleifenrumpf eine Reinitialisierung (Modifizierung) der Kontrollvariablen stattfindet.

Beispiel zur offenen fußgesteuerten Schleife

Ein Versicherungsvertreter möchte mit einem Programm seine Vertreterprovision für alle in einem Monat abgeschlossenen Versicherungsverträge berechnen. Er erhält pro Abschluss 50,00 EUR sowie zusätzlich 1 % der Versicherungssumme. Beendet werden soll die Eingabe, wenn der Vertreter als Versicherungssumme 0 eingibt. Die Logik sowie die Codierung des Problems lässt sich aus der folgenden Abbildung erkennen.

Wiederholungsstruktur (= Repetition, Iteration)

Kennzeichen: Wiederholungsstrukturen führen zu Programmschleifen, die mehrmals durchlaufen werden können.

Offene Schleife:	Die Anzahl der Schleifendurchläufe ist zum Zeitpunkt des Eintritts in den Wiederholungsteil in der Codierung nicht festgelegt.
Nichtabweisende Schleife:	Die Schleifenabfrage wird nach dem Schleifenkörper durchgeführt (fußgesteuerte Schleife, Repeat-until-Schleife)

Struktogramm (Nassi-Shneiderman-Diagramm)

Programm: Vpraemie
Variablen Betrag, Summe, Praemie, Anzahl, mit 0 initialisieren
Eingabedialog für Betrag
Summe ← Summe + Betrag
Anzahl ← Anzahl + 1
Solange Betrag <> 0 (oder: Bis Betrag = 0)
Praemie ← (Anzahl – 1) * 50 + Summe * 1 / 100
Ausgabe: Praemie

Codierung

```
#include …
int main()
{
  double Betrag=0, Summe=0, Prae-
    mie=0;
  int Anzahl=0;
do
{
    cout<<"Versicherungsbeitrag "
    <<"eingeben (Ende mit 0): ";
    cin>>Betrag;
    Summe=Summe+Betrag;
    Anzahl++;
  }
  while (Betrag!=0);
  Praemie=(Anzahl-1)*50+Sum-
    me*1/100;
  cout<<"Die Praemie betraegt: "
  <<Praemie;
  return 0;
}
```

21 AUFGABE

Ein Unternehmen, das heute einen Umsatz von 500.000,00 EUR erzielt, möchte seinen Umsatz verdoppeln. Es wird mit einem jährlichen Umsatzzuwachs von 8 % gerechnet. Nach wie vielen Jahren hat das Unternehmen sein Ziel erreicht? Speichern Sie das Programm unter dem Namen UMSATZWACHSTUM.CPP ab.

22 AUFGABE

Schreiben Sie ein Programm RECHNER.CPP, das die Grundrechenarten beherrscht. Der Benutzer soll zunächst den 1. Operanden, dann die Operation (+-*/) und abschließend den 2. Operanden eingeben können. Nach Ausgabe des Ergebnisses soll der Benutzer gefragt werden, ob er eine weitere Berechnung durchführen möchte. Gibt er ein „N" oder „n" ein, soll das Programm beendet werden.

AUFGABE 23

Schreiben sie ein Programm AFA.CPP, das eine Abschreibungstabelle erstellt. Der Abschreibungsbetrag soll nach der linearen Methode berechnet werden. Das Anlagegut ist vollständig abzuschreiben (Restwert = 0). Die Eingabedaten sind der Anschaffungswert und die Nutzungsdauer in Jahren.

1.4.4 Pseudo-Code

In einem Struktogramm wird die Programmlogik grafisch dargestellt. Bevor man die Codierung erstellt, gibt es die Möglichkeit, in einem Zwischenschritt Pseudo-Code zu erzeugen. Unter Pseudo-Code versteht man eine Schreibweise, die aus Schlüsselwörtern von Programmiersprachen (z. B. IF, THEN, WHILE) und Ausdrücken in natürlicher Sprache (z. B. Addiere Zahl zu Summe) besteht. Dadurch soll die endgültige Codierung erleichtert werden. Es gibt sogar Softwareentwicklungswerkzeuge, die Pseudo-Code direkt in die Anweisungen einer Programmiersprache übersetzen können.

Schlüsselwörter: Pseudo-Code

Struktur	Pseudo-Code	Erläuterung
Programmstruktur	BEGIN END	Programmanfang Programmende
Auswahlstruktur	IF Ausdruck THEN Anweisungen Ja-Zweig ELSE Anweisungen Nein-Zweig ENDIF	Beginn Auswahlstruktur Beginn Ja-Zweig Beginn Nein-Zweig Ende Auswahlstruktur
Fallunterscheidung	CASE Ausdruck WHEN Marke Fall1 Anweisungen WHEN ... ENDCASE	Beginn CASE-Struktur Beginn 1. Fall Anweisungen 1. Fall Beginn nächster Fall Ende CASE-Struktur
Wiederholungsstrukturen	WHILE Ausdruck LOOP Anweisungen ENDLOOP REPEAT Anweisungen UNTIL Ausdruck	Beginn kopfgesteuerte Schleife Beginn Anweisungen Anweisungen der Schleife Ende der Schleife Beginn fußgesteuerte Schleife Anweisungen der Schleife Ende der Schleife
Aufruf Unterprogramm	UPNAME (Parameter)	Aufruf des Unterprogramms/ der Funktion mit Parameterübergabe

In einem Programm soll die Summe von beliebig vielen Zahlen ermittelt werden. Die Eingabe der Zahlenfolge soll mit Eingabe der Zahl 0 beendet werden.

```
BEGIN
    Initialisiere Zahl mit 1 und Summe mit 0
    WHILE Zahl <> 0
    LOOP
        Eingabe    Zahl
        IF Zahl <> 0
        THEN Summe  = Summe  + Zahl
        ENDIF
    ENDLOOP
    Ausgabe Summe
END
```

24 AUFGABE

Es soll ein Programm erstellt werden, mit dem man eine Rabattberechnung vornehmen kann. Dabei werden den Kunden aufgrund der Dauer der Geschäftsbeziehung folgende Rabattsätze eingeräumt:

Dauer der Geschäftsbeziehung	Rabattsatz
2 bis 5 Jahre	10 %
6 bis 10 Jahre	20 %
mehr als 10 Jahre	25 %

Die Rabattberechnung soll beliebig oft wiederholt werden können. Durch die Eingabe von 0 als Nettobetrag ist das Programm zu beenden. Für die Codierung liegt bereits folgender Pseudo-Code vor:

```
BEGIN
   Initialisiere Rabattsatz, Rabatt, Rechnungsbetrag, Nettobe-
    trag mit 0
   WHILE Nettobetrag <> 0
   LOOP
       Eingabe  Nettobetrag
       Eingabe  Rabattsatz
       IF Dauer <= 5
       THEN Rabattsatz = 10
       ELSE IF Dauer <= 10
           THEN Rabattsatz = 20
         ELSE Rabattsatz = 25
         ENDIF
      ENDIF
      Rabatt = Nettobetrag * Rabattsatz
      Rechnungsbetrag = Nettobetrag + Rabatt
      Ausgabe Rabatt
      Ausgabe Rechnungsbetrag
   ENDLOOP
   Lösche Bildschirm
END
```

Das Programm enthält noch logische Fehler. Korrigieren Sie die Fehler im Pseudo-Code.

1.4.5 Debuggen im C++Builder

Je umfangreicher und komplexer die zu erstellenden Anwendungen sind, desto schwieriger wird es, die Anwendung sofort fehlerfrei zu entwickeln. Die meisten Systeme stellen dem Entwickler deshalb in der Entwicklungsumgebung (IDE = Integrated Development Environment) einen Debugger zur Verfügung. Ein Debugger ist ein Testhilfeprogramm, mit dem man beispielsweise ein Programm schrittweise durchlaufen kann (= Tracing) und mit dem man sich Inhalte von Variablen zur Laufzeit des Programms anschauen kann. So ist es möglich, logische Fehler oder Laufzeitfehler eines Programms herauszufinden. Anhand des Programms FEHLER.CPP sollen die Möglichkeiten des integrierten Debuggers dargestellt werden.

Um ein Programm zu debuggen, müssen Sie erst die Projektoptionen dieser Anwendung verändern. Wählen Sie den Menüpunkt Projekt – Optionen aus. Hier müssen Sie die Build-Konfiguration auf alle Konfigurationen setzen und dann den Button Konfigurationen anklicken. Markieren Sie den Eintrag Debug_Build und aktivieren Sie diese Konfiguration. Ihr Projekt ist nun für das Debuggen konfiguriert.

Debug-Konfiguration

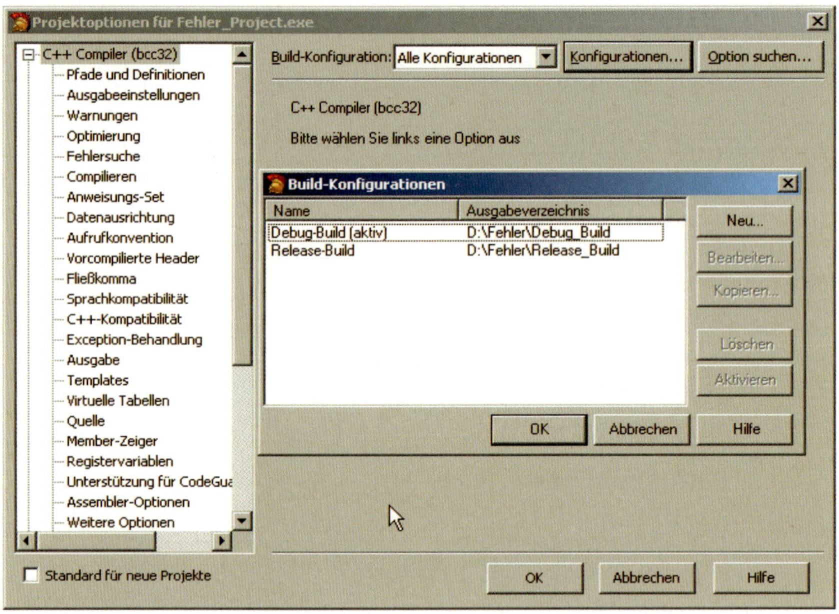

Um den Programmablauf an einer bestimmten Stelle anzuhalten, muss man einen Haltepunkt setzen. Dazu positioniert man den Cursor in die Zeile, in der der Haltepunkt gesetzt werden soll und aktiviert über das Menü Start – Haltepunkt hinzufügen – Quelltexthaltepunkt (Zeilennummer eingeben) einen Haltepunkt oder man klickt im Quelltexteditor auf der linken Spalte neben die entsprechende Quelltextzeile. Es erscheint in dieser Spalte ein rot markierter Haltepunkt. Wird das

Programm gestartet, so werden zunächst alle Anweisungen bis zu diesem Haltepunkt ausgeführt und dann erscheint der Quelltext der Unit. Die nächste auszuführende Anweisung ist markiert (= unterlegt) und man kann nun beispielsweise entweder mit der Tastenkombination Umsch + F7 oder mit der Funktionstaste F8 schrittweise die nächsten Quelltextzeilen ausführen. Mit Umsch + F7 werden auch alle aufgerufenen Funktionen Schritt für Schritt ausgeführt, mit der Taste F8 wird lediglich der Quelltext der aktiven Unit schrittweise ausgeführt.

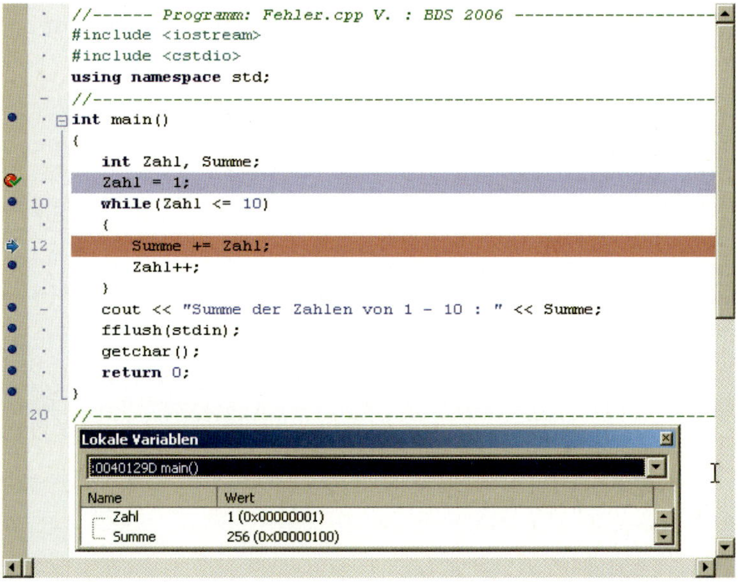

Quellcode mit Haltepunkt im Debugger

Durch das Tracing eines Programms lässt sich zum Beispiel erkennen, welche Anweisungen durchgeführt werden (wird eine Schleife durchlaufen oder welcher Zweig einer Auswahlstruktur wird ausgeführt). Entspricht die Ausführung des Programms nicht den Erwartungen, so liegt das häufig an falsch formulierten Bedingungen oder an fehlerhaften Inhalten von Variablen. Um dazu Überprüfungen vornehmen zu können, muss man sich oft den Inhalt von Variablen ansehen. Im IDE-Fenster „Lokale Variablen" können Sie sich den aktuellen Inhalt der lokalen Programmvariablen ansehen. Es besteht auch die Möglichkeit, den Cursor auf die Bezeichnung einer Variablen im Quelltext zu setzen und dann erscheint ein Kurzhinweis mit dem Inhalt der Variablen in einem Rechteck unter dem Mauszeiger. Wenn man in den Quelltexteditor zurückkehren will, um Programmänderungen vorzunehmen, sollte man das Programm über den Menüpunkt Start – Programm abbrechen beenden. Haben Sie die Fehler behoben, so müssen Sie den Haltepunkt wieder löschen. Durch Anklicken des Symbols eines Haltepunktes im Quelltexteditor wird der Haltepunkt wieder gelöscht und das Programm kann ohne Unterbrechung ausgeführt und getestet werden.

Bei fehlerhaften Programmen kann es sogar zu Programmabstürzen (C++Builder reagiert nicht mehr) kommen. Deshalb sollte man vor der Ausführung den Quellcode speichern. Mit dem Menüpunkt Tools – Optionen – Umgebungsoptionen können Sie den Vorgang automatisieren. Auf der Registerkarte Präferenzen können Sie in den Optionen für Autospeichern das Kontrollkästchen Editordateien auswählen. Nun werden alle geänderten Dateien beim Start des Programms automatisch gespeichert.

Zusammenfassende Übungen

Während die bisherigen Beispiele und Übungen recht einfach aufgebaut und die Lösungsstrukturen im Wesentlichen bereits festgelegt waren, sollen nun zwei etwas schwierigere Übungen gelöst werden. Für diese Beispiele gibt es keine einheitlichen Lösungen. Viele Probleme können mit unterschiedlicher Logik gelöst werden. Versuchen Sie, bevor Sie mit der Codierung beginnen, zunächst die logische Struktur des Programms in einem Struktogramm darzustellen.

AUFGABE 25

Bei einem Annuitätendarlehen (Tilgungs- oder Amortisationsdarlehen) erbringt der Kreditnehmer jährlich gleichbleibende Leistungen (= Annuität). Während der Laufzeit des Darlehens erhöht sich der Tilgungsbetrag um die ersparten Zinsen. Das Annuitätenmodell wird insbesondere im Bereich der langfristigen Baufinanzierung angewandt.

Annuität = Zinsen + Tilgung

Beispiel:	Darlehensbetrag:	100.000,00 EUR
	Zinssatz:	7 % p. a.
	anfängliche Tilgung	2 % p. a.

Jahr	Darlehensbetrag	Zinsen	Tilgung	Annuität
1	100.000,00 EUR	7.000,00 EUR	2.000,00 EUR	9.000,00 EUR
2	98.000,00 EUR	6.860,00 EUR	2.140,00 EUR	9.000,00 EUR
3	95.860,00 EUR	6.710,20 EUR	2.289,80 EUR	9.000,00 EUR
...	...	...	...	...
22	10.269,65 EUR	718,88 EUR	8.281,12 EUR	9.000,00 EUR
23	1.988,52 EUR	139,20 EUR	1.988,52 EUR	2.127,72 EUR

Erstellen Sie ein Programm ANNUDARL.CPP, das nach Eingabe des Darlehensbetrages, des jährlichen Zinssatzes und der anfänglichen Tilgungsleistung einen Tilgungsplan mit Darlehensbetrag, Zinsen, Tilgung und Annuität für alle Perioden der gesamten Laufzeit ausgibt. Achten Sie auf alle Fälle auch auf das letzte Jahr der Rückzahlung.

AUFGABE 26

Prüfzifferverfahren werden eingesetzt, um einzugebende Schlüsselzahlen vor fehlerhafter Eingabe in ein DV-System abzusichern. Schlüsselzahlen sind solche Größen, die sich in ihrem Wert nicht ändern. In der kaufmännischen Praxis treten sie auf als

Kontonummern
Artikelnummern
Personalnummern
Kundennummern usw.

Mit Prüfzifferverfahren werden aus den Schlüsselzahlen eine oder mehrere Prüfziffern berechnet, die an die eigentliche Schlüsselzahl angehängt und Bestandteil dieser werden. Ein verbreitetes Prüfzifferverfahren ist das Modulo-10-Verfahren. Eine Variante dieses Verfahrens schreibt vor, dass die Ziffern einer abzusichernden Schlüsselzahl von rechts nach links mit einer arithmetischen Reihe multipliziert werden. Die sich dabei ergebenden Produkte sind zu einer Summe zu addieren. Die Summe wird anschließend durch 10 dividiert. Das Ergebnis aus der Subtraktion 10 – Divisionsrest ergibt die Prüfziffer. Die Schlüsselzahl wird um die Prüfziffer erweitert. Bei späteren Eingaben eines Schlüssels einschließlich der Prüfziffer wird die Prüfziffer erneut berechnet und somit die Korrektheit der eingegebenen Zahl überprüft. Stimmen die ermittelte Prüfziffer und die letzte Ziffer der eingegebenen Schlüsselzahl überein, geht man davon aus, dass die Schlüsselzahl richtig eingegeben wurde.

Ein Beispiel veranschaulicht den geschilderten Sachverhalt:

Kundennummer	4	7	1	1
Multiplikator	5	4	3	2
Ergebnis	20	28	3	2
Summe	53			
Modulodivision (Rest = Mod 10)	53 : 10 = 5 Rest 3			
Prüfziffer (10 – Rest)	10 – 3 = 7			
Kundennummer inkl. Prüfziffer	4 7 1 1 7			

Entwerfen Sie ein Struktogramm und ein C/C++-Programm, das aufgrund einer eingegebenen Schlüsselzahl (max. 8 Stellen ohne Prüfziffer) die Prüfziffer nach dem Modulo-10-Verfahren ermittelt und diese an die Schlüsselzahl anhängt. Ausgegeben werden soll die Schlüsselzahl mit Prüfziffer. Die Eingabe, Prüfzifferermittlung und Ausgabe sollen mehrfach wiederholt werden können. Wenn als Schlüsselzahl 0 eingegeben wird, soll das Programm beendet werden. Das Programm soll mit dem Namen PRUEFZIFFER.CPP gespeichert werden.

1.5 Weitere Elemente der Sprache C/C++

1.5.1 Zeiger (Pointer)

Variablen sind symbolische Namen für Speicherplätze, an denen Werte gespeichert sind. Mit der Vereinbarung int Var1 = 123 wird die Variable Var1 vereinbart und ihr wird ein Wert zugewiesen; die Variable Var1 „enthält" den Wert 123. Zeiger sind Ausdrücke, die statt des Wertes einer Variablen deren Adresse „enthalten". Das Programm Zeiger.cpp zeigt, wie man die Adresse zweier Variablen ausgeben kann.

```
//------ Programm Zeiger.cpp V. : BDS 2006 ---------------
#include <iostream>
#include <cstdio>
using namespace std;
//-----------------------------------------------------------
int main()
{
       int Var1 = 123;
       double Var2 = 456.789;
       cout << "Adresse von Var1: "<< &Var1 << endl;
       cout << "Adresse von Var2: "<< &Var2 << endl;
       fflush(stdin);
       getchar();
       return 0;
}
//-----------------------------------------------------------
```

Bildschirmausgabe:
Adresse von Var1: 0066FE00 Adresse von Var2: 0066FDF8
Mit dem Operator & (Adressoperator) vor dem Variablennamen erhalten wir nicht den Wert der Variablen, sondern ihre Adresse. (Die hexadezimal ausgegebenen Adressen ergaben sich auf einem bestimmten System und werden wegen unterschiedlicher Speichereinteilungen wahrscheinlich auf einem anderen System einen anderen Wert haben.)
Da die Anweisung &Variablenname eine feste Adresse liefert, kann man bei diesem Ausdruck auch von einem konstanten Zeiger sprechen. Um die gewonnenen Adressen in einem Programm weiterverwenden zu können, müssen wir sie in Variablen speichern. Diese Variablen heißen Zeigervariablen und müssen in einer besonderen Art und Weise deklariert werden (siehe Programm Zeiger2.cpp).

```
//------ Programm Zeiger2.cpp V. : BDS 2006 --------------
#include <iostream>
#include <cstdio>
using namespace std;
//-----------------------------------------------------------
int main()
{
   int       X = 10;
   double    Y = 1.5;
   int     *Zx = &X;
   double  *Zy = &Y;
   cout << "Wert der Variablen         X : " << X   <<
   endl;
   cout << "Adresse der Variablen      X : " << &X  <<
   endl;
   cout << "Inhalt der Zeigervariablen  Zx: " << Zx  <<
   endl;
   cout << "Adresse der Zeigervariablen Zx: " << &Zx <<
   endl << endl;

```

```
    cout << "Wert der Variablen          Y : " << Y   << endl;
    cout << "Adresse der Variablen       Y : " << &Y  << endl;
    cout << "Inhalt der Zeigervariablen  Zy: " << Zy  << endl;
    cout << "Adresse der Zeigervariablen Zy: " << &Zy << endl << endl;

    cout << "Wert der Variablen          X : " << *Zx << endl;
    cout << "Wert der Variablen          Y : " << *Zy << endl;
    fflush(stdin);
    getchar();
    return 0;
}
//-------------------------------------------------------
```

Bildschirmausgabe:

Wert der Variablen	X:	10
Adresse der Variablen	X:	0066FE00
Inhalt der Zeigervariablen	Zx:	0066FE00
Adresse der Zeigervariablen	Zx:	0066FDF8
Wert der Variablen	Y:	1.5
Adresse der Variablen	Y:	0066FDFC
Inhalt der Zeigervariablen	Zy:	0066FDFC
Adresse der Zeigervariablen	Zy:	0066FDF4
Wert der Variablen X:	10	
Wert der Variablen Y:	1.5	

Eine Zeigervariable wird mit folgender Syntax vereinbart:

Syntax	Datentyp *<Zeigervariablenname>

Zeiger-deklaration

Mit int *Zx wird eine Zeigervariable mit dem Namen Zx vereinbart, die eine Adresse einer int-Variablen speichern kann. Entsprechend gibt es Zeiger auf float, double usw. Mit der Anweisung Zx=&X wird der Zeigervariablen Zx die Adresse der Variablen X zugewiesen.

Zeigervariable

Beachten Sie auch die beiden letzten Ausgabezeilen des Programms. Die Werte der Variablen X und Y werden hier nicht mit ihren Variablennamen, sondern mithilfe der Zeigervariablen Zx und Zy ausgegeben. Verwendet wurde dabei der Inhaltsoperator * vor dem Zeigervariablennamen. Mithilfe des Inhaltsoperators (= Indirektions- oder Verweisoperator) und einem Pointer ist es möglich, den Speicherplatz, auf den dieser Pointer zeigt, auszulesen oder zu beschreiben.

Achtung: Das Zeichen * wird je nach Zusammenhang in unterschiedlicher Bedeutung verwendet:

Z = Y * X;	→	Multiplikationsoperator
int *Zeig;	→	Vereinbarung einer Zeigervariablen
Z = Y + *Zeig;	→	Inhaltsoperator

AUFGABE 27

Erstellen Sie ein Programm ZEIGMULT.CPP zur Multiplikation von zwei Zahlen. Definieren Sie für die beiden Multiplikatoren Zeigervariablen (Mult1 und Mult2) und zusätzlich zwei einfache Variablen (Zahl1 und Zahl2). Weisen Sie den Zeigervariablen die Adressen der Variablen Zahl1 und Zahl2 zu und multiplizieren Sie die beiden Zahlen durch Zugriff auf die Zeigervariablen. Geben Sie das Ergebnis der Berechnung auf dem Bildschirm aus.

1.5.2 Funktionen

Unterprogramme sind Programmteile, die eine bestimmte Teilaufgabe lösen und bei Bedarf von einem Hauptprogramm oder anderen Unterprogrammen aufgerufen werden. Der Einsatz von Unterprogrammen bietet mehrere Vorteile:

- Strukturierung des Quellcodes (Übersichtlichkeit)
- Mehrfachverwendung
- Einfachere Programmpflege

In C/C++ werden Unterprogramme als Funktionen bezeichnet (es gibt zwar Unterschiede zwischen Funktionen und Unterprogrammen, die aber an dieser Stelle nicht bedeutsam sind). Eine Funktion ist ein Programmteil, der aus einer oder mehreren Anweisungen besteht und eine ganz bestimmte Aufgabe erfüllen soll. Jedes C/C++-Programm besteht aus mindestens einer Funktion, der Hauptfunktion, die main() heißen muss. Mit der Funktion main() beginnt stets die Programmausführung. Die Reihenfolge der Codierung der Funktionen spielt keine Rolle. Wesentlich ist die Logik im Aufruf der Funktionen.

1.5.3 Einfache Funktionen

Um Funktionen nutzen zu können, muss man die Funktion deklarieren (man spricht in C/C++ von einem Funktionsprototypen). Die Funktionsdeklaration hat normalerweise folgende vereinfachte Syntax:

Funktionsprototyp

Syntax	[Typ Rückgabewertes] <Funktionsname> ([Typ Übergabeparameter n] [,] ...);

```
double Lohnsteuer(double, int);
```

Mit dem Funktionsprototypen informieren wir den Compiler über den Aufbau einer Funktion, die an einer anderen Stelle definiert ist. In der Deklaration werden

- der Funktionsname (z. B. Lohnsteuer)
- die Datentypen der Übergabeparameter (z. B. double, int) und
- der Datentyp des Rückgabewertes (z. B. double)

festgelegt. Damit ist der Compiler in der Lage, die Korrektheit des Funktionsaufrufs zu überprüfen.

Mit dem Funktionsprototypen double Lohnsteuer(double, int); deklarieren wir eine Funktion mit dem Namen Lohnsteuer. Diese Funktion erwartet zwei Übergabewerte (1. Übergabewert vom Typ double, 2. Übergabewert vom Typ int) und liefert einen double-Wert an die aufrufende Funktion zurück. Wenn kein Rückgabewert bzw. keine Übergabeparameter vorhanden sind, muss als Datentyp void angegeben werden.

UPName(Parameter)

Struktogrammdarstellung: Unterprogrammaufruf

Das Programm LINIE.CPP demonstriert die Verwendung einer Funktion Linie(), die mit dem Zeichen „-“ eine Linie auf dem Bildschirm ausgibt.

Unterprogrammaufruf (= Funktionsaufruf)
Kennzeichen: Aufruf eines Unterprogramms (einer Funktion)

Struktogramm (Nassi-Shneiderman-Diagramm)	Codierung
Programm: Linie Ausgabe: Vor 1. Aufruf von Linie Linie() Ausgabe: Vor 2. Aufruf von Linie Linie() Programmende	see code below

```
void Linie(void);
int main()
{
  cout<<"Vor 1. Aufruf von Linie";

  Linie();

  cout<<"Vor 2. Aufruf von Linie";

  Linie();

  return 0;
}
```

Unterprogramm: Linie
Deklaration: i
i: AW = 1; EW = 40; SW = 1
Ausgabe: -
Unterprogrammende

```
void Linie(void)
{
  int i;

  for(i = 1; i <= 40; i++)
  {
    cout "-";
  }
  return;
}
```

Am Anfang des Programms wird der Prototyp der Funktion Linie() festgelegt. Diese Funktion hat weder einen Rückgabewert noch erwartet sie Übergabeparameter. In der Funktionsdefinition wird die Variable i deklariert. Anschließend wird in einer Schleife (40 Schleifendurchläufe) das Zeichen „-" ausgegeben. Die Funktion Linie() wird im Hauptprogramm zweimal aufgerufen.

Ausgabe des Programms:

```
Vor 1. Aufruf von Linie
----------------------------------------
Vor 2. Aufruf von Linie
----------------------------------------
```

Auf einen Funktionsprototypen kann man verzichten, wenn eine Funktion vor ihrer erstmaligen Verwendung bereits definiert wurde (z. B. Funktion vor main() definieren). Da dieses Vorgehen unübersichtlich ist und Funktionen oft extern codiert werden (in einer eigenständigen Unit), sollte man immer Funktionsprototypen angeben.

AUFGABE 28

Schreiben Sie für das Programm LINIE.CPP eine Funktion Taste( ). Diese neue Funktion soll einen Zeilenumbruch, zwei Leerzeilen und in der folgenden Bildschirmzeile die Meldung „Weiter mit RETURN" ausgeben. Nach Drücken der Returntaste soll die Funktion beendet werden. Speichern Sie das Programm unter dem Namen LINIE2.CPP

1.5.4 Datenaustausch zwischen Funktionen

1.5.4.1 Gültigkeitsbereich von Variablen

Bei der Verwendung von Funktionen stellt sich die Frage, in welchen Programmteilen die jeweils deklarierten Variablen bekannt sind und verwendet werden können (= Gültigkeitsbereich von Variablen). Man unterscheidet globale und lokale Variablen.

```
int Zahl;
main()
{
        int Zahl1:
        Quadratzahl();
     ...
}
void Quadratzahl(void)
```

```
{
      int Zahl2;
   ...
}
```

Da die Variable Zahl außerhalb einer Funktion deklariert wird, kann auf sie im gesamten Programm zugegriffen werden. Zahl ist eine globale Variable. Zahl1 wird in der Funktion main() deklariert. Sie ist deshalb nur in dieser Funktion bekannt. Sie ist eine lokale Variable der Funktion main(). Außerhalb der Funktion main() können wir auf Zahl1 nicht zugreifen. Zahl2 ist eine lokale Variable der Funktion Quadratzahl() und kann nur in dieser Funktion benutzt werden.

Das Programm MWStGlobal.cpp zeigt die Verwendung von globalen Variablen im Rahmen einer Mehrwertsteuerberechnung.

```
 1  //------ Programm: MWStGlobal.cpp V. : BDS 2006 ----------
 2  #include <iostream>
 3  #include <iomanip>
 4  #include <cstdio>
 5  using namespace std;
 6  //-------------------------------------------------------
 7  void Mwst(void);               // Prototyp  der Funktion Mwst
 8  double Mehrwertsteuer, Netto;          // Globale Variablen
 9  int main()
10  {
11    cout << fixed << setprecision(2);
12    cout << endl << "Geben Sie den Netto-Rechnungsbetrag
                    ein: ";
13    cin >> Netto;
14    cout << endl << "Rechnung:" << endl << endl
15         << "Netto : " << Netto << " EUR" << endl;
16    Mwst(); // Aufruf der Funktion Mwst
17    cout << "MWST    : " << Mehrwertsteuer << " EUR" << endl
18         << "Brutto: " << (Netto + Mehrwertsteuer) << " EUR";
19    fflush(stdin);
20    getchar();
21    return 0;
22  }
23  //-------------------------------------------------------
24  void Mwst(void)
25  {
26    const int MwstSatz = 19;       // Variableninhalt konstant
27    Mehrwertsteuer = (Netto / 100) * MwstSatz;
28    return;
29  }
30  //-------------------------------------------------------
```

In Zeile 13 gibt der Anwender einen Nettobetrag ein. Die Mehrwertsteuer hierfür soll in einer Funktion berechnet werden. In Zeile 16 wird die Funktion Mwst() aufgerufen. Da die Variablen Mehrwertsteuer und Netto als globale Variablen definiert wurden (Zeile 8), kann man sowohl im Hauptprogramm als auch in der Funktion Mwst() auf diese Speicherbereiche zugreifen. Ein besonderer Datenaustausch zwischen main() und der Funktion Mwst() ist daher nicht erforderlich. Der Prototyp von Mwst() enthält deshalb für den Typ des Rückgabewertes und die Typen der Übergabewerte die Angabe void (Zeile 7). In der Funktion Mwst() (Zeilen 24 bis 29) wird eine lokale Variable MwstSatz definiert. Sie kann lokal definiert werden, da sie nur in der Funktion benötigt wird. In der nächsten Programmzeile wird der Variablen Mehrwertsteuer das Ergebnis der Mehrwertsteuerberechnung zugewiesen. Die Variable Mehrwertsteuer ist nun mit dem Wert der Mehrwertsteuerberechnung belegt und man kann im Programm, z. B. mit Ausgabeanweisungen oder Rechenoperationen, auf diesen Speicherbereich zugreifen.

Globale Variablen sind in einem Programm einfach zu handhaben. Insbesondere in größeren Projekten sollten Sie jedoch auf globale Variablen verzichten: Da sie an jeder Stelle bekannt sind, können ihre Inhalte auch unkontrolliert überschrieben werden. Deshalb sollte man abgekapselte Speicherbereiche in allen Modulen verwenden und nur über genau definierte Schnittstellen Informationen austauschen.

Wenn also lokale Variablen vorzuziehen sind, ergibt sich das Problem der Kommunikation zwischen aufrufendem Programmteil und der aufgerufenen Funktion. Dieser Datenaustausch kann mit Rückgabewert und Übergabeparametern erfolgen.

AUFGABE 29

Schreiben Sie ein Programm zur Zinsberechnung (ZINS.CPP). Im Hauptprogramm sollen die Eingaben erfolgen (Kapital, Zinssatz, Zinstage). Zur Berechnung der Zinsen ist eine Funktion zu codieren. Verwenden Sie ausschließlich globale Variablen.

1.5.4.2 Funktion mit Rückgabewert

In dem Programm MWStReturn.cpp wird das Ergebnis der Mehrwertsteuerberechnung mit der Returnanweisung an das Hauptprogramm zurückgegeben. Die Variable Netto ist weiterhin global definiert, sodass man sowohl im Hauptprogramm als auch in der Funktion Mwst() auf diese Information zugreifen kann.

```
 1  //------ Programm: MWStReturn.cpp V. : BDS 2006 ----------
 2  #include <iostream>
 3  #include <iomanip>
 4  #include <cstdio>
 5  using namespace std;
 6  //---------------------------------------------------------
 7  double Mwst(void);              // Prototyp der Funktion Mwst
 8  double Netto;                   // Globale Variablen
 9  int main()
10  {
11     double Mehrwertsteuer;
12     cout << fixed << setprecision(2);
13     cout << endl << "Geben Sie den Netto-Rechnungsbetrag
                        ein: ";
```

```
14     cin >> Netto;
15     cout << endl << "Rechnung:" << endl << endl
16          << "Netto : " << Netto << " EUR" << endl;
17     Mehrwertsteuer = Mwst();     // Aufruf der Funktion Mwst
18     cout << "MWST  : " << Mehrwertsteuer << " EUR" << endl
19          << "Brutto: " << (Netto + Mehrwertsteuer)
            << " EUR";
20     fflush(stdin);
21     getchar();
22     return 0;
23   }
24   //-----------------------------------------------------------
25   double Mwst(void)
26   {
27     const int MwstSatz = 19;     // Variableninhalt konstant
28     double Mehrwertsteuerbetrag;
29     Mehrwertsteuerbetrag = (Netto / 100) * MwstSatz;
30     return Mehrwertsteuerbetrag;
31   }
32   //-----------------------------------------------------------
```

Da die Funktion Mwst() das Ergebnis der Mehrwertsteuerberechnung nun über den Rückgabewert zurückgeben soll, muss bei der Deklaration des Prototyps (Zeile 7) der Typ des Rückgabewertes mit double festgelegt werden. In der Funktion Mwst() wird eine lokale Variable Mehrwertsteuerbetrag deklariert, die nur in dieser Funktion verwendet werden kann. Der Inhalt der Variablen wird nach Zuweisung des Mehrwertsteuerbetrages (Zeile 29) mit der Return-Anweisung (Zeile 30) zurückgegeben. Dabei wird lediglich der Wert des Datenfeldes zurückgegeben, d. h. es wird eine Kopie des Wertes erzeugt. Will man diesen Wert im aufrufenden Hauptprogramm mehrfach verwenden, so empfiehlt es sich, den Rückgabewert einer lokalen Variablen (hier der Variablen Mehrwertsteuer) zuzuweisen (Zeile 17). Diese Zuweisung ist möglich, da jeder Funktionsaufruf einem Ausdruck entspricht, nämlich dem Returnwert der Funktion.

Verändern Sie das Programm ZINS.CPP. Die berechneten Zinsen sollen als Returnwert zurückgegeben werden (ZINSA.CPP). **30 AUFGABE**

1.5.4.3 Funktion mit Übergabeparameter

In dem Programm MWSTRETURN.CPP verwenden wir die globale Variable Netto. Sie ist global erforderlich, weil wir in der Funktion Mwst() auf diesen Wert zugreifen müssen. Wollen wir auch hier auf die globale Deklaration verzichten, müssen wir den Nettowert der Funktion Mwst() auf andere Weise zur Verfügung stellen (übergeben). Für die Übergabe gibt es in C/C++ zwei Möglichkeiten:

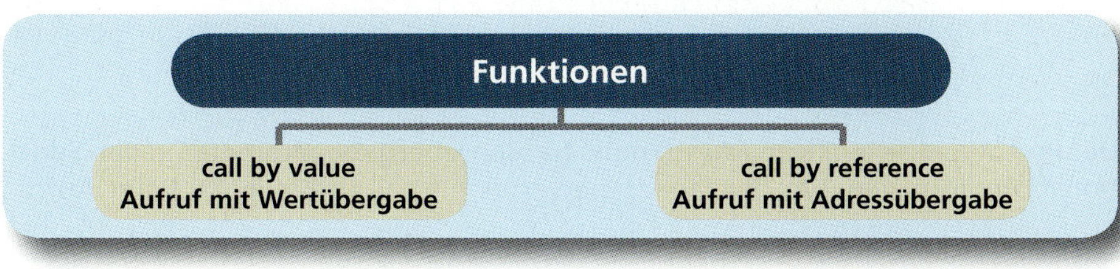

Beim Aufruf durch Wertübergabe (call by value) wird der Funktion eine Kopie des Wertes einer Variablen übergeben. Für die Kopie werden deshalb in der Funktion eigene Speicherbereiche reserviert, um die Übergabewerte in Empfang zu nehmen. Die Funktion arbeitet nur mit der Kopie. Sie kann deshalb den Speicherbereich der Variablen im aufrufenden Programm nicht verändern.

Beim Aufruf von Funktionen durch Adressübergabe (call by reference), wird der Funktion die Adresse einer Variablen übergeben. Die Funktion kann durch Zugriff auf diese Adresse die Inhalte der Speicherstellen verändern.

Call-By-Value

In dem Programm MWStParameter.cpp soll auch der Nettobetrag an die Funktion Mwst() als Wert übergeben werden.

```
1  //------ Programm: MWStParameter.cpp V. : BDS 2006 -------
2  #include <iostream>
3  #include <iomanip>
4  #include <cstdio>
5  using namespace std;
6  //--------------------------------------------------------
7  double Mwst(double);           // Prototyp der Funktion Mwst
8  int main()
9  {
10    double Mehrwertsteuer, Netto;
11    cout << fixed << setprecision(2);
12    cout << endl << "Geben Sie den Netto-Rechnungsbetrag
                      ein: ";
13    cin >> Netto;
14    cout << endl << "Rechnung:" << endl << endl
15         << "Netto : " << Netto << " EUR" << endl;
16    Mehrwertsteuer = Mwst(Netto);// Aufruf der Funktion Mwst
17    cout << "MWST   : " << Mehrwertsteuer << " EUR" << endl
18         << "Brutto: " << (Netto + Mehrwertsteuer)
           << " EUR";
19    fflush(stdin);
20    getchar();
21    return 0;
22 }
23 //--------------------------------------------------------
24 double Mwst(double Nettobetrag)
25 {
26    const int MwstSatz = 19;     // Variableninhalt konstant
27    double Mehrwertsteuerbetrag;
28    Mehrwertsteuerbetrag = (Nettobetrag / 100) * MwstSatz;
29    return Mehrwertsteuerbetrag;
30 }
31 //--------------------------------------------------------
```

Der Prototyp der Funktion Mwst() muss für den Übergabeparameter in den Funktionsklammern den Typ des Übergabewertes enthalten (Zeile 7). Beim Aufruf muss die Funktion Mwst() einen double-Wert in Empfang nehmen. Dazu stellt die Funktion durch die Deklaration der Variablen Nettobetrag im Funktionskopf (Zeile 24) Speicher zur Verfügung. Die Variable Nettobetrag ist eine lokale Variable. Sie ist nur in der Funktion gültig. Der Funktionsaufruf im Hauptprogramm (Zeile 16) muss nun in runden Klammern den zu übergebenden Wert (hier: lokale Variable Netto des Hauptprogramms) enthalten.

31 AUFGABE

Erstellen Sie eine C-Funktion, mit der man ermitteln kann, ob ein Jahr ein Schaltjahr ist. Es gelten folgende Regeln:
- Jahre, die nicht durch 4 ohne Rest teilbar sind, sind keine Schaltjahre.
- Ein Jahr, das durch 4, durch 100 und durch 400 ohne Rest teilbar ist, ist ein Schaltjahr.
- Ein Jahr, das durch 4 und 100 (und nicht durch 400) ohne Rest teilbar ist, ist kein Schaltjahr.
- Ein Jahr, das durch 4 (und nicht durch 100) ohne Rest teilbar ist, ist ein Schaltjahr.

Der Übergabeparameter für die Funktion ist das Jahr (Datentyp: int). Die Funktion soll an das aufrufende Programm die Anzahl der Tage des Monats Februar zurückgeben, d. h. bei einem Schaltjahr 29 Tage, ansonsten 28 Tage. Das Modul ist unter dem Namen SCHALTJAHR.CPP zu speichern.

32 AUFGABE

Erstellen Sie ein C/C++-Programm ABWPROZ.CPP, mit dem man die prozentuale Abweichung des durchschnittlichen Einkaufspreises eines Rohstoffes vom Vorjahr gegenüber dem laufenden Jahr ermitteln kann.

Eingabewerte:
- durchschnittlicher Einkaufspreis des Vorjahres
- Menge und Preis/Stück der einzelnen Einkäufe des laufenden Jahres

Beendet werden soll die Eingabe durch Menge = 0.
Der durchschnittliche Einkaufspreis des laufenden Jahres soll als gewogenes arithmetisches Mittel berechnet werden. Danach ist die prozentuale Abweichung gegenüber dem Vorjahr zu ermitteln. Die Abweichung ist als Ganzzahl mit einer selbst erstellten Funktion kaufmännisch zu runden.

Durchschnittlicher EK-Preis-Vorjahr: 100,00 EUR

Kauf	Menge	Preis/Stück	Gesamtpreis
1	10	90,00 EUR	900,00 EUR
2	20	105,00 EUR	2.100,00 EUR
3	15	100,00 EUR	1.500,00 EUR
4	10	110,00 EUR	1.100,00 EUR
Summe	55		5.600,00 EUR

Gewogenes arithmetisches Mittel = 5.600 / 55 = 101,82
Prozentuale Abweichung: + 1,82 %
⇒ kaufmännisch gerundet: + 2,00 %

Call-By-Reference

Mit dem Programm Dreiecktausch.cpp sollen die Inhalte von zwei Variablen in einer Funktion vertauscht werden. Da im Hauptprogramm die beiden neuen Werte nach Aufruf der Funktion verfügbar sein sollen, müsste die Funktion Dreieckstausch() eigentlich zwei Werte zurückgeben. Eine Funktion kann jedoch maximal nur einen Rückgabewert haben. Deshalb sollen der Funktion Dreieckstausch() beim Aufruf die Adressen der beiden Variablen übergeben werden, sodass die Funktion über diese Adressen direkt auf die Speicherbereiche zugreifen kann.

```
1   //------ Programm: Dreieckstausch.cpp V. : BDS 2006 ------
2   #include <iostream>
3   #include <cstdio>
4   using namespace std;
5   //--------------------------------------------------------
6   void Dreieckstausch(int *, int *);
7
8   int main()
9   {
10    int Zahl1 = 4, Zahl2= 9;
11    cout << "Inhalt der Variablen vor Aufruf der Funktion : "
12         << endl << "Zahl1 = " << Zahl1
13         << endl << "Zahl2 = " << Zahl2 << endl << endl ;
14    Dreieckstausch(&Zahl1,&Zahl2);
15    cout << "Inhalt der Variablen nach Aufruf der Funktion
            : "
16         << endl << "Zahl1 = " << Zahl1
17         << endl << "Zahl2 = " << Zahl2 << endl << endl ;
18    fflush(stdin);
19    getchar();
20    return 0;
21  }
22  //--------------------------------------------------------
23  void Dreieckstausch(int *Zeiger1, int *Zeiger2)
24  {
25    int Hilfsfeld;
26    Hilfsfeld = *Zeiger1;               // * = Inhaltsoperator
27    *Zeiger1 = *Zeiger2;                // * = Inhaltsoperator
28    *Zeiger2 = Hilfsfeld;               // * = Inhaltsoperator
29    return;
30  }
31  //--------------------------------------------------------
```

In dem Programm Dreieckstausch.cpp wird eine Funktion Dreieckstausch() definiert, die als Übergabeparameter zwei Adressen von int-Variablen (int *, int *) entgegennimmt. Beim Aufruf der Funktion (Zeile 14) werden die beiden Adressen der Variablen Zahl1 und Zahl2 (&Zahl1, &Zahl2) übergeben. Die Funktion Dreieckstausch() nimmt die Adressen in den Zeigervariablen Zeiger1 und Zeiger2 entgegen (Zeile 23) und kann nun die Inhalte von Zahl1 und Zahl2 tauschen. Nach dem Aufruf der Funktion hat die Variable Zahl1 den Inhalt 9 und die Variable Zahl2 den Inhalt 4.

Referenzen in C++

Neben der Wertübergabe und der Verwendung von Zeigern gibt es in C++ eine dritte Form, auf Variablen zuzugreifen: Referenzen. Mit einer Referenz wird ein Stellvertreter für eine Variable definiert. Der Stellvertreter ist nur ein anderer Name für die gleiche Variable (Aliasname).

Einfache Referenzen

```
int Zahl;
int &Wert=Zahl;
```

Mit dem Operator & wird der Aliasname Wert für die Variable Zahl vereinbart. Der &-Operator wird hier in einer neuen Bedeutung verwendet; der Compiler erkennt aus dem Kontext der Syntax, in welcher Bedeutung der Operator zu verwenden ist. Wir greifen nun mit dem Bezeichner Wert auf den gleichen Speicher zu wie mit dem Bezeichner Zahl:

```
Zahl=10;
Wert=Wert+3;    //hat den gleichen Effekt wie Zahl=Zahl +3
cout<<Zahl;     //ausgegeben wird 13
cout<<Wert;     //ausgegeben wird 13
```

Beachten Sie, dass Referenzvariablen sofort mit der Vereinbarung initialisiert werden müssen (z. B. int &Wert=Zahl).

Verwendung von Referenzen als Argumente

Mit dem Referenzoperator & können auch Referenzen als Übergabeparameter von Funktionen definiert werden. Das Beispiel Dreieckstausch sieht wie folgt aus:

```
//---- Programm: Dreieckstausch_Ref.cpp V. : BDS 2006 ----
#include <iostream>
#include <cstdio>
using namespace std;
//------------------------------------------------------------
void Dreieckstausch(int &, int &);
int main()
{
   int Zahl1=4, Zahl2=9;
   cout << "Inhalt der Variablen vor Aufruf der Funktion: "
        << endl << "Zahl1 = " << Zahl1
        << endl << "Zahl2 = " << Zahl2 << endl << endl ;
   Dreieckstausch(Zahl1,Zahl2);
   cout << "Inhalt der Variablen nach Aufruf der Funktion
           : "
        << endl << "Zahl1 = " << Zahl1
        << endl << "Zahl2 = " << Zahl2 << endl << endl ;
   fflush(stdin);
   getchar();
   return 0;
}
```

```
21 //------------------------------------------------------------
22 void Dreieckstausch(int &Ref1, int &Ref2)
23 {
24    int Hilfsfeld;
25    Hilfsfeld = Ref1;
26    Ref1 = Ref2;
27    Ref2 = Hilfsfeld;
28    return;
29 }
30 //------------------------------------------------------------
```

Gegenüber der Lösung mit Zeigern ergeben sich folgende Änderungen:
In Zeile 22 werden die Parameter als Referenzen deklariert (int &Ref1, int &Ref2). Der Funktionsprototyp in Zeile 6 ist entsprechend angepasst. In der Funktion werden diese Aliasnamen für das Tauschen verwendet (Zeile 24–27). In dem Aufruf der Funktion Dreieckstausch() (Zeile 13) dienen die Argumente Zahl1 und Zahl2 zur Initialisierung der Referenzen Ref1 und Ref2.

Gegenüber der Zeigerlösung ist diese Lösung sicherlich leichter zu codieren und zu lesen. Auf der anderen Seite erkennen Sie am Funktionsaufruf nicht mehr, dass die aufgerufene Funktion die Variablen Zahl1 und Zahl2 mithilfe von Referenzen direkt verändert. Er ist syntaktisch mit einem call-by-value identisch.

AUFGABE 33

Lösen Sie die MWST-Aufgabe (Beispiel: MWStGlobal.cpp) durch Adressübergabe (MWSTREFERENZ.CPP).

AUFGABE 34

Wir sind ein Einproduktunternehmen in der Konsumgüterbranche. Der Nettoverkaufspreis unseres Erzeugnisses beträgt 7,85 EUR/Stück. Das Produkt ist in 12er-Kartons verpackt und wir verkaufen nur vollständige Kartons. Ein Karton hat ein Bruttogewicht von 24 kg. Das Bruttogewicht eines Auftrags ergibt sich aus dem Kartongewicht und der Anzahl der verkauften Kartons. Für die Fracht, die wir unseren Kunden berechnen, ist dieses Gewicht die Basis; zu beachten ist jedoch, dass wir immer volle 100 kg berechnen (d. h. bei einem Gewicht von 216 kg berechnen wir 300 kg). Die Fracht je Kilometer pro 100 kg beträgt 6 Cent.

Unsere Kunden erhalten in Abhängigkeit von ihrem Nettoumsatz einen Rabatt nach folgender Staffel:

- für die ersten 10.000,00 EUR beträgt der Rabatt 3 % vom Nettoumsatz,
- für die Umsätze von mehr als 10.000,00 EUR, aber nicht mehr als 50.000,00 EUR beträgt der Rabatt 5 % vom Nettoumsatz,
- für den Nettoumsatz, der 50.000,00 EUR übersteigt, beträgt der Rabatt 7 %.

Bildschirmausgabe:

Anzahl Kartons:	9
Kilometer:	250
Gewicht:	216
Berechnetes Gewicht:	300
Fracht:	45,00 EUR
Nettoumsatz (Umsatz ohne Fracht):	847,80 EUR
Gesamtumsatz (Umsatz mit Fracht):	892,80 EUR
Rabatt:	25,43 EUR
Zielpreis:	867,37 EUR

Die Frachtberechnung soll beliebig oft durchgeführt werden können. Gibt der Benutzer 0 für die Anzahl der Kartons ein, so ist das Programm zu beenden. Erstellen Sie das Struktogramm und die Codierung für das Programm FRACHT.CPP. Berücksichtigen Sie dabei, dass die Eingabe mit einer Funktion realisiert werden soll.

1.5.5 Arrays

Ein Array ist eine Variable, die aus einer Anzahl von Datenelementen gleichen Typs besteht. Diese Elemente werden unmittelbar aufeinanderfolgend im Speicher abgelegt.

1.5.5.1 Eindimensionale Arrays

In den bisherigen Programmen wurde für jeden Wert, der abgespeichert werden sollte, eine eigene Variable angelegt (z. B. Kapital, Zinssatz, Zinsen, Tage für ein Zinsberechnungsprogramm). Will man in einer Anwendung beispielsweise die Quartalsumsätze, die Monatsumsätze oder vielleicht sogar für jeden Tag den Umsatz eines Unternehmens ermitteln und in einer entsprechenden Variablen abspeichern, so müsste man vier bzw. zwölf oder sogar 365 Variablen vereinbaren. In diesem Fall ergäbe sich auch ein ungeheuer großer Aufwand in der Codierung, um die einzelnen Variablen anzusprechen (d. h. man müsste beispielsweise in einer tief geschachtelten Auswahlstruktur oder Fallunterscheidung auf die Variablen zugreifen).

In C/C++ – sowie in allen modernen Programmiersprachen – besteht die Möglichkeit, eine tabellenartige Datenstruktur (Array) anzulegen. Ein Array ist eine Datenstruktur, die aus einer Anzahl von Datenelementen des gleichen Datentyps besteht und unmittelbar aufeinanderfolgend im Hauptspeicher abgelegt wird. Will man z. B. die Quartalsumsätze eines Unternehmens in einem Array erfassen, so muss man zunächst diesen Array (andere Bezeichnungen sind Tabelle oder Vektor) definieren.

Syntax	Datentyp <Tabellenname>[Anzahl Elemente];

Tabellendeklaration

Für unsere Quartalsumsätze legen wir die Tabelle

```
double Umsatz[4];
```

an. Durch diese Definition stellt uns C/C++ vier Felder vom Datentyp double zur Verfügung, in denen wir unsere Umsätze abspeichern können. Das einzelne Feld wird angesprochen über die Tabellenbezeichnung und die Angabe der Nummer (Index) dieses Feldes. Die Nummerierung der Felder der Tabelle beginnt in C/C++ mit dem Index 0 und endet mit dem Index Anzahl Elemente -1. Die oben definierte Tabelle hat also folgendes Aussehen:

double Umsatz[0]	**double Umsatz[1]**	**double Umsatz[2]**	**double Umsatz[3]**

Es werden „vier Variablen" vom Datentyp double dem Anwender zur Verfügung gestellt. Der Zugriff auf die Elemente der Tabelle erfolgt über den Tabellennamen und den Feldindex. Um z. B. dem zweiten Quartal einen Umsatz von 1.500,00 EUR zuzuweisen, muss die Anweisung

```
Umsatz[1] = 1500.0;
```

codiert werden. Wie aus diesem Beispiel ersichtlich ist, kann man in den eckigen Klammern den Index als numerischen Wert direkt angeben. Es besteht aber auch die Möglichkeit, als Index eine Variable zu verwenden. Mit dem Programm TAB.CPP werden alle Felder der Tabelle Umsatz mit 0.0 initialisiert und anschließend kann der Anwender für ein beliebiges Quartal einen Umsatz eingeben.

```
//--------Programm: TAB.CPP -----------------------------
...
int main()
{
  int i;
  double Umsatz[4];
  for(i = 0; i < 4; i++)
{
    Umsatz[i] = 0.0;
}
  cout << "Quartal eingeben : ";
  cin >> i;
  cout << "Umsatz fuer Quartal " << i << " : ";
  cin >> Umsatz[i-1];
...
   //Ausgabe
  return 0;
}
//-----------------------------------------------------
```

Bei der Eingabe des Umsatzes für das entsprechende Quartal ist darauf zu achten, dass z. B. für das zweite Quartal der Index 1 (Umsatz[1]) anzusprechen ist, da die Indizierung für vier Felder von Index 0 bis Index 3 läuft.

Man kann den Arrayelementen bereits bei der Definition einen Wert zuweisen. Dabei werden die Initialisierungswerte in geschweiften Klammern und durch Kommata getrennt angegeben.

```
double Umsatz[4] = {0.0, 0.0, 0.0, 0.0};
```

Durch diese Anweisung wird eine eindimensionale Tabelle vom Datentyp double mit vier Feldern angelegt und die einzelnen Elemente werden mit 0.0 initialisiert. Ist die Anzahl der Initialisierungselemente kleiner als die Anzahl der Arrayelemente, so werden die übrigen Arrayelemente mit dem Wert 0 initialisiert.

```
double Umsatz[4] = {1.0};
```

Die Tabelle hat danach folgenden Inhalt:

Umsatz[0]	**Umsatz[1]**	**Umsatz[2]**	**Umsatz[3]**
1.0	**0.0**	**0.0**	**0.0**

Will man bei der Definition der Tabelle alle Werte mit 0 initialisieren, so müssen Sie die Programmzeile

```
double Umsatz[4] = {0.0};
```

codieren. Bei der Verwendung von Arrays in einem C/C++-Programm muss man sehr sorgfältig die Codierung erstellen. Man kann ohne Fehlermeldung auf die Arrayelemente Umsatz[4], Umsatz[5] usw. zugreifen. Da der Speicherbereich für diese Elemente durch die Definition von vier Elementen dem Programm nicht zur Verfügung gestellt wurde, greift man auf nicht reservierte Speicherbereiche zu. Der Zugriff auf diese Bereiche kann zum Absturz des gesamten Systems führen.

Füllen einer Tabelle mit Zufallszahlen

BEISPIEL

In dem Beispiel FuellTab.cpp wird eine Tabelle mit zehn Zufallszahlen gefüllt und die Zahlen werden auf dem Bildschirm ausgegeben. Zum Füllen der Tabelle wird die Bibliotheksfunktion rand() verwendet. Erläuterungen zu dieser Funktion können Sie der Online-Hilfe entnehmen.

Der Funktion rand() wird kein Wert übergeben. Sie liefert als Rückgabewert einen int-Wert, der als Zufallszahl in unserer Tabelle abgespeichert wird.

```
//------ Programm: FuellTab.cpp V. : BDS 2006 ------------
#include <iostream>
#include <iomanip>
#include <cstdio>
using namespace std;
//----------------------------------------------------------
int main()
{
```

```
 9     int Tabelle[10];
10     int i;
11     cout << "Tabelle mit 10 Zufallszahlen:" << endl;
12     cout << "-----------------------------" << endl;
13     for(i = 0; i <= 9; i++)
14   {
15      Tabelle[i] = rand();
16      cout << setw(5) << Tabelle[i]<< endl;
17   }
18     fflush(stdin);
19     getchar();
20     return 0;
21   }
22   //---------------------------------------------------------
```

In der Programmzeile 9 wird eine Tabelle mit zehn Elementen deklariert. Diese Tabelle wird in einer Zählschleife gefüllt (Zeilen 13 bis 17). Der Schleifenzähler i durchläuft die Werte von 0 bis 9, da die Indizierung der Tabelle bei 0 beginnt und bei n-1 (n = Anzahl der Elemente) endet.

AUFGABE 35

Erstellen Sie ein Programm SUCHZAHL.CPP, das in einer Tabelle, die mit 1.000 Zufallszahlen gefüllt wurde, eine vom Benutzer einzugebende Zahl sucht. Falls die Zahl gefunden wird, kann der Suchvorgang beendet werden und es soll die Meldung „Die gesuchte Zahl ist das <n>.te Element der Tabelle" ausgegeben werden. Dabei ist zu beachten, dass z. B. das Feld Tabelle[0] das 1. Element der Tabelle ist. Ist die gesuchte Zahl nicht in der Tabelle enthalten, so soll die Meldung „Die gesuchte Zahl ist nicht in der Tabelle enthalten" ausgegeben werden.

AUFGABE 36

Schreiben Sie ein Programm MINMAX.CPP, mit dem man den kleinsten und den größten Wert in einer Tabelle suchen kann. Ausgegeben werden soll der kleinste sowie der größte Wert und die jeweilige Position des Wertes in der Tabelle.

AUFGABE 37

Erstellen Sie ein Programm RANDSUMME.CPP, das zunächst einer Tabelle mit 10.000 Elementen Zufallszahlen zwischen 1 und 10 zuweist (Hinweis: Erzeugen Sie Zufallszahlen mit der Funktion rand() und wenden Sie die Modulodivision auf diese Zahlen an, sodass sich Zufallszahlen zwischen 1 und 10 ergeben). Anschließend sollen die Häufigkeiten der Zahlen für 1 bis 10 (Anzahl 1, Anzahl 2 ...) ermittelt werden. Die Häufigkeiten sollen in einer zweiten Tabelle (zehn Elemente!) erfasst und auf dem Bildschirm ausgegeben werden.

Sortieren von Datenbeständen mit dem Bubblesort-Algorithmus

Für viele kaufmännische Anwendungen ist die Sortierung von Datenbeständen notwendig. Soll beispielsweise eine Kundenliste ausgegeben werden, so muss die Liste z. B. nach Kundennummern oder nach Kundennamen sortiert sein. Auch beim Zugriff auf Datenbestände ist zum schnelleren Auffinden von Datensätzen eine Sortierung unabdingbar. Um Datenbestände zu sortieren, wurden viele Sortieralgorithmen entwickelt, die sich in der Effizienz (Laufzeiteffizienz) z. T. sehr stark voneinander unterscheiden. Im Folgenden soll der einfachen Verständlichkeit halber der Bubblesort-Algorithmus erläutert werden. Ausgangspunkt für die Darstellung des Algorithmus ist eine Tabelle mit fünf Werten (8, 2, 7, 9, 1).

Bubblesort

1. Gesamtdurchlauf				
8	2	7	9	1
2	8	7	9	1
2	7	8	9	1
2	7	8	9	1
2	7	8	1	9

2. Gesamtdurchlauf				
2	7	8	1	9
2	7	8	1	9
2	7	8	1	9
2	7	1	8	9
2	7	1	8	9

3. Gesamtdurchlauf				
2	7	1	8	9
2	7	1	8	9
2	1	7	8	9
2	1	7	8	9
2	1	7	8	9

4. Gesamtdurchlauf				
2	1	7	8	9
1	2	7	8	9
1	2	7	8	9
1	2	7	8	9
1	2	7	8	9

Zunächst greift man auf das erste Element der Tabelle zu und vergleicht dieses Element mit dem zweiten Tabellenelement. Ist die erste Zahl größer als die zweite, so werden die beiden Werte in der Tabelle über einen Dreieckstausch vertauscht. Danach vergleicht man das zweite Element mit dem dritten. Ist das zweite Element größer als das dritte, müssen die beiden Felder vertauscht werden. Diese Vergleiche führt man durch, bis das vorletzte Element mit dem letzten Tabellenelement verglichen und – soweit notwendig auch vertauscht wurde.

Nachdem diese Schritte einmalig durchgeführt wurden, befindet sich der größte Wert am Tabellenende. Nun beginnt man wieder von vorne mit den jeweiligen Vergleichen und lässt die nächstgrößere Zahl nach oben „blubbern". Bei einer Tabelle mit n-Elementen muss man (n-1)-mal die Tabelle durchlaufen, bis alle Elemente in der richtigen Sortierreihenfolge sind. In unserem Beispiel ist die Tabelle nach dem vierten Durchlauf sortiert.

Der Bubblesort-Algorithmus ist ein einfacher Algorithmus, der die Sortierproblematik deutlich macht, aber der letztendlich sehr ineffizient arbeitet.

```
//------ Programm: SortBubb.cpp V. : BDS 2006 ------------
#include <iostream>
#include <iomanip>
#include <cstdlib>
#include <cstdio>
#include <ctime>                        // Für Funktion time()
```

```
using namespace std;
//---------------------------------------------------------
int main()
{
  int Tabelle[10000], i = 0 , j = 0, Hilfsfeld;
  long Zeit1=0, Zeit2=0;
  cout << "Programm: Bubble-Sort-Algorithmus" << endl;
  cout << "==================================" << endl << endl;
  for(i = 0; i <= 9999; i++)
  {
    Tabelle[i] = rand();
  }
  Zeit1 = time(NULL);
  for (j = 0; j <= 9998; j++)
  {
    for (i = 0; i <= 9998; i++)
    {
      if (Tabelle[i+1] < Tabelle[i])
      {
       Hilfsfeld = Tabelle[i];
       Tabelle[i] = Tabelle[i+1];
       Tabelle[i+1] = Hilfsfeld;
      }
    }
  }
  Zeit2=time(NULL);
  cout << endl << "Zeit in Sekunden : " << (Zeit2-Zeit1);
  fflush(stdin);
  getchar();
  cout << "Ausgabe: Sortierte Zufallszahlen" << endl;
  cout << "=================================" << endl << endl;
  for (i = 0; i <= 9999; i++)
  {
     cout << setw(8) << Tabelle[i];
  }
  fflush(stdin);
  getchar();
  return 0;
}
//---------------------------------------------------------
```

AUFGABE 38

Erstellen Sie die Codierung für das Programm SortBubb.cpp und ermitteln Sie die Zeit für den Sortiervorgang. Der Bubblesort-Algorithmus lässt sich noch verbessern. Verändern Sie das Programm SortBubb.cpp so, dass die Sortierung der Zahlenreihe in einer möglichst kurzen Zeit durchgeführt wird. Hinweis: Nach einem Gesamtdurchlauf steht die größte Zahl an der richtigen Stelle, nach dem zweiten Gesamtdurchlauf die zweitgrößte Zahl usw., sodass man diese Zahlen im nächsten Durchlauf nicht mehr berücksichtigen muss.

Quicksort

C/C++ stellt mit der Funktion qsort() einen wesentlich effizienteren Algorithmus, den Quicksort-Algorithmus, zur Verfügung. Das Programm QSort.cpp verwendet diese Routine. Die eigentliche Logik dieses Algorithmus bleibt verborgen.

```
//-------- Programm: QSort.cpp V. : BDS 2006 -------------
#include <iostream>
#include <iomanip>
#include <cstdlib>
#include <cstdio>
using namespace std;
//--------------------------------------------------------
int intcmp(const void *, const void *);

int main()
{
  unsigned long int i, Anzahl;
  int * Zahlen1;
  long Zeit1, Zeit2;
  cout << endl
            << "Wie viele Zahlen sollen sortiert werden?";
  cin >> Anzahl;
  Zahlen1 = new int [Anzahl];
  if( Zahlen1 == NULL)
  {
    cout << endl << "Zu wenig Speicherplatz!";
    exit(1);
  }
  cout << endl << "Es werden " << Anzahl
            << " Zufallszahlen erzeugt.";
  for(i = 0 ; i < Anzahl ; ++i)
    Zahlen1[i] = rand();
  Zeit1 = time(NULL);
  // Aufruf Quick-Sort
  qsort(Zahlen1, Anzahl, sizeof(int), intcmp);
  Zeit2 = time(NULL);
  cout << endl << "Benoetigte Zeit: " << (Zeit2-Zeit1)
  << endl << endl;
  fflush(stdin);
  getchar();
  for( i = 0 ; i < Anzahl ; ++i)
    cout << setw(8) << Zahlen1[i];
  fflush(stdin);
  getchar();
  return 0;
}
//--------------------------------------------------------
intcmp( const void *A, const void *B)
{
  if (*(int*)A > *(int *)B)
```

```
46        return(1);
47      else
48        return(-1);
49    }
50    //----------------------------------------------------------
```

In allen bisherigen Programmen haben wir die benötigten Tabellen statisch definiert, d.h. der Speicherplatzbedarf wurde bereits bei der Definition festgelegt (int Tab[10], also zehn Speicherplätze für int-Werte). Der Nachteil der statischen Speicherallozıierung ist vor allem darin zu sehen, dass man sich bei der Definition immer am maximalen Speicherbedarf orientieren muss. Dadurch wird im Regelfall Speicherplatz verschenkt. Bei der dynamischen Speicherplatzreservierung wird erst zur Laufzeit (z.B. wenn bekannt ist, wie groß der benötigte Speicherplatz sein muss) vom Programm Speicher zur Verfügung gestellt. Um dynamisch Speicherplatz zur Verfügung zu stellen, kann man den new-Operator verwenden. Der Operator liefert die Startadresse des dynamisch belegten Speicherbereichs als Rückgabewert. In unserem Programm wird die zurückgegebene Adresse in der Pointervariablen Zahlen1 abgespeichert (Zeile 18). Sollte die Speicherplatzreservierung fehlschlagen, so liefert der new-Operator den NULL-Zeiger als Rückgabewert. In diesem Fall sollte man das Programm mit einer Fehlermeldung beenden (Programmzeilen 21 und 22). Ansonsten kann man Zufallszahlen erzeugen und sie an den entsprechenden Adressen ablegen. Anschließend wird der Quicksort-Algorithmus aufgerufen (Zeile 30). Die C-Funktion qsort() erwartet vier Parameter:

1. Die Anfangsadresse des Speicherbereiches, in dem die zu sortierenden Informationen erfasst sind (z.B. Zahlen1)
2. Die Anzahl der Werte, die zu sortieren sind (z.B. Anzahl)
3. Den Speicherplatzbedarf eines Datenelementes (z.B. sizeof(int))
4. Den Funktionsnamen einer Vergleichsroutine (z.B. intcmp)

Die Vergleichsroutine intcmp legt fest, wie die Werte zu sortieren sind (z.B. aufsteigend oder absteigend). Sie erwartet zwei Zeiger vom Typ const void, d.h. zwei nicht veränderbare datentyplose Zeiger. Die Funktion qsort() ist somit in der Lage, Datenelemente eines beliebigen Typs zu sortieren. In der Funktion intcmp wird eine Typumwandlung der beiden übergebenen Zeiger mit dem cast-Operator ((int*)) durchgeführt. Ist der Wert, der an der zuerst übergebenen Adresse steht, größer als der zweite, so wird eine 1 an die Funktion qsort() zurückgegeben. Ansonsten wird eine -1 zurückgegeben. Durch diese Information ist die Funktion qsort() in der Lage, in der von uns gewünschten Art (aufsteigend/absteigend) zu sortieren.

AUFGABE 39

Codieren Sie das Programm QSort.cpp und führen Sie das Programm aus. Erzeugen Sie

- 10.000 Zahlen
- 1 Million Zahlen

und ermitteln Sie jeweils die für die Sortierung notwendige Zeit.

AUFGABE 40

Verändern Sie das Programm QSort.cpp so, dass die Zahlenreihe absteigend sortiert wird (siehe Online-Hilfe zur Funktion qsort()).

Exkurs: Externe Unterprogramme (Funktionen)

In den vorangegangenen Programmen wurden immer wieder Tabellen mit Zufallszahlen gefüllt. Um den Codieraufwand zu verringern, ist es sinnvoll, eine Funktion zum Füllen einer Tabelle zu erstellen, die von verschiedenen Programmen aufgerufen werden kann. Deshalb soll ein externes Unterprogramm (Funktion) erstellt werden, das eine Tabelle mit Zufallswerten füllt. Damit die Funktion beliebige Tabellen füllen kann, werden der Funktion als Übergabeparameter die Anfangsadresse der zu füllenden Tabelle und die Anzahl der zu erzeugenden Zufallszahlen übergeben. Die Funktion kann so die erzeugten Werte in die entsprechenden Speicherbereiche der Tabelle schreiben und muss keinen Wert zurückgeben.

Hauptprogramm: ZeigFuell.cpp

```
//------ Programm: ZeigFuell.cpp V. : BDS 2006 -----------
#include <iostream>
#include <iomanip>
#include <cstdlib>
#include <cstdio>
using namespace std;
#include „eigen.h"
//-----------------------------------------------------------
int main()
{
  int Tabelle[100],i;
  Fuellen(Tabelle, 100);
  cout << "Tabellenausgabe im Hauptprogramm:" << endl;
  for(i=0; i < 100; i++)
   cout << setw(8) << Tabelle[i];
  fflush(stdin);
  getchar();
  return 0;
}
//-----------------------------------------------------------
```

Headerdatei: EIGEN.H

```
//-----------------------------------------------------------
#ifndef EIGENH
#define EIGENH
  void Fuellen(int*, int);
#endif
//-----------------------------------------------------------
```

Unit (Externe Funktion): Fuellen.cpp

```
//------ Unterprogramm: Fuellen.cpp V. : BDS 2006 --------
#include <cstdlib>                     // Notwendig für rand()
using namespace std;
void Fuellen(int* Zeiger, int X)
{
  int i;
  for(i=0; i < X; i++)
  {
```

```
        *Zeiger = rand();
        Zeiger++;
    }
}
//--------------------------------------------------------------
```

Erläuterungen zum Programm:
Um die Funktion Fuellen() verwenden zu können, kann man den Prototyp dieser Funktion vor der Funktion main() angeben (void Fuellen(int*, int);). Einfacher ist aber die Erstellung einer eigenen Headerdatei (z. B. eigen.h), in der man die Prototypen von verschiedenen (selbst erstellten) Funktionen angeben kann. Befindet sich die Headerdatei im gleichen Verzeichnis wie der Quellcode des aufrufenden Programms, so wird die Headerdatei mit der Direktiven

```
#include „eigen.h"
```

eingebunden. Über den Menüpunkt Projekt – Optionen – Compiler – Pfade und Definitionen: Include-Suchpfad kann man zusätzlich zu den Pfaden für die Systemheaderdateien weitere Pfade für eigene Headerdateien angeben. Nun können Sie Ihre Headerdateien durch die Angabe von spitzen Klammern einbinden. Wenn jedoch mehrere Benutzer auf einem Rechner mit dem C++Builder arbeiten, sollte man auf diese Möglichkeit verzichten. Am sichersten ist es, einen Ordner für alle eigenen Headerdateien anzulegen und innerhalb der Anführungszeichen in der Include-Direktive den Pfad für diese Dateien festzulegen.

Der Aufbau der Headerdatei enthält einige Anweisungen, die der Erläuterung bedürfen. Mit der Direktive ifndef wird überprüft, ob die Konstante EIGENH bereits definiert ist. Wenn das nicht der Fall ist (d. h. beim ersten include-Aufruf der Headerdatei „eigen.h"), dann wird die Konstante EIGENH definiert und die entsprechenden Funktionsprototypen werden festgelegt. Standardmäßig verwendet man als Konstante den Namen der Headerdatei sowie die Erweiterung dieser Datei (h bzw. hpp sind üblicherweise die Erweiterungen für Headerdateien). Es handelt sich bei der ifndef-Direktiven im Prinzip um eine Auswahlstruktur. Deshalb spricht man in diesem Zusammenhang auch von einer bedingten Kompilierung.

Mit dem Menüpunkt: Projekt – Dem Projekt hinzufügen wurde dem Projekt ZEIGFUELL_PROJECT eine weitere Unit (Fuellen.cpp) hinzugefügt. In der Funktion Fuellen() dieser Unit wird über zeigerarithmetische Operationen (Zeiger++;) der dem Unterprogramm angegebene Speicherbereich mit Zufallszahlen gefüllt. Bei der Codierung der Funktion als externes Modul muss man darauf achten, dass die notwendigen Headerdateien (hier: cstdlib für die Funktion rand()) eingebunden werden. Der Aufruf der Funktion Fuellen() erfolgt in der Programmzeile 12 des Hauptprogramms. Übergeben wird dazu die Anfangsadresse (Hinweis: Hinter dem symbolischen Namen der Tabelle verbirgt sich die Anfangsadresse der Tabelle.) und die Anzahl der zu erzeugenden Elemente. In der Funktion wird der angegebene Speicherbereich mit Zufallszahlen gefüllt und man kann jetzt im aufrufenden Programmteil auf diese Zahlen zugreifen.

41 AUFGABE

Codieren und starten Sie das Programm ZEIGFUELL.CPP. Führen Sie anschließend folgende Veränderung durch: Auch die Sortierung der Tabelle soll in einer externen Sortierfunktion (Name der Funktion: Sort()) durchgeführt werden. Sie können für die Sortierung entweder den Bubblesort- oder den Quicksort-Algorithmus verwenden. Speichern Sie das Projekt unter dem Namen ZEIGFUELLSORT ab.

Binäres Suchen

Ein weiteres Problem bei vielen kaufmännischen Anwendungen ist das Suchen von Informationen in größeren Datenbeständen (z. B. Suchen einer Telefonnummer oder Suchen eines Kundennamens in einer Datei). Ein möglicher Suchalgorithmus ist das sequenzielle Suchen. Dabei beginnt man bei der ersten Information (z. B. 1. Name im Telefonverzeichnis) und sucht so lange weiter, bis man die Information gefunden hat bzw. bis das Ende der Datei/Tabelle erreicht wurde. Bei einem Datenbestand von beispielsweise 100.000 Datensätzen benötigt man im Schnitt 50.000 Zugriffe, um den richtigen Satz zu finden.

Ein effizienteres Verfahren zur Suche stellt das binäre Suchen dar. Voraussetzung für das binäre Suchen ist, dass der Datenbestand in sortierter Reihenfolge (entsprechend dem Suchkriterium) vorliegt. Der Algorithmus soll anhand einer kleinen Tabelle mit zehn Werten erläutert werden.

1. Zugriff

Gesucht werden soll die Zahl 68 in der Tabelle. Dazu werden drei ganzzahlige Hilfsvariablen mit folgenden Werten belegt:

Hilfsvariable	Wert	Bemerkung
Unten	0	Index unteres Element
Oben	9	Index oberes Element
Mitte	4	Index mittleres Element (Unten + Oben)/2

Tab[0]	10	Tab[Unten]
Tab[1]	13	
Tab[2]	22	
Tab[3]	26	
Tab[4]	27	Tab[Mitte]
Tab[5]	44	
Tab[6]	66	
Tab[7]	67	
Tab[8]	68	
Tab[9]	70	Tab[Oben]

Zuerst überprüft man, ob der Wert des Tabellenelementes Tab[Mitte] der gesuchten Zahl entspricht. Wenn das der Fall ist, so hat man die Zahl gefunden und kann die Suche beenden. Ist die gesuchte Zahl jedoch kleiner als das Element an der Stelle Tab[Mitte], so kann die Zahl sich nur noch in der unteren Hälfte der Tabelle befinden. Ist die Zahl größer als das Element an der Stelle Tab[Mitte], so kann sich die gesuchte Zahl nur noch in der oberen Hälfte der Tabelle befinden.

2. Zugriff
In unserem Fall ist die gesuchte Zahl größer als das Element an der Stelle Tab[Mitte] und wir können somit die Suche auf den Bereich zwischen Tab[5] (Unten = Mitte + 1) und Tab[9] beschränken. Dazu setzen wir die Hilfsvariablen auf die folgenden Werte:

Hilfsvariable	Wert	Bemerkung
Unten	5	Index unteres Element
Oben	9	Index oberes Element
Mitte	7	Index mittleres Element (Unten + Oben)/2

Tab[0]	10	
Tab[1]	13	
Tab[2]	22	
Tab[3]	26	
Tab[4]	27	
Tab[5]	44	Tab[Unten]
Tab[6]	66	
Tab[7]	67	Tab[Mitte]
Tab[8]	68	
Tab[9]	70	Tab[Oben]

Nun überprüfen wir wieder, ob das Element Tab[Mitte] die gesuchte Zahl enthält. Da die gesuchte Zahl (68) größer als das Element an Stelle Tab[Mitte] ist, kann sich die Zahl nur noch im Bereich zwischen Tab[Mitte+1] und Tab[Oben] befinden. Die weitere Suche nach der Zahl 68 kann sich also nun auf die Elemente Tab[8] und Tab[9] beschränken und die Hilfsvariablen können mit neuen Werten belegt werden.

3. Zugriff
Die Werte für unsere Hilfsvariablen werden wieder neu gesetzt.

Hilfsvariable	Wert	Bemerkung
Unten	8	Index unteres Element
Oben	9	Index oberes Element
Mitte	8	Index mittleres Element (Unten + Oben)/2

Tab[0]	10	
Tab[1]	13	
Tab[2]	22	
Tab[3]	26	
Tab[4]	27	
Tab[5]	44	
Tab[6]	66	
Tab[7]	67	
Tab[8]	68	Tab[Unten] Tab[Mitte]
Tab[9]	70	Tab[Oben]

Wenn wir im nächsten Schritt die gesuchte Zahl mit dem Inhalt von Tab[Mitte] vergleichen, so können wir erkennen, dass wir beim 3. Zugriff die Zahl gefunden haben. Die gesuchte Zahl steht an der Stelle Mitte. Sobald der Suchwert gefunden ist, kann der binäre Suchalgorithmus beendet werden. Selbst bei kleinen Datenmengen ergibt sich durch das binäre Suchen bereits ein Vorteil. Bei zehn Zahlen werden beim sequenziellen Suchen im Durchschnitt fünf Zugriffe benötigt. Wir haben bereits im 3. Zugriff die Zahl gefunden.

4. Zugriff
Falls wir beispielsweise die Zahl 69 suchen, müssten wir unsere Suche fortsetzen. Die Hilfsvariablen müssten auf folgende Werte gesetzt werden:

Hilfsvariable	Wert	Bemerkung
Unten	9	Index unteres Element
Oben	9	Index oberes Element
Mitte	9	Index mittleres Element (Unten + Oben)/2

Tab[0]	10	
Tab[1]	13	
Tab[2]	22	
Tab[3]	26	
Tab[4]	27	
Tab[5]	44	
Tab[6]	66	
Tab[7]	67	
Tab[8]	68	
Tab[9]	70	Tab[Unten] Tab[Mitte] Tab[Oben]

Da die gesuchte Zahl kleiner ist als das Element Tab[Mitte], müssen wir die Hilfsvariable Oben auf Mitte -1 setzen. Damit ist aber Oben < Unten. Daraus lässt sich erkennen, dass die gesuchte Zahl nicht in der Tabelle zu finden ist und man kann die Suche beenden. Auch wenn die gesuchte Zahl nicht in der Tabelle enthalten ist, ist das binäre Suchen wesentlich effizienter als das sequenzielle Suchen. Nach vier Zugriffen konnten wir dies erkennen. Beim sequenziellen Suchen der Zahl 69 in der sortierten Tabelle wären zehn Zugriffe notwendig, bis man erkennt, dass die Zahl nicht in der Tabelle enthalten ist.

42 AUFGABE

Erstellen Sie das Struktogramm und die Codierung zum binären Suchen. Verwenden Sie in diesem Programm die externen Unterprogramme (Funktionen) zum Füllen und Sortieren. Das Programm soll mit dem Namen BINSUCH.CPP gespeichert werden.

43 AUFGABE

Verändern Sie das Programm der Aufgabe 42 so, dass eine beliebige Anzahl von Zufallszahlen erzeugt werden kann (Benutzer bestimmt zur Laufzeit durch Eingabe die Anzahl der zu erzeugenden Zahlen). Der benötigte Speicher soll dynamisch reserviert werden.

1.5.5.2 Zweidimensionale Arrays

Die Definition zweidimensionaler Arrays (Tabellen) erfolgt analog der Definition eindimensionaler Tabellen. Der Unterschied besteht lediglich darin, dass man statt einer Dimension zwei Dimensionen angeben muss. Sollen beispielsweise für drei Vertreter die Quartalsumsätze in einer zweidimensionalen Tabelle erfasst werden, so muss eine 3x4-Tabelle definiert werden.

```
double Umsatz[3][4] = {  {0.0, 0.0, 0.0, 0.0},
                         {0.0, 0.0, 0.0, 0.0},
                         {0.0, 0.0, 0.0, 0.0},
                      };
```

Durch diese Definition wurde eine 3x4-Tabelle, d.h. zwölf Speicherplätze vom Datentyp double, angelegt und die gesamte Tabelle wurde initialisiert. Die Hauptspeichertabelle hat folgendes Aussehen:

Quartal / Vertreter	1 Index 0	2 Index 1	3 Index 2	4 Index 3
1 Index 0	Umsatz[0][0] 0.0	Umsatz[0][1] 0.0	Umsatz[0][2] 0.0	Umsatz[0][3] 0.0
2 Index 1	Umsatz[1][0] 0.0	Umsatz[1][1] 0.0	Umsatz[1][2] 0.0	Umsatz[1][3] 0.0
3 Index 2	Umsatz[2][0] 0.0	Umsatz[2][1] 0.0	Umsatz[2][2] 0.0	Umsatz[2][3] 0.0

Der Zugriff auf die Arrayelemente erfolgt über zwei Indizes. Das Beispiel Umsatz.cpp zeigt die Initialisierung der zweidimensionalen Tabelle im Programm sowie das Einlesen eines Umsatzes eines Vertreters (Vertreternummer 1–3) für ein bestimmtes Quartal (1–4). Dabei ist jedoch wieder zu beachten, dass die Indizierung des Vertreters mit Index i von 0 bis 2 und die Indizierung des Quartals mit Index j von 0 bis 3 erfolgt.

```
//------ Programm: Umsatz.cpp V. : BDS 2006 -------------
#include <iostream>
#include <cstdio>
using namespace std;
//-----------------------------------------------------
int main()
{
  int i, j;
  double Umsatz[3][4];
  for(i = 0; i <= 2; i++)
  {
    for(j = 0; j <= 3; j++)
    {
      Umsatz[i][j] = 0.0;
```

```
      }
    }
    cout << "Quartal eingeben: ";
    cin >> j;
    cout << "Vertreternummer eingeben: ";
    cin >> i;
    cout << "Umsatz fuer Vertreter " << i << " im Quartal "
         << j << ": ";
    cin >> Umsatz[i-1][j-1];
    // Ausgabe der Tabelle sollte an dieser Stelle erfolgen
    fflush(stdin);
    getchar();
    return 0;
  }
  //---------------------------------------------------------
```

Es lassen sich in C/C++ auch Arrays mit mehr als zwei Dimensionen vereinbaren. Die Ausführungen zur zweidimensionalen Tabelle können auf diese Tabellen übertragen werden.

Füllen einer zweidimensionalen Tabelle mit Zufallszahlen
In dem Beispiel FTab2.cpp wird eine zweidimensionale Tabelle (5x4-Tabelle) mit Zufallszahlen gefüllt. Eine zweidimensionale Tabelle kann man in Zeilen und Spalten darstellen. Deshalb wird in dem Programm FTAB2.CPP der erste Index mit Zeile und der zweite Index mit Spalte bezeichnet. Die Speicherbereiche für die insgesamt 20 Zahlen (5 * 4) werden im Speicher jedoch nicht als zweidimensionale Tabelle in der Form von Zeilen und Spalten abgelegt, sondern einfach hintereinander.

```
//------ Programm: FTab2.cpp V. : BDS 2006 ---------------
#include <iostream>
#include <iomanip>
#include <cstdio>
using namespace std;
//---------------------------------------------------------
int main()
{
   int Zeile, Spalte;
   int Tab[5][4]; //2-dimensionaler Array
   for(Zeile = 0; Zeile <= 4; Zeile++)
   {
      for(Spalte = 0; Spalte <= 3; Spalte++)
      {
         Tab[Zeile][Spalte] = 0;
      }
   }
   for(Zeile = 0; Zeile <= 4; Zeile++)
   {
      for(Spalte = 0; Spalte <= 3; Spalte++)
      {                                 //2-dim. Array mit
```

```
            Tab[Zeile][Spalte] = rand();      //Zufallszahlen füllen
        }
    }
    for(Zeile = 0; Zeile <= 4; Zeile++)
    {
       for(Spalte = 0; Spalte <= 3; Spalte++)
       {                                                //Ausgabe des
          cout << setw(8) << Tab[Zeile][Spalte];    //2-dim. Arrays
       }
       cout << endl;
    }
    fflush(stdin);
    getchar();
    return 0;
 }
 //----------------------------------------------------------
```

AUFGABE 44

Erweitern Sie die Tabelle aus dem obigen Beispiel um eine Zeile und eine Spalte und berechnen Sie in den zusätzlichen Feldern die Summe der Zufallszahlen einer Zeile bzw. einer Spalte. Verdeutlichen Sie sich die Programmlogik mit folgenden Zahlen einer Tabelle:

Spalte / Zeile	1	2	3	4	5
1	6	3	5	1	15
2	7	4	4	2	17
3	3	3	3	3	12
4	1	2	3	4	10
5	6	7	7	7	27
6	23	19	22	17	81

Hinweis: Am einfachsten ist es, wenn man die Summierung nach dem Füllen eines Tabellenelementes (in der gleichen Schleife) vornimmt. Überlegen Sie sich dazu, in welchen Feldern (Indizierung!) jeweils eine Summenbildung zu erfolgen hat (Programmname: FTAB2SUM.CPP).

AUFGABE 45

In einem Unternehmen soll eine statistische Auswertung aller vorhandenen Tankbelege vorgenommen werden. Erstellen Sie dazu das Programm TANKTAB.CPP, mit dem man bis zu 50 Tankbelege erfassen kann. Für jeden Tankbeleg sollen folgende Informationen eingegeben werden:

Benzinart: N = Normal bleifrei
S = Super bleifrei
D = Diesel

Menge: Angabe in Liter
Preis/Liter: Angabe in EUR
Die Erfassung der Belege soll beendet werden durch die Eingabe von X als Benzinart bzw. wenn 50 Belege erfasst wurden. Die Eingabe der Benzinart muss auf Plausibilität überprüft werden. Die Werte sind in einer zweidimensionalen Tabelle abzuspeichern, die folgenden Aufbau hat:

Tanktabelle

	Summe Liter	Summe Kaufpreis	Durchschn. Preis/Liter
Normal			
Super			
Diesel			

Am Ende des Programms soll der durchschnittliche Preis/Liter berechnet und ebenfalls in die Tabelle geschrieben werden. Anschließend ist die Gesamttabelle auf dem Bildschirm auszugeben.

46 AUFGABE

Erstellen Sie ein Programm AFA2DIM.CPP, mit dem man für einen Anlagegegenstand die lineare Abschreibung berechnen und in einer zweidimensionalen Tabelle abspeichern und anschließend auf dem Bildschirm ausgeben kann.

Beispiel: Anschaffungswert: 50.000,00 EUR
Nutzungsdauer: 8 Jahre

Abschreibungstabelle

Jahr	Buchwert am Anfang des Geschäftsjahres	Abschreibungsbetrag	Buchwert am Ende des Geschäftsjahres
1	50.000,00 EUR	6.250,00 EUR	43.750,00 EUR
2	43.750,00 EUR	6.250,00 EUR	37.500,00 EUR
3	37.500,00 EUR	6.250,00 EUR	31.250,00 EUR
4	31.250,00 EUR	6.250,00 EUR	25.000,00 EUR
5	25.000,00 EUR	6.250,00 EUR	18.750,00 EUR
6	18.750,00 EUR	6.250,00 EUR	12.500,00 EUR
7	12.500,00 EUR	6.250,00 EUR	6.250,00 EUR
8	6.250,00 EUR	6.250,00 EUR	0,00 EUR

Das Programm soll beliebig oft wiederholt werden können. Der Abbruch des Programms erfolgt über die Eingabe von 0 als Anschaffungswert. Anlagegegenstände mit einem Anschaffungswert von bis zu 150,00 EUR sind als geringwertige Wirtschaftsgüter bei der Anschaffung sofort als abzugsfähige Betriebsausgabe abzuschreiben. Wirtschaftsgüter mit einem Anschaffungswert von mehr als 150,00 EUR und bis zu 1.000,00 EUR sind auf einem jahrgangsbezogenen Sammelkonto zu erfassen. Der Gesamtbetrag auf dem Sammelkonto ist über eine Dauer von 5 Jahren linear abzuschreiben. Wirtschaftsgüter mit einem Anschaffungswert von mehr als 1.000,00 EUR sind einzeln zu aktivieren und über die betriebsgewöhnliche Nutzungsdauer abzuschreiben.

Die Abschreibungsbeträge sollen auf volle EUR-Beträge kaufmännisch gerundet werden. Im letzten Nutzungsjahr ist jedoch der Restbuchwert vollständig abzuschreiben. Nach der Berechnung soll die Abschreibungstabelle auf dem Bildschirm ausgegeben werden. Auf Tastendruck kann der Benutzer eine neue Abschreibungsberechnung vornehmen.

1.5.6 Strings

Texte wurden bisher nur als konstante Texte für Bildschirmausgaben eingesetzt. Wie ist es möglich, längere Texte zu verarbeiten (z.B. zu speichern, kopieren, vergleichen)? Weder C noch C++ kennen einen Datentyp zur Repräsentation von Zeichenketten; es gibt nur den C-Datentyp char, der zur Darstellung einzelner Zeichen dient. Texte müssen wir uns als Folge einzelner Zeichen (char) denken (Zeichenketten, Strings).

1.5.6.1 String-Variablen als Zeichenarray

Eine Möglichkeit, Zeichenketten zu speichern, besteht darin, ein ausreichend großes Zeichenarray zu vereinbaren. In dem folgenden Beispiel wird ein Array mit sechs Elementen deklariert und mit der Zeichenkette „Text" initialisiert.

```
char Str[6] = "Text";
```

Der Zugriff auf das Fenster „Lokale Variablen" beim Debuggen der Anwendung zeigt, wie der String „Text" im Speicher abgelegt wurde.

Debug: Inhalt der lokalen Variablen Str

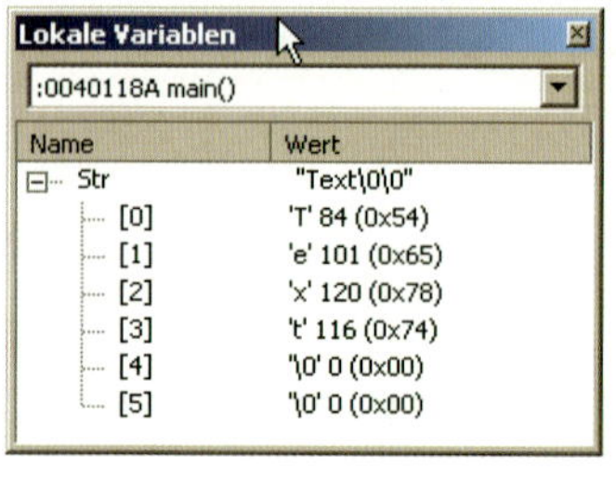

Wichtig ist dabei das Zeichen des Elements Str[4]. Es handelt sich dabei um das Stringende-Kennzeichen (Null-Terminierungszeichen) '\0', mit dem ein C/C++-String abgeschlossen sein muss. Der Sinn dieses Zeichens wird unmittelbar deutlich, wenn man sich die Ausgabe der Anweisung

```
cout << Str;
```

überlegt. Der Compiler gibt nicht – wie vielleicht zu vermuten ist – sechs Zeichen aus, sondern nacheinander die Zeichen des Arrays, bis er auf ein Stringende-Kennzeichen trifft. Ausgegeben werden also nur die Zeichen Str[0] bis Str[3].

Vorsicht: Um unliebsame Überraschungen zu vermeiden, achten Sie auf die korrekte Speicherverwaltung für Strings. Es ist ohne Weiteres möglich, in das oben deklarierte Array mit sechs Elementen einen Text mit mehr als fünf Zeichen zu kopieren. Da dies den reservierten Speicherbereich überschreitet, wird dieser Fehler meist mit einem Programmabsturz quittiert.

1.5.6.2 Funktionen zur String-Verarbeitung

Hier eine Auswahl aus der Fülle von Funktionen zur Verarbeitung von Strings; schlagen Sie bei Bedarf wegen der Einzelheiten in der Online-Hilfe nach.

- String kopieren: strcpy() und strncpy()
- Länge eines Strings: strlen()
- Strings vergleichen: strcmp() und strncmp()

47 AUFGABE

Erstellen Sie ein Programm NAMEN.CPP, das es erlaubt, maximal zehn Namen einzugeben. Der Eingabedialog endet, wenn als Name das Zeichen „." (Punkt) oder der 10. Name eingegeben wurde. Anschließend sind die eingegebenen Namen auf dem Bildschirm auszugeben.

1.5.7 Klasse string

Es ist zwar im Hinblick auf die Programmlaufzeit sehr effizient, Stringvariablen als Array vom Typ char zu deklarieren, doch die aufwendige Speicherverwaltung und der umständliche Zugriff bei Zuweisungen, Vergleichen und anderen Stringoperationen lassen es ratsam erscheinen, die in C++ verfügbare Klasse string zu verwenden (Headerdatei iostream erforderlich). Durch die Verwendung einer String-Klasse ist die einfache und sichere Handhabung von Strings möglich.

Das Programm String.cpp demonstriert den Einsatz der Klasse string. Mit dem =-Operator kann man einem String-Objekt einen Wert zuweisen. Vergleiche können mit dem Vergleichsoperator == durchgeführt werden und mit dem Operator + lassen sich Strings verketten.

```
//------ Programm: String.cpp V. : BDS 2006 --------------
#include <iostream>
#include <string>
#include <cstdio>
using namespace std;
//------------------------------------------------------
int main()
{
   string Name, Vorname, Ende = "Nein";
   while(Ende == "Nein")
   {
      cout << "Geben Sie Ihren Nachnamen ein : ";
      cin >> Name;
      cout << "Geben Sie Ihren Vornamen ein  : ";
      cin >> Vorname;
      cout << "Ihr Name lautet " << (Vorname + " " +
```

```
                  Name);
            cout << endl << endl
                  << "Programm beenden (Ja / Nein) : ";
            cin >> Ende;
      }
      return 0;
}
//-----------------------------------------------------------
```

Neben Operatoren stellt die Klasse string auch noch eine Reihe von Methoden zur Stringverarbeitung zur Verfügung (z. B. length(), clear(), insert(), replace(), erase(), find() u. a.). Der Einsatz von Methoden wird im Kapitel „Objektorientierte Programmierung" ausführlich dargestellt. Methoden können grundsätzlich mit Funktionen verglichen werden. Sie können einen Rückgabewert haben und können Parameter in Empfang nehmen. Aufgerufen wird eine Methode mit der Syntax Objektname.Methodenname(). Die beiden folgenden Quellcodezeilen verdeutlichen grundsätzlich die Verwendung von Methoden für Objekte der Klasse string:

```
string Text = "Programmierung";
cout << Text.length();
```

Die Methode length() liefert als Rückgabewert die Anzahl der Zeichen eines Stringobjektes. Dieser Wert wird an das Objekt cout weitergegeben und auf dem Bildschirm ausgegeben. Das Stringendezeichen (Nullterminierung) wird nicht mitgezählt. Die Ausgabe für das Beispiel ist somit die Zahl 14 als Stringlänge.

AUFGABE 48

Verändern Sie das Programm NAMEN.CPP und verwenden Sie zur Erfassung der Namen die Klasse string. Erzeugen Sie dazu einen eindimensionalen Array vom Typ string. Die Namen sollen aufsteigend sortiert ausgegeben werden. Implementieren Sie die Sortierung mit dem Bubblesort-Algorithmus. Um Größenvergleiche für Strings vorzunehmen, kann man die Operatoren <, <=, > oder >= verwenden. Speichern Sie das Programm unter der Bezeichnung NAMENSTRING.CPP.

1.5.8 Strukturen

1.5.8.1 Einfache Strukturen

Die Datenstruktur Array erlaubt lediglich das Speichern von Datenobjekten des gleichen Typs. Es ist zum Beispiel nicht möglich, in einem Array Daten vom Typ int und vom Typ char gemischt abzulegen. Hier hilft die Datenstruktur struct weiter, denn sie erlaubt die Zusammenfassung von Datenobjekten unterschiedlichen Typs.

Sollen beispielsweise Kundendaten wie Name, Ort, Umsatz, Bonus zusammengefasst werden, ist das mit folgender Struktur möglich:

```
struct Kunde
{
   char Name[20];
   char Ort[20];
   double Umsatz;
   int Bonus;
};
```

Durch diese Deklaration wird dem Compiler der neue „strukturierte Datentyp" Kunde bekanntgegeben. Allgemein erfolgt die Deklaration mit folgender Syntax:

Syntax	struct Name_des_Strukturtyps
	{
	Typ Name_1;
	Typ Name_2;
	...
	Typ Name_n;
	};

Struktur-deklaration

Nach der Deklaration ist noch kein Speicher mit der Struktur verbunden; es handelt sich lediglich um eine Information für den Compiler über die Existenz einer neuen Struktur. Erst mit der Definition einer Variablen vom Typ der deklarierten Struktur wird Speicherplatz reserviert und können Daten gespeichert werden.

Mit der Vereinbarung der Struktur Kunde kennt der Compiler diesen Strukturtyp. Sollen für einen konkreten Kunden Name, Ort, Umsatz und Bonus gespeichert werden, müssen wir eine Variable erzeugen, die dem Strukturtyp Kunde entspricht.

```
struct Kunde Kundendaten;
```

Nach dieser Definition existiert eine Variable (Strukturvariable) Kundendaten, die der Struktur Kunde entspricht; anders formuliert: die Strukturvariable Kundendaten setzt sich aus den Komponenten Name, Umsatz, Ort und Bonus zusammen.

Syntax	struct Name_des_Strukturtyps Strukturvariablenname_1 [, Strukturvariablenname_2] ... ;

Struktur-variablen-definition

Die Definition von Strukturvariablen ist auch bereits mit der Deklaration möglich.

```
struct Kunde
{
   char Name[20];
   char Ort[20];
   ...
   ...
}Daten_1, Daten_2;
```

In diesem Beispiel werden die beiden Strukturvariablen Daten_1 und Daten_2 bereits mit der Deklaration der Struktur Kunde definiert.

Für den Zugriff auf die Komponenten einer Strukturvariablen gibt es den Punktoperator, der Strukturvariable und Komponente einer Strukturvariablen verbindet.

Zugriff auf Komponente einer Struktur

Syntax	Strukturvariablenname.Name_der_Komponente

Beispielsweise adressiert Daten_1.Umsatz die Komponente Umsatz der Strukturvariablen Daten_1, Daten_2.Bonus die Komponente Bonus der Strukturvariablen Daten_2.

Das Programm Struktur1.cpp zeigt die Verwendung einer Struktur.

```
//------ Programm: Struktur1.cpp V. : BDS 2006 -----------
#include <iostream>
#include <cstring>
#include <cstdio>
using namespace std;
//---------------------------------------------------------
int main()
{
  struct Kunde
  {
    char Name[20];
    char Ort[20];
    double Umsatz;
    int Bonus;
  }K1;
  strcpy(K1.Name, "XYZ AG");
  strcpy(K1.Ort, "Hamburg"),
  K1.Umsatz = 3*17000;
  K1.Bonus = 2;
  cout << K1.Name << " " << K1.Ort << endl;
  cout << "Bonus in EUR: " << K1.Umsatz * K1.Bonus / 100;
  fflush(stdin);
  getchar();
  return 0;
}
//---------------------------------------------------------
```

Ausgabe des Programms:

XYZ AG Hamburg
Bonus in EUR: 1020

An diesem Beispiel wird deutlich, dass die Komponenten einer Struktur in der gewohnten Weise benutzt werden können.

1.5.8.2 Strukturarrays

Zur Speicherung der Kundendaten mehrerer Kunden würde die Definition einer Strukturvariablen je Kunde sehr schnell zu einer Vielzahl von Variablen führen. Hier bietet es sich an, mit Arrays zu arbeiten, deren einzelne Elemente dem Strukturtyp Kunde entsprechen.
Vereinbarung eines Arrays für 100 Kunden:

```
struct Kunde K[100];
```

Adressierung der Komponente Umsatz des Kunden 21:

```
K[20].Umsatz
```

Allgemein lautet die Syntax für den Zugriff auf ein Element des Strukturarrays:

Zugriff auf Komponente eines Strukturarrays

Syntax	Arrayname[Index].Komponentenname

49 AUFGABE

Mit dem Programm LIEFERANTEN.CPP sollen für maximal zehn Lieferanten Informationen in einem Strukturarray erfasst werden. Die Struktur soll aus den Feldern Lieferantennummer, Name, Umsatz und Bonussatz bestehen. Die Eingabe der Lieferantendaten soll beendet werden, wenn entweder zehn Lieferanten erfasst wurden bzw. wenn für das Feld Lieferantennummer der Wert 0 eingegeben wurde. Nach der Eingabe soll der Bonus berechnet und die eingegebenen Lieferantendaten auf dem Bildschirm ausgegeben werden. Außerdem sollen am Ende der Liste der Gesamtumsatz und die Bonussumme ermittelt werden.

1.6 Dateiverarbeitung

Die meisten unserer bisherigen Programme schrieben ihre Ausgaben auf den Bildschirm und nahmen Eingaben von der Tastatur entgegen. So entstandene Daten waren deshalb nur für einen kurzen Zeitraum nutzbar. Es leuchtet ein, dass Anwendungsprogramme, wenn Daten längerfristig zur Verfügung stehen sollen, diese Daten in Dateien auf einem Datenträger ablegen müssen. Bevor wir in die Dateiverarbeitung mit C/C++ einsteigen, sollen noch einige Grundlagen der Dateiverarbeitung dargestellt werden.

Begriffsdefinitionen

Begriff	Erläuterung
Datei	Eine Datei (engl.: file) ist eine auf einem externen Speichermedium gespeicherte Folge von Datensätzen. Sie stellt eine Zusammenfassung gleichartiger, logisch zusammengehöriger Datensätze dar.
Datensatz	Ein Datensatz (engl.: record) beschreibt ein Datenobjekt durch die Zusammenfassung logisch zusammengehöriger Datenfelder.
Datenfeld	Ein Datenfeld ist eine Dateneinheit, die aus einem oder einer Folge von Zeichen, die logisch nicht weiter zerlegt werden, besteht.

Begriff	Erläuterung
Zeichen	Ein Zeichen ist das kleinste Datenelement aus einem Zeichenvorrat (z. B. Buchstabe, Ziffer, Sonderzeichen).

Das primäre Attribut einer Datei ist ihre Organisationsform. Man unterscheidet grundsätzlich vier Dateiorganisationsformen:

- sequenzielle Speicherung
- indizierte Dateiorganisation
- verkettete Speicherung
- gestreute Speicherung

Die Organisationsform wird beim Erstellen einer Datei festgelegt und kann später nicht mehr verändert werden.

Von der Organisationsform einer Datei zu unterscheiden ist die Form des Zugriffs auf eine Datei. Die Zugriffsmethode ist die Art und Weise, wie vom Programm aus auf die einzelnen Sätze einer Datei zugegriffen wird. Man unterscheidet

- sequenziellen Zugriff und
- wahlfreien, direkten Zugriff.

Bei der sequenziellen Speicherung werden alle Datensätze fortlaufend hintereinander abgespeichert. Es besteht keine Möglichkeit, auf einen gesuchten Datensatz direkt zuzugreifen. Sollen die Datensätze nach einem Ordnungsbegriff sortiert abgespeichert werden, so ist das mit einem hohen Reorganisationsaufwand bei Veränderungen des Datenbestandes verbunden. Bei der verketteten Speicherung wird in jeden Datensatz ein Zeiger aufgenommen, der auf die physische Adresse des nächsten Datensatzes zeigt. Über diesen Zeiger kann die logische Sortierung des Datenbestandes realisiert werden, obwohl der reale Datenbestand in unsortierter Folge vorliegt. Aber auch bei der verketteten Speicherung bedarf es eines aufwendigen Änderungsdienstes und es wird zusätzlicher Speicherplatz für die Verkettung benötigt.

Wird für eine Datei die indizierte Speicherform gewählt, so muss man neben dem unsortierten Datenbestand zusätzlich eine Indexdatei erzeugen, in der der Ordnungsbegriff in sortierter Reihenfolge und die dazugehörige Speicheradresse erfasst werden. Der direkte Zugriff erfolgt über den Ordnungsbegriff in der Indexdatei. Beispielsweise kann man durch binäres Suchen in der Indexdatei die Speicheradresse des Datensatzes ermitteln und auf den unsortierten Datenbestand direkt zugreifen.

Werden Datenbestände in Form der gestreuten Speicherung erfasst, so besteht ein rechnerischer Zusammenhang zwischen dem Sortierkriterium (Ordnungsbegriff) und der Adresse des Datensatzes. Die Adressierung erfolgt durch eine sogenannte Hash-Funktion.

Auf ein und dieselbe Datei (mit vorgegebener Organisationsform) kann von verschiedenen Programmen aus verschiedenartig zugegriffen werden (Ausnahme: sequenzielle Dateien). So kann etwa ein Programm eine indizierte Datei sequenziell Satz für Satz abarbeiten, während ein anderes nur auf bestimmte Sätze derselben Datei und in beliebiger Reihenfolge (wahlfrei) zugreift.

1.6.1 Zugriff auf sequenzielle Dateien

In der C/C++-Programmierung wollen wir uns mit sequenziellen Dateien beschäftigen. Dies ist die einfachste Form der Dateiverarbeitung. Bei einer sequenziellen Datei sind die Daten fortlaufend in der Reihenfolge ihrer Eingabe gespeichert und können nur in dieser Reihenfolge wieder verarbeitet werden.

Filepointer
Um auf Dateien zugreifen zu können, müssen Sie einen Zeiger auf den Datentyp FILE definieren. Bei FILE handelt es sich um eine Struktur, die Informationen für die Abwicklung von Datei-Operationen enthält und in cstdio definiert wird. Der Programmierer muss sich somit nicht um die Besonderheiten einzelner Dateisysteme auf unterschiedlichen Rechnersystemen kümmern. Er kann mit seinem C-Programm Dateien überall auf die gleiche Weise ansprechen.

Öffnen von Dateien
Eine Datei wird mit dem Aufruf der Funktion fopen() geöffnet. Ist das Öffnen erfolgreich, so gibt sie einen Zeiger auf eine Struktur vom Typ FILE zurück, ansonsten gibt fopen() den NULL-Pointer zurück.

Die Funktion fopen() erwartet zwei Parameter. Als erstes Argument muss der Funktion der Dateiname als Zeichenkette übergeben werden. Befindet sich die Datei im aktuellen Verzeichnis, so ist keine Pfadangabe nötig. Muss jedoch der Verzeichnispfad angegeben werden, so ist darauf zu achten, dass bei Rechnersystemen, die den Backslash als Trennzeichen in Pfadangaben verwenden, ein doppelter Backslash anzugeben ist (z. B. „C:\\CPP\\TELEFON.DAT“), denn der Backslash leitet in C/C++-Zeichenketten eine Escape-Sequenz ein. Als zweites Argument muss der Funktion fopen() der Dateiöffnungsmodus als String angegeben werden. Dateien können grundsätzlich zum Lesen, zum Schreiben oder zum Anhängen von Daten an bestehende Dateien geöffnet werden.

Die folgende Tabelle enthält eine Aufstellung gültiger Argumente für die Modi zum Öffnen einer Datei.

Dateizugriffsmodi

Bezeichner	Eine Datei zum ...
„r“	Lesen (read) öffnen. Falls sie nicht existiert, gibt fopen() einen NULL-Pointer zurück.
„w“	Schreiben (write) öffnen. Falls die Datei bereits existiert, wird sie überschrieben; andernfalls wird sie neu erstellt.
„a“	Anhängen (append) von Daten im Schreibmodus ans Dateiende öffnen. Falls die Datei nicht existiert, wird sie erzeugt.

Bezeichner	Eine Datei zum ...
„r+"	Lesen und Schreiben öffnen. Falls die Datei nicht existiert, gibt fopen() einen NULL-Pointer zurück.
„w+"	Lesen und Schreiben öffnen. Falls die Datei bereits existiert, geht ihr Inhalt verloren; wenn nicht, wird sie neu erstellt.
„a+"	Lesen und Schreiben öffnen; der Positionszeiger wird auf das Dateiende gesetzt. Falls die Datei nicht existiert, wird sie erstellt.

Bei Systemen, die zwischen Text- und Binär-Streams unterscheiden, ist der Textmodus voreingestellt. Auf Dateien sollten Sie jedoch im Binärmodus zugreifen, damit bestimmte ASCII-Zeichen (ASCII-Code 10 oder ASCII-Code 26), die durchaus Bestandteil der internen Speicherung von C-Datentypen sind, nicht in einen Zeilenumbruch oder ein Dateiende (EOF) konvertiert werden. Wenn Sie Dateien im Binärmodus öffnen wollen, dann müssen Sie an die Zeichenkette für den Öffnungsmodus ein b anhängen, also z. B. „rb" (read binary).

Schließen von Dateien

Sobald alle Schreib-/Lese-Operationen für eine Datei beendet sind, sollten Sie die Datei wieder schließen. Die Funktion fclose() schließt Dateien, die zuvor mit fopen() geöffnet wurden und sorgt dafür, dass alle Daten aus den internen Puffern zurückgeschrieben werden. Zwar können Sie im Allgemeinen davon ausgehen, dass das Betriebssystem nach der Beendigung eines Programms alle offenen Dateien schließt. Aus Gründen der Speicherperformance und der Arbeitssicherheit, denken Sie z. B. an Systemabstürze, empfiehlt es sich, Dateien jedoch sofort zu schließen, sobald sie nicht mehr benötigt werden. Die Funktion fclose() erwartet als Übergabeargument den Filepointer der zu schließenden Datei und gibt bei erfolgreicher Ausführung den Wert 0 zurück. Im Programm Datei.cpp wird die Datei Beispiel.dat geöffnet und wieder geschlossen, ohne Lese- oder Schreibzugriffe auf diese Datei auszuführen.

```
//------ Programm: Datei1.cpp V. : BDS 2006 -------------
#include <iostream>
#include <cstdlib>
#include <cstdio>
using namespace std;
//-----------------------------------------------------
int main()
{
  FILE *BeispielDatei;
  // Datei „Beispiel.dat" z.Schreiben öffnen u.den von fopen() zu
  // rückgegebenen FILE-Pointer an BeispielDatei zuweisen".
  BeispielDatei = fopen("Beispiel.dat", "w");
  if(BeispielDatei == NULL) //Misserfolg von fopen() prüfen
```

```
    {
       cout << "Fehler beim Oeffnen der Datei";
       fflush(stdin);
       getchar();
       exit(1);                         //Abbruch mit Fehlercode
    }
    else
    {
       cout << "Datei erfolgreich geoeffnet";
       fflush(stdin);
       getchar();
    }
    fclose(BeispielDatei);                     // Datei schließen
    return 0;
 }
 //-----------------------------------------------------------
```

Nach dem Öffnen einer Datei müssen Sie unbedingt den Erfolg dieses Vorgangs überprüfen. Wenn fopen() nämlich scheitert und einen NULL-Pointer zurückliefert, dann ist häufig ein unkontrollierter Programmabsturz die Folge. Gründe für das erfolglose Öffnen einer Datei zum Lesen könnten z. B. sein, dass die Datei nicht existiert oder dass Laufwerks- und Pfadangaben fehlen oder falsch angegeben wurden.

Um Daten auf einem Drucker auszugeben, kann anstelle einer Datei eine parallele Schnittstelle angesprochen werden. Für einen Drucker am ersten Parallelport ist die Funktion fopen() wie folgt aufzurufen:

```
DruckerZeiger = fopen("LPT1", "w");
```

Sequenzielles Lesen einer Datei
Zum sequenziellen Lesen von Daten steht in C/C++ die Funktion fread() zur Verfügung. Mit dieser Funktion kann ein Datensatz mit einem Funktionsaufruf gelesen werden. Der Aufbau des Datensatzes muss dazu in einer Struktur definiert werden.

Prototyp: fread()

```
unsigned fread(void *ptr, unsigned size,
unsigned n, FILE *fistream)
```

BEISPIEL

```
fread(&Esatz, sizeof(Esatz), 1, Fpinput);
```

Erläuterung der Übergabeparameter:
1. Zeiger (= Adresse), an der die zu lesenden Daten abzulegen sind
2. Größe des Datensatzes (= Größe der Struktur für die Datensatzbeschreibung)
3. Anzahl der Blöcke (= Anzahl der Datensätze), die bei einem Lesevorgang einzulesen sind
4. Filepointer, auf den sich der Lesevorgang bezieht

Sequenzielles Schreiben einer Datei
Die Funktion zum Schreiben eines Datensatzes (fwrite()) ist mit der Funktion fread() zu vergleichen. Mit fwrite() kann ein Datensatz mit einem Funktionsaufruf sequenziell in eine Datei geschrieben werden. Der Aufbau des Datensatzes muss dazu in einer Struktur definiert werden.

Prototyp: fwrite()
```
unsigned fwrite(void *ptr, unsigned size,
unsigned n, FILE *fistream)
```

```
Beispiel:     fwrite(&Esatz, sizeof(Esatz), 1, Fpinput);
```

Die Bedeutung der vier Übergabeparameter der Funktion fwrite() sind den Erläuterungen zur Funktion fread() zu entnehmen.

1.6.2 Sequenzielle Auswertung einer Datei

Eine sequenzielle Datei, in der Telefondaten abgespeichert sind, soll ausgewertet werden. Dazu ist eine Liste aller Telefonnummern (mit Nachnamen und Vornamen) auf dem Drucker auszugeben. Um die Logik eines Programms darzustellen, gibt es neben dem Struktogramm noch andere Formen der grafischen Darstellung, z. B. das Jackson-Strukturdiagramm.

Struktur-diagramm: Sequenzielle Auswertung einer Datei

Ein Programm zur sequenziellen Auswertung einer Datei lässt sich in drei Module (Programmteile) unterteilen. Im Programmvorlauf werden alle Tätigkeiten ausgeführt, die einmalig zu Beginn einer Verarbeitung notwendig sind:

- Deklaration und Definition der Variablen
- Öffnen der Dateien (inklusive des Fehlerhandlings)
- Lesen des ersten Datensatzes
- Drucken des Listenkopfes

Das nächste Modul der Verarbeitung ist der Hauptteil des Programms. Der Hauptteil steht in einer Schleife und ist so lange zu durchlaufen, bis das Ende der Datei (EOF: end of file) erreicht ist. Im Strukturdiagramm wird die Schleife durch das Zeichen * dargestellt. Innerhalb dieses Programmteils erfolgt

- die Verarbeitung des aktuellen Satzes (z. B. Berechnung, Summenbildung, Ausgabe)
- und das Lesen des nächsten Datensatzes.

Sind alle Sätze verarbeitet (EOF ist erreicht), so müssen im Programmnachlauf die einmaligen Tätigkeiten zum Abschluss des Programms ausgeführt werden. Hier werden

- Abschlussberechnungen durchgeführt,
- der Listenabschluss gedruckt
- und alle verwendeten Dateien geschlossen.

Quellcode: Auswertung der Telefonliste

```
//------ Programm: Datei2.cpp V. : BDS 2006 -------------
#include <iostream>
#include <cstdlib>
#include <cstdio>
using namespace std;
//----------------------------------------------------
struct Satz
{
   char Nachname[13];
   char Vorname[13];
   char Telefon[15];
}Esatz;                // Datensatz wird als Struktur definiert

int main()
{
   FILE *Fpinput;                  // FILE-Pointer für Datei
   FILE *Drucker;                  // FILE-Pointer für Drucker
   Fpinput  = fopen("TELEFON.DAT", "r");
   if(Fpinput == NULL)
   {
      cout << "Fehler beim Oeffnen von TELEFON.DAT";
      fflush(stdin);
      getchar();
      exit(1);                     // Abbruch mit Fehlercode
   }
  Drucker = fopen("TELEFON.PRN","w");  // Ausgabe in Datei
  if(Drucker == NULL)
  {
     cout << "Fehler beim Oeffnen der Druckdatei";
     fflush(stdin);
     getchar();
     exit(1);                      // Abbruch mit Fehlercode
  }
  fread(&Esatz, sizeof(Esatz), 1, Fpinput);
  fprintf(Drucker, "\n     T E L E F O N L I S T E\n");
  fprintf(Drucker, "\nNachname  Vorname  Telefonnummer");
  fprintf(Drucker, "\n---------------------------------");
  while(!feof(Fpinput))
  {
    fprintf(Drucker, "\n %-15.15s %-15.15s %-15.15s",
            Esatz.Nachname, Esatz.Vorname, Esatz.Telefon);
    fread(&Esatz, sizeof(Esatz), 1, Fpinput);
  }
  fprintf(Drucker, "\n---------------------------------");
```

```
45      fclose(Fpinput);
46      fclose(Drucker);
47      return 0;
48   }
49   //----------------------------------------------------------------
```

In den Programmzeilen 7 bis 12 wird eine Struktur vereinbart. Der Aufbau der Struktur entspricht dem Aufbau eines Datensatzes (Reihenfolge der Felder, Feldtypen, Feldgrößen). Diese Struktur wurde global definiert, d.h. sie ist in allen Modulen verfügbar. Wird das Programm in Funktionen untergliedert (z.B. Programmvorlauf, Programmhauptteil, Programmnachlauf), so kann man in jeder Funktion auf diese Felder zugreifen. Zu Beginn des Hauptprogramms werden die FILE-Pointer für die Eingabedatei (TELEFON.DAT) und das Drucken (TELEFON.PRN) deklariert. Die beiden Dateien können nun geöffnet werden. Dabei wird überprüft, ob der Zugriff möglich ist. Falls dies nicht der Fall ist, wird das Programm mit einer Fehlermeldung beendet (Programmzeilen 19–33). Nach dem Lesen des 1. Datensatzes (Zeile 34) erfolgt die Ausgabe des Listenkopfes (Zeilen 35–37). Zur Ausgabe in die Druckdatei wird die C-Funktion fprintf() verwendet (Informationen zur Funktion fprintf() siehe Online-Hilfe).

Der Programmhauptteil umfasst die Zeilen 38 bis 43. Die Bedingung im Schleifenkopf lautet: Solange nicht das Dateiende der Datei, die mit dem FILE-Pointer Fpinput verbunden ist, erreicht ist, sollen die Anweisungen des Schleifenrumpfs ausgeführt werden. Zur Überprüfung, ob das Dateiende erreicht ist, wird die C-Funktion feof() aufgerufen (siehe Online-Hilfe). Die Ausgabe des aktuellen Datensatzes in der Schleife erfolgt durch Aufruf der Funktion fprintf(). Um die Inhalte von Variablen mit dieser Funktion auszugeben, müssen im Formatstring die Formatelemente für jede auszudruckende Variable angegeben werden. Hinter dem Formatstring ("\n %-15s %-15s %-15s") werden die Formatbezeichner (z.B. Esatz.Nachname) der einzelnen Variablen codiert. Jedes Formatelement (%-15s) beginnt mit dem %-Zeichen. Das Flag – steht für linksbündige Ausgabe (wenn notwendig, werden Leerzeichen angefügt). Die Dezimalzahl 15 legt fest, dass mindestens 15 Zeichen gedruckt werden. Will man beispielsweise Gleitkommazahlen mit einer ganz bestimmten Anzahl von Nachkommastellen ausgeben, so muss man getrennt durch einen Punkt hinter der Breite (= Gesamtstellen) die Anzahl der Nachkommastellen angeben (z.B. %10.2f bedeutet, Ausgabe einer Gleitkommazahl mit insgesamt zehn Stellen inklusive des Dezimalpunktes mit zwei Nachkommastellen). Das Zeichen s bzw. f steht für den Typ des Datenelementes, das ausgedruckt werden soll. Die folgende Tabelle gibt einen Überblick über die wichtigsten Typen.

Typ	Bedeutung für die Ausgabe
d	Dezimalausgabe von Integerwerten
f	Ausgabe von Gleitkommazahlen
c	Ausgabe eines einzelnen Zeichens (char)
s	Stringausgabe bis zu terminierendem Nullzeichen

Nach der Ausgabe der Informationen eines Datensatzes kann der nächste Satz aus der Telefondatei gelesen (= Nachlesen) werden (Zeile 40). Ist das Dateiende erreicht, so wird der Hauptteil beendet und es werden die Anweisungen zum Drucken des Listenabschlusses sowie zum Schließen der Dateien ausgeführt.

50 AUFGABE

Die Mitarbeiter der X-AG erhalten in diesem Jahr eine Prämie in Abhängigkeit von ihrem Vorjahreseinkommen und der Dauer ihrer Betriebszugehörigkeit. Folgende Prämiensätze sind vorgesehen:

Dauer der Betriebszugehörigkeit	Prämiensatz
0 bis 2 Jahre	5 %
3 bis 5 Jahre	10 %
6 bis 15 Jahre	15 %
16 bis 25 Jahre	20 %
mehr als 25 Jahre	25 %

Die sequenziell organisierte Datei GEHALT.DAT hat folgenden Satzaufbau:

Datenfeld	Datentyp/Feldaufbau
Personalnummer (inklusive Terminierung)	Zeichenkette/5 Stellen
Nachname (inklusive Terminierung)	Zeichenkette/11 Stellen
Vorname (inklusive Terminierung)	Zeichenkette/11 Stellen
Gehalt	float
Betriebszugehörigkeit	int

Erstellen Sie eine Liste, in der ein ansprechender Listenkopf, alle Datenfelder der Eingabedatei sowie die zu berechnende Prämie je Mitarbeiter ausgedruckt werden. Am Ende der Liste soll im Listenabschluss die Gehalts- und Prämiensumme sowie die durchschnittliche Prämie je Mitarbeiter ausgedruckt werden (Programmname: GEHALTAUSW.CPP).

51 AUFGABE

In der Datei LAGBEST1.DAT sind alle von uns geführten Artikel erfasst. Es ist ein Programm LAGAUSW.CPP zu erstellen, mit dem man eine Bestellliste ausdrucken kann.

Datenfeld	Datentyp/Feldaufbau
Artikelnummer (inklusive Terminierung)	Zeichenkette/9 Stellen
Bezeichnung (inklusive Terminierung)	Zeichenkette/21 Stellen

Datenfeld	Datentyp/Feldaufbau
Istbestand	int
Meldebestand	int
Bestellmenge	int

Geben Sie in einer Liste alle Datenfelder der zu bestellenden Artikel aus (Achtung: Nicht jeder Artikel muss bestellt werden!). Ermitteln Sie mit Ihrem Programm auch die Anzahl der zu bestellenden Artikel und geben Sie diese Information im Listenabschluss aus.

1.7 Projektauftrag: Leasingverwaltung

Sie sind Mitarbeiter der EDV-Abteilung eines Autoleasingunternehmens. Das Unternehmen bietet zwei Formen von Leasingverträgen an:

- Tagesleasing:
  Bei einer Leasingdauer bis zu 15 Tagen berechnet das Unternehmen pro Tag eine Grundgebühr von 20,00 EUR/Tag sowie 0,50 EUR je gefahrenem Kilometer.
- Monatsleasing:
  Bei einer Leasingdauer von mehr als 15 Tagen wird grundsätzlich monatlich abgerechnet. Für das Monatsleasing beträgt die Grundgebühr 300,00 EUR für jeden angefangenen Monat und es werden für jeden Kilometer 0,60 EUR in Rechnung gestellt.

Die Daten für die Leasingverträge sind in einer sequenziellen Datei abzuspeichern. Aus Vereinfachungsgründen darf angenommen werden, dass der gesamte Datenbestand zur Laufzeit in einer Hauptspeichertabelle verfügbar ist (Hinweis: maximal 100 Datensätze). Die Datensatzstruktur der Leasingdaten ist vorgegeben.

Datenfeld	Datentyp/Feldaufbau
Leasingvertragsnummer	int (fortlaufende Nummer)
Leasingobjektnummer	Zeichenkette/5 Stellen
Leasingobjektbezeichnung	Zeichenkette/21 Stellen
Kundennummer	Zeichenkette/5 Stellen
Kundenname	Zeichenkette/21 Stellen
Straße	Zeichenkette/21 Stellen
PLZ	Zeichenkette/6 Stellen
Ort	Zeichenkette/21 Stellen

Datenfeld	Datentyp/Feldaufbau
Leasingbeginn: Tag	int
Leasingbeginn: Monat	int
Leasingbeginn: Jahr	int
Leasingende: Tag	int
Leasingende: Monat	int
Leasingende: Jahr	int
Rechnungsbetrag	double

Für die Verwaltung der Leasingverträge wird ein Programm benötigt, mit dem man Leasingverträge erfassen, anzeigen, ändern und löschen kann. Außerdem sollen Rechnungen und eine Liste der noch nicht abgeschlossenen Leasingverträge (Felder für Leasingende sind noch mit 0 belegt) gedruckt werden können. Das Programm soll modular aufgebaut werden und die einzelnen Module können arbeitsteilig erstellt werden.

2 Objektorientierte Programmierung

Kapitel 2 gibt einen Überblick über die Grundzüge des objektorientierten Ansatzes der Programmierung.

Allgemeine Grundlagen der Objektorientierung

- Klassen, Objekte, Methoden
- Objektorientierte Analyse (Unified Notation)

Objektorientierte Programmierung in C++

- Klassendeklaration, Methodendefinitionen, Verwendung von Klassen
- Überladen von Funktionen
- Vererbung

Seit Anfang der 90er-Jahre hat der Begriff objektorientierte Programmierung im Rahmen der Softwareentwicklung eine immer größere Bedeutung gewonnen. Dies ist vor allem dadurch zu erklären, dass die rein prozedurale Programmierung durch die erhöhten Softwareanforderungen (z. B. Integration aller betrieblichen Bereiche oder einheitliche grafische Oberflächen zur Bedienung der komplexen Software) an ihre Grenzen stieß. Bei kleinen Programmen ist die Funktionalität eines Programms noch recht einfach zu überschauen, aber mit der steigenden Komplexität wird es immer schwieriger, Programme zu erstellen und zu warten. Man kann zwar im Rahmen der strukturierten Programmierung Module (Funktionen) bilden und somit die Übersichtlichkeit erhöhen, aber letztlich bleibt die Produktivität der Programmierung weit hinter den Anforderungen zurück. Nicht nur die Neuerstellung von komplexen Programmen ist beim prozeduralen Programmieransatz problematisch, auch die Veränderung von Programmen (Wartung) führt zu enormen Kosten und Termindruck im Programmierbereich.

Ein kleines Beispiel soll dies verdeutlichen. Wird beispielsweise der Datentyp eines Datenfeldes einer Datenbanktabelle geändert, so müssen alle Programme/Funktionen verändert werden, die auf diese Information zugreifen. Der zurückliegende Jahrtausendwechsel hat dies sehr deutlich gemacht. Der Grund hierfür liegt vor allem darin, dass man früher die prozedurale Programmierung von Funktionen (Anweisungsfolgen) in den Vordergrund der Arbeit gestellt hat. Viele Funktionen/Programme greifen auf die gleichen Daten zu. Die Anordnung der Daten kann nicht geändert werden, ohne gleichzeitig alle Funktionen zu modifizieren, die auf diese Daten zugreifen. Die Daten stehen bei dieser Form der Programmierung erst an zweiter Stelle. Genau hier setzt die objektorientierte Programmierung (= OOP) an.

Man geht bei der OOP davon aus, dass die Daten der Grund sind, warum Programme existieren. Beispielsweise ist nicht ein Abschreibungsprogramm mit den entsprechenden Algorithmen der bedeutende Teil eines Programms, sondern die Daten der Anlagengüter, die abzuschreiben sind, stehen im Mittelpunkt der Betrachtung. Deshalb ist die grundlegende Idee der OOP, sowohl die Daten als auch die Funktionen, die mit diesen Daten arbeiten, in einer einzigen Einheit, einem Objekt (einer Klasse) zu kombinieren. Dabei werden die Daten gegenüber der Außenwelt gekapselt, d. h. es ist kein direkter Zugriff auf diese Informationen möglich, man kann lediglich über die Komponentfunktionen/Methoden eines Objektes auf diese Daten zugreifen. Die Komponentfunktionen bilden somit die Schnittstelle zu anderen Programmen. Werden die Daten eines Objektes verändert, so muss man nur die Komponentfunktionen einer Klasse anpassen, da ja keine weiteren Funktionen direkt auf diese Daten zugreifen können.

Wie das obige Schaubild zeigt, werden die Daten (z. B. eines Mitarbeiters) nach außen (gegenüber Programmen/Modulen) verborgen (= information hiding), nur die Methoden (Komponentfunktionen) des Objektes erhalten Zugriff auf diese Daten und können somit die Information an die Außenwelt weitergeben. Sie stellen die Schnittstelle zwischen den Datenfeldern einer Klasse und der Außenwelt dar. Will man also im Rahmen der OOP ein Programmierproblem lösen, so stellt sich zunächst nicht die Frage, wie diese Aufgabenstellung in Funktionen zu unterteilen ist, sondern welche Objekte existieren in dem entsprechenden Bereich, welche Datenstruktur beschreibt diese Objekte und welche Zugriffsnotwendigkeiten bestehen für diese Informationen.

2.1 Allgemeine Grundlagen der objektorientierten Programmierung

2.1.1 Klassen

Ein Objekt (= Exemplar, Instanz) ist ein eindeutig identifizierbares Exemplar von Gegenständen, Personen oder Begriffen. Es besitzt Eigenschaften (= Daten) und hat ein bestimmtes Verhalten (= Methoden). Eine Klasse kann als Sammlung von gleichartigen Objekten bezeichnet werden. Man könnte sagen, eine Klasse dient als Mustervorlage. Sie legt fest, welche Daten und welche Funktionen (Methoden) in Objekten dieser Klasse enthalten sein werden. In einem Unternehmen kann man z. B. für die Angestellten eine Klasse deklarieren. Jeder Angestellte ist ein Objekt dieser Klasse. Beschrieben wird ein Angestellter (Objekt) z. B. durch folgende Datenfelder (vereinfachte Darstellung):

Datenfelder der Objekte der Klasse Angestellter
Nachname
Vorname
Brutto

Will man eine Gehaltsabrechnung aller Angestellten eines Unternehmens erstellen, muss man in einem Gehaltsabrechnungsprogramm auf die lohn- und gehaltsrelevanten Daten (Brutto, Lohnsteuerklasse, Religionszugehörigkeit, Beitragssatz der Krankenkasse usw.) zugreifen. Dazu muss uns die Klasse Angestellter entsprechende Methoden (Komponentfunktionen) zum Lesen der Informationen für die einzelnen Objekte zur Verfügung stellen. Durch den Aufruf einer Methode ZeigBrutto() – diese Funktion kann das Datenfeld Brutto eines Objektes lesen – können wir über diese Schnittstellenfunktion auf die Daten (Feld Brutto) zugreifen. Ein direkter Zugriff von anderen Modulen/Funktionen auf die Daten sollte verhindert werden. Erreicht wird das dadurch, dass die Datenfelder eines Objektes im private-Bereich (= Zugriffsspezifizierer private) der Klasse deklariert werden.

2.1.2 Grafische Darstellung im Rahmen der objektorientierten Analyse

Im Rahmen des objektorientierten Entwurfs von Softwareprodukten wurden grafische Notationen zur Darstellung von objektorientierten Konzepten entwickelt. Mit diesen Notationen kann man z. B. Klassen, Objekte sowie die Beziehungen zwischen Klassen grafisch darstellen. Übliche Notationen sind die Darstellungen von Coad/Yourdan, Rumbaugh bzw. die Unified Notation. Wir wollen uns bei der Darstellung von Klassenhierarchien und Objekten auf die Unified Notation (UML: Unified Modelling Language) beschränken.

Darstellung einer Klasse

Klasse
- Attribut 1 **- Attribut 2: Typ** **- Attribut 3: Typ = Voreinstellung** **...**
+ Operation 1 **+ Operation 2 (P-Liste):Ergebnistyp** **...**

Eine Klasse wird mit einem Rechteck dargestellt. Die Klasse hat einen Namen (hier: Klasse), besitzt eindeutig benannte Attribute innerhalb einer Klasse (= Datenfelder) und stellt eindeutige Operationen (= Komponentfunktionen/Methoden) zum Zugriff auf die Klassenattribute zur Verfügung. Bei der Angabe der Attribute kann man den Typ und auch eine Voreinstellung (Initialisierung) angeben. Die Benennung der Operationen (Methoden) der Klasse kann in runden Klammern eine Liste der Übergabeparameter mit Typangaben enthalten. Außerdem kann der Typ des Rückgabewertes der Methode angegeben werden. Ein Minuszeichen vor einem Attribut bzw. einer Methode bedeutet, dass dieses Element im private-Bereich der Klasse erzeugt wird. Steht ein Pluszeichen vor dem Attribut bzw. der Methode, so ist dieses Element im public-Bereich der Klassendeklaration anzulegen und kann somit von außen direkt angesprochen werden.

Ein Objekt einer Klasse (= Instanz) wird gemäß der nebenstehenden Abbildung dargestellt. Ein Objekt einer Klasse hat einen eindeutigen Namen (= Objektname). Es besitzt Attributwerte für die Attribute einer Klasse. Zwischen dem Attributnamen und dem Wert dieses Attributs können Sie auch noch den Datentyp des Attributs angeben. Die Methoden werden in der Objektdarstellung nicht genannt, da sie für alle Objekte der Klasse identisch sind und jedem Objekt der Klasse zur Verfügung stehen.

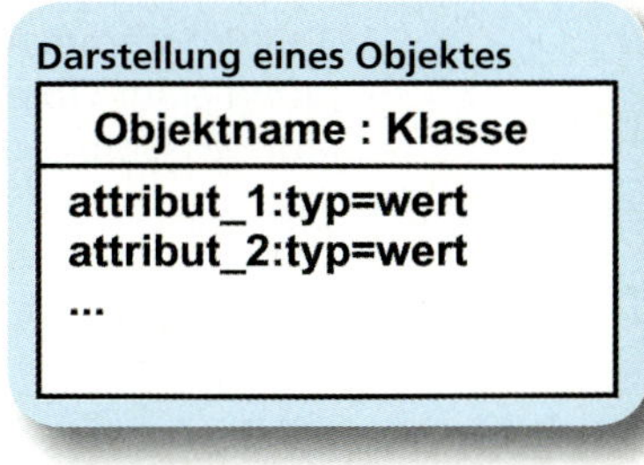

2.1.3 Objektorientierte Darstellung anhand eines einfachen Beispiels

Mit einem stark vereinfachten Beispiel sollen die objektorientierte Analyse und die Umsetzung in die Codierung veranschaulicht werden. In einem C++-Programm wird eine Klasse Angestellter deklariert. Aus Vereinfachungsgründen besteht sie nur aus den Instanzvariablen (= Datenfelder) Nachname, Vorname und Brutto sowie den Komponentfunktionen ZeigBrutto() und SchreibBrutto(). Im Programm soll die Bildung einer Instanz (Angestellter1) der Klasse Angestellter vorgenommen werden. Das Objekt Angestellter1 ist mit den Attributwerten „Meier", „Franz" und 2000.0 zu erzeugen. In der UML-Notation lässt sich das folgendermaßen darstellen:

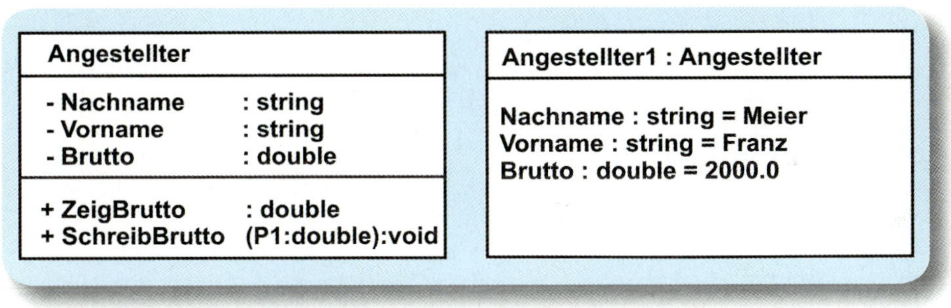

2.2 Einführung: Objektorientierte Programmierung

2.2.1 Erzeugen und Verwenden von Klassen

Zunächst muss man bei der Umsetzung des oben geschilderten Problems die Klasse Angestellter deklarieren. Die Deklaration einer Klasse ähnelt dem Anlegen einer Struktur. Auch hier wird lediglich ein neuer Datentyp angelegt. Zusätzlich werden Methoden zum Zugriff auf die Attributwerte eines Objektes zur Verfügung gestellt. Erst mit dem Erzeugen eines Objektes wird dann auch tatsächlich Speicherplatz für die Datenfelder des Objekts bereitgestellt. Da die Methoden für alle Objekte gleich sind, müssen sie nicht für jedes Objekt einzeln gespeichert werden.

Das Programm Angestellter1.cpp zeigt die Deklaration einer Klasse, die Instanzbildung eines Objektes (= Erzeugen eines Objektes Angestellter1) sowie den Zugriff auf das Objekt über die entsprechenden Methoden der Klasse Angestellter.

```
//------ Programm: Angestellter1.cpp V . : BDS 2006 ------
#include <iostream>
#include <iomanip>
#include <cstdio>
#include <string>
using namespace std;
//-----------------------------------------------------------
class Angestellter
{
   private:
      string Nachname;
      string Vorname;
      double Brutto;
   public:
   // Methoden
      double ZeigBrutto(void);
      void SchreibBrutto(double);
           // Konstruktor
           Angestellter(string, string, double);
           // Destruktor
           ~Angestellter();
};
double Angestellter::ZeigBrutto(void)
{
   return Brutto;
}
void Angestellter::SchreibBrutto(double B)
{
   Brutto = B;
}
Angestellter::Angestellter(string N, string V, double B)
{
   Nachname = N;
   Vorname = V;
   Brutto = B;
}
Angestellter::~Angestellter()
{
}
int main()
{
   double Bruttolohn;
   Angestellter Angestellter1("Meier", "Franz", 2000.0);
   Bruttolohn = Angestellter1.ZeigBrutto();
   cout << "Bruttolohn : " << Bruttolohn << endl;
   Angestellter1.SchreibBrutto(3000.0);
```

```
47      Bruttolohn = Angestellter1.ZeigBrutto();
48      cout << "Bruttolohn : " << Bruttolohn << endl;
49      fflush(stdin);
50      getchar();
51      return 0;
52  }
53  //------------------------------------------------------------
```

Klassendeklaration

Syntax

```
class <Klassenname>
{
      private:
        Elementliste;     // Datenfelder und Methoden
      public:
        Elementliste;     // Datenfelder und Methoden
      protected:
        Elementliste;     // Datenfelder und Methoden
};
```

Alle Deklarationen im private-Bereich sind gekapselt, d.h. sie können außerhalb der Klasse nicht angesprochen werden. Die Vereinbarungen im public-Bereich sind öffentlich, d.h. sie sind auch außerhalb der Klasse erreichbar. In der Klassendeklaration Angestellter werden im private-Bereich die Datenfelder (= Attribute) einer Klasse festgelegt. Da die Deklaration der Variablen als private erfolgt, kann von außerhalb der Klasse kein Zugriff auf die Datenfelder (Nachname, Vorname und Brutto) erfolgen. Es ist lediglich der Aufruf der Methoden ZeigBrutto() bzw. SchreibBrutto() möglich, da diese Methoden im public-Bereich der Klasse deklariert sind. Generell sollte man sich an dieses Konzept halten, Datenfelder mit dem Zugriffsspezifizierer private und Zugriffsmethoden mit dem Zugriffsspezifizierer public zu deklarieren.

2.2.2 Methoden einer Klasse

Die Klasse Angestellter hat zwei Methoden, die auf die Attributwerte eines Objektes Zugriff haben. Die Methode ZeigBrutto() (Prototyp: Zeile 16, Definition Zeile 23–26) stellt den Bruttolohn eines Angestellten zur Verfügung. Dazu gibt die Methode einen Wert vom Datentyp double zurück (Inhalt des Datenfeldes Brutto) und sie erwartet keine Übergabeparameter. An dieser Methode lässt sich die grundsätzliche Syntax einer Methodendefinition außerhalb der Klassendeklaration erkennen.

Methodendefinition (außerhalb der Klassendeklaration)

Syntax	Rückgabetyp <Klassenname>::<Funktionsname> ([Typ Übergabeparameter][,] ...)
	{
	Anweisung 1;
	Anweisung 2;
	...
	Anweisung n;
	}

Wird eine Methode außerhalb der Klassendeklaration codiert, so muss man dem Funktionsnamen (= ZeigBrutto) den Klassennamen (= Angestellter) und den Gültigkeitsoperator (::) voranstellen.

Bei einer externen Methodendefinition wird in der Klasse lediglich der Funktionsprototyp eingetragen. Erlaubt ist auch die Definition einer Methode innerhalb der Klassendeklaration (= Inlinedefinition). Dieses Vorgehen ist aber nur für sehr kleine Funktionen zu empfehlen.

Die zweite Methode (SchreibBrutto()) erwartet als Übergabewert einen double-Wert und speichert diesen Wert im Datenfeld Brutto des jeweiligen Objektes.

2.2.3 Konstruktor und Destruktor

In der Deklaration der Klasse Angestellter fallen zwei besondere Methoden auf. Zunächst gibt es den Konstruktor einer Klasse (Prototyp: Zeile 19, Definition Zeilen 31 bis 36). Der Konstruktor muss den gleichen Namen wie die Klasse erhalten und hat keinen Rückgabewert (auch nicht void). Diese Methode wird automatisch beim Anlegen eines neuen Objektes aufgerufen. Dadurch ist es möglich, die Attributwerte eines Objektes bei der Bildung einer neuen Instanz (= Anlegen eines neuen Objektes) zu initialisieren. Innerhalb der runden Klammern des Konstruktors werden (wie wir bereits bei Funktionen gesehen haben) die Übergabeparameter festgelegt. Bei der Erzeugung eines neuen Objektes (Zeile 43) werden in unserem Beispiel die Initialwerte („Meier", „Franz", 2000.0) an den Konstruktor übergeben. Die Methode überträgt im Anweisungsteil die Übergabewerte an die Datenelemente des Objektes (Zeilen 33 bis 35). Im Programm Angestellter1.cpp werden der Konstruktor und alle anderen Methoden außerhalb der Klassendeklaration definiert.

Die zweite besondere Methode ist der Destruktor (Prototyp: Zeile 21). Diese Funktion wird automatisch beim Auflösen eines Objektes (spätestens beim Beenden des Programms) aufgerufen. Der Destruktor hat den gleichen Namen wie der Konstruktor (Klassennamen), ihm wird aber noch eine Tilde (~) vorangestellt. Der Destruktor hat keinen Rückgabewert. Es besteht auch nicht die Möglichkeit, Parameter (Übergabeparameter) an diese besondere Methode zu übergeben. Sinnvollerweise wird der Destruktor eingesetzt, um bei der Eliminierung eines Objektes den Speicherplatz, den das Objekt bei dynamischer Speicherplatzreservierung belegte, wieder freizugeben. In unserem Beispiel wird beim Auflösen eines Objektes keine besondere Aktivität durchgeführt (Programmzeilen 37 bis 39). Man hätte in diesem Fall auch auf die Definition eines Destruktors verzichten können, da C++ automatisch einen Standarddestruktor ohne Aktivität erzeugt.

2.2.4 Erzeugung von Objekten und Zugriff auf Elemente

Im Hauptprogramm (Zeilen 40 bis 52) wird eine lokale Variable Bruttolohn vom Datentyp double definiert. In der Zeile 43 wird ein Objekt (Angestellter1) der Klasse Angestellter erzeugt. Dabei werden dem Konstruktor die Initialwerte für die Felder Nachname, Vorname und Brutto übergeben. Für das Erzeugen eines Objektes gilt die folgende Syntax:

Syntax	<Klassenname> <Objektname> ([<Initialwert>] [,] ...);

Erzeugen eines Objektes

In der Programmzeile 44 wird die Methode ZeigBrutto() für das Objekt Angestellter1 aufgerufen und der Rückgabewert dieser Funktion wird der lokalen Variablen Bruttolohn zugewiesen. Die Syntax für den Aufruf einer Methode für ein Objekt einer Klasse sieht folgendermaßen aus:

Syntax	<Objektname>.<Methodenname> (<Übergabeparameter1> [,] ...);

Methodenaufruf für ein Objekt

Nun kann man im Hauptprogramm den Bruttolohn des Objektes Angestellter1 ausgeben. Soll der Bruttolohn des Angestellten1 verändert werden, muss die Methode SchreibBrutto() mit entsprechendem Übergabeparameter (siehe Zeile 46) aufgerufen werden. Um zu kontrollieren, ob die Veränderung erfolgte, wird in den Zeilen 47 und 48 durch Aufruf der Methode ZeigBrutto() der neue Inhalt des Datenfeldes Brutto für das Objekt Angestellter1 angezeigt.

52 AUFGABE

Verändern Sie das Programm Angestellter1.cpp:

- Erzeugen Sie ein weiteres Objekt Angestellter2. Dieses Objekt soll mit den Initialwerten „Bethmann", „Lisa", 4000.0 erzeugt werden. Lassen Sie sich das Bruttogehalt des Objektes Angestellter2 anzeigen.
- Erhöhen Sie die Bruttogehälter aller Angestellten um 10 Prozent und geben Sie die Informationen für alle Objekte auf dem Bildschirm aus.
- Erstellen Sie eine Methode ZeigNamen() der Klasse Angestellter, mit der man den Nachnamen und den Vornamen eines Objektes anzeigen lassen kann. Rufen Sie diese Methode beim Anzeigen des Bruttolohnes eines Angestellten auf, damit auch der Nachname und der Vorname des Objektes jeweils mit angezeigt werden.

2.2.5 Überladen von Funktionen

Die meisten Programmiersprachen erlauben in der Regel nur eine einzige Definition für ein und denselben Funktionsnamen. In C++ wird diese Beschränkung aufgehoben. Es gibt hier die Möglichkeit, mehrere Funktionen (Methoden) mit gleichem Namen zu definieren. Die Funktionen müssen sich jedoch entweder in der Anzahl der Übergabeparameter oder in den Datentypen der übergebenen Parameter unterscheiden. Diese Programmiertechnik nennt man Überladen von Funktionen. Durch den Aufruf einer Methode wird aufgrund der Parameteranzahl bzw. der Parametertypen automatisch für das jeweilige Objekt die gewünschte Methode ausgeführt. Diese Eigenschaft bezeichnet man auch als Vielgestaltigkeit (= Polymorphie).

In dem Beispiel Angestellter1.cpp soll der Konstruktor der Klasse Angestellter überladen werden. Wenn ein Objekt der Klasse Angestellter ohne Übergabeparameter erzeugt wird, so soll der Nachname dieses Objektes auf „UNBEKANNT“ gesetzt werden, das Feld Vorname soll mit einem Leerzeichen initialisiert werden und das Datenfeld Brutto soll mit 0.0 initialisiert werden. Ansonsten wird bei der Erzeugung eines neuen Objektes der im vorherigen Kapitel dargestellte Konstruktor aufgerufen, bei dem der Nachname, der Vorname und das Feld Brutto als Übergabeparameter angegeben werden. Um diese Veränderungen zu implementieren, muss die Klassendeklaration der Klasse Angestellter um den Prototypen

```
Angestellter();
```

erweitert werden. Im Prototyp Angestellter() wird festgelegt, dass dieser Konstruktor keinen Übergabeparameter erwartet.

Nun muss diese Methode noch definiert werden. Dazu müssen folgende Quellcodezeilen hinzugefügt werden:

```
Angestellter:: Angestellter()
{
   Nachname = "UNBEKANNT";
   Vorname = " ";
   Brutto = 0.0;
   return;
}
```

Wird nun ein neues Objekt mit der Programmzeile

```
Angestellter Angestellter1;
```

erzeugt, so wird der Konstruktor ohne Übergabeparameter automatisch aufgerufen und das Objekt Angestellter1 wird wie oben beschrieben initialisiert. Wird aber ein neues Objekt mit Übergabeparametern erzeugt,

```
Angestellter Angestellter2("Meier", "Gerd", 5000.0);
```

so wird der im Eingangsbeispiel definierte Konstruktor aufgerufen und das Objekt mit den angegebenen Initialwerten erstellt.

AUFGABE 53

Erweitern Sie das Programm Angestellter1 um zwei neue Konstruktoren. Der erste Konstruktor soll ohne Parameter aufgerufen werden (siehe oben) und der zweite neue Konstruktor soll die Möglichkeit bieten, ein neues Objekt mit Nachnamen und Vornamen durch Übergabeparameter zu initialisieren und das Feld Brutto soll auf 0.0 gesetzt werden. Erzeugen Sie in Ihrem Programm drei Objekte mit unterschiedlicher Initialisierung und lassen Sie sich die Ergebnisse auf dem Bildschirm anzeigen.

2.2.6 Strukturierung eines objektorientierten Programms

Programme mit Klassendeklarationen und Methodendefinitionen im gleichen Modul wie der Quellcode des Hauptprogramms werden sehr schnell unübersichtlich. Deshalb ist es empfehlenswert, die Klassendeklaration, die Methodendefinition und den Quellcode des Hauptprogramms jeweils in unterschiedlichen Dateien zu erfassen. Die Klassendeklaration wird üblicherweise in einer Headerdatei (Angestellter1aFunk.h) abgespeichert:

```
1  //---- Headerdatei: Angestellter1aFunk.h V. : BDS 2006 ---
2  #ifndef Angestellter1afunkH
3  #define Angestellter1afunkH
4  class Angestellter
5  {
6     private:
7        string Nachname;
8        string Vorname;
9        double Brutto;
10    public:
11       // Konstruktor
12       Angestellter(string, string, double);
13       // Destruktor
14       ~Angestellter();
15       // Methoden
16       double ZeigBrutto(void);
17       void SchreibBrutto(double);
18 };
19 #endif
20 //---------------------------------------------------------
```

Am Anfang der Headerdatei wird überprüft, ob die Konstante Angestellter1aFunkH bereits existiert. Ist dies nicht der Fall, so wird sie erzeugt und die Anweisungen zur Klassendeklaration werden ausgeführt. Falls die Konstante bereits existiert, werden die Anweisungen der Zeilen 3 bis 19 nicht durchgeführt. Diese Form der bedingten Kompilierung kennen wir bereits schon von der Definition von Headerdateien bei externen Funktionen. Durch diese Vorgehensweise wird bei mehrfachem Inkludieren der Headerdatei Angestellter1aFunk.h verhindert, dass die Klassendeklaration erneut ausgeführt wird.

Die Methodendefinitionen der Klasse Angestellter sollen ebenfalls in einer eigenständigen Quellcodedatei Angestellter1aFunk.cpp erfasst werden:

```
//------ Klassendefinition: Angestellter1aFunk.cpp V . : BDS 2006 -----
#include <iostream>
#include <string>
using namespace std;
#include „angestellter1afunk.h"
//---------------------------------------------------------
Angestellter::Angestellter(string N, string V, double B)
```

```
{
   Nachname = N;
   Vorname = V;
   Brutto = B;
}
Angestellter::~Angestellter()
{

}
double Angestellter::ZeigBrutto(void)
{
   return Brutto;
}
void Angestellter::SchreibBrutto(double B)
{
   Brutto = B;
}
//---------------------------------------------------------
```

Bemerkenswert beim Aufbau dieser Datei sind zwei Dinge:

1. Es müssen alle notwendigen Systemheaderdateien eingebunden werden, die von den Anweisungen der Methoden benötigt werden. (Hinweis: Jedes externe Modul muss in C++ eigenständig kompilierbar sein.)
2. Die Headerdatei mit der Klassendeklaration der Klasse Angestellter (Angestellter1aFunk.h) muss inkludiert werden. Da sich die Headerdatei im aktuellen Verzeichnis befindet, reicht die Angabe des Dateinamens in Anführungszeichen aus.

Das Hauptprogramm selbst wird in einer dritten Quellcodedatei (Angestellter1a.cpp) codiert:

```
//------ Programm: Angestellter1a.cpp V . : BDS 2006 -----
#include <iostream>
#include <cstdio>
#include <string>
using namespace std;
#include “angestellter1afunk.h”
//---------------------------------------------------------
int main()
{
   double Bruttolohn;
   Angestellter Angestellter1("Meier", "Franz", 2000.0);
   Bruttolohn = Angestellter1.ZeigBrutto();
   cout << "Bruttolohn : " << Bruttolohn << endl;
   Angestellter1.SchreibBrutto(3000.0);
   Bruttolohn = Angestellter1.ZeigBrutto();
   cout << "Bruttolohn : " << Bruttolohn << endl;
   fflush(stdin);
   getchar();
   return 0;
```

```
}
//-----------------------------------------------------------
```

54 AUFGABE

Führen Sie die Strukturierung des Programms Angestellter1.cpp aus der vorherigen Übung durch und speichern Sie das Programm unter dem neuen Namen Angestellter1a.cpp.

Zusammenfassende Übung

55 AUFGABE

Erstellen Sie ein Programm Spar.cpp zur Verwaltung von Sparkonten. Deklarieren Sie dazu eine Klasse Sparkonto, sodass für jedes Objekt folgende Datenfelder angelegt werden:

Datenfelder: Klasse Sparkonto	Bemerkung
Nummer	fortlaufende Sparkontonummer
Kontoinhaber	Name des Kontoinhabers (20 Zeichen)
Kontostand	aktueller Kontostand
Habenzinssatz	aktueller Zinssatz für Zinsberechnungen

Es sind zwei Konstruktoren und der Standarddestruktor zu definieren. Der erste Konstruktor (ohne Übergabeparameter) soll das Feld Kontoinhaber mit „UNBEKANNT" initialisieren und den Kontostand auf 0.0 setzen sowie den Habenzinssatz mit dem Wert 2.0 belegen. Der zweite Konstruktor erhält als Übergabeparameter den Namen des Kontoinhabers sowie den Kontostand und den Habenzinssatz. Um dem aktuellen Objekt eine fortlaufende Kontonummer zuzuweisen, muss man im Modul der Klassendefinition (SparFunk.cpp) vor den Methodendefinitionen eine Variable vom Typ int anlegen. Damit sie beim erneuten Aufruf einer Objektinstanzierung nicht wieder auf Null gesetzt wird, muss diese Variable mit static int deklariert werden (z. B.: static int Anzahl=0;).

Neben den Konstruktoren bzw. dem Destruktor soll die Klasse Sparkonto folgende Methoden beinhalten:

- Methode Einzahlung: Verarbeitung von Einzahlungen zugunsten eines Sparkontos
- Methode Auszahlung: Verarbeitung von Auszahlungen zulasten eines Sparkontos
- Methode Kontostand: gibt den aktuellen Kontostand zurück (nur Betrag)
- Methode Kontoauszug: gibt einen Kontoauszug mit Kontonummer, Kontoinhaber und Kontostand auf dem Bildschirm aus
- Methode Zinsberechnung: berechnet mit dem Habenzinssatz und dem aktuellen Kontostand (vereinfachend) Jahreszinsen und verändert entsprechend den Kontostand

Im Hauptprogramm sollen zwei Objekte (Sparkonto1 und Sparkonto2) erzeugt werden. Das erste Objekt soll mit dem Standardkonstruktor initialisiert werden, während das zweite Objekt mit den Werten „Heinzelmann", 2500.0, 2.0 zu erzeugen ist.

Nach der Erzeugung der Objekte soll zugunsten des Objektes Sparkonto1 eine Einzahlung von 500,00 EUR erfolgen. Lassen Sie sich anschließend den Kontostand und den Kontoauszug für beide Objekte anzeigen. Führen Sie danach eine Zinsberechnung für beide Sparkonten durch und lassen Sie sich erneut die beiden Kontoauszüge auf dem Bildschirm ausgeben. Bei der Zinsberechnung soll aus Vereinfachungsgründen angenommen werden, dass der aktuelle Kontostand für ein ganzes Jahr zu verzinsen ist.

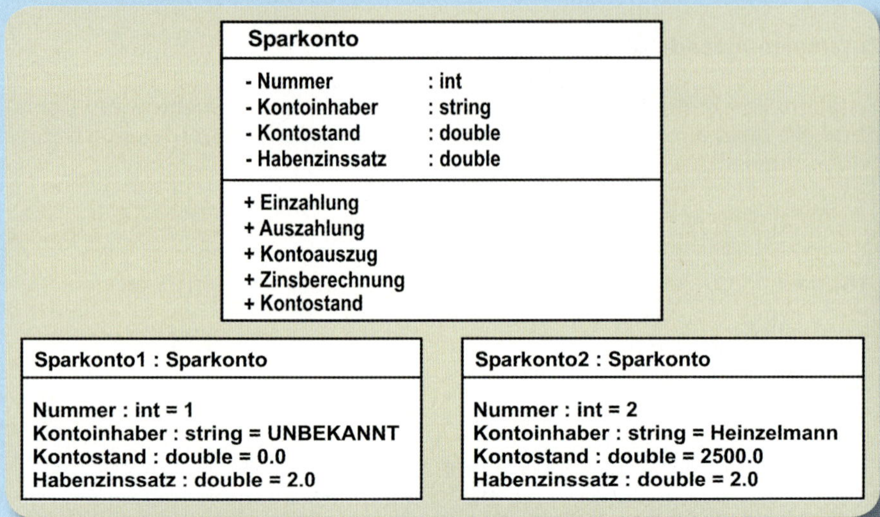

AUFGABE 56

Erweitern Sie das Programm Spar.cpp um folgende zwei Methoden:

- Zinssatzanzeigen: zeigt aktuellen Zinssatz eines Objektes an
- Zinssatzaendern: ermöglicht das Verändern des Zinssatzes eines Sparkontos

Lassen Sie sich von beiden Objekten (Sparkonten) den Zinssatz anzeigen. Führen Sie anschließend eine Zinssatzänderung für das Sparkonto2 durch und erhöhen Sie den Habenzinssatz auf 5 %. Danach ist die Zinsberechnung für beide Konten auszuführen und das Ergebnis durch einen Kontoauszug zu überprüfen. Speichern Sie das Programm unter dem Namen SparUeb1.cpp ab.

2.2.7 Dynamisches Erzeugen von Klasseninstanzen

Dynamisches Erzeugen einer Instanz bedeutet, dass erst zur Programmlaufzeit der Speicherplatz für das jeweilige Objekt bereitgestellt wird. Ein dynamisches Erzeugen von Objekten ist immer dann sinnvoll, wenn man von einer nicht bekannten Anzahl von Objekten ausgehen muss.

```
//------ Programm: Angestellter2.cpp V. : BDS 2006 -------
#include <iostream>
#include <cstdio>
#include <string>
using namespace std;
#include "Angestellter2Funk.h"
```

```
 7 //-----------------------------------------------------------
 8 int main()
 9 {
10     double Bruttolohn;
11     Angestellter *Angestellter1 = NULL; // Zeiger erzeugen
12     Angestellter *Angestellter2 = NULL;
13     Angestellter1 = new Angestellter();
                                  // Objekt dynamisch erzeugen
14     Angestellter2 = new Angestellter("Meier", "Franz",
   2000.0);
15     Bruttolohn = Angestellter1->ZeigBrutto();
16     cout << "Bruttolohn Angestellter1: " << Bruttolohn <<
           endl;
17     Bruttolohn = Angestellter2->ZeigBrutto();
18     cout << "Bruttolohn Angestellter2: " << Bruttolohn <<
           endl;
19     Angestellter2->SchreibBrutto(3000.0);
20     Bruttolohn = Angestellter2->ZeigBrutto();
21     cout << "Bruttolohn Angestellter2: " << Bruttolohn <<
           endl;
22     delete Angestellter1;
23     delete Angestellter2;
24     fflush(stdin);
25     getchar();
26     return 0;
27 }
28 //-----------------------------------------------------------
```

In den Programmzeilen 11 und 12 werden zwei Zeigervariablen vom Typ Angestellter deklariert und mit dem NULL-Zeiger initialisiert. Mit dem new-Operator wird in den beiden folgenden Programmzeilen dynamisch (= zur Laufzeit) Speicherplatz reserviert und die Anfangsadresse des reservierten Speicherblocks wird der Zeigervariablen für das jeweilige Objekt zugewiesen. Will man die Methoden für ein Objekt mit einer Zeigervariablen aufrufen, muss man anstelle des Punktoperators (.) zwischen Zeigervariablen- und Methodenname nun den ->-Operator (Auswahloperator für indirekte Elementauswahl) verwenden.

Syntax <Objektname>-><Methodenname> (<Übergabeparameter1> [,] ...);

Methodenaufruf für dynamisch erzeugtes Objekt

```
Angestellter1->ZeigBrutto();
```

Da der Speicherplatz zur Laufzeit reserviert wurde, kann man im Programm auch den reservierten Speicherbereich wieder freigeben, wenn das Objekt nicht mehr benötigt wird. Dies geschieht durch Aufruf des delete-Operators mit dem Namen der Zeigervariablen für das Objekt, das eliminiert werden soll (Zeilen 22 und 23). Der Quellcode für die Headerdatei und die Methodendefinitionen bleibt unverändert.

57 AUFGABE

Verändern Sie Ihr Programm SPARUEB1.CPP so, dass für die einzelnen Objekte erst zur Laufzeit Speicherplatz zur Verfügung gestellt wird. Speichern Sie Ihr Programm unter dem Namen SPARUEB2.CPP ab.

2.2.8 Dynamisches Erzeugen von Instanzen mit Zeigerarrays

Das nächste Beispiel demonstriert, wie man mithilfe eines Zeigerarrays dynamisch Objekte erzeugen kann. In einer Schleife sollen fünf Objekte der Klasse Angestellter erzeugt werden.

```
//-----Headerdatei: Angestellter3Funk.h V. : BDS 2006 ----
#ifndef Angestellter3funk_h
#define Angestellter3funk_h
class Angestellter
{
  private:
    string Nachname;
    string Vorname;
    double Brutto;
  public:
    // Konstruktor
    Angestellter(string, string, double);
    Angestellter();
    // Destruktor
    ~Angestellter();
    // Methoden
    double ZeigBrutto(void);
    string ZeigNamen(void);
    string ZeigVornamen(void);
    void SchreibBrutto(double);
};
#endif
//-----------------------------------------------------------
```

In die Headerdatei wurden zwei weitere Prototypen eingefügt, um den Nachnamen und den Vornamen eines Objektes lesen zu können. Diese Methoden haben einen Rückgabewert vom Typ string.

```
//-------Klassendefinition: Angestellter3Funk.cpp V . : BDS 2006 -------
#include <iostream>
#include <string>
using namespace std;
#include „Angestellter3Funk.h"
//-----------------------------------------------------------
Angestellter::Angestellter(string N, string V, double B)
{
    Nachname = N;
    Vorname = V;
    Brutto = B;
}
Angestellter::Angestellter()
{
```

```
15        Nachname = "UNBEKANNT";
16        Vorname = " ";
17        Brutto = 0.0;
18    }
19    Angestellter::~Angestellter()
20    {
21
22    }
23    double Angestellter::ZeigBrutto(void)
24    {
25        return Brutto;
26    }
27    string Angestellter::ZeigNamen(void)
28    {
29       return Nachname;
30    }
31    string Angestellter::ZeigVornamen(void)
32    {
33       return Vorname;
34    }
35    void Angestellter::SchreibBrutto(double brutto)
36    {
37       Brutto = brutto;
38    }
39    //---------------------------------------------------------
```

In der Datei Angestellter3Funk.cpp werden die Methoden zum Lesen des Nachnamens (ZeigNamen()) und des Vornamens (ZeigVornamen()) eines Objektes definiert (Zeilen 27 bis 34). Ansonsten wurden keine Veränderungen der Methoden vorgenommen.

```
//------- Programm: Angestellter3.cpp V.: BDS 2006 -------
#include <iostream>
#include <cstdio>
#include <string>
using namespace std;
#include „Angestellter3Funk.h"
//---------------------------------------------------------
int main()
{
  double Bruttolohn;
  int i;
  Angestellter *Ang[5];          // Zeigerarray für Objekte
  for(i=0; i<5; i++)
  {
    Ang[i] = new Angestellter;
    cout << "Nachname : " << Ang[i]->ZeigNamen() << endl
         << "Vorname : " << Ang[i]->ZeigVornamen() << endl;
    Bruttolohn = Ang[i]->ZeigBrutto();
    cout << "Bruttolohn Angestellter" << (i+1) << " : "
```

```
20              << Bruttolohn << endl << endl;
21      }
22      for(i=0; i<5; i++)
23        delete Ang[i];
24      fflush(stdin);
25      getchar();
26      return 0;
27    }
28    //------------------------------------------------------------
```

Im Hauptprogramm Zeile 12 wird ein Zeigerarray für fünf Zeiger auf Objekte der Klasse Angestellter deklariert. Nun können in einer Zählschleife fünf Objekte instanziert werden. Wenn die Objekte in der Programmzeile 15 erzeugt werden, wird der Standardkonstruktor (Konstruktor ohne Parameterübergabe) aufgerufen, sodass für alle Objekte der Nachname auf „UNBEKANNT“ gesetzt wird, der Vorname unbelegt bleibt und das Feld Brutto mit 0.0 belegt wird.

Der Vorteil des dynamischen Erzeugens von Objekten ist vor allem darin zu sehen, dass der dazu notwendige Speicherplatz erst zur Laufzeit zur Verfügung gestellt werden muss und dass man diesen Speicher auch wieder freigeben kann (durch Aufruf des delete-Operators in Zeile 23), wenn man die Objekte nicht mehr benötigt.

AUFGABE 58

Erstellen Sie ein Programm SPARUEB3.CPP, mit dem zehn Sparkonten dynamisch erzeugt werden. Für jedes Sparkonto soll eine Einzahlung erfolgen. Die Einzahlung des ersten Kontos soll 500,00 EUR betragen. Alle weiteren Konten haben eine Einzahlung von jeweils 500,00 EUR mehr als das vorherige Konto. Anschließend soll der Zinssatz geändert werden. Der Zinssatz eines Kontos soll mit der Nummer des Kontos belegt sein, d. h. der erste Kunde hat als Zinssatz 1 %, der nächste 2 % usw. Lassen Sie sich den Zinssatz anzeigen, führen Sie für jedes Konto eine Zinsberechnung durch und geben Sie den Kontoauszug für jedes Konto auf dem Bildschirm aus. Bevor das Programm beendet wird, ist der Speicherplatz der Objekte wieder freizugeben.

2.2.9 Vererbung

Eines der wichtigsten Konzepte der objektorientierten Programmierung ist die Möglichkeit, Klassenhierarchien durch Vererbung zu bilden. Bei der Vererbung werden Gemeinsamkeiten von Klassen in einer Basisklasse zusammengefasst, während in den abgeleiteten Klassen die Besonderheiten einer Klasse definiert werden. Betrachten wir dazu unser Ausgangsbeispiel, bei dem wir eine Klasse Angestellter deklariert haben. Im Rahmen einer objektorientierten Analyse stellen wir fest, dass wir nicht nur Angestellte in unserem Unternehmen beschäftigen, sondern auch Arbeiter. Zwischen diesen beiden Gruppen gibt es Gemeinsamkeiten, z. B. jeder Mitarbeiter hat einen Nachnamen und einen Vornamen, es gibt aber auch Unterschiede, z. B. erhält ein Angestellter monatlich einen von der Arbeitszeit unabhängigen Bruttolohn, während der Bruttolohn eines Arbeiters sich aus den gearbeiteten Stunden multipliziert mit dem Stundenlohn ergibt.

Klassendiagramm:

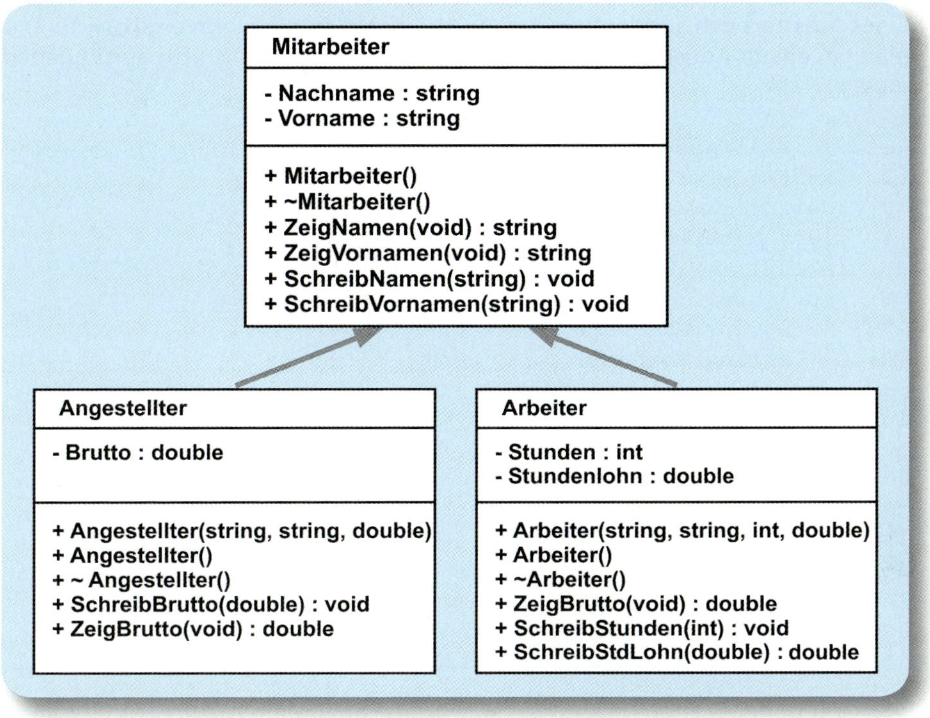

Als Basisklasse wird die Klasse Mitarbeiter angelegt. In dieser übergeordneten Klasse werden alle Datenfelder und Methoden, die auch in den untergeordneten (= abgeleiteten) Klassen verfügbar sein sollen, deklariert. In unserem Beispiel sind das die Datenfelder Nachname und Vorname sowie die Zugriffsmethoden ZeigNamen() und ZeigVornamen() bzw. SchreibNamen() und SchreibVornamen(), denn für jeden Angestellten und für jeden Arbeiter müssen diese Daten existieren. Die Basisklasse gibt im Rahmen der Vererbung ihre Elemente an die abgeleiteten Klassen (hier: Angestellter und Arbeiter) weiter. Im Regelfall vererbt die Basisklasse alle Elemente an die abgeleiteten Klassen. Somit existieren für alle von der Klasse Mitarbeiter abgeleiteten Klassen die in der Basisklasse deklarierten Datenfelder und Methoden.

Neben den Gemeinsamkeiten zwischen den Klassen Angestellter und Arbeiter gibt es aber auch Unterschiede. In unserem Fall beschränken sich die Unterschiede auf die Berechnung des Bruttoverdienstes. Das zeitunabhängige Bruttogehalt eines Angestellten kann in einer Variablen Brutto der Klasse Angestellter erfasst werden. Zum Zugriff auf dieses Datenfeld müssen die beiden Methoden ZeigBrutto() und SchreibBrutto() zur Verfügung gestellt werden. Bei den Objekten der Klasse Arbeiter ergibt sich der Bruttolohn aus der geleisteten Stundenzahl, multipliziert mit dem Stundenlohn. Deshalb müssen in der Klasse Arbeiter die beiden Datenfelder Stunden und Stundenlohn bereitgestellt werden. Auf ein Datenfeld Brutto kann man in der Klasse Arbeiter verzichten, da sich diese Information jederzeit aus den anderen Datenfeldern berechnen lässt. Die Klasse Arbeiter benötigt noch zwei Methoden zum Schreiben von Stunden und Stundenlohn (SchreibStunden()

und SchreibStdLohn()). Weiterhin enthält die Klasse Arbeiter auch die Methode ZeigBrutto(), die nicht in der Basisklasse definiert werden kann, da der Bruttolohn eines Arbeiters sich aus der Berechnung Stunden * Stundenlohn ergibt, während man bei einem Angestellten lediglich den Inhalt des Feldes Brutto zurückgeben muss.

```
//------Headerdatei: MitarbeiterFunk.h V. : BDS 2006 -----
#ifndef mitarbeiterfunk_h
#define mitarbeiterfunk_h
class Mitarbeiter
{
  private:
    string Nachname;
    string Vorname;
  public:
    // Konstruktor
    Mitarbeiter();
    // Destruktor
    ~Mitarbeiter();
    // Methoden
    string ZeigNamen(void);
    string ZeigVornamen(void);
    void SchreibNamen(string);
    void SchreibVornamen(string);
};
class Angestellter : public Mitarbeiter
{
  private:
    double Brutto;
   public:
    // Konstruktor
    Angestellter(string, string, double);
    Angestellter();
    // Destruktor
    ~Angestellter();
    // Methoden
    void SchreibBrutto(double);
    double ZeigBrutto(void);
};
class Arbeiter : public Mitarbeiter
{
  private:
    int Stunden;
    double Stundenlohn;
  public:
    // Konstruktor
    Arbeiter(string, string, int, double);
    Arbeiter();
    // Destruktor
    ~Arbeiter();
```

```
45        // Methoden
46        double ZeigBrutto(void);
47        void SchreibStunden(int);
48        void SchreibStdLohn(double);
49    };
50    #endif
51    //-----------------------------------------------------------
```

In der Headerdatei (Mitarbeiter.h) muss die Basisklasse Mitarbeiter mit allen Datenfeldern und Komponentfunktionen deklariert werden (Programmzeilen 4–19). Die Basisklasse ist eine „normale" Klasse, d. h. man kann in der Codierung dieser Klasse nicht erkennen, dass andere Klassen von dieser Klasse abgeleitet werden. Basisklassen können wie jede andere Klasse verwendet werden. Alle Klassen können als Basisklasse für eine andere Klasse dienen. Ab der Programmzeile 20 werden die abgeleiteten Klassen festgelegt. Um anzuzeigen, dass eine Klasse die Elemente anderer Klassen (Basisklassen) erben soll, hängt man der Definition der Klasse einfach eine Liste der zu beerbenden Klassen an (Programmzeile 20 und 34). Dies macht deutlich, dass eine Klasse von mehreren Basisklassen abgeleitet sein kann. Es ergibt sich folgende Syntax der Vererbung:

Syntax	class <Klassenname> : <[public, protected, private] <Basisklassenname> [,] ...)

Vererbung

```
class Angestellter : public Mitarbeiter
```

Die abgeleitete Klasse erbt alle Elemente der Basisklasse (Ausnahme: Konstruktoren, Destruktoren). Eine selektive Auswahl der Elemente, die vererbt werden sollen, gibt es nicht, d. h. die abgeleitete Klasse erbt alle Datenfelder und Methoden der Basisklasse. Wird eine abgeleitete Klasse mit dem Zugriffsspezifizierer public vererbt, so bleiben die Zugriffsrechte auf die einzelnen Elemente (public, private) in der abgeleiteten Klasse unverändert.

```
//- Klassendefinition: MitarbeiterFunk.cpp V. : BDS 2006 -
#include <iostream>
#include <string>
using namespace std;
#include „MitarbeiterFunk.h"
//-----------------------------------------------------------
Mitarbeiter :: Mitarbeiter()
{
}
Mitarbeiter :: ~Mitarbeiter()
{
}
string Mitarbeiter :: ZeigNamen(void)
{
  return Nachname;
}
string Mitarbeiter :: ZeigVornamen(void)
```

```
{
  return Vorname;
}
void Mitarbeiter :: SchreibNamen(string N)
{
  Nachname = N;
}
void Mitarbeiter :: SchreibVornamen(string N)
{
  Vorname = N;
}
Angestellter :: Angestellter(string N, string V, double B)
{
  SchreibNamen(N);
  SchreibVornamen(V);
  Brutto = B;
}
Angestellter :: Angestellter()
{
  SchreibNamen("ANG UNBEKANNT");
  SchreibVornamen(" ");
  Brutto = 0.0;
}
Angestellter :: ~Angestellter()
{
}
double Angestellter :: ZeigBrutto(void)
{
  return Brutto;
}
void Angestellter :: SchreibBrutto(double B)
{
  Brutto = B;
}
Arbeiter :: Arbeiter(string N, string V, int StdLohn,
double Std)
{
  SchreibNamen(N);
  SchreibVornamen(V);
  Stundenlohn = StdLohn;
  Stunden = Std;
}
Arbeiter :: Arbeiter()
{
  SchreibNamen("ARB UNBEKANNT");
  SchreibVornamen(" ");
  Stundenlohn = 0.0;
  Stunden = 0;
}
double Arbeiter :: ZeigBrutto(void)
```

```
67  {
68    return (Stunden * Stundenlohn);
69  }
70  void Arbeiter :: SchreibStunden(int Std)
71  {
72    Stunden = Std;
73  }
74  void Arbeiter :: SchreibStdLohn(double StdLohn)
75  {
76    Stundenlohn = StdLohn;
77  }
78  Arbeiter :: ~Arbeiter()
79  {
80  }
81  //-----------------------------------------------------
```

Nachdem wir alle Klassen deklariert haben, schauen wir uns die Definitionen der Komponentfunktionen an, die in der Datei MitarbeiterFunk.CPP codiert sind. In der Klasse Mitarbeiter werden die Datenfelder Nachname und Vorname deklariert. Da diese Datenfelder im private-Bereich angelegt werden, muss die Klasse Mitarbeiter Methoden zum Schreib- und Lesezugriff für diese Felder bereitstellen, denn auch die abgeleiteten Klassen können nur über Zugriffsmethoden, die im public-Bereich vereinbart sind, auf diese Felder zugreifen. Die Codierung der Methoden erfolgt in den Zeilen 13–28. Außerdem wird für die Klasse Mitarbeiter ein Standardkonstruktor und ein Standarddestruktor definiert (Zeile 7–12).

In den Zeilen 29–40 werden die Konstruktoren der Klasse Angestellter definiert. Auf das Feld Brutto kann man direkt zugreifen. Will man auf die Felder Nachname oder Vorname, die in der Basisklasse definiert sind, zugreifen, so muss man die entsprechenden Zugriffsmethoden der Basisklasse Mitarbeiter aufrufen. Im Gegensatz zum Zugriff von außen (Aufruf von Methoden im Hauptprogramm mit Angabe Objektname.Funktionsname()), werden die Methoden ohne Angabe des Objektnamens aufgerufen (z. B. Zeile 31). In der Definition der Klasse Arbeiter soll noch auf die Methode ZeigBrutto() hingewiesen werden. Auch die Klasse Angestellter enthält eine solche Methode, aber während diese Funktion lediglich den Inhalt des Feldes Brutto zurückgibt, muss man in der Klasse Arbeiter den Ausdruck Stunden * Stundenlohn als Brutto zurückgeben. Weiterhin werden die Methoden zum Zugriff auf Stunden und Stundenlohn (SchreibStdLohn(), SchreibStunden()...) definiert, da diese Felder nur in der Klasse Arbeiter existieren.

```
//------ Programm: Mitarbeiter.cpp V . : BDS 2006 --------
#include <iostream>
#include <iomanip>
#include <string>
#include <cstdio>
using namespace std;
#include „MitarbeiterFunk.h"
//-----------------------------------------------------
int main()
{
```

```
        Angestellter Angestellter1("Herrmann", "Dieter",
        2000.0);
        Angestellter Angestellter2;
        Arbeiter Arbeiter1("Bethmann", "Siegfried", 20,
        150.0);
        Arbeiter Arbeiter2;
        cout << left;
        cout << "Angest.1: " << setw(25)
                               << Angestellter1.ZeigNamen()
                               << setw(25) << Angestellter1.
                                  ZeigVornamen()
                               << Angestellter1.ZeigBrutto() <<
                                  endl;
        cout << "Angest.2: " << setw(25) << Angestellter2.
        ZeigNamen()
            << setw(25) << Angestellter2.ZeigVornamen()
            << Angestellter2.ZeigBrutto() << endl;
        cout << "Arb.1   : " << setw(25) << Arbeiter1.
               ZeigNamen()
            << setw(25) << Arbeiter1.ZeigVornamen()
            << Arbeiter1.ZeigBrutto() << endl;
        cout << "Arb.2   : "<< setw(25) << Arbeiter2.
               ZeigNamen()
            << setw(25) << Arbeiter2.ZeigVornamen()
            << Arbeiter2.ZeigBrutto() << endl;
        fflush(stdin);
        getchar();
        return 0;
    }
    //-------------------------------------------------------------
```

Im Hauptprogramm werden jeweils zwei Objekte der Klassen Angestellter und Arbeiter erzeugt. Anschließend werden durch Aufruf der Methoden ZeigNamen(), ZeigVornamen() und ZeigBrutto() die Funktionen aufgerufen, um die Inhalte der Datenfelder der einzelnen Objekte anzuzeigen. Es fällt dabei auf, dass man beim Aufruf der Methoden keine Differenzierung vornehmen muss, ob die Methode in der Basisklasse oder in der abgeleiteten Klasse deklariert wurde.

Konstruktoren und Mehrfachvererbung

Beim Instanzieren eines Objektes der abgeleiteten Klasse wird deren Konstruktor und der Konstruktor der Basisklasse aufgerufen. Wenn wir das Objekt Angestellter1 mit Angestellter Angestellter1("Herrmann", "Dieter", 2000.0); erzeugen, wird der Konstruktor der Klasse Angestellter aufgerufen, der zwei Strings und einen Doublewert als Parameter erwartet (Angestellter :: Angestellter(string N, string V, double B)). Wie aber erfolgt der Aufruf des Konstruktors Mitarbeiter() der Basisklasse?

Genau genommen hätten wir dem Compiler mitteilen müssen, wie dieser Aufruf zu erfolgen hat. Dazu muss der Kopf der Konstruktordefinition (in der abgeleiteten Klasse) um diese Information ergänzt werden:

```
Angestellter :: Angestellter(string N, string V, double B)
  : Mitarbeiter()
```

Nach der Parameterliste geben wir nach einem Doppelpunkt an, wie der Konstruktor der Basisklasse aufzurufen ist.

Unser Programm funktionierte auch ohne diese Angabe, da der Compiler bei fehlender Information einen Aufruf ohne Argumente erzeugt. Etwas schwieriger wird es, wenn der Basiskonstruktor ebenfalls mit Parametern arbeitet. Angenommen, unsere Klasse Mitarbeiter erhält das zusätzliche Datenfeld Personalnummer, und der Konstruktor erwartet ein Argument zum Initialisieren dieses Datenfeldes.

```
class Mitarbeiter
{
  private:
    int Personalnummer; //Neues Datenfeld
    string Nachname;
    string Vorname;
  public:
    // Konstruktor
    Mitarbeiter(int);     //Konstruktor mit Parameter (Pers.Nr.)
    // Destruktor
    ~Mitarbeiter();
    // Methoden
    string ZeigNamen(void);
    string ZeigVornamen(void);
    void SchreibNamen(string);
    void SchreibVornamen(string);
};

Mitarbeiter :: Mitarbeiter(int Nr)
{
   Personalnummer=Nr;
}
```

Der oben gezeigte Konstruktor der Klasse Angestellter könnte nun folgenden Aufbau haben:

```
Angestellter :: Angestellter(string N, string V,
                   double B, int Pnr) : Mitarbeiter(Pnr)
```

Der Konstruktor der Klasse Angestellter erhält einen zusätzlichen Parameter für die Personalnummer (Pnr). Dieser Wert wird als Argument für den Aufruf des Konstruktors der Basisklasse Mitarbeiter verwendet (: Mitarbeiter(Pnr)).

Damit das Programm wieder lauffähig wird, müssen auch alle anderen Konstruktoren der Klasse Angestellter und Arbeiter entsprechend ergänzt werden. Zusätzlich ist beim Erzeugen der Objekte die Personalnummer als weiteres Argument anzugeben z. B.:

```
//Personalnummer 1234
Angestellter Angestellter1("Herrmann", "Dieter", 2000.0,
    1234);
//Personalnummer 1235
Angestellter Angestellter2(1235);
```

Will man die Personalnummer ausgeben, muss die Klasse Mitarbeiter um eine entsprechende Methode ergänzt werden.

AUFGABE 59

In einer Bibliothek können Sie Bücher, Zeitschriften, Videos, CDs und DVDs ausleihen. Klassen:

- Medium
- Buch
- Zeitschrift
- Softwaremedium
- Printmedium
- CD
- DVD
- Video
- Sonstiges Medium

a) Erzeugen Sie für diese Klassen ein UML-Klassendiagramm.

b) Die einzelnen Medien können ausgeliehen werden. Dazu soll das Attribut Ausleihdatum erfasst werden. In welcher Klasse muss dieses Attribut angelegt werden?

c) Bei Büchern und Zeitschriften ist die Anzahl der Seiten zu erfassen. Tragen Sie die Methode SetSeiten() in das Klassendiagramm ein.

d) Die Ausleihfrist für Bücher beträgt einen Monat. Zeitschriften können für eine Woche ausgeliehen werden. Für alle anderen Medien beträgt die Ausleihfrist zwei Wochen. Die Methode BerechneRueckgabedatum() soll in das Klassendiagramm eingetragen werden.

e) Erläutern Sie folgende Methode und ordnen Sie die Methode im Klassendiagramm zu:
+BerechneUeberziehungsgebuehr() : double

AUFGABE 60

a) In einer Bank werden nicht nur Sparkonten geführt, sondern auch Kontokorrentkonten. In einer Analyse stellen wir fest, dass Kontokorrentkonten laufende Konten sind, bei denen der Kontoinhaber sein Konto auch überziehen kann. Bei der Zinsberechnung eines Kontokorrentkontos werden folglich entweder Soll- oder Habenzinsen berechnet. Führen Sie eine objektorientierte Analyse unter der Voraussetzung durch, dass lediglich folgende Funktionalität zur Verfügung gestellt werden soll:
   - Einzahlung
   - Auszahlung
   - Kontostand
   - Zinsberechnung

b) Erstellen Sie die Codierung für die Aufgabe a (SparUeb4.cpp). Erzeugen Sie in Ihrem Programm jeweils zwei Sparkonten und zwei Kontokorrentkonten. Der Zinssatz für Sparkonten beträgt 2 %, während bei Kontokorrentkonten ein Habenzinssatz von 0,5 % und ein Sollzinssatz von 10,0 % angesetzt werden soll. Alle Objekte sollen dynamisch erzeugt werden. Führen Sie Ein-/Auszahlungen zugunsten/zulasten der Konten durch, berechnen Sie die Zinsen für alle Konten und lassen Sie sich für jedes Konto anschließend den Kontoauszug auf dem Bildschirm ausgeben.

2.2.10 Polymorphismus

Wir können unser Beispiel aus Abschnitt 2.2.9 Vererbung noch etwas ausweiten: Stellen Sie sich vor, wir würden aus der Basisklasse Mitarbeiter neben den Klassen Arbeiter und Angestellter noch weitere Klassen ableiten: z. B. für Auszubildende, Angestellte mit Prämienentlohnung, Arbeiter mit Akkordentlohnung. Die abgeleiteten Klassen unterscheiden sich untereinander – wie im Fall der Arbeiter und Angestellten – in der Art und Weise, wie das Bruttoentgelt zu berechnen ist, d. h. die Methode ZeigBrutto() unterscheidet sich in den Klassen. Um eine Liste aller Bruttoentgelte zu erzeugen, müssten wir anschlie ßend für jedes Objekt – wie im obigen Beispiel geschehen – die Funktion ZeigBrutto() aufrufen; zumindest bei vielen Objekten ein sehr umständliches Verfahren. Nun wissen wir, dass in ähnlichen Fällen ein Array weiterhelfen kann, da die Auswertung seiner Elemente leicht in einer Zählschleife realisierbar ist. Zwei Probleme sind dabei zu lösen:

1. Wie ist es möglich, in einem Array Zeiger auf unterschiedliche Klassen zu speichern? Und – wenn diese Aufgabe bewältigt ist,
2. wie kann in der Schleife sichergestellt werden, dass für die Objekte unterschiedlicher Klassen die jeweils für das Objekt zutreffende Methode ZeigBrutto() ausgeführt wird?

Eine Spielart von Polymorphie haben wir bereits mit dem Überladen von Funktionen im Abschnitt 2.2.5 vorgestellt, nun lernen Sie eine weitere Variante kennen, die auf unsere Aufgabe angewendet werden kann. Betrachten wir hierzu das folgende einfache Beispiel. Der Kürze wegen sind die Methoden in dieser Codierung innerhalb der Klasse definiert.

```
class Teilnehmer
{
   public:
      void ZeigeBeruf()
      {
         cout<<endl<<"Keine Zuordnung zu einem Beruf!";
      }
};
class Informatik : public Teilnehmer
{
   public:
      void ZeigeBeruf()
      {
         cout<<endl<<"Informatikkauffrau, -mann";
      }
};
class System : public Teilnehmer
{
   public:
      void ZeigeBeruf()
      {
         cout<<endl<<"Systemkauffrau, -mann";
      }
};
```

Die Klasse Teilnehmer hat nur die Methode ZeigeBeruf(), die einen Text am Bildschirm ausgibt. Die nachfolgenden Klassen Informatik und System sind von der Klasse Teilnehmer abgeleitet und haben ebenfalls eine Methode ZeigeBeruf(), die jeweils einen anderen Text ausgibt.

```
//------------------------------------------------------------
int main()
{
   Informatik Info;
   System Syst;
   Teilnehmer Teil;
   Teilnehmer* Zeiger; //Zeiger auf Objekt vom Typ Teilnehmer
                       //
   Zeiger=&Info;       //das geht, denn Zeiger auf Objekte
                       //abgeleiteter Klassen sind verträglich
                       //mit Zeigern auf Objekte d.Basisklasse
   Zeiger->ZeigeBeruf();
   Zeiger=&Syst;
   Zeiger->ZeigeBeruf();
   Zeiger=&Teil;
   Zeiger->ZeigeBeruf();
   getchar();
   return 0;
}
//------------------------------------------------------------
```

In main() erzeugen wir von jeder Klasse ein Objekt und zusätzlich einen Zeiger auf Teilnehmer. Mit Zeiger=&Info; speichern wir dann die Adresse eines Objekts der Klasse Informatik in der Zeigervariablen Zeiger. Wahrscheinlich sind Sie von dieser Zuweisung überrascht: Wir speichern ja die Adresse eines Typs (Informatik) in einer Zeigervariablen eines anderen Typs (Teilnehmer). Diese Zuweisung funktioniert, weil Zeiger auf Objekte einer abgeleiteten Klasse mit Zeigern auf Objekte der Basisklasse kompatibel sind.

Die Programmausgabe ist dennoch ernüchternd.

Bildschirmausgabe:
Keine Zuordnung zu einem Beruf!
Keine Zuordnung zu einem Beruf!
Keine Zuordnung zu einem Beruf!

Offensichtlich wurde mit Zeiger->ZeigeBeruf(); in allen drei Fällen – unabhängig vom Inhalt des Zeigers – die Methode der Basisklasse aufgerufen. Allein der Typ des Zeigers (Zeiger auf Teilnehmer) hat die Auswahl der Methode bestimmt. Mit einer kleinen Programmänderung können wir dieses Manko jedoch schnell beseitigen.

```
class Teilnehmer
{
   public:
      virtual void ZeigeBeruf()            //virtuelle Funktion
```

```
        {
            cout<<endl<<"Keine Zuordnung zu einem Beruf!";
        }
};
```

Wir ergänzen in der Basisklasse den Funktionskopf der Methode ZeigeBeruf() um das Schlüsselwort virtual. Ein erneuter Programmlauf bringt folgendes Ergebnis.

Bildschirmausgabe:
Informatikkauffrau, -mann
Systemkauffrau, -mann
Keine Zuordnung zu einem Beruf!

Die in der Basisklasse veränderte Deklaration der Funktion ZeigeBeruf() als eine virtuelle Funktion hat bewirkt, dass nun nicht mehr der Zeigertyp (Zeiger auf Teilnehmer) bestimmt, welche Methode aufgerufen wird, sondern der Zeigerinhalt. Weist der Zeiger auf ein Objekt der Klasse Informatik, wird die Methode der Klasse Informatik ausgeführt, weist er auf ein Objekt der Klasse System, die Methode der Klasse System.

Die Arraylösung enthält keine prinzipiellen Änderungen:

```
int main()
{
    Informatik Info;
    System Syst;
    Teilnehmer Teil;
    //Das Ganze nun mit einem Array von Zeigern auf Objekte
    Teilnehmer* a[3];
    a[0]=&Info;
    a[1]=&Syst;
    a[2]=&Teil;
    for (int i=0;i<3;i++)
         a[i]->ZeigeBeruf();
    getchar();
    return 0
}
```

Häufig kommt es vor, dass die virtuelle Funktion der Basisklasse nie ausgeführt werden muss. Auch in unserem Beispiel wurde die Ausgabe der Basisklasse Keine Zuordnung zu einem Beruf! nur aufgenommen, um das Beispiel entwickeln zu können. Wir können dann auf den Funktionsrumpf in der Basisklasse völlig verzichten (rein virtuelle Funktion):

```
class Teilnehmer
{
    public:
        virtual void ZeigeBeruf()=0;
};
```

Der Zusatz =0 informiert den Compiler darüber, dass die Methode eine rein virtuelle Funktion ist und keinen Funktionsrumpf hat. Die Klasse Teilnehmer wird damit zu einer abstrakten Klasse, die nur noch als Basisklasse für andere Klassen verwendet werden kann. Von einer abstrakten Klasse können keine Objekte mehr instanziert werden. Das Objekt Teil im obigen Beispiel könnte also nicht mehr erzeugt werden.

2.3 Projektauftrag: Kontenverwaltung

Für eine Bank soll ein Programm erstellt werden, mit dem man Kontokorrent- und Sparkonten verwalten kann. Grundsätzlich soll die Datenstruktur der Übung SPARUEB4.CPP übernommen werden. Die Verwaltung der Konten soll mithilfe eines Dialogmenüs erfolgen.

Menü: Kontenverwaltung

Programm: Kontenverwaltung

1. Neues Konto anlegen
2. Kontoauszug
3. Einzahlung
4. Auszahlung
5. Konto löschen

0. Programm beenden

Erläuterungen zu den Menüpunkten:

- Neues Konto anlegen
  Mit diesem Menüpunkt ist dynamisch ein neues Konto zu erzeugen. Dabei muss jeweils, wie auch bei den folgenden Menüpunkten, unterschieden werden, welche Art von Konto angelegt werden soll. Sparkonten und Kontokorrentkonten sollen unterschiedliche Nummernkreise als Kontonummer erhalten.
- Kontoauszug
  In einer Dialogmaske soll der Benutzer die Kontonummer eingeben, für die ein Kontoauszug angefordert wird. Sofern das Konto vorhanden ist, wird mit einer Methode Kontoauszug() die Information ausgegeben. Ist das Konto noch nicht angelegt, so ist eine Fehlermeldung auf dem Bildschirm auszugeben.
- Einzahlung
  In einer Dialogmaske soll der Benutzer die Kontonummer eingeben, für die eine Einzahlung zu verbuchen ist.
- Menüpunkt Auszahlung
  siehe Erläuterung Einzahlung
- Konto löschen
  Beim Aufruf des Menüpunktes Konto löschen soll nicht tatsächlich der von diesem Objekt benutzte Speicherplatz wieder freigegeben werden, sondern es soll lediglich logisch gelöscht werden, sodass ein versehentliches Löschen wieder rückgängig gemacht werden kann.

Aus Vereinfachungsgründen kann angenommen werden, dass jeweils maximal 100 Spar- und Kontokorrentkonten existieren können. Die Daten, die in einer Datei abgespeichert sind, können zur Laufzeit im Hauptspeicher gehalten werden. Das Projekt ist ausreichend zu dokumentieren.

3 Windowsprogrammierung

Im Kapitel 3 werden einfache Windowsanwendungen mit C++Builder entwickelt. Es werden folgende Themen behandelt:

Standardkomponenten

- Eigenschaften und Verwendung von Standardkomponenten, Ereignisse der Komponenten

Datenbankanwendungen

- Datenbankkomponenten, Stammdatenpflege, Verknüpfen von Tabellen, Zugriff auf Datenbanken mit SQL

Weiterführende Themen

- Verwendung der Registry

Die Windowsprogrammierung stellt eine völlig neue Art der Programmierung dar. Während unter DOS ein Programm zur Laufzeit sämtliche Systemressourcen an sich bindet, teilen sich unter Windows mehrere Anwendungen die Systemressourcen. Es ist bei diesem 32-Bit-Betriebssystem jederzeit möglich, zwischen den Anwendungen zu wechseln. Außerdem stehen unter Windows sehr weitreichende grafische Funktionen zur Verfügung, die eine hohe Bedienerfreundlichkeit ermöglichen und neue Möglichkeiten der Kommunikation zwischen den Anwendungen eröffnen. Dies erfordert jedoch einen erheblichen Mehraufwand bei der Verwaltung der Systemressourcen. Glücklicherweise nimmt der Windows-Manager dem Programmierer diese Aufgaben ab. Die grafische Funktionalität wird durch das Windows Application Programming Interface (API) zur Verfügung gestellt. Der Programmierer muss sich deshalb normalerweise mit den komplexen Möglichkeiten der API-Funktionen auseinandersetzen. Mit der visuellen Programmentwicklung durch den C++Builder wurden jedoch neue Wege der Programmierung beschritten. Mithilfe der Komponentenbibliothek (Visual Components Library VCL) des C++Builders werden dem Entwickler in den Komponenten gekapselte API-Funktionen zur Verfügung gestellt. Nur noch Spezialprobleme, die mithilfe der Komponenten nicht zu lösen sind, müssen durch direkte Aufrufe der Windows-API umgesetzt werden.

3.1 Grundlagen eines fensterbasierten Betriebssystems

Die Betriebssysteme Windows NT, Windows 2000/XP und Windows Vista stellen dem Programmierer als fensterbasierte Betriebssysteme folgende Möglichkeiten zur Verfügung:

- Vollkommen grafisch-orientierte Oberfläche
- Weitgehende Unterstützung der Eingabe durch die Maus
- Gleichzeitiges Verarbeiten von mehreren Programmen (allerdings keine echte Parallelverarbeitung, da sich alle Programme die Systemressourcen teilen müssen)
- Benutzereingaben mithilfe der Maus bzw. Tastatur werden durch den Windows-Manager über Botschaften an die richtige Anwendung weitergeleitet
- Die Verwaltung und Kommunikation zwischen Anwendungen und den Peripheriegeräten übernimmt das Betriebssystem (weitgehende von der Hardware unabhängige Programmierung)

Die Nutzung dieser Betriebssystemfunktionalität erfolgt beim C++Builder über die Verwendung von Komponenten. Im Rahmen der visuellen Programmentwicklung verwendet der Entwickler Komponenten (z. B. Buttonkomponente), die die grafische Funktionalität zur Verfügung stellen und die auch die Kommunikation mit dem Benutzer (z.B. Reaktion auf einen Mausklick) ohne großen Programmieraufwand ermöglichen. So kann der Programmierer mithilfe der visuellen Programmentwicklung sehr schnell die grafische Oberfläche und auch die Kommunikationsstrukturen in seinem Programm festlegen. Nur die eigentliche Funktionalität des Programms erfordert dann die Codierung in der Sprache C++. Durch dieses Konzept der Verwendung von Komponenten (mit grafischen und kommunikativen Fähigkeiten) stellt der C++Builder ein Programmierwerkzeug zur effizienten Anwendungsentwicklung zur Verfügung. Man bezeichnet den C++Builder aufgrund dieser Fähigkeiten auch als ein Werkzeug für schnelle Anwendungsentwicklung (Rapid Application Development, RAD).

3.2 Erstellen einer einfachen Windowsanwendung

Eine neue Windowsanwendung können Sie über den Menüpunkt Datei – Neu – VCL-Formularanwendung – C++Builder erstellen. Der C++Builder legt ein neues Projekt mit allen notwendigen Dateien an.

C++Builder Programmieroberfläche

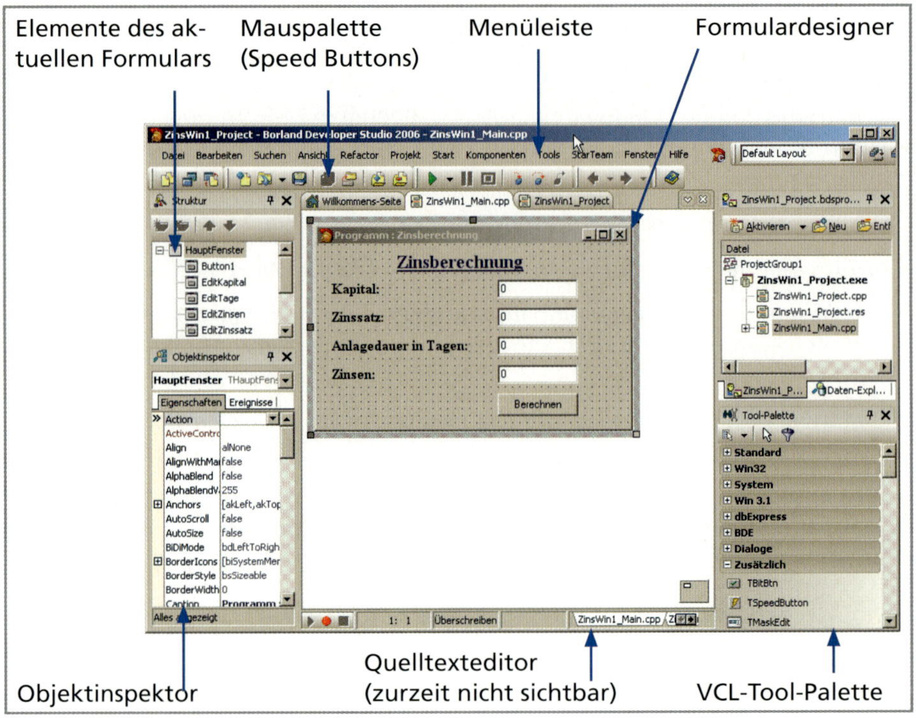

Betrachten wir die Elemente der IDE: Insgesamt sind sechs Fenster auf dem Bildschirm zu erkennen. Am oberen Rand das Fenster mit den Menüs und den Speedbuttons (Speichern, Starten usw.), das Strukturfenster mit den Elementen der VCL-Formularanwendung und der Objektinspektor am linken Rand, der Formulardesigner mit dem Hauptformular der Anwendung in der Mitte und die Projektverwaltung sowie die Tool-Palette am rechten Rand des C++Builder-Screenshots.

Fenster sind ein wesentlicher Bestandteil einer Windowsanwendung. Sie werden im C++Builder als Formulare bezeichnet. Das Hauptfenster einer Windowsanwendung wird nach Erzeugen eines neuen Windowsprojektes im Formulardesigner dargestellt. Es hat in der Entwicklungsumgebung bis auf die Rasterung des Fensterhintergrundes die gleiche Darstellung wie die Anwendung zur Programmlaufzeit (WYSIWYG: What You See Is What You Get).

Bei der Gestaltung des Hauptfensters haben wir – wie auch bei allen weiteren Komponenten – die Möglichkeit, über die Eigenschaften der Objekte die Darstellung und das Verhalten zur Laufzeit zu beeinflussen. Im Objektinspektor lassen sich die Eigenschaften und Ereignisse von Komponenten – auch das Formular ist eine Komponente – bearbeiten. Die folgende Abbildung zeigt den Objektinspektor.

Objektinspektor

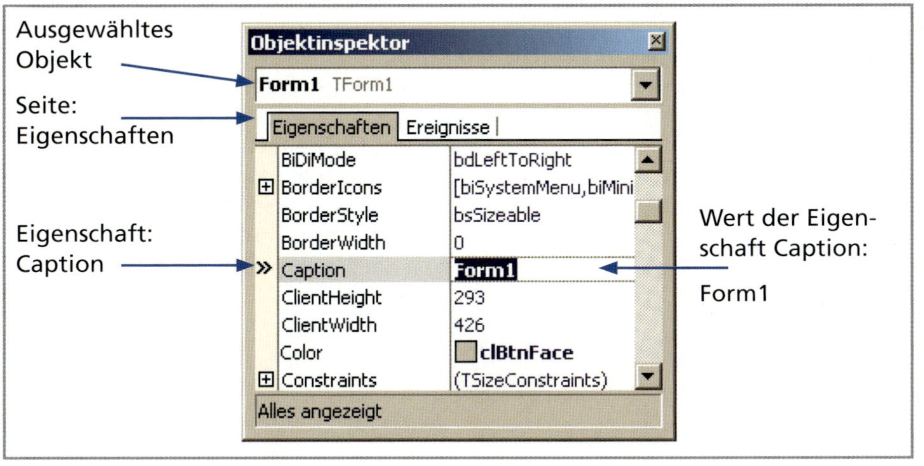

Ist das Formular aktiviert (durch Anklicken), so werden alle Eigenschaften, die zur Entwicklungszeit verfügbar sind, im Objektinspektor dargestellt. Der Objektinspektor besitzt zwei Seiten, die Eigenschaftsseite und die Ereignisseite. Die Eigenschaft Caption des Formulars z. B. legt den Text fest, der in der Fenstertitelzeile erscheint. Der Wert der Eigenschaft (Form1) ist vom Datentyp AnsiString. Bei diesem Datentyp handelt es sich um einen C++Builder-spezifischen Datentyp, mit dem man Strings erfassen kann (siehe Kapitel „Die Klasse AnsiString").

3.2.1 Typen von Eigenschaften

3.2.1.1 Aufzählungstypen

Bei Aufzählungstypen wird im Objektinspektor zunächst der Vorgabewert (z. B. bei der Eigenschaft BorderStyle des Formulars der Wert bsSizeable) gezeigt. Die verfügbare Werteliste für diese Eigenschaft lässt sich über den Schalter des Kombinationsfeldes aufklappen und der gewünschte Wert kann durch Anklicken ausgewählt werden.

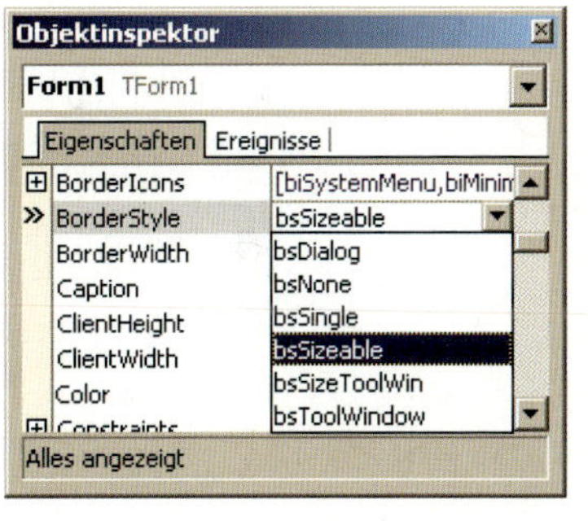

3.2.1.2 Boolscher Typ

Ähnlich wie bei Aufzählungstypen kann man bei diesem Eigenschaftstyp über den Schalter eines Kombinationsfeldes zwischen den beiden möglichen Werten true und false wählen. Zum Beispiel wird mit der Eigenschaft AutoScroll festgelegt, ob eine Komponente automatisch Bildlaufleisten haben soll, wenn ein fensterorientiertes Steuerelement zu klein ist, um alle Steuerelemente gleichzeitig anzuzeigen (Eigenschaftswert AutoScroll: true).

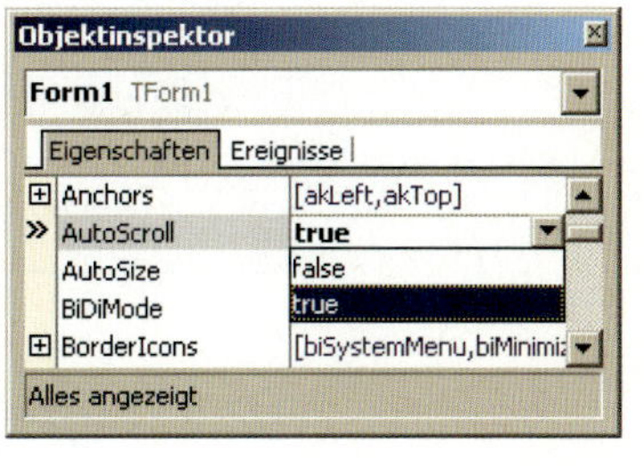

3.2.1.3 Klassentypen

Eigenschaftswerte von Klassentypen können nicht automatisch bearbeitet werden, sondern man muss dazu einen Eigenschaftseditor aufrufen (auf Schalter mit ... klicken). Erkennen kann man Klassentypen daran, dass vor dem Namen der Eigenschaft ein Pluszeichen steht. Durch Doppelklick auf den Eigenschaftsnamen werden die Elemente der Klasse angezeigt. An dieser Stelle lassen sich die Elemente auch einzeln ändern. Ein typisches Beispiel für Klassentypen ist die Eigenschaft Font. Sie enthält die Textattribute des Steuerelementes.

Eigenschafts-editor: Font

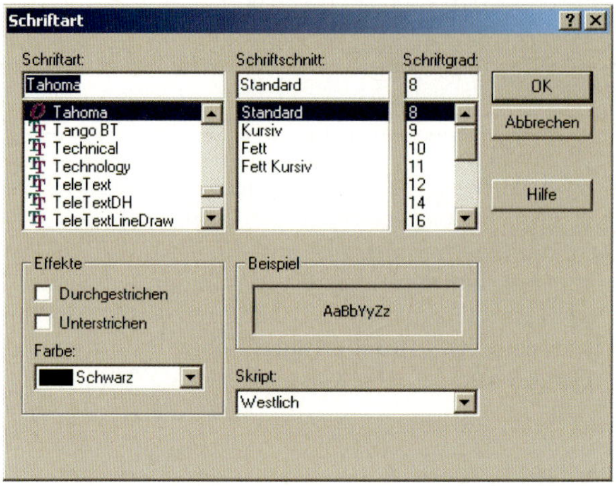

Im Fonteigenschaftseditor können Sie die Werte dieser Eigenschaft sehr komfortabel – wie in Windowsprogrammen üblich – verändern.

3.2.1.4 Mengentypen

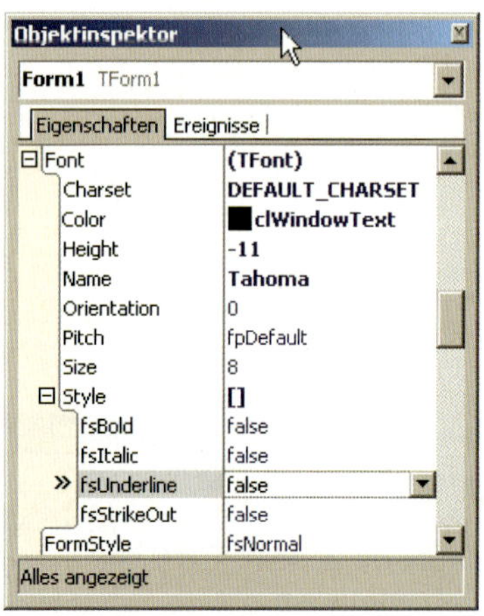

Eigenschaftswerte für Eigenschaften mit Mengentypen werden als Aufzählung in eckigen Klammern angezeigt und sind ebenfalls durch ein Pluszeichen vor dem Namen der Eigenschaft gekennzeichnet. Durch Doppelklick auf die Eigenschaftsbezeichnung werden die Elemente der verfügbaren Menge dargestellt. Durch Veränderung von false auf true des jeweiligen Elementes wird der Wert (die Konstante) dem Eigenschaftswert in eckigen Klammern hinzugefügt. Ein Beispiel für einen Mengentyp ist die Eigenschaft Style. Mit dieser Eigenschaft wird festgelegt, ob Text fett (= fsBold), kursiv (= fsItalic), unterstrichen (= fsUnderline) oder durchgestrichen (= fsStrikeOut) dargestellt wird.

3.2.2 Eigenschaften des Objektes Formular

Die Komponenten der C++Builder-Bibliothek haben sehr viele Eigenschaften (Formular: ca. 60). Im Folgenden werden die wichtigsten Eigenschaften der Formularkomponente in einer Tabelle zusammengefasst. Benötigen Sie Informationen zu einer Eigenschaft, so klicken Sie die Eigenschaft an und aktivieren Sie mit der Taste F1 die Online-Hilfe.

Eigenschaft	Beschreibung
ActiveControl	Legt fest, welches Steuerelement beim Start der Anwendung den Fokus erhält (z.B. aktiviertes Eingabefeld).
Align	Die Eigenschaft Align bestimmt die Ausrichtung eines Steuerelements innerhalb seines Containers. Mit Align können Sie ein Formular an der oberen, unteren, linken oder rechten Seite ausrichten. Die Komponente bleibt auch dann an dieser Position, wenn sich die Größe ihres Containers ändert. alNone: Steuerelement bleibt an der Position, an der es eingefügt wurde alClient: Steuerelement füllt den gesamten Client-Bereich (z. B. Bildschirm) alBottom: Ausrichtung des Steuerelements am unteren Rand des Client-Bereichs alLeft: Ausrichtung des Steuerelements am linken Rand des Client-Bereichs alRight: Ausrichtung des Steuerelements am rechten Rand des Client-Bereichs alTop: Ausrichtung des Steuerelements am oberen Rand des Client-Bereichs
Anchors	Die Eigenschaft Anchors legt fest, wie das Steuerelement in seinem übergeordneten Objekt verankert wird. Mit Anchors können Sie sicherstellen, dass ein Steuerelement selbst bei Größenänderungen des Containers seine Position relativ zu dessen Rand beibehält, ohne notwendigerweise direkt am Rand ausgerichtet zu werden. Wenn die Größe des übergeordneten Objekts geändert wird, behält das Steuerelement seine Position relativ zu den Rändern bei, an denen es verankert ist.
AutoScroll	Hat die Eigenschaft den Wert true, so werden automatisch Bildlaufleisten (horizontal, vertikal) angezeigt, wenn nicht alle Steuerelemente durch Verkleinerung des Fensters sichtbar sind.
BorderIcons	Mit dieser Eigenschaft (Mengentyp) wird z.B. festgelegt, ob die Symbole zum Minimieren oder Maximieren des Fensters verfügbar sind.
BorderStyle	Hier kann man die Rahmenart bestimmen und festlegen, ob sich ein Fenster in der Größe verändern lässt.
Caption	Der Text dieser Eigenschaft erscheint als Fenstertitel.
ClientHeight	Mit ClientHeight können Sie die Höhe (in Pixel) des Client-Bereichs des Formulars bestimmen. Der Client-Bereich ist die verfügbare Fläche innerhalb des Formularrahmens. Setzen Sie ClientHeight, um die Höhe des Client-Bereichs des Formularfensters zu ändern. Um die Gesamthöhe des Formularfensters (einschließlich des Rahmens, der Menüleiste, der Statuszeile usw.) zu verändern, verwenden Sie stattdessen die Eigenschaft Height.
ClientWidth	Breite im Client-Bereich (siehe ClientHeight)

Eigenschaft	Beschreibung
Color	Gibt die Hintergrundfarbe des Formulars an. Hier kann man auf Windowsstandardwerte der Aufzählungsliste zurückgreifen oder aber einen Farbwert (Ganzzahl) setzen.
Cursor	Legt das Aussehen des Mauszeigers, sobald er über das Steuerelement geführt wird, fest.
Enabled	Mit Enabled können Sie festlegen, ob das Steuerelement für den Benutzer verfügbar ist. Zur Deaktivierung eines Steuerelements setzen Sie Enabled auf false. Deaktivierte Steuerelemente werden grau dargestellt. Hat Enabled den Wert false, ignoriert das Steuerelement Maus- und Tastaturereignisse. Diese Eigenschaft kann z. B. bei Buttons oder Menüelementen zur Aktivierung/Deaktivierung verwendet werden.
Font	Bestimmt die Textattribute bei Textausgaben.
Height	Höhe des Formulars (siehe ClientHeight)
HelpContext	Die Eigenschaft HelpContext enthält eine Kontextnummer, die beim Aufrufen der kontextsensitiven Hilfe (Taste F1) verwendet wird.
HelpFile	Mit HelpFile können Sie festlegen, welche Hilfedatei vom Windows-Hilfesystem für das Formular angezeigt wird. Windows wählt aus der angegebenen Datei Hilfethemen aus.
Hint	Die Eigenschaft Hint enthält den String, der angezeigt wird, wenn der Benutzer die Maus über das Steuerelement bewegt (siehe ShowHint).
Icon	Diese Eigenschaft legt das Symbol fest, das angezeigt wird, wenn das Formular auf Symbolgröße verkleinert wird. Enthält die Eigenschaft Icon keinen Wert, so wird von Windows ein Standardsymbol angezeigt.
Left	Legt die linke Position des Fensters bezüglich des Bildschirms fest.
Menu	Mit der Eigenschaft Menu wird das Hauptmenü (Name der Menükomponente) bestimmt.
Name	Die Eigenschaft Name gibt den Namen an, der im Code der Anwendung für das Steuerelement verwendet wird. Per Voreinstellung weist die IDE Steuerelementen sequenziell Namen basierend auf dem Typ des Steuerelements zu (z. B. Form1, Form2). Durch die Verwendung von aussagekräftigeren Namen (z. B. HauptFenster, KalkEingabe usw.) wird die Lesbarkeit des Codes verbessert. Wenn die Eigenschaft Caption des Steuerelements nicht geändert wurde, wird ihr der neue Name des Steuerelements zugewiesen.

Eigenschaft	Beschreibung
ParentFont	Die Eigenschaft ParentFont legt fest, woher ein Steuerelement seine Schriftinformationen bezieht. Setzen Sie ParentFont auf true, wenn ein Steuerelement die Schrift seines übergeordneten Steuerelements verwenden soll. Ist beispielsweise die Eigenschaft ParentFont eines Listenfeldes true, verwendet das Listenfeld dieselbe Schrift wie das übergeordnete Steuerelement. Ist ParentFont false, verwendet das Steuerelement seine eigene Eigenschaft Font. Wenn alle Steuerelemente in einem Formular einheitlich aussehen sollen, setzen Sie die Eigenschaft ParentFont für alle Elemente auf true. Ist beispielsweise ParentFont für alle Steuerelemente in einem Formular true, erhalten diese Steuerelemente die Schrift Courier 12 Punkt, wenn der Eigenschaft Font des Formulars diese Schrift zugewiesen wird.
ShowHint	Die Eigenschaft ShowHint legt fest, ob das Steuerelement einen Kurzhinweis (Wert der Eigenschaft Hint) anzeigen soll, wenn sich der Mauszeiger für eine gewisse Zeit über ihm aufhält.
Top	Die Eigenschaft Top gibt die Position der linken oberen Ecke eines Steuerelements in Pixel an, und zwar relativ zu dem Element, das ihm übergeordnet oder in dem es enthalten ist.
Visible	Diese Eigenschaft legt fest, ob das Formular angezeigt wird.
Width	Legt die Breite des Formulars fest.
WindowsState	Mit dieser Eigenschaft wird festgelegt, wie das Formular auf dem Bildschirm angezeigt wird (normal, als Symbol verkleinert oder mit voller Größe).

Einen großen Teil der Eigenschaften werden wir bei anderen Steuerelementen wiederfinden.

Wenn Sie die Eigenschaften eines Steuerelementes zur Entwurfszeit verändern möchten, müssen Sie das Element markieren. Werden mehrere Elemente gleichzeitig markiert, so kann man im Objektinspektor für alle markierten Elemente die gemeinsamen Eigenschaften verändern.

61 AUFGABE

Erstellen Sie eine neue Windowsanwendung und verändern Sie mit dem Objektinspektor die entsprechenden Eigenschaften, sodass das Programm nachfolgende Anforderungen erfüllt:

- Fenstertitel: C++-Windowsprogrammierung – Hello World
- Formularbezeichnung: HauptFenster
- Mauszeiger soll als Sanduhr dargestellt werden, wenn man die Maus über das Formular bewegt
- Kurzhinweis: Ich mag keine Konsolenanwendungen mehr.
- Aktivierung des Fensters mit voller Bildschirmgröße
- Fenster mit Standardrahmen ohne die Möglichkeit der Größenveränderung
- Fensterhintergrund in roter Farbe

Welche Eigenschaften zu verändern sind, können Sie der Tabelle Eigenschaften eines Formulars entnehmen. Speichern Sie das Projekt mit dem Namen HELLOWIN_Project.BDSPROJ. Achten Sie darauf, dass Sie der Unit für das Hauptfenster einen anderen Namen geben (z. B. HELLOWIN_Main.CPP). Wenn Sie sich im Explorer die vom C++Builder erzeugten Dateien anzeigen lassen, so können Sie erkennen, dass das Programm aus einem Hauptprogramm (HELLOWIN_Project.CPP – Erzeugung und Aktivierung der Fenster bzw. Anwendung) und einer Unit (HELLOWIN_Main.CPP – Quellcode des Formulars HauptFenster) besteht. Deshalb ist es notwendig, der Unit einen anderen Namen zu geben als dem C++Builder-Projekt.
Hinweis: Beim Kompilieren und Linken des Programms werden weitere Dateien erstellt, die z. T. einen größeren Umfang haben. Die Dateien mit den Erweiterungen OBJ, TDS und EXE (im Ordner DEBUG-BUILD bzw. RELEASE_Build) können Sie nach Fertigstellen des Projektes wieder löschen, da sie beim Kompilieren und Binden wieder automatisch erzeugt werden.

3.2.3 Gestaltung eines Formulars

Es soll eine Anwendung erstellt werden, mit der man Tageszinsberechnungen durchführen kann. Das Formular für die Anwendung soll folgendes Aussehen haben:

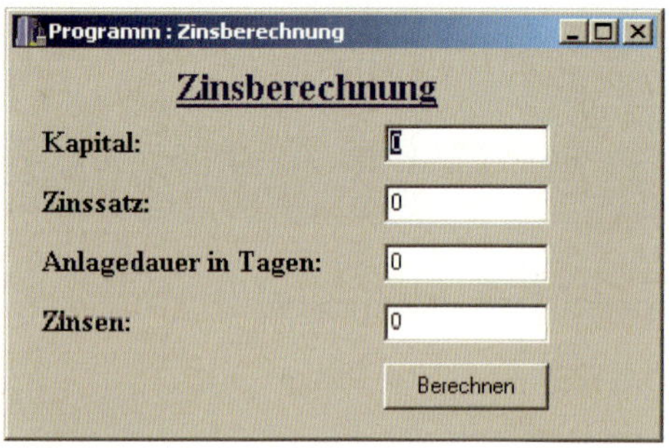

Formular: Zinsberechnung

Zur Gestaltung des Formulars benötigen wir verschiedene Komponenten aus der Tool-Palette. Die Tool-Palette besteht aus mehreren Seiten, auf denen die Komponenten inhaltlich angeordnet sind. Die Komponenten auf der Seite Standard enthalten die Windows-Standardsteuerelemente einer C++-Builder-Anwendung.

Für das Formular zur Zinsberechnung werden drei unterschiedliche Komponententypen der Standardpalette benötigt:

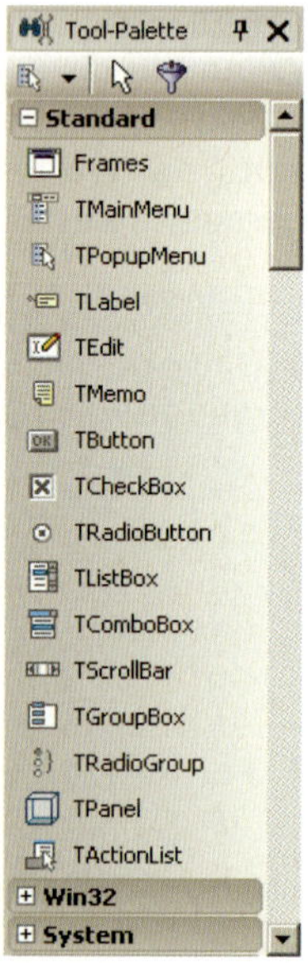

- Label: Zeigt Text an, den der Benutzer nicht auswählen oder bearbeiten kann, beispielsweise Titeltext oder Beschriftungen von Steuerelementen. Der Text „Kapital:" als Beschriftung des Eingabefeldes für das Kapital im Formular zur Zinsberechnung ist eine Labelkomponente.
- Edit: Zeigt ein Bearbeitungsfeld an, in dem der Benutzer eine einzelne Textzeile eingeben oder modifizieren kann. Für die Benutzereingabe des Kapitals müssen wir beispielsweise ein Editfeld einfügen.
- Button: Erzeugt ein Schaltflächen-Steuerelement, das der Benutzer zum Auslösen von Aktionen verwenden kann. Das Formular zur Zinsberechnung enthält einen Button mit der Beschriftung „Berechnen".

3.2.4 Komponenten des Formulars

3.2.4.1 Labelkomponente

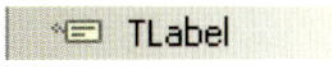

Die Labelkomponente zeigt Text auf einem Formular an. Üblicherweise werden Labels neben Editfeldern oder anderen Steuerelementen angebracht. Ein Label ist kein fensterorientiertes Steuerelement, sodass es nicht den Fokus erhalten kann.

Die wichtigsten Eigenschaften von Labelkomponenten, die von der Formularkomponente noch nicht bekannt sind, werden in der folgenden Tabelle dargestellt.

Eigenschaft	Beschreibung
Alignment	Die Eigenschaft Alignment steuert die Anordnung des Textes innerhalb der Beschriftungskomponente. Mit taLeftJustify wird der Text am linken Rand ausgerichtet, mit taRightJustify wird der Text am rechten Rand ausgerichtet und mit taCenter wird der Text zentriert.
AutoSize	Die Eigenschaft AutoSize legt fest, ob die Größe des Steuerelements automatisch an die Größe des enthaltenen Textes angepasst wird. Mit AutoSize können Sie den Client-Bereich des Steuerelements automatisch an die Höhe und die Breite des angezeigten Textes anpassen. Wenn AutoSize false ist, hat die Beschriftung eine feste Größe. Ist AutoSize true, bewirkt jede Änderung am Text oder an der Eigenschaft Font, dass sich auch die Größe der Komponente ändert.
Transparent	Die Eigenschaft Transparent legt fest, ob die Beschriftungskomponente ein darunter liegendes Steuerelement verdeckt oder nicht.
WordWrap	Die Eigenschaft WordWrap legt fest, ob der Beschriftungstext bei Bedarf umgebrochen wird. Der Wert true bewirkt, dass mehrere Textzeilen in der Komponente Platz finden, indem bei Bedarf ein Zeilenumbruch vorgenommen wird. Wenn WordWrap false ist, wird Text, der nicht in eine einzige Zeile passt, in der Bildschirmdarstellung abgeschnitten.

3.2.4.2 Editkomponente

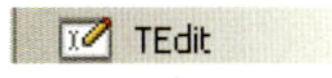

Mit einer Editkomponente kann man ein einzeiliges Standardeingabefeld in ein Formular einfügen. Eingabefelder dienen dazu, von Benutzern eingegebenen Text zu erfassen. Außerdem kann mit ihnen Text (als Ausgabe) angezeigt werden.

Ein Vorteil von einem Editfeld gegenüber der Labelkomponente besteht darin, dass der Benutzer bei diesem Feld die Möglichkeit hat, den Text zu markieren und in die Zwischenablage zu kopieren. Soll der Inhalt eines Editfeldes nicht bearbeitet werden können, müssen Sie die Eigenschaft ReadOnly auf true setzen.

Bei der Editkomponente gibt es keine Caption-Eigenschaft. Der Eingabe-/Ausgabestring wird in der Eigenschaft Text abgespeichert.

Eigenschaft	Beschreibung
AutoSelect	Ist die Eigenschaft AutoSelect mit dem Wert true belegt, so wird der gesamte Text im Eingabefeld automatisch markiert, wenn das Steuerelement den Fokus erhält. Dadurch kann der Anwender bei der Eingabe eines Zeichens sofort den gesamten Text ersetzen.
CharCase	Die Eigenschaft CharCase bestimmt die Schreibweise des Textes im Eingabefeld. Folgende Werte sind für diese Eigenschaft verfügbar: ecLowerCase: Der Text wird in Kleinbuchstaben umgewandelt. ecNormal: Der Text wird in Groß-/Kleinschreibung angezeigt. ecUpperCase: Der Text wird in Großbuchstaben umgewandelt.
MaxLength	Die Eigenschaft MaxLength legt die maximale Anzahl der Zeichen fest, die der Benutzer in das Eingabefeld eingeben kann. Der Wert 0 gibt an, dass keine von der Anwendung definierte Längenbeschränkung besteht.
ReadOnly	Die Eigenschaft ReadOnly legt fest, ob der Benutzer den Text im Eingabefeld bearbeiten kann. Wenn das Eingabefeld nur angezeigt werden soll, muss die Eigenschaft ReadOnly auf true gesetzt werden.
TabOrder	Die Eigenschaft TabOrder gibt die Position eines Steuerelements in der Tabulatorreihenfolge seines übergeordneten Fensters an. Die Tabulatorreihenfolge ist die Reihenfolge, in der die untergeordneten Komponenten beim Drücken der Tabulatortaste den Fokus erhalten. Wenn ein Formular erstmalig geöffnet wird, hat das Steuerelement mit dem TabOrder-Wert 0 den Fokus. Zunächst entspricht die Tabulatorreihenfolge der Reihenfolge, in der die Steuerelemente dem Formular hinzugefügt wurden. Das erste im Formular platzierte Steuerelement erhält den TabOrder-Wert 0, das zweite den Wert 1 usw. Der Wert von TabOrder ist nur von Bedeutung, wenn die Eigenschaft TabStop auf true gesetzt ist.
TabStop	Wenn die Eigenschaft TabStop den Wert true hat, kann man mit der Tabulatortaste zu diesem Steuerelement wechseln.
Text	Die Eigenschaft Text enthält den Eingabe-/Ausgabestring, der mit dem Steuerelement verbunden ist. Per Voreinstellung enthält diese Eigenschaft den Namen des Steuerelements.

3.2.4.3 Buttonkomponente

Mit der Komponente Button wird eine Windowsschaltfläche in einem Formular platziert. Diese Komponente verfügt über mehrere Eigenschaften zur Steuerung des Verhaltens von Schaltflächen. Der Anwender kann durch Auswahl eines Buttons eine Aktion auslösen (z. B. die Anwendung schließen, ein anderes Formular aktivieren, Berechnungen vornehmen usw.). Soll außer dem Text auf der Schaltfläche (z. B. Ok) ein Bitmap angezeigt werden, so muss man die Komponente BitButton verwenden, die sich auf der Seite Zusätzlich der Tool-Palette befindet. Die wichtigsten Eigenschaften der Buttonkomponente wurden bereits bei der Darstellung der anderen Komponenten erläutert.

3.2.5 Platzieren und Ausrichten der Komponenten

Für das Hinzufügen von Komponenten gibt es im C++Builder verschiedene Möglichkeiten:

- Durch Doppelklick auf ein Element in der Tool-Palette wird ein Objekt dieses Typs in der Mitte des Formulars platziert.
- Um ein Element an einer bestimmten Stelle im Formular zu platzieren, wird das Element in der Tool-Palette aktiviert (Anklicken der Komponente) und anschließend durch einen Mausklick im Formular an der gewünschten Stelle abgelegt.
- Sollen mehrere Komponenten des gleichen Typs in ein Formular eingefügt werden, so muss man die Shift-Taste drücken, während man ein Element aus der Tool-Palette auswählt. Jeder Mausklick im Formular erzeugt nun ein Element des ausgewählten Typs. Zur Deaktivierung dieser Funktion müssen Sie das Zeigersymbol (Pfeil nach links oben) in der Tool-Palette anklicken.

Wenn alle Komponenten auf dem Formular hinzugefügt sind, wird man meistens feststellen, dass die horizontale und vertikale Ausrichtung der Komponenten noch korrigiert werden muss. Sollen die Labelkomponenten für die Beschriftung der Ein-/Ausgabefelder z. B. linksbündig angeordnet werden, so müssen Sie alle auszurichtenden Komponenten gleichzeitig markieren (durch Ziehen mit der Maus bzw. Shift-Taste gedrückt halten und dann nacheinander durch Mausklick die einzelnen Komponenten markieren). Nun können Sie über den Menüpunkt Bearbeiten – Ausrichten oder mithilfe des Kontextmenüs (rechte Maustaste: Position – Ausrichten) den Ausrichtungsdialog aktivieren.

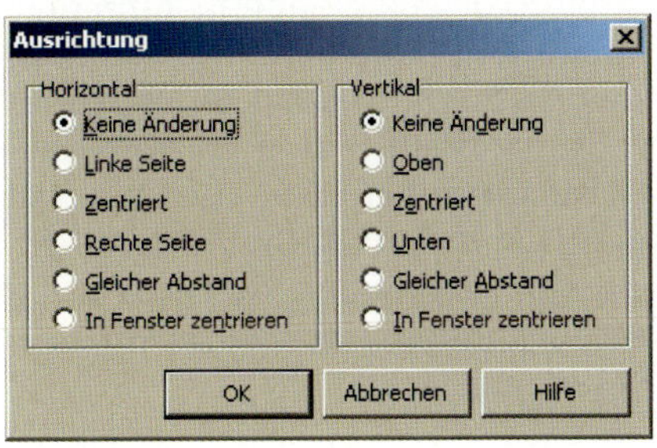

Ausrichtungsdialog

Für die vertikale Ausrichtung der Labelkomponenten empfiehlt sich die Ausrichtung an den linken Seiten und die Option Gleicher Abstand. Dabei legt das zuerst markierte Element die Koordinate für die linke Seite bzw. den unteren Rand fest.

Auf die gleiche Weise müssen die Editkomponenten ausgerichtet werden. Damit die Beschriftung (Labelkomponente) und das Editierfeld vertikal auf gleicher Höhe ausgerichtet werden, müssen die Elemente zeilenweise markiert und vertikal (Unten) ausgerichtet werden.

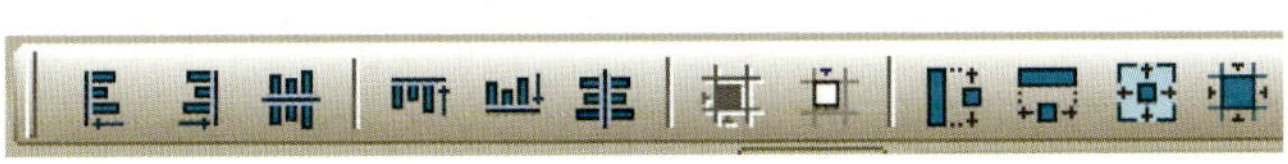

Symbolleiste: Ausrichten

Eine andere Möglichkeit zur Ausrichtung von Komponenten ist die Aktivierung der Symbolleiste Ausrichten über das Menü Ansicht – Symbolleisten – Ausrichten. Mit diesen Speedbuttons können Sie die Komponenten ebenfalls ausrichten. Einen Hinweis über die Funktion des einzelnen Buttons erhalten Sie, wenn Sie den Mauszeiger für kurze Zeit über dem Button ruhen lassen.

Am Schluss noch eine kleine Warnung: Unbeabsichtigte Ausrichtungen (z. B. viele Komponenten aktiviert und falsch ausgerichtet) lassen sich nicht automatisch rückgängig machen. Es ist dann häufig recht mühsam, die Komponenten wieder an die richtige Stelle zu verschieben. Deshalb sollten Sie zunächst nur wenige Komponenten gleichzeitig markieren und ausrichten.

3.2.6 Tabulatorreihenfolge

Wenn man das Programm startet, so erhält das Eingabefeld, das in der Eigenschaft TabOrder den Wert 0 hat, den Eingabefokus. Mit der Maus lassen sich anschließend die Eingabefelder in beliebiger Reihenfolge aktivieren. Auch durch Drücken der Tab-Taste wird das nächste Eingabefeld aktiviert. Dabei erhält das Eingabefeld mit dem nächsthöheren Wert der Eigenschaft TabOrder den Fokus. Die Werte für diese Eigenschaft werden beim Erstellen des Formulardesigns automatisch in der Reihenfolge der Einfügungen der Felder vergeben. Häufig hat man jedoch die Elemente nicht genau in der Reihenfolge erzeugt, in der sie in der Anwendung aktiviert werden sollen.

Tabulatorreihenfolge bearbeiten

Um die Reihenfolge zu verändern, kann man über den Menüpunkt Bearbeiten – Tabulatorreihenfolge oder mithilfe des Kontextmenüs (rechte Maustaste) den Dialog zur Veränderung der Tabulatorreihenfolge aufrufen. Mit diesem Dialog kann man die Tabulatorreihenfolge aller zu fokussierenden Elemente (nicht nur Editfelder, sondern beispielsweise auch Buttons) verändern.

AUFGABE 62

Erstellen Sie eine neue Windowsanwendung und gestalten Sie das Hauptfenster für die Zinsberechnung (siehe Seite 146). Für die Editfelder sollen aussagefähige Bezeichnungen (Eigenschaft: Name) vergeben werden (z. B. EditKapital für das Eingabefeld des zu verzinsenden Kapitals oder EditZinssatz für den Zinssatz) und sie sollen beim Start des Programms mit dem Wert 0 belegt sein. Speichern Sie Ihre Unit für das Hauptfenster unter dem Namen ZINS1_Main.CPP und Ihr Projekt unter dem Namen ZINS1_Project.BDSPROJ.

3.2.7 Implementierung der Anwendungsfunktionalität

Wir haben ein voll lauffähiges Programm erstellt, mit dem man Eingaben in die Editfelder vornehmen kann und auch sonst steht die Funktionalität eines Windowsfensters zur Verfügung, aber die eigentliche Anwendung (Zinsberechnung) fehlt noch. Von der prozeduralen Programmierung ist man gewohnt, dass jedes Programm einen eindeutigen Ein- und Ausgang hat und dass innerhalb des Programms die einzelnen Verarbeitungsschritte durch Kontrollstrukturen umgesetzt werden. Auch eine Windowsanwendung hat einen Ein- und einen Ausgangspunkt, der in der Projektquelltextdatei (ZINSWIN1_Project.CPP) codiert ist. Diese Datei wird automatisch vom C++Builder erzeugt und hat für unser Zinsberechnungsprogramm folgendes Aussehen:

```
1   //---------Programm: ZINSWIN1.CPP ----------------------
2   #include <vcl.h>
3   #pragma hdrstop
4   USEFORM("Zins1_Main.cpp", HauptFenster);
5   //-----------------------------------------------------
6   WINAPI WinMain(HINSTANCE, HINSTANCE, LPSTR, int)
7   {
8     try
9     {
10      Application->Initialize();
11      Application->CreateForm(__classid(THauptFenster),
    &HauptFenster);
12      Application->Run();
13    }
14    catch (Exception &exception)
15    {
16      Application->ShowException(&exception);
17    }
18    return 0;
19  }
20  //-----------------------------------------------------
```

Zunächst wird in der Programmzeile 2 die für die Nutzung der Komponentenbibliothek notwendige Headerdatei VCL.H inkludiert. In der Zeile 4 wird das Formular der Anwendung eingebunden. Die Zeile 6 ist der Beginn des Hauptprogramms (WinMain()) einer Windowsanwendung. Die Anweisungsblöcke für try und catch dienen zur Fehlerbehandlung (falls das Programm nicht gestartet werden kann). In der Zeile 10 wird eine Methode Initialize() aufgerufen, mit der man beispielsweise Initialisierungen oder Ausgaben vor der Aktivierung des Hauptfensters der Anwendung vornehmen kann. Danach wird in der Zeile 11 das Hauptfenster der Anwendung erzeugt und in der Zeile 12 wird die Anwendung gestartet. Beim Start des Programms wird das Hauptfenster der Anwendung aktiviert. Diese Anweisungen sind in einen try-catch-Block eingebunden, um Laufzeitfehler abzufangen. In der Zeile 18 wird das Programm mit der Return-Anweisung beendet.

Alle folgenden Verarbeitungsschritte werden ereignisorientiert durchgeführt. Es gibt keinen prozeduralen Programmablauf mehr, sondern das System (Betriebssystem) reagiert auf irgendeine Aktion, z. B. die Maus wird verschoben, es wird eine Taste gedrückt oder es wird ein Button angeklickt. Jede Aktion wird vom Betriebssystem abgefangen und es werden von Windows Botschaften an die einzelnen Anwendungen verschickt. Es gibt mehrere Hundert Botschaften, die zu verarbeiten sind. Ein Standardeditierfeld kennt circa 100 verschiedene Botschaften. Doch damit muss sich der Programmierer beim C++Builder nicht auseinandersetzen. Glücklicherweise ist die Botschaftsverarbeitung in der VCL gekapselt und die VCL übernimmt die Bearbeitung der Botschaften. Im Rahmen der Programmerstellung muss der Entwickler lediglich die Routinen erstellen, die für die Ereignisbehandlung von Komponenten von Bedeutung sind. In unserer Zinsberechnung müssen wir das Zinsberechnungsmodul erstellen, das beim Anklicken des Buttons zum Berechnen ausgeführt werden soll.

3.2.8 Ereignisse von Komponenten

Jedes Steuerelement besitzt eine Menge von Ereignissen, auf die es reagieren kann. Betrachten wir die Ereignisse eines Formulars. Wird in der Entwicklungsumgebung ein Formular aktiviert, so zeigt der Objektinspektor auf der Seite Ereignisse alle Ereignisse dieses Elementes. Die folgende Tabelle enthält eine kurze Darstellung der wichtigsten Ereignisse einer Formularkomponente.

Ereignis	Beschreibung
OnActivate	Das Ereignis OnActivate wird bei der Aktivierung des Formulars (Formular erhält Fokus) ausgelöst.
OnClick	Das Ereignis OnClick tritt ein, wenn der Benutzer mit der linken Maustaste auf das Formular klickt.
OnClose	Beim Schließen des Formulars wird das Ereignis OnClose ausgelöst.
OnCreate	Ereignis beim Erzeugen des Formulars
OnDeactivate	Ereignis beim Deaktivieren des Formulars (Formular verliert Fokus)
OnKeyPress	Das Ereignis OnKeyPress wird ausgelöst, sobald der Benutzer eine einzelne Zeichentaste drückt.
OnPaint	Das Ereignis OnPaint wird beim Neuzeichnen des Formulars ausgelöst.

Wird in einer Anwendung ein Formular aktiviert, so wird automatisch das Ereignis OnActivate ausgelöst. In einer Ereignisbehandlungsroutine kann der Anwender alle notwendigen Verarbeitungsschritte codieren (z. B. Aktualisierung von Steuerelementinhalten, Veränderungen der Eigenschaften von Komponenten usw.). Wird ein anderes Fenster aktiviert, so wird die Ereignisbehandlungsroutine OnDeactivate des (alten) Fensters ausgelöst. Im Rahmen der Programmierung kann man auf diese Ereignisse reagieren.

Betrachten wir das Zinsberechnungsprogramm. Wenn in dem Hauptfenster der Button zum Berechnen angeklickt wird, muss die Zinsberechnung durchgeführt werden und das Ergebnis der Berechnung muss im Editfeld EditZinsen angezeigt werden. Dazu müssen wir die Ereignisbehandlungsroutine OnClick des Buttons Button1 (mit der Aufschrift: Berechnen) bearbeiten. Durch Doppelklick auf die Buttonkomponente oder durch Auswahl des OnClick-Ereignisses im Objektinspektor wird der Rumpf der Ereignisbehandlungsfunktion erzeugt und der Cursor wird im Quellcode dieser Routine platziert. An dieser Stelle muss die Implementierung der Zinsberechnung vorgenommen werden. Der C++Builder vergibt automatisch den Namen Button1Click als Methodenbezeichnung. Diese Methode gehört zu der Klasse THauptFenster. THauptFenster ist keine VCL-Klasse, sondern für jedes Formular wird eine eigene Klasse erzeugt. Dieses Formular haben wir in der Eigenschaft Name mit HauptFenster bezeichnet. C++Builder setzt dem Namen des Formulars standardmäßig den Buchstaben „T" voran, sodass die Klasse des Formulars mit THauptFenster bezeichnet wird.

```
1  //---------------------------------------------------------
2  void __fastcall THauptFenster::Button1Click(TObject *Sender)
3  {
4     double Kapital, Zinssatz, Zinsen;
5     int Tage;
6     Kapital = EditKapital->Text.ToDouble();
7     Zinssatz = EditZinssatz->Text.ToDouble();
8     Tage = EditTage->Text.ToInt();
9     Zinsen = Kapital * Tage * Zinssatz / 100.0 / 360.0;
10    EditZinsen->Text = FloatToStrF(Zinsen, ffCurrency, 10 , 2);
11 }
12 //---------------------------------------------------------
```

Der Eingabetext steht in der Eigenschaft Text der Editkomponente. Da man mit Textfeldern keine Rechenoperationen durchführen kann, müssen die Texte in numerische Werte konvertiert werden. Der C++Builder führt zwar implizite Typkonvertierungen durch, aber aus Gründen der Verständlichkeit und Sicherheit sollen die Umwandlungen durch entsprechende Anweisungen (= explizite Typkonvertierung) erfolgen. Deshalb werden in den Zeilen 4 und 5 der OnClick-Routine lokale Variablen für die Rechenfelder definiert. Nun können die Texte der Editfelder in double- bzw. int-Werte konvertiert werden. Der Zugriff auf den Wert einer Eigenschaft erfolgt über den Namen der Komponente (z. B. EditKapital), den Auswahloperator -> und den Namen der Eigenschaft (z. B. Text). Der Wert der Eigenschaft Text ist vom Datentyp AnsiString (siehe Kapitel 3.3) und muss mit einer Funktion in einen numerischen Wert umgewandelt werden. Deshalb wird die Methode ToDouble() bzw. ToInt() aufgerufen. Der Rückgabewert der Methode ToDouble() bzw. ToInt() wird in einer lokalen Variablen abgespeichert (Programmzeilen 6–8). In der nächsten Zeile wird die Zinsberechnung durchgeführt und anschließend wird der numerische Wert der Zinsen mit der Funktion FloatToStrF() in einen formatierten String (AnsiString) umgewandelt und in der Eigenschaft EditZinsen->Text abgespeichert. Die Funktion FloatToStrF() erwartet vier Übergabeparameter:

1. zu konvertierender Gleitkommawert
2. Parameter für das zu erzeugende Stringformat
   - ffGeneral = allgemeines Format
   - ffExponent = Exponentialformat
   - ffFixed = Festkommaformat
   - ffNumber = Festkommaformat mit Tausenderpunkten
   - ffCurrency = Währungsformat
3. Genauigkeit
4. Nachkommastellen

Betrachten wir zuletzt noch die Erzeugung von Objekten und die Prototypen für die Funktionen der Anwendung. Wenn wir mit dem Formulardesigner eine neue Komponente auf dem Fenster platzieren, wird automatisch vom C++Builder ein Objekt der entsprechenden Klasse erzeugt (z.B. Objekt Label1 der VCL-Klasse TLabel). Die Headerdatei Zins1_Main.h für das Formular HauptFenster der Zinsberechnung hat folgendes Aussehen:

```
//-----------------------------------------------------------
#ifndef Zins1_MainH
#define Zins1_MainH
//-----------------------------------------------------------
#include <Classes.hpp>
#include <Controls.hpp>
#include <StdCtrls.hpp>
#include <Forms.hpp>
//-----------------------------------------------------------
class THauptFenster : public TForm
{
__published:    // Komponenten, die von der IDE verwaltet werden
   TLabel *Label1;
   TLabel *Label2;
   TLabel *Label3;
   TLabel *Label4;
   TLabel *Label5;
   TEdit *EditKapital;
   TEdit *EditZinssatz;
   TEdit *EditTage;
   TEdit *EditZinsen;
   TButton *Button1;
   void __fastcall Button1Click(TObject *Sender);
private:    // Benutzerdeklarationen
public:     // Benutzerdeklarationen
   __fastcall THauptFenster(TComponent* Owner);
};
//-----------------------------------------------------------
extern PACKAGE THauptFenster *HauptFenster;
//-----------------------------------------------------------
#endif
```

In der Programmzeile 10 beginnt die Deklaration der Klasse THauptFenster, die von der C++Builder VCL-Klasse TForm abgeleitet wird. Neben den bekannten Bereichen private (Zeile 24) und public (Zeile 25) gibt es in den VCL-Klassendeklarationen den Bereich __published (Zeile 12). Das Schlüsselwort __published legt fest, dass Eigenschaften der VCL-Elemente, die in diesem Abschnitt deklariert werden, im Objektinspektor angezeigt werden. Nur Klassen, die von TObject (= eine der wichtigsten VCL-Klassen) abgeleitet sind, können __published-Abschnitte haben.

In den Zeilen 13 bis 17 wird für die Labelkomponenten jeweils ein Objekt der Klasse TLabel erzeugt. Alle Objekte werden dynamisch mit einem Pointer angelegt. Dies ist auch der Grund dafür, dass man z. B. beim Zugriff auf Eigenschaften einer Komponente immer den ->-Operator (Auswahloperator) verwenden muss. Ebenso werden für die Editkomponenten und den Button Zeiger für Objekte gebildet. Der Prototyp für die OnClick-Routine des Buttons wurde vom C++Builder in der Zeile 23 eingefügt. Bei der Erzeugung von Namen für Ereignisroutinen verwendet der C++Builder den Namen der Komponente, eine fortlaufende Nummer und die Bezeichnung des Ereignisses ohne das Präfix On. Die Funktion hat keinen Rückgabewert (void) und erwartet einen Zeiger vom Typ TObject. Dieser Parameter ist ein Zeiger auf die Komponente, die das Ereignis aufgerufen hat.

Im public-Bereich hat der C++Builder den Prototyp des Konstruktors für die Fensterklasse THauptFenster erzeugt. Im public- und private-Bereich kann der Programmierer auch eigene Deklarationen vornehmen. So könnte man beispielsweise die lokalen Variablen der Ereignisbehandlungsroutine Button1Click im public-Abschnitt der Klassendeklaration platzieren. Dies hätte den Vorteil, dass die Deklarationen in allen Funktionen der Unit des Fensters HauptFenster verfügbar wären.

63 AUFGABE

Öffnen Sie das Projekt ZINS1_Project.BDSPROJ.BPR und codieren Sie in der Behandlungsroutine für das OnClick-Ereignis die oben dargestellten Quellcodezeilen.

64 AUFGABE

Erstellen Sie ein Programm zur Berechnung der Mehrwertsteuer und des Bruttobetrages. Eingabewerte sind der Nettobetrag und der Mehrwertsteuersatz. Speichern Sie das Projekt unter dem Namen MWST1_Project.BDSPROJ und die Unit unter dem Namen MWST1_Main.CPP.

3.3 Die Klasse AnsiString

Der C++Builder verwendet an allen Stellen der VCL für Strings die Klasse AnsiString. So wird z. B. der Text eines Editfeldes oder die Caption einer Labelkomponente als String vom Typ der Klasse AnsiString gespeichert. Diese Klasse stellt dem Programmierer eine Reihe von Methoden und Operatoren zur Verfügung, die die Stringverarbeitung wesentlich einfacher gestalten als mit dem Datentyp char[ ] in C. Die wichtigsten Methoden dieser Klasse sind:

Methode	Beschreibung
c_str()	Wandelt ein Feld vom Typ AnsiString in einen nullterminierten C-String um.
CurrToStr()	Wandelt einen Währungswert in AnsiString um.
CurrToStrF()	Die Methode CurrToStrF konvertiert einen Währungswert in AnsiString und verwendet dabei die angegebene Gleitkomma-Konvention.
FloatToStrF()	Konvertiert einen Gleitkommawert in einen AnsiString.
FormatFloat()	Die Methode FormatFloat formatiert einen Gleitkommawert in einen String. Mit dieser Methode kann man z. B. Tausendertrennpunkte und ein Dezimalkomma in einen AnsiString einfügen.
IsEmpty()	Die Methode IsEmpty gibt true zurück, wenn das AnsiString-Objekt leer ist.
Length()	Gibt die Länge des AnsiString-Objektes zurück.
LowerCase()	Mit dieser Methode kann man den Inhalt eines AnsiString-Objekts in Kleinbuchstaben umwandeln.
ToDouble()	Konvertiert einen AnsiString in einen Gleitkommawert.
ToInt()	Konvertiert einen AnsiString in einen Integerwert.
UpperCase()	Mit dieser Methode kann man den Inhalt eines AnsiString-Objekts in Großbuchstaben umwandeln.

Neben den Methoden der Klasse AnsiString gibt es auch noch verschiedene Operatoren der Klasse:

Operator	Beschreibung
=	Weist einem AnsiString-Objekt einen String zu.
+	Verkettung zweier AnsiString-Objekte zu einem neuen AnsiString.
= =	Das AnsiString-Objekt wird mit dem angegebenen String verglichen. Wenn die beiden Strings gleich sind, wird true zurückgegeben.
>	Vergleich zweier Strings. Wenn das erste AnsiString-Objekt größer als das zweite AnsiString-Objekt ist, wird true zurückgegeben, ansonsten false. Die Strings werden auf Basis des numerischen Wertes der einzelnen Zeichen miteinander verglichen. Dabei wird zwischen Groß- und Kleinschreibung unterschieden. Entsprechend können auch die Operatoren <, >= und <= verwendet werden.
!=	Vergleich zweier Strings. Wenn die Strings nicht gleich sind, wird true zurückgegeben, ansonsten false.

Das Programm AnsiStringDemo1_Project.BDSPROJ soll die Verwendung von AnsiString-Methoden und AnsiString-Operatoren demonstrieren. Der folgende Screenshot zeigt die Ausgaben des Demoprogramms.

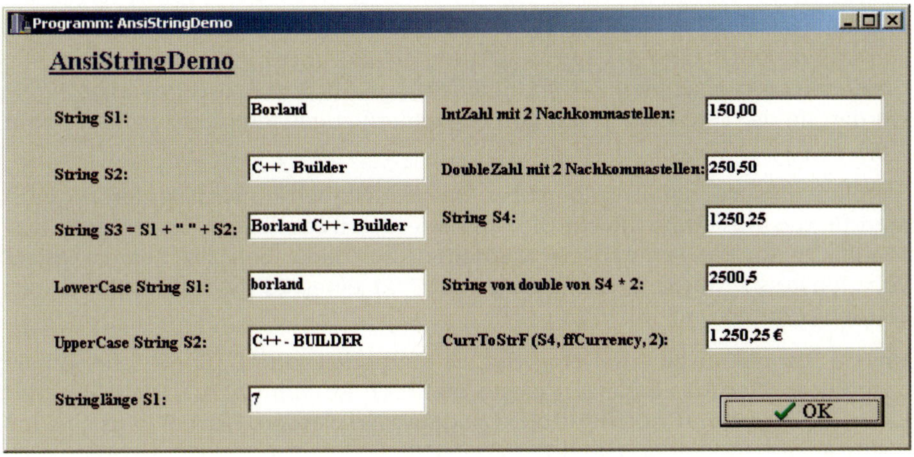

Ausgeführt wird die Funktionalität durch Anklicken des Buttons mit der Beschriftung OK. Die OnClick-Ereignisbehandlungsroutine BitBtn1Click enthält den Quellcode der Funktionalität für den Button.

```
//---------------------------------------------------------
void __fastcall THauptFenster::BitBtn1Click(TObject *Sen-
der)
{
    AnsiString S1, S2, S3, S4;
    int IntZahl = 150;
    double DoubleZahl = 250.5;
    S1 = "Borland";
    S2 = "C++ - Builder";
    S3 = S1 + " " + S2;
    S4 = "1250,25";
    Edit1->Text = S1;
    Edit2->Text = S2;
    Edit3->Text = S3;
    Edit4->Text = S1.LowerCase();
                            // Methodenaufruf für Objekt S1
    Edit5->Text = S2.UpperCase();                // Methode
    Edit6->Text = S1.Length();                   // Methode
    Edit7->Text = FloatToStrF(IntZahl, ffNumber, 10, 2);
                                                // Funktion
    Edit8->Text = FloatToStrF(DoubleZahl, ffNumber, 10, 2);
                                                // Funktion
    Edit9->Text = S4;
    DoubleZahl = S4.ToDouble();                  // Methode
    DoubleZahl = DoubleZahl * 2;
    Edit10->Text = AnsiString(DoubleZahl);   // Konstruktor
    Edit11->Text = CurrToStrF(S4, ffCurrency, 2);
                                                // Funktion
}
//---------------------------------------------------------
```

In der Zeile 4 werden vier Objekte der Klasse AnsiString erzeugt. Die Zuweisung von Strings an Objekte des Typs AnsiString erfolgt über die Zuweisung mit dem Gleichheitszeichen (Zeilen 7–10). Um die Strings auf dem Bildschirm anzuzeigen, werden sie der Eigenschaft Text von Editfeldern zugewiesen (Zeilen 11–13 bzw. 19).

Soll ein String in Großbuchstaben bzw. Kleinbuchstaben konvertiert werden, muss man für das AnsiString-Objekt die Methode UpperCase() bzw. LowerCase() ausführen. Der Rückgabewert dieser Methoden kann dann ebenfalls in einem Objekt vom Typ AnsiString (z. B. der Eigenschaft Text eines Editfeldes) abgespeichert werden (Zeile 14 und 15).

Um die Stringlänge zu ermitteln, wird die Methode Length() für ein Stringobjekt aufgerufen. Der Rückgabewert dieser Methode ist vom Typ int. Dieser intWert kann direkt einem AnsiString-Objekt zugewiesen werden. Hierbei wird eine implizite Konvertierung durchgeführt (Zeile 16).

In den Programmzeilen 17 und 18 werden numerische Werte mit der Funktion FloatToStrF() in einen formatierten AnsiString umgewandelt. Dabei kann man das Zahlenformat (z. B. ffNumber, ffCurrency u. a.) sowie die Genauigkeit der Darstellung und die Anzahl der Nachkommastellen festlegen. Erwähnenswert ist, dass diese Funktion den in der C-Programmierung notwendigen Dezimalpunkt in ein Dezimalkomma umwandelt.

Bei der Konvertierung eines Strings vom Typ AnsiString in einen numerischen Wert muss die Methode ToDouble() bzw. ToInt() für das Objekt aufgerufen werden. Die Strings enthalten in der Ausgangssituation ein Komma als Dezimalzeichen. Die Konvertierungsmethoden (ToDouble() bzw. ToInt()) wandeln das Komma in einen Dezimalpunkt um. Der Rückgabewert der Methoden kann dann in einem Feld vom Typ double bzw. int abgespeichert werden (Zeile 20).

In der Programmzeile 23 schließlich wird demonstriert, wie man mithilfe der Methode CurrToStrF() einen AnsiString in einen AnsiString mit Währungsangaben, Tausenderpunkten und Nachkommastellen umwandeln kann. Die Methode CurrToStrF() erwartet als ersten Übergabeparameter einen numerischen Wert. In unserem Beispiel wurde ein AnsiString-Objekt (S4) angegeben. Auch hier führt der C++Builder eine implizite Typumwandlung durch.

AUFGABE 65

Erstellen Sie ein Programm, mit dem der Benutzer seinen Vornamen und Namen, sein Gehalt und seine Betriebszugehörigkeit eingeben kann. Durch Anklicken eines Buttons soll seine Gratifikation berechnet werden. Die folgende Tabelle gibt Aufschluss über die Prämiensätze:

Betriebszugehörigkeit	Prämiensatz
0 bis unter 2 Jahre	5 %
2 bis unter 5 Jahre	10 %
5 bis unter 15 Jahre	15 %
15 und mehr Jahre	20 %

Ermitteln Sie die Prämie und geben Sie die Informationen (Prämiensatz und Gratifikation) in dem Hauptfenster der Anwendung wieder aus. Beachten Sie dabei noch folgende Hinweise: Der Name des Mitarbeiters soll in Großbuchstaben umgewandelt werden, die Ausgabe des Prämiensatzes soll mit einer Nachkommastelle und der Angabe „ %" erfolgen. Die Gratifikation ist mit Währungsangabe, Tausenderpunkten und zwei Nachkommastellen auszugeben. Speichern Sie Ihr Programm unter dem Projektnamen GRATIFIKATION_Project.BDSPROJ.

3.4 Verwendung von Standardsteuerelementen

Um Anwendungen benutzerfreundlich zu gestalten, stellt der C++Builder dem Entwickler Komponenten wie Labels, Editfelder, Buttons, RadioButtons, Listfelder, Kombinationsfelder etc. zur Verfügung. Die Verwendung dieser Elemente soll in den nächsten Kapiteln exemplarisch verdeutlicht werden.

3.4.1 RadioButton (Optionsfeld) und GroupBox (Standardgruppenfeld)

Das Programm zur Zinsberechnung soll modifiziert werden. Mithilfe unseres Programms soll die Zinsberechnung entweder nach der Deutschen Zinsmethode oder nach der taggenauen Zinsmethode ausgeführt werden. In dieser Anwendung muss man dem Benutzer die Möglichkeit geben, während des Programmablaufs die gewünschte Methode auszuwählen. Bei Auswahlmöglichkeiten mit einer festen Anzahl von Alternativen bietet sich die Verwendung einer Gruppe von RadioButtons an. Durch eine solche Dialoggestaltung verhindert man, dass der Anwender falsche Werte eingeben kann.

Sollen in einem Formular RadioButtons verwendet werden, so muss man die Buttons, die zu einer Auswahl zusammengehören, mit einer GroupBox oder einer RadioGroupBox zu einer Gruppe zusammenfassen. Dazu fügen wir in das Programm ZINS1_Project.BDSPROJ eine GroupBox aus der ToolPalette Standard ein und verändern die Beschriftung in Zinsmethode. Nun können wir ebenfalls aus der Palette Standard zwei RadioButtons in den Container der GroupBox einfügen und die Beschriftung ändern. Damit beim Start des Programms bereits einer der beiden Buttons aktiviert ist, muss man die Eigenschaft Checked des RadioButtons auf true setzen. Von mehreren RadioButtons in einer GroupBox kann immer nur ein Button in der Eigenschaft Checked den Wert true besitzen. Alle anderen erhalten automatisch den Wert false in dieser Eigenschaft.

Die folgende Tabelle enthält alle im Formular verwendeten Elemente. Soweit Veränderungen bei den Werten von Eigenschaften zur Entwicklungszeit vorzunehmen sind, sind diese Werte in der Tabelle dargestellt. Alle anderen Eigenschaften können den Standardwert behalten.

Komponenten: Zinsformular mit Eigenschaftswerten

Komponente	Bezeichnung der Komponente	Eigenschaft	Wert der Eigenschaft
Form	HauptFenster	Caption	Programm: Zinsberechnung
Label	Label1	Caption	Zinsberechnung
Label	Label2	Caption	Kapital:
Label	Label3	Caption	Zinssatz:
Label	Label4	Caption	Anlagedauer in Tagen:
Label	Label5	Caption	Zinsen:
		Visible	false
Edit	EditKapital	Text	0
Edit	EditZinssatz	Text	0
Edit	EditTage	Text	0
Edit	EditZinsen	Text	0
		Visible	false
Button	Button1	Caption	Berechnen
		Visible	true
GroupBox	GroupBox1	Caption	Zinsmethode
RadioButton	RadioButton1	Caption	Deutsche Methode
		Checked	true
RadioButton	RadioButton2	Caption	Taggenaue Methode
		Checked	false

Hauptfenster: Zinsberechnung zur Entwicklungszeit

Wenn das Programm ausgeführt wird, kann man bei der Berechnung der Zinsen in der OnClick-Routine der Komponente Button1 den Wert der Eigenschaft Checked des Elementes RadioButton1 überprüfen. Hat die Eigenschaft den Inhalt true, so wurde dieser RadioButton gedrückt. Ansonsten muss der zweite RadioButton gedrückt worden sein.

```
1  //---------------------------------------------------------
2  void __fastcall THauptFenster::Button1Click(TObject *Sen-
   der)
3  {
4     double Kapital, Zinssatz, Zinsen;
5     int Tage, AnzahlTage;
6     if(RadioButton1->Checked == true)
7        AnzahlTage = 360;
8     else
9        AnzahlTage = 365;
10    Kapital = EditKapital->Text.ToDouble();
11    Zinssatz = EditZinssatz->Text.ToDouble();
12    Tage = EditTage->Text.ToInt();
13    Zinsen = Kapital * Tage * Zinssatz / 100 / AnzahlTage;
14    EditZinsen->Text = FloatToStrF(Zinsen, ffCurrency, 10 ,
   2);
15    Label5->Visible = true;
16    EditZinsen->Visible = true;
17    Button1->Visible = false;
18 }
19 //---------------------------------------------------------
20 void __fastcall THauptFenster::EditChange(TObject *Sender)
21 {
22    Button1->Visible = true;
23    EditZinsen->Visible = false;
24    Label5->Visible = false;
25 }
26 //---------------------------------------------------------
```

Wird der RadioButton für die Deutsche Zinsmethode aktiviert, so muss man bei der Zinsberechnung das Jahr mit 360 Tagen ansetzen (Zeilen 6 und 7), ansonsten ist das Optionsfeld für die taggenaue Zinsmethode ausgewählt und die Zinsberechnung erfolgt mit 365 Tagen im Jahr (Schaltjahr soll aus Vereinfachungsgründen nicht berücksichtigt werden).

Um den Ablauf des Programms noch etwas zu verbessern, sollen das Label5 (mit der Beschriftung „Zinsen:") und das Editfeld EditZinsen erst auf dem Bildschirm erscheinen, wenn mit einem Klick auf den Button Button1 die Zinsberechnung ausgeführt wurde. Dazu wird die Eigenschaft Visible der beiden Komponenten zur Entwicklungszeit mit false belegt. Erst in der OnClick-Routine wird die Visible-Eigenschaft von Label5 und EditZinsen wieder auf true gesetzt, sodass diese beiden Komponenten nun im Formular angezeigt werden (Zeilen 15–16). Außerdem kann man die Anzeige des Buttons Button1 deaktivieren (Zeile 17), da eine Neuberechnung mit den gleichen Eingabewerten nicht sinnvoll ist.

Um weitere Berechnungen durchführen zu können, muss der Button wieder angezeigt werden, sobald eines der Eingabefelder (EditKapital, EditZinssatz, EditTage, RadioButton1 oder RadioButton2) verändert wird. Sowohl Editkomponenten als auch RadioButtons haben ein Ereignis OnChange, das aufgerufen wird, wenn der Inhalt (Eigenschaft Text bzw. Checked) der Komponente verändert wird. Um diese Ereignisbehandlungsroutine zu erzeugen, markiert man die Komponente EditKapital und aktiviert im Objektinspektor die Routine für das OnChange-Ereignis. Der C++Builder erzeugt zunächst das Funktionsgerüst (und den Prototyp) für diese Routine. Da die Routine mehrfach verwendet werden soll, verändern wir im Objektinspektor die Bezeichnung der Methode in EditChange. In dieser Ereignisbehandlungsfunktion wird die Eigenschaft Visible des Button1 auf true gesetzt, damit eine neue Berechnung möglich ist. Gleichzeitig ist es sinnvoll, die Anzeige der Komponenten EditZinsen und Label5 auszublenden (Programmzeilen 23–24), da bei Veränderung der Eingabewerte die vorherige Zinsberechnung nicht mehr gültig ist.

Eigentlich müsste man die gleichen Anweisungen in neu zu erzeugenden Ereignisbehandlungsroutinen der anderen Eingabefelder codieren. Da diese Routinen aber vollkommen gleich sind, kann man durch Markieren und Auswahl der Eingabefelder die Routine für das OnChange-Ereignis dieser Komponenten alle mit der Methode EditChange verbinden. Die Routine ist durch Aufklappen des Kombinationsfeldes beim Ereignis OnChange verfügbar. Das Programm soll unter der Projektbezeichnung ZINS2_Project.BDSPROJ abgespeichert werden.

AUFGABE 66

Verändern Sie das Programm zur Berechnung der Mehrwertsteuer und des Bruttobetrages, indem Sie dem Benutzer zur Auswahl des Mehrwertsteuersatzes (0 %, 7 % oder 19 %) eine GroupBox mit RadioButtons zur Verfügung stellen. Außerdem sollen die Ausgabefelder (Mehrwertsteuer und Bruttobetrag) erst nach Ausführung der Mehrwertsteuerberechnung sichtbar sein. Speichern Sie das Projekt unter dem Namen MWST2_Project.BDSPROJ und die Unit unter dem Namen MWST2_Main.CPP.

AUFGABE 67

Das Programm zur Berechnung der Zinsen soll modifiziert werden. Der Anwender soll nicht mehr die Anlagedauer in Tagen eingeben, sondern die Zinsberechnung soll vom aktuellen Datum (= Systemdatum) bis zum Anlagedatum (Eingabe als Datumswert) erfolgen. Vereinfachend kann hierbei angenommen werden, dass das Ende der Kapitalanlage maximal der 31.12. des aktuellen Jahres ist, d.h. es ist kein Jahreswechsel zu berücksichtigen. Für die Eingabe des Anlagedatums können Sie ein MaskEditFeld verwenden, das die Eingabe von Datumsfeldern unterstützt. Informationen, wie Sie auf das Systemdatum zugreifen können oder wie die Komponente MaskEdit verwendet wird, entnehmen Sie der C++Builder-Hilfe. Speichern Sie das Programm unter dem Projektnamen ZINS3_Project.BDSPROJ.

3.4.2 Arbeiten mit mehreren Fenstern

Es soll ein Programm erstellt werden, mit dem C++-Quellcodedateien geöffnet, editiert und wieder gespeichert werden können. Zusätzlich soll eine „Hilfe für CPP" dem Benutzer Informationen über C-Anweisungen, Funktionen oder andere Sprachkonstrukte zur Verfügung stellen.

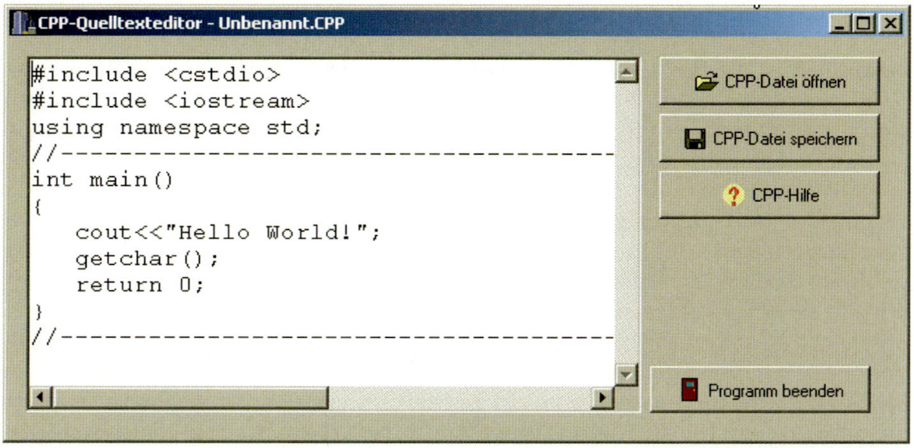

Hauptformular: CPP-Quellcode-editor

Komponenten: Formular CPP-Quellcodeeditor

Komponente	Bezeichnung der Komponente	Eigenschaft	Wert der Eigenschaft
Form	HauptFenster	Caption	CPP-Quellcodeeditor Unbenannt.CPP
Memo	Memo1	Anchors	alle auf true setzen
		Lines	(Zeilen löschen)
		Font	Courier New, Größe 12
		ScrollBars	ssBoth
BitButton	ButtonOeffnen	Caption	CPP-Datei öffnen
		Glyph	Bitmap-Datei mit dem Bildeditor laden
BitButton	ButtonSpeichern	Caption	CPP-Datei speichern
			Bitmap-Datei laden
BitButton	ButtonHilfe	Caption	CPP-Hilfe
			Bitmap-Datei laden
BitButton	ButtonBeenden	Caption	Programm beenden
			Bitmap-Datei laden

Neu ist hier die Komponente Memo aus der Standard-Tool-Palette. Sie stellt ein mehrzeiliges Eingabefeld zur Verfügung. Die einzelnen Zeilen des Memofeldes befinden sich als eine Stringliste in der Eigenschaft Lines des Memofeldes (z. B. Memo1->Lines). Die Eigenschaft Lines ist ein Objekt vom Typ TStrings, sodass alle Methoden der Klasse TStrings verwendet werden können (z. B. Zeilen hinzufügen/löschen/verschieben/ändern, Speichern der Liste in einer Datei, Lesen aus einer Datei). Lesen Sie hierzu die Online-Hilfe zur Klasse TStrings.

Wir werden uns in diesem Abschnitt auf die Implementierung der „CPP-Hilfe" beschränken. Die OnClick-Routinen der Buttons zum Öffnen und Speichern einer Datei bleiben zunächst leer. Im Abschnitt 3.6 (Verwendung von Systemdialogen) werden Sie Komponenten kennenlernen, mit denen Sie recht schnell Dialoge zum Öffnen und Speichern nachträglich einfügen können.

Wegen der noch fehlenden Möglichkeit, eine beliebige Datei zu öffnen, wird beim Starten des CPP-Editors immer die gleiche Datei mit dem Namen Geruest.cpp geöffnet und im Memofenster angezeigt. (Diese Datei muss von Ihnen erzeugt und im aktuellen Verzeichnis der Anwendung abgelegt werden.) Sie enthält in unserem Fall den Quellcode der Konsolenanwendung „Hello World" (s. Abb. oben). Die notwendigen Schritte – einschließlich einer Fehlerbehandlung für den Fall, dass die Datei Geruest.cpp nicht existiert – soll der Konstruktor für das Formular HauptFenster ausführen. Wie Sie aus der OOP wissen, erkennt man den Konstruktor an seinem Namen: Der Klassenname (hier: THauptFenster) stimmt mit dem Methodennamen (Konstruktornamen) überein. Ein Konstruktor (ohne Funktionalität) wird vom System automatisch generiert. Er muss im Quelltextfenster lediglich ergänzt werden.

Konstruktor:

```
 1  //---------------------------------------------------------------------
 2  __fastcall THauptFenster::THauptFenster(TComponent* Owner)
 3          : TForm(Owner)
 4  {
 5     try
 6     {
 7        Memo1->Lines->LoadFromFile("Geruest.cpp");
 8     }
 9     catch(Exception *Ausnahme)
10     {
11       ShowMessage(Ausnahme->Message);
12     }
13  }
14  //---------------------------------------------------------------------
```

Die Quellcodezeilen der Konsolenanwendung sollen beim Programmstart aus der Datei GERUEST.CPP, die sich im aktuellen Verzeichnis befindet, eingelesen werden. In den Zeilen 1 bis 14 ist der Konstruktor des Hauptfensters zu sehen. Diese Methode wird beim Erzeugen des Fensters (= Objekt der Klasse THauptFenster) automatisch ausgeführt. In der Zeile 7 wird die Methode LoadFromFile() aufgerufen. Diese Methode ist eine Komponentfunktion der Klasse TStrings. Sie liest eine Datei (hier: Geruest.cpp) und weist den Inhalt dieser Textdatei den einzelnen Zeilen einer Stringliste (Memo1->Lines) zu. Sollte die Datei GERUEST.CPP nicht im aktuellen Verzeichnis existieren, so führt der Methodenaufruf LoadFromFile() in der Zeile 7 zu einem Laufzeitfehler (= Exception). Um einen solchen Fehler abzufangen, muss dem Programmteil, in dem eine Exception auftreten kann, das Schlüsselwort try vorangestellt werden. Nach try folgt eine in geschweifte Klammern eingeschlossene Anweisung bzw. ein Block von Anweisungen. Damit wird festgelegt, dass das Programm in diesem Teil prüft, ob Exceptions auftreten. Wenn eine Exception auftritt, wird der normale Programmablauf unterbrochen und nach einer Fehlerbehandlungsroutine gesucht (catch-Block). Die Programmkontrolle geht auf diesen Handler über.

Syntax:

```
try
{
   // Problematische Anweisungen
}
catch(...)
{
   // Fehlerhandling
}
```

Um Fehler explizit zu behandeln, kann man im catch-Block ein Objekt der Klasse Exception erzeugen. Dieses Objekt besitzt die Eigenschaft (= Datenfeld) Message. Wird ein Fehler im try Block erzeugt, so enthält die Eigenschaft Message des Exception-Objektes die Fehlerbeschreibung in Form eines AnsiStrings.

```
catch(Exception *Ausnahme)
{
      ShowMessage(Ausnahme->Message);
}
```

Für die Ausgabe wird die Methode ShowMessage() aufgerufen. Diese Methode gibt den Übergabeparameter, hier die VCL-Fehlermeldung in Form eines AnsiStrings, in einem Dialogfenster aus.

Nach dem Start und dem automatischen Öffnen der Datei Geruest.cpp kann der Programmanwender im Memo-Feld den C++-Quellcode der Anwendung editieren. Bei der Programmerstellung benötigt der Programmierer häufig zusätzliche Informationen zu einzelnen Anweisungen. Betrachten wir daher die Umsetzung der „CPP-Hilfe": Wenn der Benutzer ein Wort im Memofeld markiert und anschließend den Button CPP-Hilfe anklickt, sollen zu dem markierten Wort in einem zweiten Fenster Informationen angezeigt werden. Der anzuzeigende Hilfetext muss hierzu in einer Textdatei im aktuellen Verzeichnis abgelegt sein. Der Name dieser Textdatei muss dem Wort, für das eine Hilfe angefordert wurde, entsprechen und mit der Endung .txt versehen sein, z.B. cout.txt; cout.txt enthält den Hilfetext für cout. Die erforderlichen Dateien, z.B. cout.txt, getch.txt, int.txt usw. müssen von Ihnen mit einem Editor erzeugt werden. Ist für eine Markierung keine Hilfe vorhanden (es gibt keine Datei, die den gleichen Namen hat wie der markierte Text), erhält der Anwender eine entsprechende Meldung.

Zur Realisierung sind folgende Schritte notwendig:

1. Schritt: Formular für die Ausgabe des Hilfetextes erzeugen
   Mit dem Menüpunkt Datei – Neu – Formular – C++Builder wird ein weiteres Formular erzeugt und dem aktuellen Projekt hinzugefügt.
2. Schritt: Formular gestalten
   Im Formulardesigner können Sie nun den Dialog gestalten. Das zweite Fenster der Anwendung (Name: CPPHilfe) hat folgendes Aussehen (hier bereits angezeigt mit einem möglichen Hilfetext für die Funktion getchar() aus einer Datei getchar.txt):

Formular: CPPHilfe

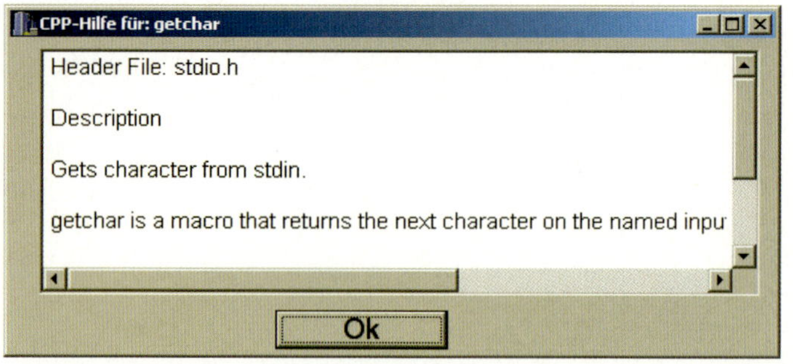

Komponenten: Formular CPPHilfe

Komponente	Bezeichnung der Komponente	Eigenschaft	Wert der Eigenschaft
Form	CPPHilfe	Caption	CPP-Hilfe für:
Memo	Memo1	ScrollBars	ssBoth
Button	ButtonOk	Caption	Ok

3. Schritt: Formular im Hauptfenster bekannt machen
   Um dieses Fenster durch Klicken auf den Button ButtonHilfe zu öffnen, muss man dem Hauptformular die Fensterdeklaration des zweiten Fensters bekannt machen. Dazu muss das Hauptfenster bzw. der Quellcode des Hauptfensters aktiviert und über den Menüpunkt Datei – Unit verwenden die Headerdatei des zweiten Formulars eingebunden werden.
   Möchte man umgekehrt im zweiten Fenster auf Elemente des Hauptfensters zugreifen, muss man entsprechend im untergeordneten Formular über den Menüpunkt Datei – Unit verwenden die Headerdatei des Hauptformulars inkludieren. In unserem Fall greift man im zweiten Fenster CPPHilfe nicht auf Elemente des Hauptfensters zu, sodass diese Einbindung entfallen kann.

4. Schritt: Formular anzeigen
   Die Methode ButtonHilfeClick() enthält die Anweisung zum Öffnen des Fensters CPPHilfe.

```
//-----------------------------------------------------------
void __fastcall THauptFenster::ButtonHilfeClick(TObject
*Sender)
{
   AnsiString DateiName;
   DateiName = Trim(Memo1->SelText)+".txt";
   if(FileExists(DateiName)== true)
   {
      CPPHilfe->Memo1->Lines->LoadFromFile(DateiName);
      CPPHilfe->Caption="CPP-Hilfe für: " + Trim(Memo1
              ->SelText);
      CPPHilfe->Show();
   }
   else
```

```
13      {
14         Application->MessageBox("Keine Hilfe verfügbar!",
15                                 "Achtung!",MB_OK);
16      }
17   }
18   //---------------------------------------------------------------------
```

Zunächst wird ein Stringobjekt DateiName erzeugt (Zeile 4). In der Eigenschaft SelText befindet sich der im Memofeld Memo1 markierte Text (Zeile 5). Da bei der Markierung eines Wortes möglicherweise führende oder nachfolgende Leerzeichen mitmarkiert wurden, ist es notwendig, diese Leerzeichen zu entfernen. Die Funktion Trim() entfernt alle führenden und nachfolgenden Leer- und Steuerzeichen des übergebenen Strings. Der verbleibende Text wird um .txt ergänzt (da die Hilfedateien die Endung .txt haben sollen). Die entstandene Zeichenfolge wird in DateiName gespeichert.

In Zeile 6 wird überprüft, ob im aktuellen Verzeichnis eine Datei existiert, die den Namen DateiName hat. Wenn dies der Fall ist, lädt die Methode LoadFromFile() diese Datei in das Feld Memo1 des zweiten Formulars (Zeile 8). Die Caption-Eigenschaft des zweiten Formulars erhält einen Text, der sich aus „CPP-Hilfe für" und der markierten Zeichenfolge zusammensetzt (Zeile 9).

Geöffnet wird das Fenster mit der Methode Show() (Zeile 10). Um zum Hauptfenster zurückzukehren, muss man das zweite Fenster nicht schließen. Sie müssen lediglich mit der Maus das erste Fenster anklicken. Das zweite Fenster ließe sich auch mit der Methode ShowModal() öffnen. Ein modales Fenster muss jedoch geschlossen werden, um zum übergeordneten Formular zurückzukehren.

Befindet sich im aktuellen Verzeichnis keine Datei mit dem Namen DateiName, erhält der Anwender eine Meldung in einer Messagebox (Zeile 14). MessageBox ist eine Methode des Objekts Application mit drei Argumenten: 1. Meldungstext im Fenster („Keine Hilfe vorhanden"), 2. Fensterüberschrift („Achtung"), 3. Kennzeichen über die anzuzeigenden Buttons (MB_OK = nur ein OK-Button ist anzuzeigen; weitere Informationen in der Online-Hilfe).

Für das Fenster CPPHilfe ist lediglich eine OnClick-Methode für den Button ButtonOK erforderlich.

```
//---------------------------------------------------------------------
void __fastcall TCPPHilfe::ButtonOkClick(TObject *Sender)
{
   Close();
}
//---------------------------------------------------------------------
```

Geben Sie dem Projekt beim Speichern den Namen CPPEditor_Project.BDSPROJ und speichern Sie die Unit des ersten Formulars unter dem Namen CPPEditor_Main.CPP und die Unit des zweiten Formulars unter dem Namen CPPEditor_CPPHilfe.CPP ab.

AUFGABE 68

Erzeugen Sie im Projekt CPPEditor_Project.BDSPROJ jeweils ein weiteres Formular zum Öffnen bzw. zum Speichern der CPP-Datei. Zum Speichern gibt es analog zur Methode LoadFromFile() die VCL-Methode SaveToFile().
Im Gegensatz zum Öffnen kann die CPP-Datei, wenn sie nicht existiert, gespeichert werden. Sollte die Datei beim Speichern jedoch bereits existieren, so soll der Benutzer entscheiden, ob die Datei überschrieben werden soll. Verwenden Sie dazu die Methode MessageBox() mit den Buttons Ja und Nein und geben Sie den Text: Überschreiben? Ja / Nein aus. Die Methode MessageBox() liefert als Rückgabewert eine Information, welchen Button der Anwender angeklickt hat. So können Sie entweder die bereits vorhandene Datei überschreiben oder das Speichern der Datei übergehen. Nähere Informationen zur Verwendung der Methode entnehmen Sie der Online-Hilfe des C++Builders.

AUFGABE 69

Verändern Sie das Programm zur Berechnung der Mehrwertsteuer und des Bruttobetrages, indem Sie dem Benutzer zur Auswahl des Mehrwertsteuersatzes (0 %, 7 % oder 19 %) eine GroupBox mit RadioButtons in einem zweiten Formular zur Verfügung stellen. Speichern Sie das Projekt unter dem Namen MWST3_Project.BDSPROJ und die Unit unter dem Namen MWST3_Main.CPP.

3.4.3 StringGrid

Häufig ist es notwendig, Informationen tabellarisch auszugeben. Es soll z. B. ein Programm zur Abschreibungsberechnung erstellt werden, das für einen Anlagegegenstand eine Abschreibungstabelle erzeugt. Anlagegegenstände mit einem Anschaffungswert von bis zu 150,00 EUR sind als geringwertige Wirtschaftsgüter bei der Anschaffung sofort als abzugsfähige Betriebsausgabe abzuschreiben. Wirtschaftsgüter mit einem Anschaffungswert von mehr als 150,00 EUR und bis zu 1.000,00 EUR sind auf einem jahrgangsbezogenen Sammelkonto zu erfassen. Der Gesamtbetrag auf dem Sammelkonto ist über eine Dauer von 5 Jahren linear abzuschreiben. Wirtschaftsgüter mit einem Anschaffungswert von mehr als 1.000,00 EUR sind einzeln zu aktivieren und über die betriebsgewöhnliche Nutzungsdauer abzuschreiben. Betrachten wir das Hauptformular und die Komponenten dieser Anwendung.

Komponente	Bezeichnung der Komponente	Eigenschaft	Wert der Eigenschaft
Form	HauptFenster	Caption	Abschreibung
Panel	Panel1	Caption	Abschreibungsprogramm
		Align	alTop
		Alignment	taCenter
Edit	EditAw	Text	0
Edit	EditNd	Text	0

Komponente	Bezeichnung der Komponente	Eigenschaft	Wert der Eigenschaft
Button	Berechnen	Caption	Berechnen
Button	Programmende	Caption	Programmende
Image	Image1	AutoSize	true
		Picture	Bitmap laden

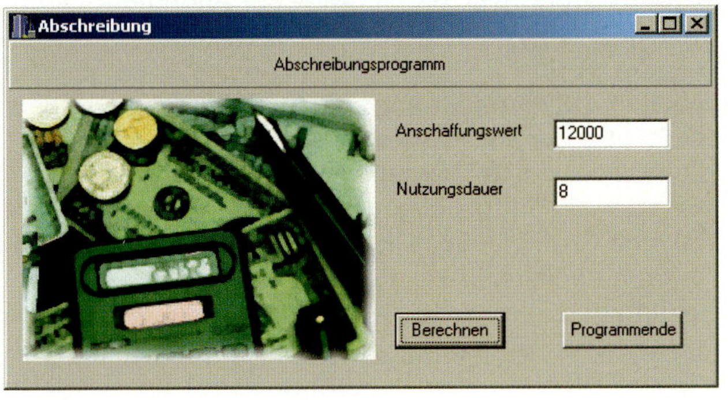

Hauptformular: Abschreibungsprogramm

Für den Kopf des Formulars wurde eine Panelkomponente mit der Beschriftung Abschreibungsprogramm eingefügt. Mit einer Panelkomponente erzeugt man Bereiche (Panels), die andere Komponenten enthalten können. Die Panelkomponente kann man verwenden, wenn man z.B. Symbolleisten (= Toolbar) oder Statuszeilen erzeugen möchte. Eine wichtige Eigenschaft der Panelkomponente ist die Eigenschaft Align, die verschiedene Eigenschaftswerte enthalten kann.

Eigenschaftswert	Beschreibung
alNone	Die Komponente bleibt an der Position, an der sie in das Formular bzw. in die Tafel eingefügt wurde. Dies ist der Vorgabewert.
alTop	Die Komponente wird am oberen Rand des Formulars ausgerichtet und so vergrößert, dass sie die gesamte Breite des Formulars ausfüllt. Die Höhe der Komponente bleibt unverändert.
alBottom	Die Komponente wird am unteren Rand des Formulars ausgerichtet und so vergrößert, dass sie die gesamte Breite des Formulars ausfüllt. Die Höhe der Komponente bleibt unverändert.
alLeft	Die Komponente wird an der linken Seite des Formulars ausgerichtet und so vergrößert, dass sie die gesamte Höhe des Formulars ausfüllt. Die Breite der Komponente bleibt unverändert.
alRight	Die Komponente wird an der rechten Seite des Formulars ausgerichtet und so vergrößert, dass sie die gesamte Höhe des Formulars ausfüllt. Die Breite der Komponente bleibt unverändert.

Eigenschaftswert	Beschreibung
alClient	Die Komponente wird so vergrößert, dass sie den gesamten Client-Bereich des Formulars ausfüllt. Falls bereits eine andere Komponente einen Teil des Client-Bereichs bedeckt, wird die Größe der Komponente so verändert, dass sie den verbleibenden Platz einnimmt.

Um die Komponente am oberen Fensterrand und über die gesamte Formularbreite auszurichten, muss man also die Eigenschaft Align auf den Wert alTop setzen. Die Ausrichtung der Beschriftung (Caption) erfolgt mithilfe der Alignment-Eigenschaft. Um den Text zu zentrieren, wählt man als Wert taCenter aus.

Zur Gestaltung des Fensters soll in das Formular noch ein Bild eingefügt werden. Dazu muss man aus der Tool-Palette der Seite Zusätzlich die Komponente Image verwenden. Nun kann man entweder durch Doppelklick auf die Komponente im Formular bzw. durch Anklicken des Bildeditors (Eigenschaft Picture, dort auf Symbol mit drei Punkten klicken) eine Grafik laden. Mit dem C++Builder werden bei einer Standardinstallation in dem Verzeichnis Programme\Gemeinsame Dateien\Borland Gemeinsame Dateien\Images\Splash zwei Ordner (16Color und 256Color) erzeugt, in denen Sie einige Grafiken finden. In unserem Formular wurde aus dem Ordner 256Color die Grafik FINANCE.BMP eingefügt. Damit die Grafik in der Imagekomponente vollständig angezeigt wird, muss die Eigenschaft AutoSize noch auf true gesetzt werden. Der C++Builder passt somit das Steuerelement (Rahmen für Grafik) an die Größe des anzuzeigenden Bildes an.

Die Ausgabe des Programms (Ausgabe der Abschreibungstabelle) soll in einem zweiten Fenster (Name: AfaTab) erfolgen.

Komponenten: Formular AfaTab

Komponente	Bezeichnung der Komponente	Eigenschaft	Wert der Eigenschaft
Form	AfaTab	Caption	Abschreibungstabelle
Panel	Panel1	Caption	Abschreibungstabelle
		Alignment	taCenter
Edit	EditAw	Text	0
Edit	EditNd	Text	0
StringGrid	StringGrid1	ColCount	4

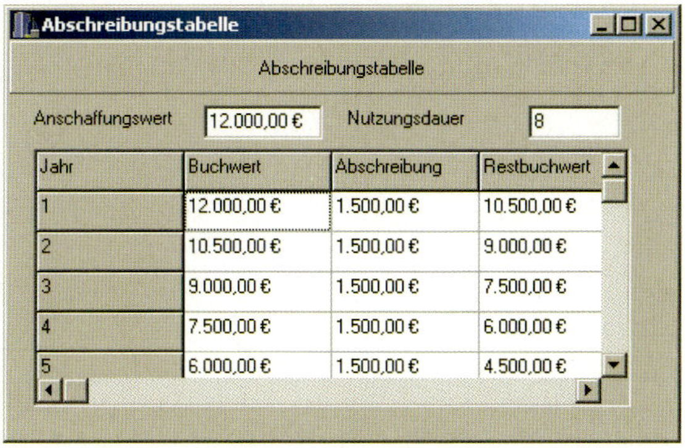

Fenster: AfaTab

Für die Abschreibungstabelle wird eine StringGrid-Komponente in das Formular eingefügt. Die StringGrid-Komponente befindet sich auf der Seite Zusätzlich der Tool-Palette. Mit dem StringGrid-Objekt können Sie Textdaten in einem tabellarischen Format darstellen. Eine Tabelle besteht aus Spalten und Zeilen. Die Anzahl der Spalten des Steuerelementes enthält die Eigenschaft ColCount und die Anzahl der Zeilen die Eigenschaft RowCount. Da die Anzahl der Spalten in unserer Anwendung konstant bleibt, können wir die Eigenschaft ColCount mit dem Wert 4 belegen. Die Anzahl der benötigten Zeilen hängt von der Nutzungsdauer ab. Es werden immer Nutzungsdauer + 1 Zeilen benötigt, nämlich eine Zeile für die Überschrift und jeweils eine Zeile für jedes Nutzungsjahr. Diese Eigenschaft müssen wir zur Laufzeit mit dem korrekten Wert belegen.

Um auf die einzelnen Zellen des Gitters zuzugreifen, müssen Sie die Eigenschaft Cells der StringGrid-Komponente verwenden. Mit dieser Eigenschaft, die nicht im Objektinspektor veröffentlicht wird, können Sie auf den String einer bestimmten Gitterzelle zugreifen. Angesprochen werden die Spalten und Zeilen über einen Index, wobei zunächst der Spaltenindex und dann der Zeilenindex angegeben werden muss. Die Zählung der Spalten und Zeilen beginnt, wie in C/C++ üblich, bei 0. Soll zum Beispiel die zweite Spalte in der ersten Zeile des Steuerelementes mit dem Text „Buchwert" belegt werden, so ist die Anweisung

```
StringGrid1->Cells[1][0] = "Buchwert";
```

zu codieren. Die Steuerelemente des zweiten Formulars werden in der OnClick-Routine des Buttons Berechnen des Hauptformulars mit Werten belegt. Den Aufbau der Ereignisbehandlungsroutine zeigt die Methode BerechnenClick().

```
//---------------------------------------------------------
void __fastcall THauptFenster::BerechnenClick(TObject
*Sender)
{
  int i, Nd;
  double Buchwert, Afa;
  Buchwert = HauptFenster->EditAw->Text.ToDouble();
  Nd = HauptFenster->EditNd->Text.ToInt();
  if(Buchwert <= 150)
  {
    Application->MessageBox("Anlagegut wird als geringwer-
```

```
         tiges Wirtschaftsgut
11       im Anlagejahr vollständig abgeschrieben",
         "Hinweis", MB_OK);
12     }
13     else
14     {
15       if(Buchwert <= 1000)
16       {
17         Application->MessageBox
          ("Nutzungsdauer auf 5 Jahre festgelegt, "
18        "Anlagegut wird als Sammelposten über eine Dauer von"
19        "5 Jahren abgeschrieben", "Hinweis", MB_OK);
20         Nd = 5;
21       }
22       Tabelle->EditAw->Text=FloatToStrF(Buchwert, ffCurren-
                  cy, 12, 2);
23       Tabelle->EditNd->Text = Nd;
24       Tabelle->StringGrid1->RowCount = Nd+1;
25       Tabelle->StringGrid1->Cells[0][0] = "Jahr";
26       Tabelle->StringGrid1->Cells[1][0] = "Buchwert";
27       Tabelle->StringGrid1->Cells[2][0] = "Abschreibung";
28       Tabelle->StringGrid1->Cells[3][0] = "Restbuchwert";
29       for(i=1; i<=Nd; i++)
30       {
31         Afa = Buchwert/(Nd - i + 1);
32         Tabelle->StringGrid1->Cells[0][i] = i;
33         Tabelle->StringGrid1->Cells[1][i] =
34                  FloatToStrF(Buchwert, ffCurrency, 12, 2);
35         Tabelle->StringGrid1->Cells[2][i] =
36                  FloatToStrF(Afa, ffCurrency, 12, 2);
37         Tabelle->StringGrid1->Cells[3][i] =
38                  FloatToStrF(Buchwert-Afa, ffCurrency, 12,
                    2);
39         Buchwert = Buchwert - Afa;
40       }
41       Tabelle->ShowModal();
42     }
43   }
44   //-------------------------------------------------------
```

In der Funktion BerechnenClick() werden in den Programmzeilen 4 und 5 die notwendigen lokalen Variablen deklariert. Um mit dem Anschaffungswert und der Nutzungsdauer rechnen zu können, müssen die Werte der jeweiligen Text-Eigenschaft vom Typ AnsiString in einen double- bzw. int-Wert umgewandelt werden. Es folgt die Abfrage, ob der Buchwert zum Anschaffungszeitpunkt kleiner gleich 150 ist (Programmzeile 8). Da Anlagegegenstände mit einem Anschaffungswert von bis zu 150,00 EUR sofort als Aufwand verbucht werden müssen, wird mit der Methode MessageBox() lediglich eine entsprechende Meldung auf dem Bildschirm ausgegeben. Bei den geringwertigen Wirtschaftsgütern macht es auch keinen Sinn, eine Abschreibungstabelle anzuzeigen.

Im Nein-Zweig der Abfrage Buchwert <= 150 wird überprüft, ob der Buchwert zum Anschaffungszeitpunkt kleiner gleich 1.000,00 EUR ist. Diese Güter werden als Sammelposten eines jahresbezogenen Sammelkontos linear über eine Dauer von 5 Jahren abgeschrieben (Meldung in der Programmzeile 17–19). Der Abschreibungsanteil für diesen Anlagegegenstand kann in einer Abschreibungstabelle dargestellt werden. Es ist lediglich darauf zu achten, dass die Nutzungsdauer in diesem Fall auf 5 Jahre gesetzt wird (Programmzeile 20). Nun können im Nein-Zweig der äußeren Abfrage unabhängig davon, ob es sich um ein Anlagegut handelt, das auf einem Sammelkonto aktiviert wird, oder ob es ein eigenständig zu aktivierender Gegenstand ist, die notwendigen Anweisungen zur Berechnung der Werte und zur Anzeige der Abschreibungstabelle codiert werden. Es werden die Text-Eigenschaften der Editfelder für den Anschaffungswert und die Nutzungsdauer im Formular Tabelle mit den entsprechenden Werten der Felder aus dem Hauptformular belegt (Zeile 22 und 23). Die Eigenschaft RowCount (Anzahl der Tabellenzeilen) wird auf Nutzungsdauer + 1 gesetzt. In den Programmzeilen 25–28 wird die erste Zeile der Tabelle mit den Spaltenüberschriften belegt. Danach wird in einer Zählschleife die lineare Abschreibung berechnet (Zeile 31), die Zellen der StringGrid-Komponente werden belegt (Zeilen 32–38) und der Buchwert wird um die Abschreibung des aktuellen Jahres reduziert (= Restbuchwert am Ende des Nutzungsjahres). Nach Füllen der Stringgrid-Tabelle kann nun das Formular Tabelle angezeigt werden. In diesem Fall wird das Fenster als modales Fenster mit der Methode ShowModal() angezeigt. Ein modales Fenster kann man nur durch Schließen verlassen.

70 AUFGABE

Erstellen Sie ein Programm zur Berechnung eines Annuitätendarlehens. Bei einem solchen Darlehen erbringt der Kreditnehmer jährlich gleichbleibende Leistungen (= Annuität). Der Tilgungsbetrag im Folgejahr erhöht sich um die ersparten Zinsen.

Annuität = Zinsen + Tilgung

Beispiel: Darlehensbetrag: 100.000,00 EUR
Zinssatz: 7 % p. a.
anfängliche Tilgung 2 % p. a.

Jahr	Darlehensbetrag	Zinsen	Tilgung	Annuität
1	100.000,00 EUR	7.000,00 EUR	2.000,00 EUR	9.000,00 EUR
2	98.000,00 EUR	6.860,00 EUR	2.140,00 EUR	9.000,00 EUR
3	95.860,00 EUR	6.710,20 EUR	2.289,80 EUR	9.000,00 EUR
...	...	...	...	...
22	10.269,65 EUR	718,88 EUR	8.281,12 EUR	9.000,00 EUR
23	1.988,52 EUR	139,20 EUR	1.988,52 EUR	2.127,72 EUR

Erstellen Sie ein Programm, das nach Eingabe des Darlehensbetrages, des jährlichen Zinssatzes und der anfänglichen Tilgungsleistung einen Tilgungsplan mit Darlehensbetrag, Zinsen, Tilgung und Annuität für alle Perioden der gesamten Laufzeit ausgibt. Achten Sie auf alle Fälle auch auf das letzte Jahr der Rückzahlung. Die Eingabe und die Ausgabe des Programms sollen in unterschiedlichen Fenstern erfolgen. Speichern Sie das Programm unter dem Projektnamen ANNUDARL_Project.BDSPROJ.

3.4.4 ListBox (Listfeld)

Die ListBox-Komponente repräsentiert ein Windowssteuerelement, das eine Auswahl von Optionen bereitstellt, aus denen der Anwender einen oder mehrere Einträge auswählen kann. Durch die Verwendung eines Listfeldes kann man bei der Eingabe von vorgegebenen Alternativen verhindern, dass ein Benutzer ungültige Werte eingibt und man kann die Eingabe wesentlich vereinfachen. In dem Beispiel zur Abschreibungsberechnung aus dem vorherigen Kapitel soll dem Benutzer zur Auswahl der Nutzungsdauer ein Listfeld mit den Auswahlmöglichkeiten „1", „2", „..." und „12" zur Verfügung gestellt werden. Dazu fügen wir aus der Tool-Palette (Seite Standard) für die Nutzungsdauer ein Listfeld anstelle des Editfeldes im Hauptformular ein. Um das Listfeld zur Entwicklungszeit mit Werten zu versehen, starten Sie den Stringlisteneditor durch Anklicken des Auswahlfeldes der Eigenschaft Items. Mit dem Stringlisteneditor können Sie die Auswahlliste erstellen. Falls ein Listfeld mehr Einträge enthält, als auf einmal angezeigt werden können, erscheint automatisch ein Rollbalken.

Damit der Anwender zur Laufzeit nur einen Eintrag selektieren kann, muss die Eigenschaft MultiSelect den Wert false enthalten. Soll die Wertliste sortiert sein, so ist der Eintrag Sorted mit true zu belegen.

ListBox-Komponente mit Eigenschaftswerten

Komponente	Bezeichnung der Komponente	Eigenschaft	Wert der Eigenschaft
ListBox	Box	Items	1 2...
		MultiSelect	false
		Sorted	true

Im Quellcode des Moduls BerechnenClick() muss lediglich die Zeile 7 geändert werden.

```
7   Nd=HauptFenster->BoxNd->Items->Strings[BoxNd->ItemIndex].
    ToInt();
```

Um auf die Nutzungsdauer zuzugreifen, müssen Sie den ausgewählten Eintrag des Listbox-Elements auslesen. Die Eigenschaft ItemIndex enthält zur Laufzeit die Nummer (= Index) des ausgewählten Listfeldeintrages. Die Listfeldeinträge sind in der Eigenschaft Items als Stringliste gespeichert. Mit der Anweisung

```
Nd=HauptFenster->BoxNd->Items->Strings[BoxNd->ItemIndex].
ToInt();
```

wird der String des ausgewählten Listfeldeintrags in einen Integer-Wert konvertiert und in der Variablen Nd zur weiteren Verarbeitung gespeichert. Die restlichen Anweisungen bleiben unverändert (siehe Abschreibungsberechnung ohne Listbox-Feld).

Um beim Programmstart bereits einen Listfeldeintrag als ausgewählten Eintrag zu aktivieren, muss man im OnCreate-Ereignis des Hauptformulars die Eigenschaft ItemIndex setzen. Hierbei ist zu beachten, dass die Indizierung der Listfeldeinträge bei 0 beginnt und bei (n-1) endet.

```
//---------------------------------------------------------------------------
void __fastcall THauptFenster::FormCreate(TObject *Sender)
{
        BoxNd->ItemIndex = 0;
}
//---------------------------------------------------------------------------
```

Mit den Methoden Add(), Insert(), Delete() bzw. Clear() können Sie Listfeldeinträge zur Laufzeit verändern. Es ist auch möglich, die Listfeldeinträge zur Programmlaufzeit aus einer Textdatei zu laden. Dazu müssen Sie z. B. in der OnCreate-Routine des Formulars HauptFenster folgende Programmzeile codieren:

```
BoxNd->Items->LoadFromFile("DAUER.DAT");
```

Mit dieser Anweisung wird die Stringliste Items der Listboxkomponente BoxNd durch Aufruf der Methode LoadFromFile() mit den Werten der Textdatei DAUER.DAT gefüllt.

71 AUFGABE

Verändern Sie das Programm zur Berechnung eines Annuitätendarlehens so, dass die Auswahl der Zins- und Tilgungssätze über eine Listbox erfolgt. Es sollen die Zinssätze von 4 % bis 10 % in Schritten von 0,25 % und die Tilgungssätze von 1 % bis 10 % in Schritten von 0,5 % veränderbar sein. Das Füllen der Stringlisten kann entweder über den Stringlisteneditor zur Entwicklungszeit, durch Laden aus einer Textdatei oder durch Programmanweisungen (z. B. mit der Methode Add()) erfolgen. Speichern Sie das Programm unter dem Projektnamen ANNUDARLLB_Project.BDSPROJ.

3.4.5 ComboBox (Kombinationsfeld)

Bei einem Kombinationsfeld wird immer nur ein Auswahlfeld dargestellt. Erst durch Aufklappen über das Symbol am rechten Rand des Eingabefeldes wird die gesamte Liste angezeigt. Der Anwender kann entweder einen Eintrag aus der zur Verfügung gestellten Liste auswählen oder er kann wie bei einem Editfeld manuell den Wert eingeben. Ob die manuelle Eingabe zulässig ist, hängt von dem Inhalt der Eigenschaft Style des Kombinationsfeldes ab. Hier gibt es verschiedene Einstellungsmöglichkeiten.

Eigenschaft Style	Beschreibung
csDropDown	Erzeugt eine Dropdown-Liste mit einem Eingabefeld für die manuelle Eingabe von Text. Alle Einträge sind Strings und haben dieselbe Höhe.
csSimple	Erzeugt ein Eingabefeld mit einem feststehenden Listfeld. Die Länge der Liste wird über die Höhe des Kombinationsfeldes festgelegt.
csDropDownList	Erzeugt eine Dropdown-Liste ohne Eingabefeld. Der Benutzer kann manuell keinen Text eingeben. Alle Einträge sind Strings und haben dieselbe Höhe.
csOwnerDrawFixed	Erzeugt eine Owner-Draw-Liste mit einem Eingabefeld für die manuelle Eingabe von Text. Alle Einträge der Liste haben die Höhe, die in der Eigenschaft ItemHeight festgelegt ist.
csOwnerDrawVariable	Erzeugt eine Owner-Draw-Liste mit einem Eingabefeld für die manuelle Eingabe von Text. Die Listeneinträge können unterschiedlich hoch sein.

Bei dem Programm zur Erstellung einer Abschreibungstabelle sollte man die Eigenschaft Style des Kombinationsfeldes für die Eingabe der Nutzungsdauer auf den Wert csDropDown stellen, damit der Anwender aus den vorgegebenen Werten für die Nutzungsdauer auswählen, aber auch manuell einen anderen Wert erfassen kann.

Der Zugriff auf die Combobox-Komponente kann über die gleichen Eigenschaften und Methoden wie bei der Listfeld-Komponente erfolgen. Wir müssen also lediglich anstelle des Listfeldes eine ComboBox in unser Formular einfügen und die Eigenschaft Name der Komponente auf den Wert BoxNd setzen. Die Eigenschaft Style der Komponente wird auf csDropDownList eingestellt. Das Programm kann ohne Änderung des Quelltextes (siehe vorheriger Abschnitt) ausgeführt werden.

ComboBox-Komponente mit Eigenschaftswerten

Komponente	Bezeichnung der Komponente	Eigenschaft	Wert der Eigenschaft
ComboBox	BoxNd	Items	1 2 …
		Sorted	false
		Style	csDropDown

AUFGABE 72

Verändern Sie das Programm zur Berechnung eines Annuitätendarlehens aus der Übung des vorherigen Abschnittes. Die Eingaben von Zins- bzw. Tilgungssatz sollen mit einem Kombinationsfeld erfolgen. Speichern Sie das Programm unter dem Projektnamen ANNUDARLCB_Project.BDSPROJ. Hinweis: Wenn Sie bei den Kombinationsfeldern auch manuelle Einträge zulassen wollen (z. B. es sind auch andere Zins- und Tilgungssätze zulässig), so enthält die Eigenschaft Text eines Kombinationsfeldes den Eingabewert.

3.5 Windowsprogramme mit Menüs

Zur Steuerung von Programmen werden häufig Menüs verwendet. Der C++Builder stellt zwei Arten von Menüs zur Verfügung:

- Hauptmenüs, die unter der Titelleiste des Fensters stehen
- Pop-up-Menüs, die durch ein Klicken mit der rechten Maustaste im Fenster aktiviert werden können

3.5.1 MainMenu (Hauptmenü)

Betrachten wir für den Einsatz eines Menüs ein Beispiel. Mit dem Programm Bezugskalkulation soll der Anwender im Rahmen des Beschaffungsvorgangs eine Einkaufskalkulation vornehmen können.

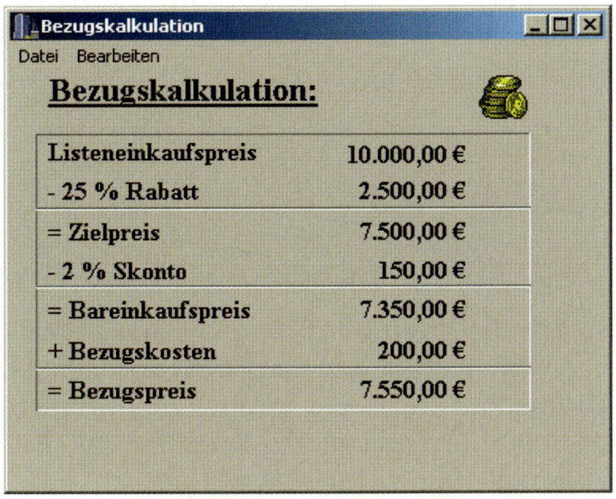

Hauptfenster: Bezugskalkulation

Die Eingabe der Daten zur Bezugskalkulation (Listenpreis, Rabattsatz, Skontosatz und Bezugskosten) erfolgt in einem zweiten nicht modalen Fenster.

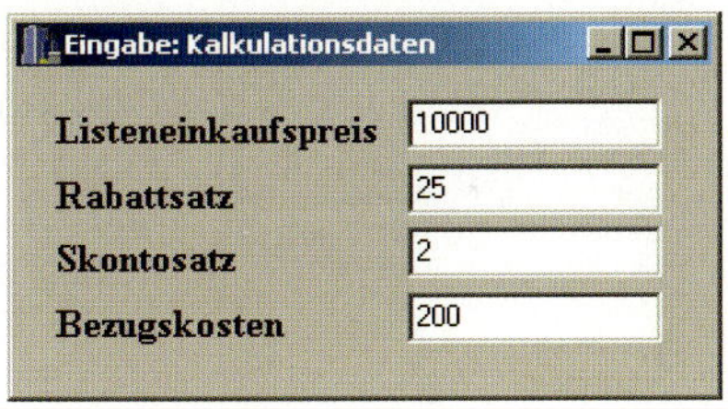

Eingabefenster: Bezugskalkulation

Die Steuerung des Programms soll über eine Hauptmenükomponente im Hauptfenster erfolgen. Es sollen fünf Menüpunkte implementiert werden:

- Bezugskalkulation drucken
- Programm beenden
- Neue Kalkulationsdaten eingeben
- Kalkulationsdaten ändern
- Kalkulation durchführen

Um für einen Anwender die Verwendung des Programms möglichst einfach zu gestalten, sollte man sich an Standards halten. Im Hauptmenü der Anwendung Bezugskalkulation sollen deshalb die Menüpunkte Datei und Bearbeiten implementiert werden.

Soll in einem Programm ein Hauptmenü verwendet werden, muss man aus der Tool-Palette (Seite Standard) eine Menükomponente einfügen. Die Platzierung des Elementes im Fenster spielt dabei keine Rolle. Es ist eine nicht sichtbare Kom-

Menüeditor

ponente. Zur Gestaltung der Menüeinträge muss der Menüeditor aufgerufen werden. Dies geschieht durch Doppelklick auf das Menüsymbol. Nun können Sie die Menüeinträge festlegen. Der Menüeditor (siehe Screenshot) zeigt das Aussehen des Pulldownmenüs Datei. Der Text eines Menüs wird in der Eigenschaft Caption des Menüpunktes gespeichert. Damit der Menüpunkt Drucken durch die Tastenkombination ALT + D aktiviert werden kann, müssen Sie das Zeichen & vor den Buchstaben setzen, der zusammen mit der ALT-Taste zur Aktivierung gedrückt werden soll. Das Zeichen & erscheint nicht im Eintrag, es wird lediglich der Aktivierungsbuchstabe unterstrichen. Um eine Trennlinie zwischen zwei Menüpunkten einzufügen, muss man in einem eigenen Menüeintrag in der Eigenschaft Caption einen Bindestrich eingeben.

Menüstruktur: Bezugskalkulation

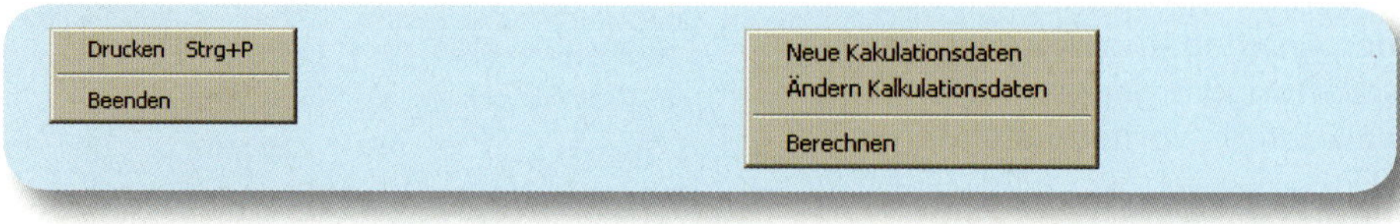

Im Menü Datei kann man die Bezugskalkulation drucken und das Programm beenden. Neben dem Aufruf eines Menüpunktes durch eine Tastenkombination mit der ALT-Taste gibt es auch die Möglichkeit, mit einem ShortCut (z. B. Tastenkombination Strg + P für Drucken) den Menüpunkt direkt auszuführen. Optisch sollen die beiden Menüpunkte durch eine Trennlinie gruppiert werden.

Eigenschaften: Menüpunkt Drucken

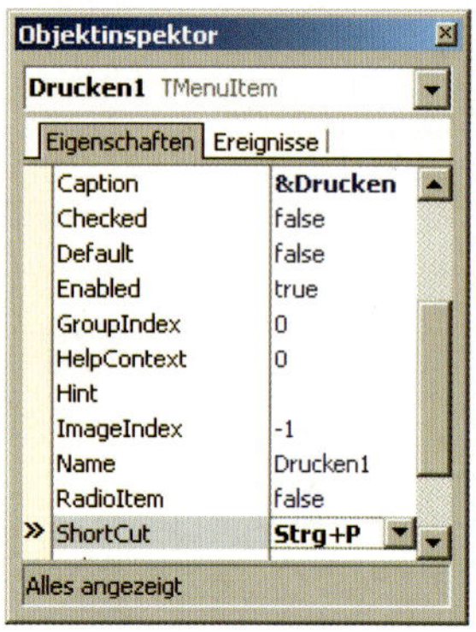

Weitere Einstellungen für das Menü Datei können im Objektinspektor vorgenommen werden. Der Name des Eintrags (Drucken1) wird automatisch erzeugt. Dazu verwendet der C++Builder standardmäßig den Inhalt der Eigenschaft Caption und fügt eine Ziffer hinzu. Enthält der Eintrag Umlaute (z. B. Öffnen) oder ein „ß“, so entfernt das System diese Buchstaben und generiert aus den restlichen Zeichen des Eintrags einen Bezeichner (z. B. ffnen1). In diesem Fall sollte man die Eigenschaft Name manuell verändern (z. B. Oeffnen1), da die Bezeichner der Menüpunkte auch für die Zugriffsroutinen verwendet werden. Um einen ShortCut für einen Eintrag zu erzeugen, muss man aus dem Kombinationsfeld der Eigenschaft ShortCut eine Kombination auswählen. Hierbei sollte man aus ergonomischen Gesichtspunkten auf Standardtastenkombinationen zurückgreifen.

Nachdem alle Menüelemente eingegeben und die Tastenkürzel definiert wurden, muss man den Menüpunkten Aktionen zuweisen. Betrachtet man die Seite Ereignisse eines Eintrags im Objektinspektor, so stellt man fest, dass bei einem Menüpunkt lediglich das Ereignis OnClick zur Verfügung steht. Durch Doppelklicken im Objektinspektor oder im Menüeintrag des Menüeditors erzeugt man automatisch die notwendigen Einträge dieser Ereignisbehandlungsroutine und gelangt in den Quellcodeeditor. Hier können Sie die Anweisungen der Menüroutine codieren.

Der Quellcode für alle OnClick-Routinen der Menüeinträge hat folgendes Aussehen:

```
//-----------------------------------------------------------------
void __fastcall THauptFenster::Drucken1Click(TObject *Sen-
der)
{                                    // Methode Menü
  Print();                           // Datei - Drucken
}
//-----------------------------------------------------------------
void __fastcall THauptFenster::Beenden1Click(TObject
*Sender)
{                                    // Methode Menü
  Close();                           // Datei - Beenden
}
//-----------------------------------------------------------------
void __fastcall THauptFenster::Neu1Click(TObject *Sender)
{                                    // Methode Menü
  KalkEingabe->Listenpreis->Text = "0";      // Bearbeiten -
  KalkEingabe->Rabattsatz->Text = "0"; // Neue Kalkulation
  KalkEingabe->Skontosatz->Text = "0";
  KalkEingabe->Bezugskosten->Text = "0";
  KalkEingabe->Show();
}
//-----------------------------------------------------------------
void __fastcall THauptFenster::Aendern1Click(TObject *Sen-
der)
{                                    // Methode Menü
  KalkEingabe->Show();               // Kalkulation ändern
}
//-----------------------------------------------------------------
void __fastcall THauptFenster::Berechnen1Click(TObject
*Sender)
{                     // Methode Menü: Bearbeiten-Berechnen
  Lep = KalkEingabe->Listenpreis->Text.ToDouble();
  RSatz = KalkEingabe->Rabattsatz->Text.ToDouble();
  SSatz = KalkEingabe->Skontosatz->Text.ToDouble();
  Bkosten = KalkEingabe->Bezugskosten->Text.ToDouble();
         // Datendeklaration: Lep, RSatz, … in Headerdatei
  R = Lep * RSatz / 100;
  Zep = Lep - R;
  S = Zep * SSatz / 100;
  Bep = Zep - S;
  Bpreis = Bep + Bkosten;
  Listenpreis->Caption = FloatToStrF(Lep, ffCurrency, 12,
                         2);
  Rabatt->Caption = FloatToStrF(R, ffCurrency, 12, 2);
  Zielpreis->Caption = FloatToStrF(Zep, ffCurrency, 12, 2);
  Skonto->Caption = FloatToStrF(S, ffCurrency, 12, 2);
  Barpreis->Caption = FloatToStrF(Bep, ffCurrency, 12, 2);
```

```
42      Bezugskosten->Caption = FloatToStrF(Bkosten, ffCurrency,
                                  12, 2);
43      Bezugspreis->Caption = FloatToStrF(Bpreis, ffCurrency,
                                 12, 2);
44      Label5->Caption = "- " + AnsiString(RSatz) + " % Rabatt";
45      Label3->Caption = "- " + AnsiString(SSatz) + " % Skonto";
46  }
47  //---------------------------------------------------------
```

Menü Drucken:
Um den Inhalt des aktiven Fensters ohne Titelzeile und Menüzeile zu drucken, muss man die Funktion Print() (Zeile 4) aufrufen. Bei dieser Form des Ausdrucks hat man zwar keine Gestaltungsmöglichkeiten, aber diese einfache Variante soll zunächst einmal ausreichen.

Menü Beenden:
Auch die Routine für das Beenden des Programms ist sehr einfach. Durch den Aufruf der Methode Close() (Zeile 9) wird das Fenster geschlossen. Ist das Fenster auch gleichzeitig das Hauptfenster der Anwendung, so wird dadurch auch das Programm beendet. Das Beenden des Programms über das Schließen-Symbol (X) in der Titelzeile bleibt davon unberührt.

Menü Neue Kalkulationsdaten:
Sollen neue Kalkulationsdaten erfasst werden, so werden die Texteigenschaften der Eingabefelder des Formulars KalkEingabe (Formular zum Eingeben der Kalkulationsdaten) auf 0 gesetzt und das Formular wird angezeigt (Zeilen 14–18). Da das Eingabeformular mit der Funktion Show() aufgerufen wird, muss es nicht geschlossen werden, um ins Hauptfenster zu wechseln und die Kalkulationsergebnisse anzuzeigen.

Menü Kalkulationsdaten ändern:
Zum Ändern der Kalkulationsdaten wird das Fenster KalkEingabe angezeigt. Da keine Initialisierung der Texteigenschaft der Editfelder vorgenommen wird, kann man die vorherigen Daten editieren.

Menü Berechnen:
Um eine Kalkulationsberechnung vornehmen zu können, müssen in der Routine Berechnen1Click() die Textinhalte der Editfelder in double-Werte konvertiert werden (Zeilen 28–31), danach können die Berechnungen ausgeführt werden (Zeilen 32–36). Die dazu notwendigen Variablen sind im public-Bereich der Headerdatei des Hauptformulars deklariert. Nun können im Hauptformular die Felder für die Darstellung der Kalkulationsergebnisse belegt werden (Zeilen 37–45). In diesem Beispiel verwenden wir für die Ausgabe aller Felder Labelkomponenten, da Labelkomponenten über die Eigenschaft Alignment verfügen. Setzt man diese Eigenschaft auf den Wert taRight Justify, so wird der Inhalt der Caption-Eigenschaft rechtsbündig ausgerichtet.

Das Programm zur Bezugskalkulation soll noch eine letzte kleine Verbesserung der Dialogeigenschaften erhalten. Immer wenn das Fenster zur Eingabe der Kalkulationsdaten aktiviert wird, soll das erste Eingabefeld, das Editfeld Listenpreis den Eingabefokus erhalten. Dazu muss für das Editfeld Listenpreis die Methode SetFocus() aufgerufen werden.

```
//---------------------------------------------------------------
void __fastcall TKalkEingabe::FormActivate(TObject *Sender)
{
    Listenpreis->SetFocus();
}
//---------------------------------------------------------------
```

73 AUFGABE

Kalkulationsschema: Verkaufskalkulation

Erstellen Sie ein Programm zur Verkaufskalkulation (siehe auch Aufgabe 5).

Bezeichnung	Prozent	EUR
Selbstkostenpreis		10.000,00 EUR
+ Gewinn	25 %	2.500,00 EUR
= Barverkaufspreis		12.500,00 EUR
+ Verkaufsskonto	2 %	255,10 EUR
= Zielverkaufspreis		12.755,10 EUR
+ Verkaufsrabatt	25 %	4.251,70 EUR
= Nettolistenverkaufspreis		17.006,80 EUR
+ Umsatzsteuer	19 %	3.231,29 EUR
= Bruttolistenverkaufspreis		20.238,10 EUR

Das Programm soll über ein Menü gesteuert werden. Folgende Funktionen müssen implementiert werden:

- Kalkulationsdateneingabe
- Kalkulationsdatenänderung
- Kalkulation durchführen (Berechnen)
- Drucken
- Programm beenden
- Menü Hilfe mit Menüpunkt Info (Copyrightfenster)

Speichern Sie das Programm unter dem Projektnamen VERKKALK 1_Project. BDSPROJ.

3.5.2 Toolbar (Symbolleiste)

Hauptfenster: Bezugs-kalkulation

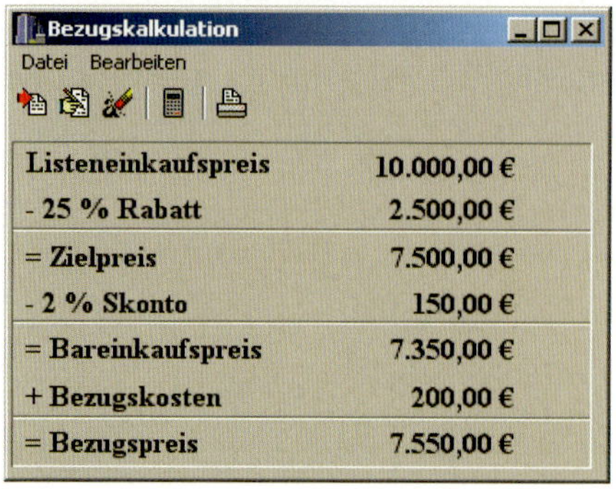

In vielen Windowsprogrammen wird dem Anwender die Möglichkeit geboten, wichtige Menüpunkte über Speedbuttons in einer Toolbar schnell zu aktivieren. Dazu fügen wir in dem Programm zur Bezugskalkulation eine Toolbar-Komponente ToolBar1 (Ordner: Win32) und eine Imagelist-Komponente ImageList1 (Ordner: Win32) ein. In die Toolbar-Komponente sollen fünf ToolBarButtons für das Eingeben, Ändern und Löschen von Kalkulationsdaten sowie für das Ausführen der Kalkulation und das Drucken eingefügt werden. Das Hauptfenster der Anwendung enthält folgende Elemente:

Komponente	Bezeichnung der Komponente	Eigenschaft	Wert der Eigenschaft
MainMenu	MainMenu1	Images	ImageList1
MenuItem	Drucken1	ImageIndex	4
MenuItem	NeueKalkulationsdaten1	ImageIndex	0
MenuItem	AendernKalkulationsdaten1	ImageIndex	1
MenuItem	LoeschenKalkulationsdaten1	ImageIndex	2
MenuItem	Berechnen1	ImageIndex	3
ImageList	ImageList1		
Toolbar	Toolbar1	Images	ImageList1
ToolButton	ToolButton1	MenuItem	NeueKalkulationsdaten1
ToolButton	ToolButton2	MenuItem	AendernKalkulationsdaten1
...			

Auf den Schaltflächen der Toolbuttons der Toolbar und in den Menüeinträgen des Hauptmenüs sollen Bilder dargestellt werden, um dem Anwender eine benutzerfreundliche Arbeit zu ermöglichen. Mit der Komponente ImageList können Sie eine Bildliste erzeugen und verwalten. Durch Doppelklick auf die Imagelist-Komponente gelangt man in den Bilderlisten-Editor.

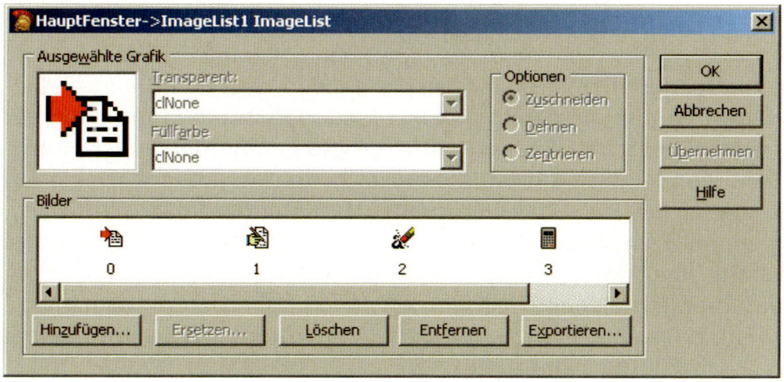

Bilderlisten-Editor

Durch Anklicken des Buttons Hinzufügen können Sie Bitmaps in die Bildliste laden. In dem Verzeichnis Programme\GemeinsameDateien\BorlandGemeinsame-Dateien\Images\Buttons befinden sich Bitmapdateien für die Toolbuttons und die Menüeinträge. Nach dem Laden der Bilder können Sie den Bilderlisten-Editor wieder schließen. Wenn Sie nun die Eigenschaft Images der MainMenu-Komponente auf den Wert ImageList1 setzen, können Sie anschließend in allen Menüeinträgen die Eigenschaft ImageIndex mit dem Index des jeweiligen Bildes (siehe Bilderlisten-Editor) belegen.

Die Toolbar unserer Anwendung enthält noch keine Schaltflächen. Um zur Entwurfszeit Toolbuttons hinzuzufügen, markieren Sie die Toolbar, klicken mit der rechten Maustaste und wählen aus dem Kontextmenü den Eintrag Neuer Schalter. Fügen Sie drei Schaltflächen in die Symbolleiste ein. Zwischen der 3. und 4. Schaltfläche soll eine optische Trennung erfolgen (= größerer Abstand). Verwenden Sie dazu den Eintrag Neuer Trenner aus dem Kontextmenü. Fügen Sie die weiteren Schaltflächen und Trenner in die Symbolleiste ein. Jetzt müssen die Schaltflächen noch mit den zugehörigen Menüeinträgen verknüpft werden. Wählen Sie aus dem Kombinationsfeld der Eigenschaft MenuItem der Schaltfläche die erforderliche Menüroutine aus. Durch die Verknüpfung der Schaltfläche mit der Ereignisbehandlungsroutine eines Menüeintrags werden weitere Eigenschaften automatisch mit Werten belegt. Die Eigenschaft ImageIndex enthält z. B. bereits den korrekten Eintrag. Zur Anzeige des Bitmaps auf der Schaltfläche müssen Sie die Eigenschaft Images auf ImageList1 setzen.

Wenn der Benutzer die Maus über die Schaltfläche bewegt, soll ein Hilfekurzhinweis angezeigt werden. Deshalb belegen wir die Eigenschaft Hint der Menüeinträge mit einem Hilfetext (z. B. Neue Kalkulationsdaten) und aktivieren das Anzeigen des Hilfetextes durch Setzen der Eigenschaft ShowHint des Menüeintrags und der Schaltfläche auf true.

74 AUFGABE

Verändern Sie das Programm VERKKALK1_Project.BDSPROJ, indem Sie eine Toolbar zur Aktivierung der Menüeinträge einfügen. Speichern Sie das Programm unter dem neuen Projektnamen VERKKALK2_Project.BDSPROJ.

3.5.3 Aktivieren/Deaktivieren der Toolbar

Das Programm zur Bezugskalkulation soll noch um einen Hauptmenüeintrag Einstellungen erweitert werden. In dem Menü Einstellungen ist ein Eintrag Toolbar zu erstellen, dessen Eigenschaft Checked auf true gesetzt werden soll. Dadurch erscheint vor dem Menüeintrag ein Häkchen. Dies bedeutet, dass die Toolbar im Moment sichtbar sein soll (wird beim Programmstart standardmäßig aktiviert). Klickt der Programmanwender auf den Menüeintrag Toolbar (Name des Eintrags: Toolbar2, da bereits eine ToolBar-Komponente im Formular enthalten ist), so soll die Anzeige der Symbolleiste deaktiviert werden und das Häkchen vor dem Menüeintrag verschwinden. Dazu müssen Sie folgende Anweisungen in die Routine des Menüeintrages Toolbar2Click() eintragen:

```
1  //----------------------------------------------------------
2  void __fastcall THauptFenster::Toolbar2Click(TObject *Sender)
3  {
4      if(Toolbar2->Checked == true)
5      {
6         ToolBar1->Visible = false;      //Toolbar unsichtbar
7         Toolbar2->Checked = false;
                             //Häkchen vor Menüeintrag entfernen
8      }
9      else
10     {
11        ToolBar1->Visible = true;         //Toolbar sichtbar
12        Toolbar2->Checked = true;
                            //Häkchen vor Menüeintrag hinzufügen
13     }
14 }
15 //----------------------------------------------------------
```

Zunächst wird in dieser Methode überprüft, ob die Eigenschaft Checked des Menüeintrages den Wert true enthält (Zeile 4). Wenn das der Fall ist, wird die Eigenschaft Visible des Elements ToolBar1 und der Eintrag Toolbar2->Checked auf false gesetzt. Im Nein-Zweig der Abfrage werden entsprechend die umgekehrten Aktivitäten ausgeführt (Eigenschaften von ToolBar1->Visible und Toolbar2->Checked werden auf true gesetzt).

AUFGABE 75

Verändern Sie das Programm VERKKALK2_Project.BDSPROJ. Fügen Sie einen neuen Menüpunkt ein, mit dem der Anwender zur Laufzeit die Toolbar aktivieren/deaktivieren kann. Speichern Sie das Programm unter dem neuen Projektnamen VERKKALK3_Project.BDSPROJ ab.

3.6 Verwendung von Systemdialogen

Von vielen Windowsanwendungen kennen wir Dialoge zum Öffnen und Schließen von Dateien, zum Einrichten des Druckers oder auch Fontdialoge zum Formatieren von Texten. Da diese Dialoge immer einheitlich sein sollten, kapselt die VCL-Bibliothek diese Module in VCL-Komponenten. Zur Demonstration von Systemdialogen soll ein Programm erstellt werden, mit dem man eine Textdatei öffnen, den Text verändern, abspeichern und ausdrucken kann.

Hauptfenster: Programm Systemdialoge in der Entwicklungsumgebung

Mit dem Formulardesigner fügen wir in das Hauptfenster eine Memokomponente (Align: alClient), eine MainMenü-Komponente (mit entsprechenden Menüeinträgen) sowie von der Seite Dialoge der Tool-Palette eine OpenDialog-, eine SaveDialog- und eine PrinterSetupDialog-Komponente ein. Diese Komponenten der Seite Dialoge sind nicht-visuelle Komponenten. Sie können durch einen Aufruf in der Codierung des Programms verwendet werden. Der Auszug aus dem Quellcode zeigt die Funktionalität der Menüauswahlroutinen.

```
//----------------------------------------------------------
void __fastcall THauptFenster::Oeffnen1Click(TObject
*Sender)
{
   OpenDialog1->Execute();
   Memo1->Lines->LoadFromFile(OpenDialog1->FileName);
}
//----------------------------------------------------------
void __fastcall THauptFenster::SpeichernClick(TObject
*Sender)
{
   SaveDialog1->Execute();
   Memo1->Lines->SaveToFile(SaveDialog1->FileName);
}
//----------------------------------------------------------
void __fastcall THauptFenster::Drucken1Click(TObject
*Sender)
{
   int Zeile = 1;
        // Beginn mit Zeile 1, wegen Ausgabe mit TextOut()
   Printer()->BeginDoc();
                    // (Achtung: Printers.hpp inkludieren)
   for(Zeile = 1; Zeile <= Memo1->Lines->Count; Zeile++)
   {
      Printer()->Canvas->TextOut(10, 100*Zeile,
```

```
21                          Memo1->Lines->Strings[Zeile-1]);
22       }
23       Printer()->EndDoc();
24    }
25    //-------------------------------------------------------
26    void __fastcall THauptFenster::Druckereinrichten1Click
      (TObject *Sender)
27    {
28       PrinterSetupDialog1->Execute();
29    }
30    //-------------------------------------------------------
31    void __fastcall THauptFenster::Beenden1Click(TObject
      *Sender)
32    {
33       Close();
34    }
35    //-------------------------------------------------------
```

In der Routine Oeffnen1Click() wird die Methode Execute() des Objektes OpenDialog1 aufgerufen. Diese Methode führt den Standarddialog zum Öffnen einer Datei aus. Mit diesem Dialog kann der Anwender aus allen Verzeichnissen der verfügbaren Datenträger eine Datei zum Öffnen auswählen. Der ausgewählte Dateiname steht in der Eigenschaft FileName der OpenDialog-Komponente zur Verfügung. Der Methode LoadFromFile() für die Eigenschaft Memo1->Lines wird dieser Dateiname als Parameter übergeben. Die Eigenschaft Lines der Memokomponente stellt eine Stringliste dar, der der Inhalt der Eingabedatei zugewiesen wird. Der Text kann nun bearbeitet werden.

Durch die Auswahl des Menüpunktes Speichern wird ein Standarddialog aufgerufen, mit dem man den Namen der zu speichernden Datei, das Verzeichnis und den Datenträger festlegt. Diese Information wird der Methode SaveToFile() für das Objekt Memo1->Lines übergeben und die Datei wird mit dem veränderten Text abgespeichert. Auch die Einrichtung des aktuellen Druckers ist mithilfe der VCL-Komponente PrinterSetupDialog denkbar einfach. Es muss lediglich die Methode Execute() des Objektes PrinterSetupDialog1 aufgerufen werden, um einen auf dem System verfügbaren Drucker als aktuellen Drucker zu bestimmen.

Etwas schwieriger ist die Umsetzung des Druckens. Mit der Methode Print() kann man den Inhalt des aktiven Fensters auf dem Drucker ausgeben. Die Ausgabe mit Print() lässt aber keine besonderen Gestaltungsmöglichkeiten zu. Deshalb soll mit dem Objekt Printer eine Ausgabe des Inhalts der Memokomponente erfolgen (Achtung: Die Headerdatei Printers.hpp muss in der Unit inkludiert werden!). Mit der Methode BeginDoc() (Zeile 17) wird ein Druckauftrag initiiert. Wenn der Druckauftrag erfolgreich gesendet wurde, ruft die Anwendung EndDoc() auf, um den Druckauftrag zu beenden. Der Druckauftrag wird erst gedruckt, wenn die Methode EndDoc() ausgeführt wurde. Innerhalb dieser Anweisungen erfolgt zeilenweise die Ausgabe des Textes. In einer Zählschleife werden die Zeilen der Memokomponente ausgedruckt. Die Eigenschaft Memo1->Lines->Count enthält die Anzahl der Zeilen (Lines) des Textes. In einer Zählschleife von Anfangswert Zeile = 1 bis Endwert Zeile = Memo1->Lines->Count können Sie alle Zeilen des Memofeldes ausdrucken. Gedruckt wird über die Leinwand (= Canvas) des Objektes Printer mit der Methode TextOut(). Diese Methode erwartet drei Parameter:

1. x-Position (= horizontale Position in Pixel)
2. y-Position (= vertikale Position in Pixel)
3. String (Objekt der Klasse AnsiString), der gedruckt werden soll

Die Strings der Memokomponente stehen in der Stringliste der Eigenschaft Memo1->Lines, die von 0 bis (Memo1->Lines->Count – 1) indiziert wird.

76 AUFGABE

Verändern Sie das Programm SYSTEMDIALOGE1_Project.BDSPROJ. Es sollen folgende zusätzliche Anforderungen erfüllt werden:

- Beim Öffnen- und Speichern-Dialog sollen nur noch Textdateien (Erweiterung txt), Batchdateien (Erweiterung bat) und C++-Quellcode-Dateien (Erweiterung cpp) angezeigt werden (Hinweis: Eigenschaft Filter verändern).
- Standardmäßig sollen Batchdateien ausgewählt werden können.
- Das Ausgangsverzeichnis soll auf C:\EIGENE DATEIEN gesetzt werden.
- Beim Drucken soll in einer Kopfzeile der Name der Datei (inklusive des Pfades) sowie Datum und Uhrzeit ausgedruckt werden.

Speichern Sie das Programm unter dem Projektnamen SYSTEMDIALOGE2_Project.BDSPROJ ab.

77 AUFGABE

Verändern Sie das Programm SYSTEMDIALOGE2_Project.BDSPROJ. Fügen Sie für die Menüpunkte zum Öffnen und Speichern der Datei sowie zum Drucken und zur Druckereinrichtung eine Toolbar ein. Diese Toolbar soll beim Programmstart nicht sichtbar sein. Erst wenn der Benutzer über einen noch hinzuzufügenden Menüpunkt Einstellungen – Toolbar die Mauspalette aktiviert, soll sie sichtbar sein. Speichern Sie das Programm unter dem Projektnamen SYSTEMDIALOGE3_Project.BDSPROJ.

3.7 Datenbankanwendungen erstellen

Der C++Builder stellt zahlreiche Komponenten für den Zugriff auf StandAlone-Datenbanken (Desktopdatenbanken) und auch Client-Server-Datenbanken zur Verfügung. C++Builder-Anwendungen kommunizieren mit lokalen oder entfernten (Remote-) Datenbanken über:

- Borland Database Engine (BDE)
  Die BDE stellt eine umfangreiche Schnittstelle für die Kommunikation mit Datenbanken bereit. Von allen Datenzugriffsmechanismen unterstützt die BDE den größten Funktionsumfang und beinhaltet die meisten Zusatz-Utilities. Sie ist am besten geeignet, mit Daten aus Paradox- oder dBASE-Tabellen zu arbeiten. Wenn Sie eine BDE-gestützte Datenbankanwendung weitergeben wollen, müssen Sie auch die Borland Database Engine weitergeben und installieren.

- ActiveX Data Objects (ADO)
  ADO ist eine von Microsoft standardisierte Datenbankschnittstelle, um über OLE DB (Object Linking and Embedding Database) auf Datenbankinformationen zuzugreifen. Es gibt zahlreiche ADO-Treiber für die Verbindung zu unterschiedlichen Datenbankservern. Für ADO-Datenbankanwendungen muss sichergestellt sein, dass MDAC (Microsoft Data Access Components) auf dem Zielsystem installiert ist. MDAC wird ab Windows 2000 und dem Internet Explorer ab Version 5 automatisch installiert. Zudem müssen die Treiber für den Datenbankserver, den Sie benutzen möchten, auf dem Client installiert sein. Weitere Voraussetzungen sind für die Weitergabe nicht erforderlich.

- dbExpress
  Mit dbExpress stellt der C++Builder eine Schnittstelle zur Verfügung, mit der man auf ausgewählte Datenbanken (Interbase, MySQL, DB2 und Oracle) ohne zusätzliche Voraussetzungen besonders schnell zugreifen kann. Die dbExpress-Datenbankkomponenten unterstützen jedoch nur einen geringen Funktionsumfang.

In den C++Builder-Datenbankanwendungen werden wir die ADO-Schnittstelle verwenden. ADO stützt sich auf die OLE DB-Treiber, die eine hohe Performance und sehr flexible Zugriffsmethoden zur Verfügung stellen. Mit der ADO-Schnittstelle können Sie auf fast alle bedeutsamen Datenbanken (Oracle, MySQL, Access, SQL-Server, Informix, DB2, MaxDB, FoxPro, dBase und viele andere) zugreifen. Auch ODBC-Verbindungen lassen sich problemlos verwenden, sind aber durch OLE DB eigentlich überflüssig. Außerdem ist es bei der Verwendung von ADO-Komponenten sehr einfach, die Anwendung auf ein anderes Datenbanksystem zu migrieren.

Zugriffsarchitektur von Datenbankanwendungen

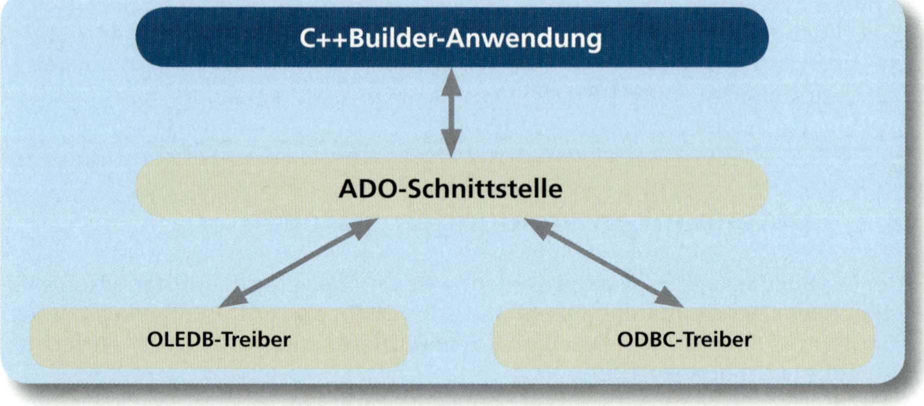

Komponenten vom Typ dbGo (Tool-Palette) ermöglichen den Datenzugriff über die ADO-Rahmenfunktionalität. Unter ADO versteht man eine Menge von COM-Objekten, die zum Datenzugriff über einen OLE DB-Provider dienen. dbGo-Komponenten kapseln diese ADO-Objekte und machen sie innerhalb der C++Builder-Datenbankarchitektur verfügbar.

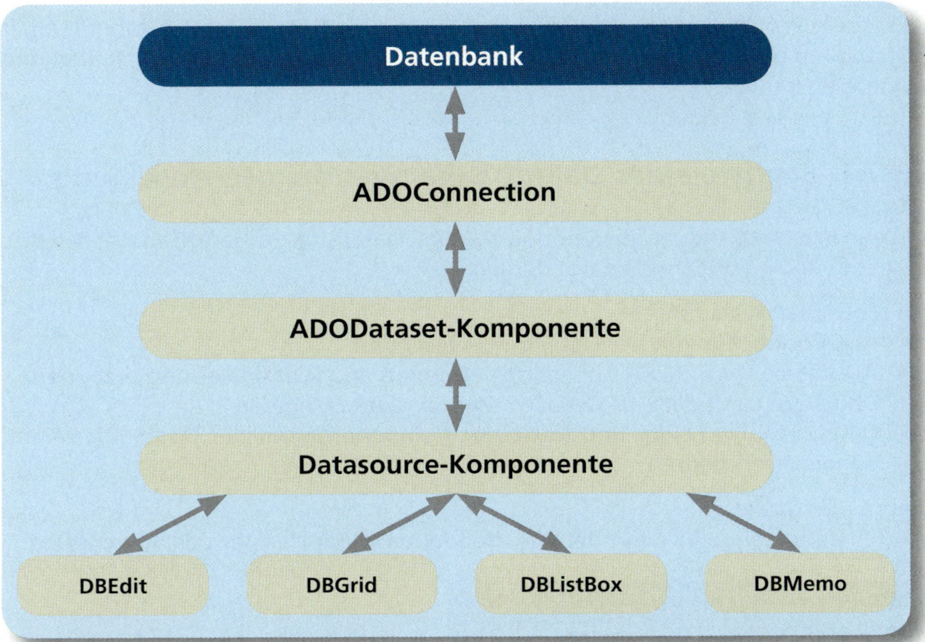

Datenbank-zugriff mit ADO-Komponenten

Mit einer ADOConnection-Komponente wird eine Verbindung zu einer Datenbank hergestellt. Diese Verbindung kann für alle ADODataSet-Komponenten bereitgestellt werden. Eine ADODataSet-Komponente ist ein Objekt, mit dem man aus einer Datenbank durch Selektion eine Ergebnismenge erzeugen kann. Eine DataSource-Komponente ist eine Datenbankkomponente, die als Bindeglied zwischen einer Datenmenge und datensensitiven Steuerelementen in einem Formular dient, mit deren Hilfe die Daten der Datenmenge angezeigt und bearbeitet werden können. Die DataSource-Komponente kapselt die datensensitiven Komponenten gegenüber der ADODataSet-Komponente. Innerhalb einer Anwendung greift man mit datensensitiven Steuerelementen (z. B. DBGrid, DBEdit oder DBListBox) auf die DataSource-Komponente zu.

Nach dieser kurzen strukturellen Darstellung des Datenbankzugriffs mit dem C++Builder sollen die notwendigen Schritte zum Zugriff auf eine Tabelle einer Datenbank verdeutlicht werden. In einem C++-Programm soll auf eine ACCESS-Datenbank (HV.MDB) zugegriffen werden. Die Datenbank enthält eine Tabelle HVUmsatz, in der die Umsätze von Handelsvertretern abgespeichert sind.

Tabellenstruktur: HVUmsatz

Feldname	Datentyp	Feldbeschreibung
Vertretername	alphanumerisch, 20-stellig	Name des Handelsvertreters
Produktnummer	alphanumerisch, 5 Zeichen	Produktnummer
Abschlussdatum	Datumsfeld (kurz)	Datum des Kaufs
Abschlussbetrag	numerisch (Währungsformat)	Betrag

Es ist ein Programm zu erstellen, mit dem man die Datensätze einzeln mit einer Steuerkomponente (Navigator-Komponente) auf dem Bildschirm darstellen und editieren kann.

3.7.1 Schritte einer Datenbankanwendungsentwicklung

Wenn in einer Windowsanwendung auf eine Datenbank zugegriffen werden soll, ist eine Reihe von Schritten notwendig:

- Formular gestalten
- ADOConnection mit der Datenbank verbinden
- ADODataSet mit ADOConnection verbinden und SQL-Anweisung erzeugen
- DataSource mit der ADODataSet-Komponente verbinden
- Datensensitive Felder und Navigator-Komponente mit der DataSource-Komponente verknüpfen

Formular gestalten
Als Erstes erzeugen Sie mit dem C++Builder das Hauptfenster der Anwendung.

Hauptfenster: Programm Handelsvertreterumsätze (Entwicklungsumgebung)

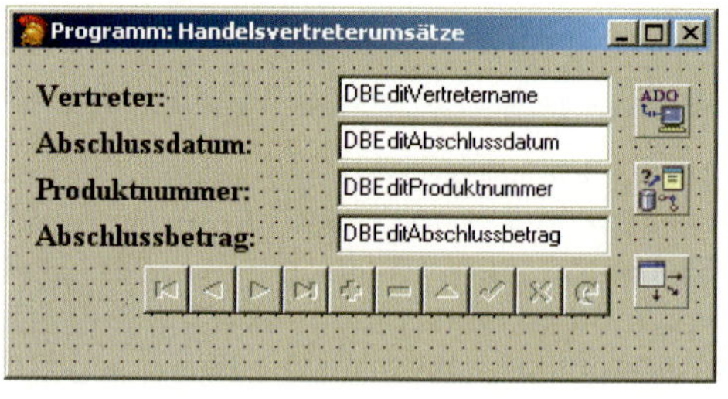

Fügen Sie im Hauptfenster einer neuen VCL-Anwendung vier Labels für die Beschriftung der einzelnen Datenfelder und aus der Tool-Palette der Kategorie Datensteuerung vier DBEdit-Felder ein. Mit einer DBEdit-Komponente kann man den aktuellen Wert eines Datenfeldes anzeigen und bearbeiten. Die Name-Eigenschaft dieser Felder sollten Sie in sprechende Bezeichnungen (z. B. DBEditVertreter, DBEditAbschlussdatum, DBEditProduktnummer, DBEditAbschlussbetrag) ändern. Zum Navigieren in der Tabelle wird eine Navigator-Komponente (Ordner Datensteuerung) eingefügt. Um die Verbindung zwischen Datenbank und den Datensteuerungselementen herstellen zu können, müssen wir noch eine ADO-Connection-Komponente (Ordner: dbGo, Name: ADOConnectionHVUmsatz), eine ADODataSet-Komponente (Ordner: dbGo, Name: ADODataSetHVUmsatz) und eine DataSource-Komponente (Ordner: Datenzugriff, Name: DataSourceHVUmsatz) hinzufügen.

ADOConnection-Komponente mit der Datenbank verbinden
Die Verbindung zur Datenbank muss mithilfe der ADOConnection-Komponente hergestellt werden. Klicken Sie dazu in der Eigenschaft ConnectionString auf den Eingabeassistenten. Wählen Sie im folgenden Eingabedialog für die Quelle der Verbindung Verbindungs-String verwenden und klicken Sie auf den Button Aufbauen.

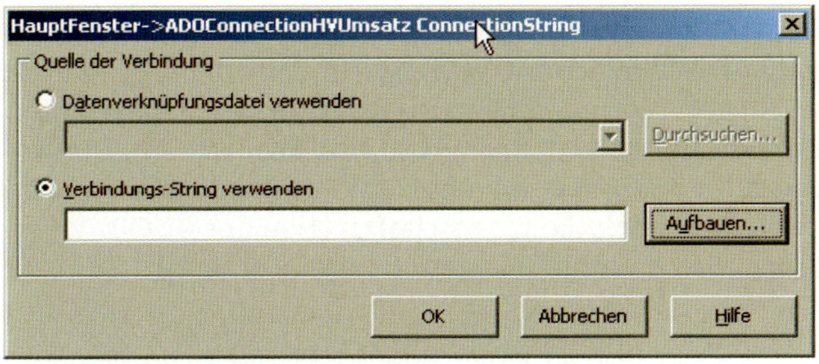

Im nächsten Dialogfenster wählen Sie den Microsoft Jet 4.0 OLE DB Provider aus.

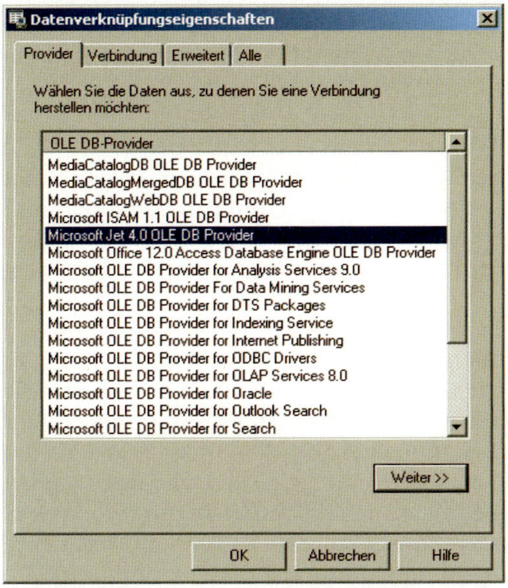

Wenn Sie nun auf den Button Weiter klicken, müssen Sie den Datenbanknamen (z. B. C:\DB\HV.mdb) eingeben und Sie können durch Klicken auf den Button Verbindung testen überprüfen, ob sich mit den Einstellungen eine Verbindung zur angegebenen Datenbank herstellen lässt.

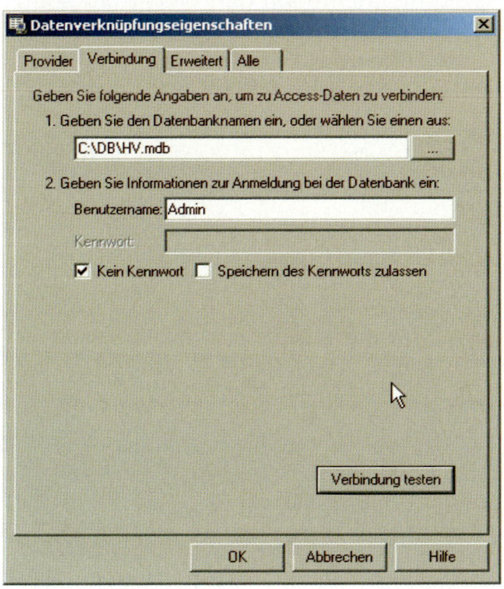

Mit OK bestätigen Sie den Aufbau des Verbindungsstrings für Ihre ADOConnection-Komponente. Setzen Sie die Eigenschaft KeepConnection auf true und die Eigenschaft LoginPrompt auf false. Diese Einstellungen stellen sicher, dass die Verbindung während der Laufzeit Ihres Programms aufrechterhalten wird und dass beim Start des Programms kein Login erforderlich ist. Als Letztes muss die Eigenschaft Connected noch auf true gesetzt werden, damit die Verbindung zur Datenbank hergestellt wird.

Nun müssen Sie die ADODataSet-Komponente konfigurieren. Dazu setzen Sie die Eigenschaft Connection auf ADOConnectionHVUmsatz und in der Eigenschaft CommandText müssen Sie eine SQL-Anweisung zur Selektion der gewünschten Ergebnismenge (in unserem Beispiel: select * from HVUmsatz) aufbauen. Der Anweisungstext-Editor (Assistent für das Erzeugen einer SQL-Anweisung) hilft Ihnen bei dieser Aufgabe. Wenn Sie jetzt noch die Eigenschaft Active der ADODataSet-Komponente auf true setzen, wird die Ergebnismenge bereits erzeugt.

DataSource mit der ADODataSet-Komponente verbinden
In diesem Schritt muss die Beziehung zwischen der DataSource- und der ADODataSet-Komponente festgelegt werden. Dies geschieht dadurch, dass die Eigenschaft DataSet der DataSource-Komponente auf den Namen der ADODataSet-Komponente (hier: ADODataSetHVUmsatz) gesetzt wird.

Navigator-Komponente mit der DataSource-Komponente verbinden
Die Navigator-Komponente wird über die Eigenschaft DataSource (Wert: DataSourceHVUmsatz) mit dem DataSource-Steuerelement verknüpft. Damit die Standardhilfestrings für die Navigator-Komponente zur Laufzeit angezeigt werden, wenn man die Maus über die Navigator-Komponente zieht, sollten Sie die Eigenschaft ShowHint auf true setzen.

DBEdit-Felder mit DataSource-Komponente und Tabellenfeldern verbinden
Um alle DBEdit-Felder mit dem Objekt DataSource1 zu verbinden, werden die DBEdit-Komponenten gemeinsam markiert und die Eigenschaft DataSource wird auf DataSourceHVUmsatz gesetzt. Nun können die Editfelder mit einem Feld der Tabelle verbunden werden, indem die Eigenschaft DataField mit dem Namen eines Feldes der Datenbanktabelle belegt wird. Bei der Auswahl des Feldnamens sollte man das Kombinationsfeld des Objektinspektors verwenden. In dieser Liste werden alle verfügbaren Felder der zugehörigen Datenbanktabelle angezeigt. Da die Eigenschaft Active der ADODataSet-Komponente auf den Wert true gesetzt wurde und somit die Ergebnismenge bereits zur Entwicklungszeit geöffnet ist, wird in den DBEdit-Feldern der Inhalt der Felder der Datenbankabfrage bereits in der Entwicklungsumgebung dargestellt.

Komponenten des Hauptfensters mit Eigenschaftswerten

Komponente	Bezeichnung der Komponente	Eigenschaft	Wert der Eigenschaft
ADOConnection	ADOConnectionHVUmsatz	ConnectionString	mit Editor aufbauen
		KeepConnection	true
		LoginPrompt	false
		Active	true
ADODataSet	ADODataSetHVUmsatz	Connection	ADOConnectionHVUmsatz
		CommandText	select * from HVUmsatz
		Active	true
DataSource	DataSourceHVUmsatz	DataSet	ADODataSetHVUmsatz

Komponente	Bezeichnung der Komponente	Eigenschaft	Wert der Eigenschaft
DBEdit	DBEditVertretername	DataSource	DataSourceHVUmsatz
		DataField	Vertretername
DBEdit	DBEditAbschlussdatum	DataSource	DataSourceHVUmsatz
		DataField	Abschlussdatum
DBEdit	DBEditProduktnummer	DataSource	DataSourceHVUmsatz
		DataField	Produktnummer
DBEdit	DBEditAbschlussbetrag	DataSource	DataSourceHVUmsatz
		DataField	Abschlussbetrag
DBNavigator	DBNavigator1	DataSource	DataSourceHVUmsatz
		ShowHint	true

Feldeditor

Die Arbeitsschritte zur Erstellung einer Datenbankanwendung lassen sich zum Teil stark vereinfachen, wenn Sie den Feldeditor verwenden. Fügen Sie bei der Verwendung des Feldeditors lediglich eine ADODataSet-Komponente in Ihr Formular ein und nehmen Sie alle notwendigen Veränderungen der Eigenschaften dieses Elementes vor. Durch Doppelklick auf die ADODataSet-Komponente wird der Feldeditor gestartet. Mithilfe des Kontextmenüs (rechte Maustaste) können Sie alle Felder in den Feldeditor einfügen. Wenn Sie ein Feld im Feldeditor markieren, können Sie auch die Eigenschaften dieses Feldes verändern. Zum Beispiel ist es sinnvoll, die Eigenschaft currency des Feldes Abschlussbetrag auf true zu setzen, damit das Feld im Währungsformat ausgegeben wird. Markieren Sie anschließend alle Felder, die im Formular enthalten sein sollen und fügen Sie diese Elemente durch Drag&Drop im Fenster Ihrer Anwendung ein. Bei dieser Vorgehensweise wird automatisch eine DataSource-Komponente hinzugefügt und es werden alle notwendigen Eigenschaften der Datenbankelemente (DataSource-Komponente und DBEdit-Felder) gesetzt.

78 AUFGABE

Erstellen Sie ein C++-Programm, mit dem Sie auf eine Schülertabelle Ihrer Klasse (die z. B. in einer ACCESS-Datenbank erfasst wurde) zugreifen können. Es sollen die Felder Vorname, Name, Plz, Ort, Straße, Telefonnummer angesprochen werden können. Speichern Sie das Projekt unter dem Namen SchuelerDB1_Project. BDSPROJ.

3.7.2 Navigieren mit Menüpunkten

Die Navigation in der Datenbanktabelle soll nicht nur mit der Navigationskomponente, sondern auch über ein Menü mit den Menüpunkten

- Erster Datensatz
- Vorheriger Datensatz
- Nächster Datensatz
- Letzter Datensatz

erfolgen. Dazu fügen wir eine MainMenu-Komponente in unser Formular (siehe Kapitel 3.7.1) ein und erstellen mit dem Menüeditor die Einträge. Anschließend müssen noch die Ereignisbehandlungsroutinen für die Menüpunkte erzeugt werden. Die folgende Tabelle gibt einen Überblick über wichtige Methoden der ADODatasetkomponente zum Zugriff auf Datenbanktabellen:

Methoden zum Zugriff auf Datenbanktabellen

Methode	Bedeutung
First()	Wechselt zum ersten Datensatz der Tabelle.
Prior()	Wechselt zum vorherigen Datensatz der Tabelle.
Next()	Wechselt zum nächsten Datensatz der Tabelle.
Last()	Wechselt zum letzten Datensatz der Tabelle.
Insert()	Fügt einen leeren Datensatz in die Tabelle ein.
Delete()	Löscht den aktuellen Datensatz.
Edit()	Ermöglicht das Bearbeiten des aktuellen Datensatzes.
Post()	Aktualisiert den Datensatz in der Tabelle.
Cancel()	Verwirft die Änderungen des aktuellen Datensatzes.
Refresh()	Daten werden in der Datenmenge aktualisiert.

Methoden der Menüaktionen:

```
//---------------------------------------------------------------
void __fastcall THauptFenster::ErsterDatensatz1Click(TObject *Sender)
{
   ADODataSetHVUmsatz->First();
}
//---------------------------------------------------------------
void __fastcall THauptFenster::VorherigerDatensatz1Click(TObject *Sender)
{
   ADODataSetHVUmsatz->Prior();
}
//---------------------------------------------------------------
void __fastcall THauptFenster::NaechsterDatensatz1Click
```

```
    (TObject *Sender)
{
    ADODataSetHVUmsatz->Next();
}
//---------------------------------------------------------------
void __fastcall THauptFenster::LetzterDatensatz1Click
(TObject *Sender)
{
    ADODataSetHVUmsatz->Last();
}
//---------------------------------------------------------------
void __fastcall THauptFenster::Beenden1Click(TObject
*Sender)
{
    Close();
}
//---------------------------------------------------------------
```

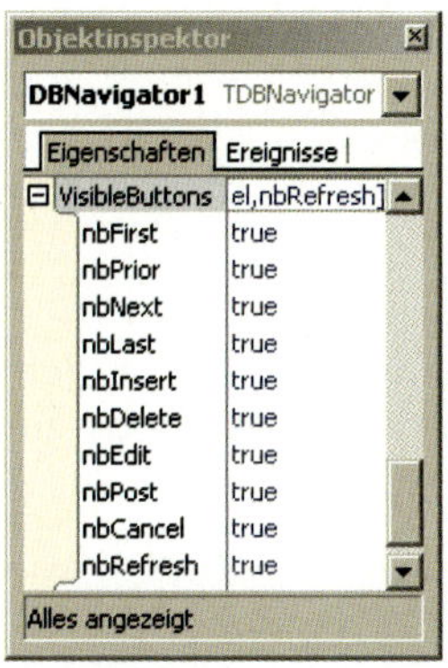

Eigenschaften der Navigator-Komponente im Objektinspektor

Eine Navigator-Komponente bietet zusätzlich zu den dargestellten Aktionen unseres Menüs z. B. die Möglichkeit, Datensätze einzufügen oder zu löschen. Will man dem Benutzer des Programms nicht alle Aktivitäten einer Navigator-Komponente zur Verfügung stellen, kann man einzelne Buttons dieser Komponente deaktivieren. Dazu muss man die Navigator-Komponente markieren und im Objektinspektor den Eintrag VisibleButtons durch Doppelklicken anwählen. Diese Eigenschaft besteht aus einer Liste von Einträgen, die man entweder der Liste hinzufügen (z. B. nbDelete auf true setzen) oder aus der Liste entfernen kann (z. B. nbDelete auf false setzen).

79 AUFGABE

Fügen Sie in dem Programm SchuelerDB1_Project.BDSPROJ ebenfalls eine Menükomponente zum Navigieren in der Schülertabelle ein. Das Einfügen und Löschen über die Navigator-Komponente soll nicht möglich sein. Speichern Sie das Projekt unter dem Namen SchuelerDB2_Project.BDSPROJ ab.

3.7.3 Arbeiten mit Datenbanken

Das Programm zum Zugriff auf die Tabelle HVUmsatz soll um ein Statistikmodul erweitert werden, mit dem man eine Gesamtstatistik, eine Vertreterstatistik und eine Produktstatistik erstellen kann. Das Hauptmenü wird um diese Menüpunkte erweitert. Für die Erstellung einer Gesamtstatistik soll die Umsatzsumme aller Handelsvertreter, die Anzahl der Umsätze und der durchschnittliche Umsatz ausgegeben werden. Die Ausgabe der berechneten Werte soll in einem zweiten Fenster (Name: Statistik1) erfolgen, das zur Laufzeit an die Ausgabewerte angepasst werden muss. (Hinweis: Die statistische Auswertung soll durch sequenzielles Verarbeiten der Datensätze der Tabelle HVUmsatz erzeugt werden.)

Komponenten: Formular Statistik1 mit Eigenschaftswerten

Komponente	Bezeichnung der Komponente	Eigenschaft	Wert der Eigenschaft
Label	Label1	Caption	Gesamtstatistik:
Label	Label2	Caption	Gesamtumsatz:
Label	Label3	Caption	Anzahl Umsätze:
Label	Label4	Caption	Umsatzdurchschnitt:
Edit	EditGesamtUmsatz	ReadOnly	true
Edit	EditAnzahl	ReadOnly	true
Edit	EditDurchschnitt	ReadOnly	true

Formular: Statistik1

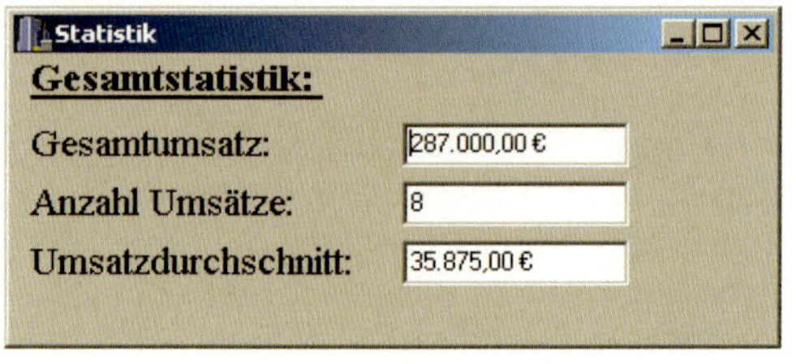

Aktiviert wird die Ausgabe über einen zusätzlichen Menüpunkt Statistik, in dem die Art der Statistik ausgewählt werden kann. Betrachten wir die Methode zur Berechnung und Ausgabe der Gesamtstatistik.

```
//--------------------------------------------------------
void __fastcall THauptFenster::Gesamtstatistik1Click
(TObject *Sender)
{
  ADODataSetHVUmsatz->First();
  Anzahl = 0;
  Gesamtumsatz = 0;
  while(ADODataSetHVUmsatz->Eof != true)
  {
    Anzahl++;
    Gesamtumsatz = Gesamtumsatz +
             (ADODataSetHVUmsatz->FieldByName("Abschluss
             betrag")->AsFloat);
    ADODataSetHVUmsatz->Next();
  }
  Durchschnitt = Gesamtumsatz / Anzahl;
  Statistik->Label1->Caption = "Gesamtstatistik: ";
  Statistik->ShowModal();
}
//--------------------------------------------------------
```

In der Programmzeile 4 wird der Datensatzzeiger der Tabelle ADODataSetHVUmsatz mit der Methode First() auf den ersten Datensatz positioniert. Dann werden die Variablen Anzahl und Gesamtumsatz, die in der Headerdatei des Formulars deklariert sind, mit 0 initialisiert. In einer While-Schleife, die bis zum Erreichen des End of Files der Tabelle ADOData-SetHVUmsatz ausgeführt wird, wird die Variable Anzahl für jeden Datensatz um 1 inkrementiert und der Umsatz des Vertreters des aktuellen Datensatzes wird zum Gesamtumsatz addiert. Mit dem Methodenaufruf FieldByName("Abschlussbetrag") greift man auf den Feldinhalt des Feldes Abschlussbetrag zu. Um mit dieser Information rechnen zu können, muss man die Eigenschaft AsFloat der Methode FieldByName() verwenden. Sie stellt den Inhalt des Tabellenfeldes als Float-Wert dar. Danach kann der Datensatzzeiger mit der Methode Next() auf den nächsten Datensatz gesetzt werden. Nachdem in der Schleife der Gesamtumsatz und die Anzahl der Datensätze ermittelt wurden, kann man den Durchschnitt berechnen, das Feld Label1 mit dem String Gesamtstatistik belegen und das Statistikfenster anzeigen. Bisher wurden die Editfelder noch nicht mit den notwendigen Werten für den Gesamtumsatz, der Anzahl der Umsätze und dem durchschnittlichen Umsatz belegt. Man hätte diese Aktivität am Ende der Methode Gesamtstatistik1Click() implementieren können, da die Belegung der Editfelder aber auch bei der Vertreter- und der Produktstatistik notwendig ist, werden die Anweisungen in der Ereignisroutine OnActivate des Formulars Statistik1 codiert.

```
//---------------------------------------------------------
void __fastcall TStatistik::FormActivate(TObject*Sender)
{
    EditGesamtUmsatz->Text = FloatToStrF(HauptFenster
    ->Gesamtumsatz, ffCurrency, 12, 2);
    EditAnzahl->Text = IntToStr(HauptFenster->Anzahl);
    EditDurchschnitt->Text = FloatToStrF(HauptFenster
    ->Durchschnitt, ffCurrency, 12, 2);
}
//---------------------------------------------------------
```

In dieser Funktion taucht eine neue Methode IntToStr() auf, mit der man einen Integerwert in einen String umwandeln kann. Der Zugriff auf die Variablen des Hauptfensters ist nur möglich, wenn Sie im Fenster Statistik1 das Hauptfenster bekannt gemacht haben (Menü: Datei – Unit verwenden).

Um eine Vertreterstatistik zu erstellen, muss man ähnlich wie bei der Gesamtstatistik vorgehen. Es dürfen aber nur die Umsätze eines Vertreters, den der Anwender zur Laufzeit eingeben muss, ausgewertet werden. Die Methode Vertreterstatistik1 Click() ist den folgenden Quellcodezeilen zu entnehmen.

```
//---------------------------------------------------------
void __fastcall THauptFenster::Vertreterstatistik1Click
(TObject *Sender)
{
  AnsiString Vertreter;
  Vertreter = InputBox("Vertreterstatistik",
  "Vertreter eingeben","");
```

```
6     ADODataSetHVUmsatz->First();
7     Anzahl = 0;
8     Gesamtumsatz = 0;
9     while(ADODataSetHVUmsatz->Eof != true)
10    {
11      if(ADODataSetHVUmsatz->FieldByName
        ("Vertretername")-> AsString
12                      == Vertreter)
13      {
14        Anzahl++;
15        Gesamtumsatz = Gesamtumsatz +
16        (ADODataSetHVUmsatz->FieldByName
          ("Abschlussbetrag")->AsFloat);
17      }
18      ADODataSetHVUmsatz->Next();
19    }
20    Durchschnitt = Gesamtumsatz / Anzahl;
21    Statistik->Label1->Caption = "Vertreterstatistik: " +
      Vertreter;
22    Statistik->ShowModal();
23  }
24  //---------------------------------------------------------
```

Damit der Programmanwender die Möglichkeit hat, zur Laufzeit einen Vertreternamen für die Vertreterstatistik auswählen zu können, wird in der Programmzeile 4 eine Variable Vertreter vom Typ AnsiString deklariert. Die Benutzereingabe wird mithilfe der Funktion InputBox() realisiert. Diese Funktion erwartet drei Parameter (Titel der Dialogbox, Eingabeprompt und DefaultString im Eingabefeld) und gibt als Rückgabewert den Eingabestring zurück. In der While-Schleife (Zeile 9) wird überprüft, ob der aktuelle Vertreter (TableHVUmsatz->FieldByName ("Vertretername")->AsString) gleich dem auszuwertenden Vertreter ist. Wenn dies der Fall ist, werden die notwendigen Berechnungen durchgeführt (Zeilen 13–17) und anschließend wird der nächste Datensatz aktiviert. Nach Bearbeitung aller Datensätze werden die Abschlussberechnungen vorgenommen und das Feld Label1 des Formulars Statistik wird belegt. Beim Anzeigen des Statistikfensters wird wiederum die Ereignisroutine OnActivate aufgerufen, die bereits oben beschrieben wurde.

AUFGABE 80

Das Modul Produktstatistik muss noch implementiert werden. Erstellen Sie die Routine und speichern Sie das Programm unter dem Namen HVUmsatz3a_Project.BDSPROJ ab.

3.7.4 Verwendung einer DBGrid-Komponente

Zur Anzeige von Daten aus einer Datenbank in tabellarischer Form dient die Komponente DBGrid. Mit dieser Komponente können Zahlen, Strings, Datums- und Währungsfelder direkt angezeigt werden. Bei boolschen Feldern wird wahr oder falsch ausgegeben. Es sollen alle Felder der Tabelle HVUmsatz in einem neuen Programm in einer DBGrid-Komponente angezeigt werden.

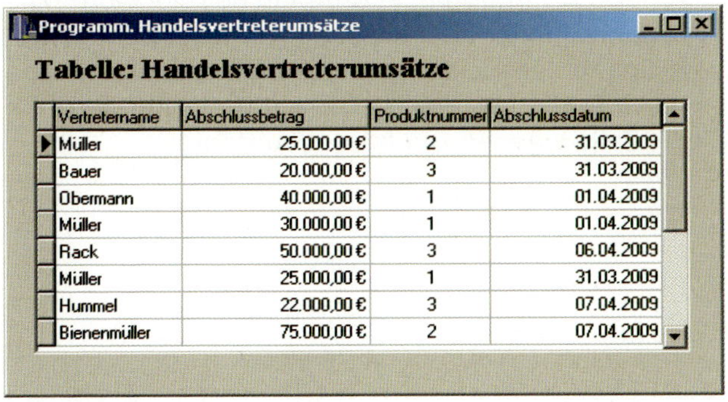

Vertretername	Abschlussbetrag	Produktnummer	Abschlussdatum
Müller	25.000,00 €	2	31.03.2009
Bauer	20.000,00 €	3	31.03.2009
Obermann	40.000,00 €	1	01.04.2009
Müller	30.000,00 €	1	01.04.2009
Rack	50.000,00 €	3	06.04.2009
Müller	25.000,00 €	1	31.03.2009
Hummel	22.000,00 €	3	07.04.2009
Bienenmüller	75.000,00 €	2	07.04.2009

Hauptfenster: Handelsvertreterumsätze in DBGrid

Um auf die Tabelle zugreifen zu können, muss man eine ADOConnection-, eine ADODataSet-, eine Datasource- und eine DBGrid-Komponente in das Formular einfügen. Eine Navigator-Komponente wird nicht benötigt, da in einer DBGrid-Komponente immer alle Sätze der Ergebnismenge dargestellt werden. Sind mehr Sätze (Zeilen) bzw. Felder (Spalten) vorhanden als in der Komponente auf einmal dargestellt werden können, so kann man sich über die Scrollleiste der Komponente den gewünschten Ausschnitt aus der Tabelle anzeigen lassen. Führen Sie die notwendigen Schritte zur Konfiguration der ADOConnection-, der ADODataSet- und der DataSource-Komponente durch, wie sie im Eingangskapitel „Schritte einer Datenbankanwendungsentwicklung“ beschrieben sind. Die DBGrid-Komponente muss noch mit der DataSource-Komponente verbunden werden. Dazu wird die Eigenschaft DataSource auf den Wert DataSourceHVUmsatz gesetzt. Sofern die Eigenschaft Active des Objektes ADODataSetHVUmsatz mit true belegt ist, werden bereits zur Entwicklungszeit die Informationen in der Stringtabelle dargestellt.

Die Tabelle wird normalerweise mit allen Feldern (Spalten) angezeigt. Möchte man diese Darstellung verändern (z.B. Reihenfolge der Spalten verändern oder nur ausgewählte Spalten anzeigen), so kann man mit Doppelklick auf die DBGrid-Komponente den Spalteneditor starten und mithilfe der Schalter der Toolbar Elemente auswählen und einfügen.

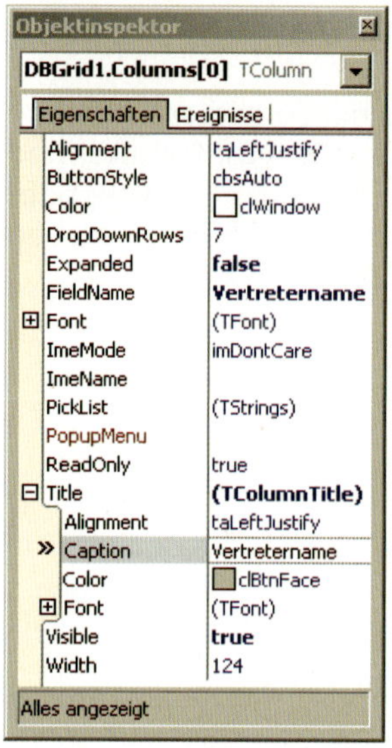

Eigenschaften einer ausgewählten Spalte der DBGrid-Komponente

Mit dem Spalteneditor kann man die Darstellung der Spalten an das gewünschte Ausgabeformat anpassen. Ist eine Spalte im Spalteneditor ausgewählt, so können Sie im Objektinspektor die Eigenschaften für diese Spalte verändern. Hier lässt sich z.B. die Ausrichtung der Daten in der Spalte (Eigenschaft: Alignment) oder die Überschrift der Spalte (Eigenschaft: Title ->Caption) verändern. In unserem Beispiel wurde die Produktnummer über die Eigenschaft Alignment dieser Spalte zentriert und das Abschlussdatum wurde rechtsbündig ausgerichtet. Das Programm ist ohne eine Zeile eigenen Quellcodes lauffähig.

AUFGABE 81

Erstellen Sie ein C++-Programm, mit dem Sie auf die Schülertabelle Ihrer Klasse zugreifen können. Die Felder Vorname, Name, Plz, Ort, Strasse, Telefonnummer sollen in einer DBGrid-Komponente ausgegeben werden. Speichern Sie das Projekt unter dem Namen SchuelerDB3_Project.BDSPROJ ab.

3.7.5 Weitere Datenbankoperationen

Neben der Tabelle HVUmsatz enthält die Datenbank HV.MDB eine weitere Tabelle Vertreter für die Stammdaten der Vertreter.

Struktur der Tabelle Vertreter

Feldname	Datentyp	Feldbeschreibung
Nachname	alphanumerisch, 20 Zeichen	Nachname
Vorname	alphanumerisch, 20 Zeichen	Vorname
PLZ	alphanumerisch, 5 Zeichen	Postleitzahl
Ort	alphanumerisch, 20 Zeichen	Ort
Strasse	alphanumerisch, 30 Zeichen	Straße
Verkaufsbezirk	alphanumerisch, 10 Zeichen	Verkaufsbezirk

Wenn auch Stammdaten meist über einen längeren Zeitraum unverändert bleiben, müssen wir sie bei Bedarf aktualisieren können (z.B. Anschriftenänderung). Das Programm zur Stammdatenpflege soll verschiedene Funktionen bereitstellen:

- Anzeigen eines Datensatzes
- Editieren eines Datensatzes

- Löschen eines Datensatzes
- Einfügen eines neues Datensatzes

Das Hauptfenster der Anwendung enthält mehrere DBEdit-Komponenten zur Anzeige der Datenfelder und zusätzlich mehrere Buttons, mit denen man die gewünschte Funktion auswählen kann. Das Hauptformular enthält die notwendigen Komponenten (siehe Eingangsbeispiel Datenbankanwendungsentwicklung) für den ADO-Zugriff auf die Tabelle Vertreter der Datenbank HV.MDB. Alle Komponenten sind sprechend benannt (z. B. ADOConnectionVertreter usw.). Die Eigenschaft CommandText des Objektes ADODataSetVertreter ist mit der SQL-Anweisung „select * from vertreter" belegt.

Hauptfenster: Stammdatenpflege (Anzeige)

Um aufzuzeigen, wie gleiche oder ähnliche Aufgaben unterschiedlich gelöst werden können, ist die Implementierung der gewünschten vier Funktionen recht unterschiedlich.

Anzeigen eines Datensatzes
Ein Klick auf den Button Anzeigen aktiviert die Funktion ButtonAnzeigenClick(), deren Hauptaufgabe darin besteht, einen bestimmten Vertreter in der Tabelle zu suchen. Mit einer Navigator-Komponente könnten wir uns die Mühe für eine eigene Suchroutine ersparen. Für das Ansteuern eines bestimmten Datensatzes in einer großen Datenmenge ist der Navigator jedoch gänzlich ungeeignet.

```
//------------------------------------------------------
void __fastcall THauptFenster::ButtonAnzeigenClick(TObject
*Sender)
{
  AnsiString Suchname;
  Suchname=InputBox("Vertretersuche",
  "Vertreternamen eingeben!", "");
  //Schaltfläche OK gedrückt?
  if (Suchname!="")
  {
    ADODataSetVertreter->First();
    bool Gefunden=false;            //Variable vom Typ bool
    while (!ADODataSetVertreter->Eof)
    {
      if (Suchname
          == ADODataSetVertreter->FieldByName("Nachname")
```

```
                         ->AsString)
15        {
16          Gefunden=true;
17          break;
18        }
19        else
20          ADODataSetVertreter->Next();
21      }
22      //Kein Datensatz gefunden
23      if (!Gefunden)
24        Application->MessageBox( "Vertreter nicht gefunden!",
25                                 "Meldung",MB_OK );
26    }
27  }
28  //-----------------------------------------------------------
```

Zunächst muss der Anwender dem Programm mitteilen, welcher Vertreter gesucht werden soll. Hierfür bietet sich die Funktion InputBox() an, die ein Eingabedialogfenster anzeigt, in das der Benutzer Daten eingeben kann (Zeile 5). Sie erwartet drei Argumente vom Typ AnsiString: einen Fenstertitel (hier: „Vertretersuche"), einen Text, der den Benutzer zur Eingabe auffordert (hier: „Vertreternamen eingeben!") und einen Defaulttext als Eingabewert beim Öffnen des Fensters (hier: leer, d.h. leere Eingabezeile). Das von InputBox() erzeugte Fenster enthält automatisch einen Button OK und einen Button Abbrechen. Beendet der Benutzer den Eingabedialog mit OK, liefert InputBox() den eingegebenen Wert als AnsiString zurück, der in der Variablen Suchname gespeichert wird (Zeile 5). Drückt er den Abbrechen-Button, wird der Defaulttext (hier also "") zurückgeliefert und in Suchname gespeichert. Nur wenn Suchname einen Text enthält, soll im Datenbestand gesucht werden (Zeile 7). Zunächst wird in der Ergebnismenge ADODataSetVertreter (Tabelle Vertreter) der erste Datensatz aktiviert (Zeile 9) und eine boolsche Variable Gefunden vereinbart, die später den Erfolg des Suchvorgangs anzeigen soll. Das Suchen selbst wird mit einer kopfgesteuerten Schleife realisiert (Zeilen 11 bis 21), die ausgeführt werden soll, solange die Tabelle nicht zu Ende ist (!ADODataSetVertreter->Eof). In jedem Schleifendurchlauf wird der eingegebene Vertretername mit dem Vertreternamen des aktuellen Datensatzes verglichen (Zeilen 13 und 14). Stimmen die Namen überein, erhält die Variable Gefunden den Wert true (Zeile 16) und die Schleife wird abgebrochen (Zeile 17). Ergibt sich keine Übereinstimmung, wird der nächste Datensatz gelesen (Zeile 20).

Wurde die gesamte Tabelle durchsucht und niemals eine Übereinstimmung festgestellt, erhält der Benutzter eine entsprechende Meldung (Zeilen 22 bis 25), ansonsten enthalten die Datenfelder des Hauptfensters die Werte des gefundenen Satzes.

Editieren eines Datensatzes

Die Funktion zum Editieren unterscheidet sich wesentlich von der vorherigen Routine:

1. Das Suchen wird mit einer vordefinierten Funktion des C++Builders implementiert.

2. Die Änderungen der Feldinhalte werden zunächst nicht im Original-Datensatz, sondern in Editfeldern mit Kopien der Originaldaten vorgenommen. Ungewollte Veränderungen können so leicht verworfen werden.
3. Der Änderungsdialog findet in einem neuen Fenster (Editieren) statt.

Die Funktion ButtonEditierenClick() ist mit dem Button Editieren verknüpft:

```
1  //---------------------------------------------------------
2  void __fastcall THauptFenster::ButtonEditierenClick
   (TObject *Sender)
3  {
4     AnsiString Suchname=InputBox("Vertretersuche",
5                   "Vertreternamen eingeben!", "");
6     //Schaltfläche OK gedrückt?
7     if (Suchname!="")
8     {
9       TLocateOptions SuchOptionen;
10      SuchOptionen.Clear();
11      bool Gefunden=ADODataSetVertreter->Locate("Nachname",
12                               Suchname,SuchOptionen);
13      if (!Gefunden)
14        Application->MessageBox( "Vertreter nicht gefunden!",
15                           "Meldung",MB_OK );
16      else
17        Editieren->ShowModal();
18    }
19 }
20 //---------------------------------------------------------
```

Neu ist die Methode Locate(), mit der in der Ergebnismenge des Objektes ADODataSetVertreter ein bestimmter Satz gesucht wird (Zeile 11–12). Sie verarbeitet drei Argumente: 1. den Namen des Datenfeldes, in dem gesucht wird („Nachname"), 2. den Text, der in diesem Datenfeld gesucht werden soll (Text, der in Suchname gespeichert ist) und 3. Suchoptionen, die den Suchvorgang genauer steuern. Diese Optionen werden in eine Instanz von TLocateOptions eingefügt (hier: Such Optionen (Zeile 9)). Da wir keine Optionen verwenden, wird lediglich die Liste der Optionen mit der Methode Clear() gelöscht (Zeile 10). Genaueres zum Einsatz von Locate() (z. B. Suchen nach mehreren Begriffen in verschiedenen Feldern) finden Sie in der Online-Hilfe. Bei erfolgreicher Suche aktiviert Locate() den gefundenen Datensatz und liefert als Returnwert true, bei erfolgloser Suche den Returnwert false. In unserem Beispiel wird nach erfolgreicher Suche das Fenster Editieren geöffnet (Zeile 17).

Das Fenster Editieren soll das Editieren des gefundenen Datensatzes ermöglichen, wobei die Änderungen nur an einer Kopie des Datensatzes durchgeführt werden. Hierfür enthält das Fenster entsprechende „normale" Editkomponenten.

Fenster: Editieren

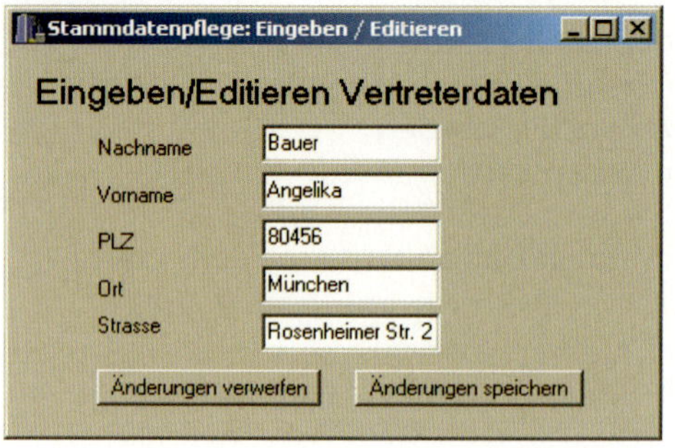

Die Editkomponenten werden beim Aktivieren des Formulars mit den Satzdaten des gefundenen Datensatzes versorgt und können anschließend verändert werden.

```
//---------------------------------------------------------------------------
void __fastcall TEditieren::FormActivate(TObject *Sender)
{
  EditNachname->Text =
     HauptFenster->ADODataSetVertreter->FieldByName
     ("Nachname")->AsString;
  EditVorname->Text =
     HauptFenster->ADODataSetVertreter->FieldByName
     ("Vorname")->AsString;
  EditPLZ->Text =
     HauptFenster->ADODataSetVertreter->FieldByName("PLZ")
     ->AsString;
  EditOrt->Text =
     HauptFenster->ADODataSetVertreter->FieldByName("Ort")
     ->AsString;
  EditStrasse->Text =
     HauptFenster->ADODataSetVertreter->FieldByName
     ("Strasse")->AsString;
}
//---------------------------------------------------------------------------
```

Nach dem Editieren kann der Anwender das Fenster entweder mit dem Button Änderungen verwerfen oder Änderungen speichern verlassen. Im ersten Fall wird das Fenster lediglich geschlossen (Die Originaldaten des Datensatzes sind unverändert.).

```
//---------------------------------------------------------------------------
void __fastcall TEditieren::ButtonVerwerfenClick(TObject
*Sender)
{
  Close();
}
//---------------------------------------------------------------------------
```

Sollen die Änderungen (d. h. die neuen Inhalte der Editfelder) gespeichert werden, müssen die Satzdaten durch die Daten der Editfelder ersetzt werden.

```
1   //----------------------------------------------------------
2   void __fastcall TEditieren::ButtonSpeichernClick
    (TObject *Sender)
3   {
4     HauptFenster->ADODataSetVertreter->Edit();
5     HauptFenster->ADODataSetVertreter->FieldByName
      ("Nachname")->AsString =
6                           EditNachname->Text;
7     HauptFenster->ADODataSetVertreter->FieldByName
      ("Vorname")->AsString =
8                           EditVorname->Text;
9     HauptFenster->ADODataSetVertreter->FieldByName("PLZ")
      ->AsString =
10                          EditPLZ->Text;
11    HauptFenster->ADODataSetVertreter->FieldByName("Ort")
      ->AsString =
12                          EditOrt->Text;
13    HauptFenster->ADODataSetVertreter->FieldByName
      ("Strasse")->AsString =
14                          EditStrasse->Text;
15    HauptFenster->ADODataSetVertreter->Post();
16    Close();
17  }
18  //----------------------------------------------------------
```

In Zeile 4 wird die Tabelle in den Editiermodus geschaltet; nur in diesem Modus kann der Datensatz verändert werden. Bei datensensitiven Steuerelementen ist dieses „Umschalten" nicht erforderlich, da sie die Tabelle automatisch in den richtigen Modus schalten. Das Verändern der Feldinhalte findet in den Zeilen 5 bis 14 statt. Für das Zurückschreiben der neuen Daten in die Tabelle wird in Zeile 15 die Methode Post() aufgerufen.

Löschen eines Datensatzes

Vor dem tatsächlichen Löschen sollen dem Anwender die Daten des ausgewählten Datensatzes angezeigt werden und eine Sicherheitsabfrage erfolgen. Für diese Aufgabe wird kein neues Fenster eingesetzt, sondern das Aussehen des Hauptfensters wird entsprechend angepasst.

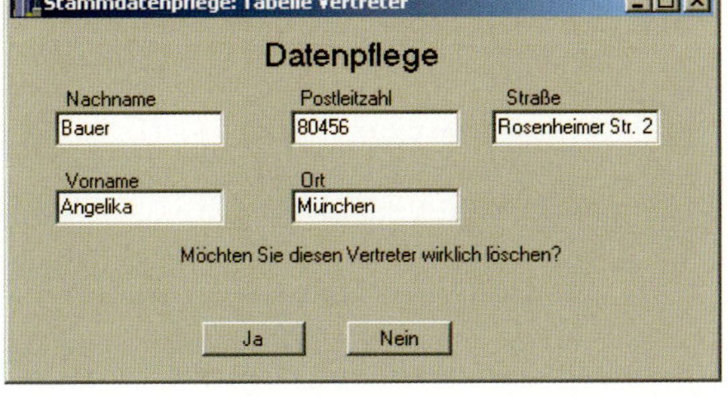

Hauptfenster: Stammmdatenpflege (Löschen)

```
1  //---------------------------------------------------------------
2  void __fastcall THauptFenster::ButtonLoeschenClick
   (TObject *Sender)
3  {
4    AnsiString Suchname=InputBox("Vertretersuche",
5                          "Vertreternamen eingeben!", "");
6    //Schaltfläche OK gedrückt?
7    if (Suchname!="")
8    {
9      TLocateOptions SuchOptionen;
10     SuchOptionen.Clear();
11     bool Gefunden=ADODataSetVertreter->Locate("Nachname",
12                                  Suchname,SuchOptionen);
13     if (!Gefunden)
14       Application->MessageBox( "Vertreter nicht gefunden!",
15                          "Meldung",MB_OK );
16     else
17     {
18       ButtonAnzeigen->Visible=false;
19       ButtonEditieren->Visible=false;
20       ButtonLoeschen->Visible=false;
21       ButtonNeu->Visible=false;
22       Label2->Visible=true;
23       ButtonLoeschenJa->Visible=true;
24       ButtonLoeschenNein->Visible=true;
25     }
26   }
27 }
28 //---------------------------------------------------------------
```

Wird der eingegebene Vertretername gefunden, stehen die aktuellen Feldinhalte in den DBEdit-Komponenten. Für die gewünschte Sicherheitsabfrage werden in den Zeilen 18 bis 21 die Buttons Anzeigen, Editieren usw. verborgen. Angezeigt werden stattdessen drei bisher unsichtbare (aber vorhandene) Komponenten:

- Eine Labelkomponente mit dem Text „Möchten Sie diesen Vertreter wirklich löschen?“ (Zeile 22).
- Je ein Button mit der Aufschrift „Ja“ und „Nein“ (Zeilen 23–24).

```
//---------------------------------------------------------------
void __fastcall THauptFenster::ButtonLoeschenJaClick
(TObject *Sender)
{
  ADODataSetVertreter->Delete();
  ButtonAnzeigen->Visible=true;
  ButtonEditieren->Visible=true;
  ButtonLoeschen->Visible=true;
  ButtonNeu->Visible=true;
  Label2->Visible=false;
  ButtonLoeschenJa->Visible=false;
```

```
11      ButtonLoeschenNein->Visible=false;
12    }
13    //-----------------------------------------------------
```

Ein Klick auf den Ja-Button löscht den aktuellen Datensatz mit der Methode Delete() (Zeile 4). Anschließend wird das ursprüngliche Aussehen des Hauptfensters wieder hergestellt (Zeilen 5 bis 11). Die Methode für einen Klick auf den Nein-Button ist bis auf den Aufruf von Delete() identisch.

Einfügen eines neuen Datensatzes

Das Hinzufügen eines neuen Datensatzes gleicht dem Editieren mit der Besonderheit, dass ein neuer leerer Datensatz zu verändern ist. Deshalb wird zunächst mit der Methode Insert() (Zeile 4) ein neuer Datensatz eingefügt. Dieser (leere) Satz wird automatisch zum aktuellen Satz, der im Fenster Editieren angezeigt wird (Zeile 5). Dort können die gewünschten Satzdaten eingegeben und gespeichert werden.

```
1    //-----------------------------------------------------
2    void __fastcall THauptFenster::ButtonNeuClick
     (TObject *Sender)
3    {
4      ADODataSetVertreter->Insert();
5      Editieren->ShowModal();
6    }
7    //-----------------------------------------------------
```

82 AUFGABE

Erstellen Sie eine Windowsanwendung, mit der Sie die Stammverwaltung für die Schülertabelle Ihrer Klasse durchführen können. Die Menüpunkte

- Datensatz anzeigen
- Datensatz editieren
- Datensatz einfügen
- Datensatz löschen

sollen über eine Menükomponente und eine Toolbar aufgerufen werden können. Speichern Sie das Projekt unter dem Namen Schueler4DB_Project.BDSPROJ ab.

3.7.6 Datenflussplan

Werden komplexe Anwendungen mit Datenbankzugriffen entwickelt, so ist die Erstellung eines Datenflussplanes sehr hilfreich. In einem Datenflussplan wird mittels genormter Symbole der Datenfluss in einem informationstechnischen Verarbeitungssystem dargestellt. Mit einem Datenflussplan kann man nicht nur elektronische Daten, die Verarbeitung dieser Daten sowie die Verbindung zwischen beiden darstellen, sondern auch manuelle Tätigkeiten abbilden. Die in DIN 66001 definierten Symbole enthalten Sinnbilder für die Verarbeitung und den Zugriff auf Daten, die auf Datenträgern zur Verfügung gestellt werden. Außerdem werden Symbole für Verbindungen und Darstellungshilfen in dieser DIN festgelegt.

Wichtige Symbole von Datenflussplänen:

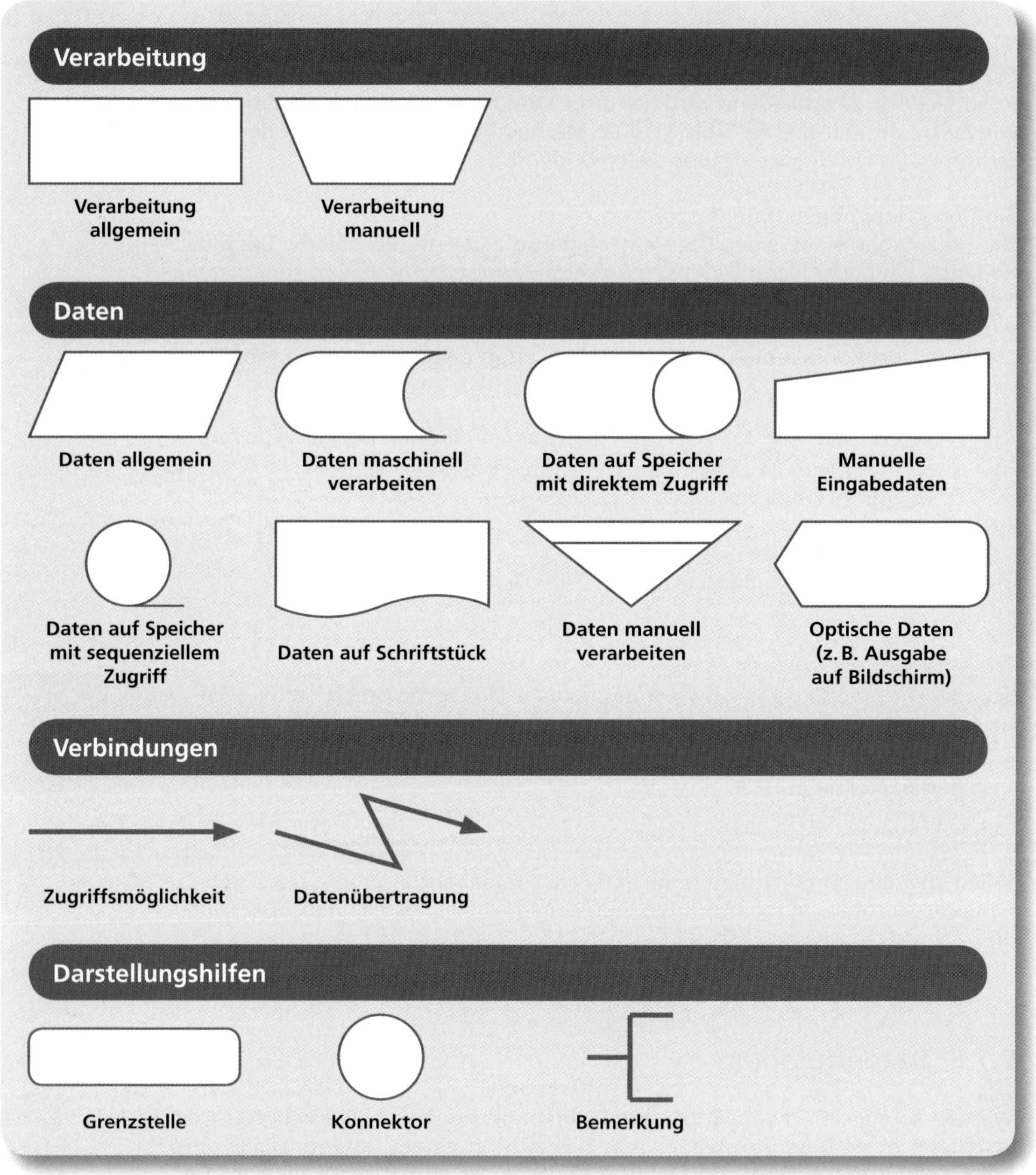

Betrachten wir das Programm zur Stammdatenpflege aus dem vorherigen Kapitel, dann ergibt sich folgender Datenflussplan für diese Anwendung:

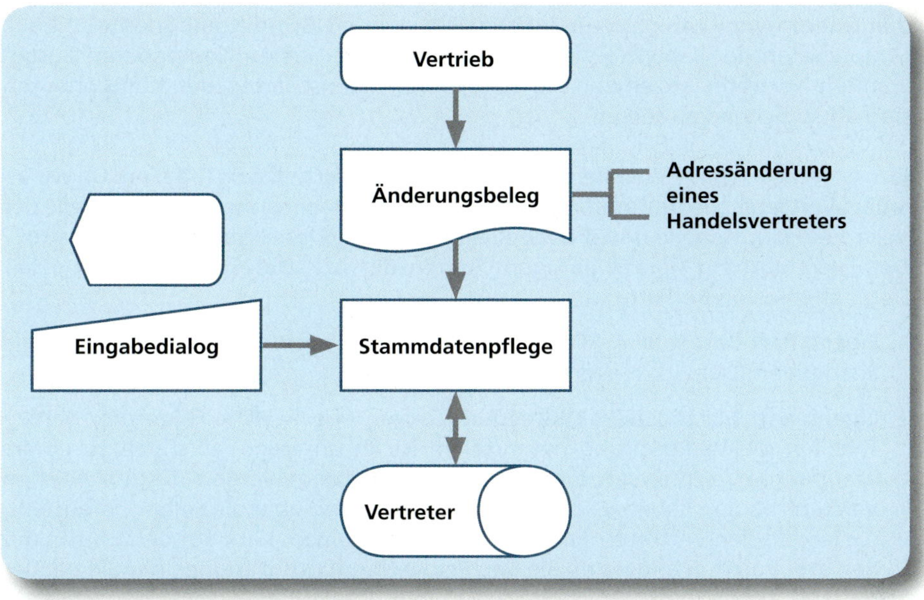

Datenflussplan: Stammdatenpflege Vertreter

3.7.7 Beziehungen zwischen Tabellen herstellen

Die Stammdaten unserer Vertreter befinden sich in der Tabelle Vertreter, die Umsätze in der Tabelle HVUmsatz. Häufig wünscht man sich eine gemeinsame Darstellung der zusammengehörigen Daten: Es sollen z. B. die Vertreterdaten und die zu diesem Vertreter gehörigen Umsätze gleichzeitig angezeigt werden. Solche Beziehungen lassen sich recht leicht herstellen.

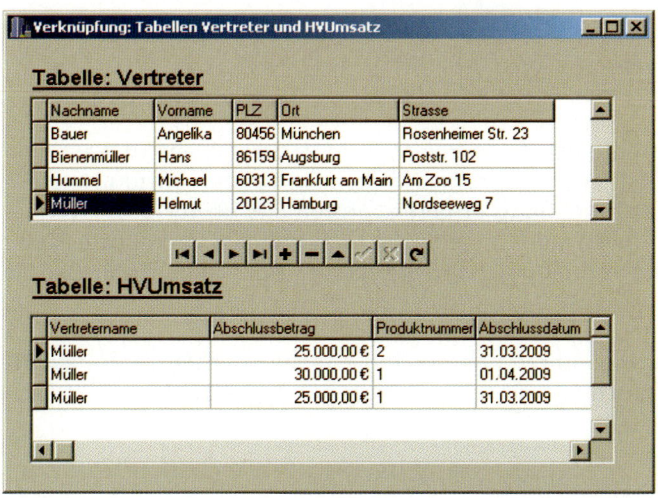

Hauptfenster: Programm zum Verknüpfen von Tabellen

Für die beteiligten Tabellen (Vertreter und HVUmsatz) muss jeweils eine ADODataSet- und eine DataSource-Komponente definiert sein. In der oberen DBGrid-Komponente sollen die Vertreterdaten angezeigt werden. Die Navigator-Komponente dient der Navigation in dieser Tabelle. Die zweite DBGrid-Komponente soll alle Umsatzdaten der Tabelle HVUmsatz für den in der ersten Komponente ausgewählten Vertreter anzeigen. Die DataSource-Eigenschaften der Komponenten sind entsprechend zu setzen.

Neu ist lediglich das Herstellen einer Beziehung zwischen den Tabellen. Da wir zu jedem Vertreter alle Umsatzdatensätze sehen möchten, nennen wir die Tabelle der Vertreter Haupttabelle und die Tabelle der Umsätze Detailtabelle. Für die Haupt-/Detailverknüpfung sind zwei Eigenschaften der ADODataSet-Komponente der Detailtabelle von Bedeutung:

1. Eigenschaft DataSource: Hier ist der Name der Datenmenge der Haupttabelle anzugeben (DataSourceVertreter).
2. Eigenschaft MasterFields: Hier legen Sie fest, über welche Felder der beiden Tabellen die Verknüpfung herzustellen ist. In unserem Fall sollen zu einem bestimmten Vertretersatz die Umsatzsätze angezeigt werden, die den gleichen Vertreternamen haben. Die Verknüpfung wird also über die Felder hergestellt, die jeweils den Vertreternamen enthalten. Mit einem Klick auf den Button mit den drei Punkten aktivieren Sie den Feldverbindungs-Designer, der Sie bei der Verbindung der erforderlichen Datenfelder unterstützt.

Feldverbindungs-Designer

Wählen Sie aus dem Listenfeld Detailfelder das Feld Vertretername und aus dem Listenfeld Hauptfelder das Feld Nachname. Klicken Sie auf den Button Hinzufügen. (Wenn Sie eine Fehlermeldung erhalten, prüfen Sie, ob für das Verknüpfungsfeld ein (erforderlicher!) Index angelegt ist.) Im Listenfeld Verknüpfte Felder erscheint die hergestellte Verbindung (Vertretername-> Nachname). Schließen Sie den Designer mit OK.

Wenn Sie das Programm ausführen und durch die Tabelle der Vertreter navigieren, erscheinen automatisch zum jeweiligen Vertreter die zugehörigen Umsatzdaten.

83 AUFGABE

Hauptformular

Es soll ein Programm erstellt werden, mit dem die Umsätze der Handelsvertreter mit folgenden Feldern in einem Formular angezeigt werden:

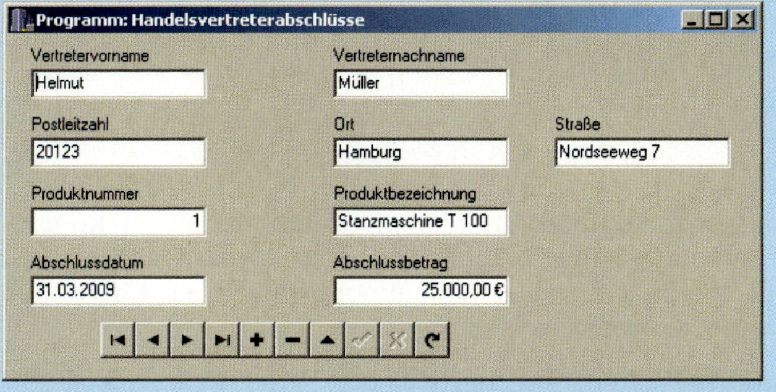

Die Datenbank HV.MDB beinhaltet neben den bereits bekannten Tabellen HVUmsatz und Vertreter die Tabelle Produkte, in der die beiden Datenfelder Produktnummer und Produktbezeichnung existieren. Der Primärschlüssel der Tabelle Produkte ist das Feld Produktnummer. Erstellen Sie für diese Anwendung einen Datenflussplan und anschließend das Programm (HVUmsatz7_Project.BDSPROJ).

3.7.8 Zugriff auf eine Datenbank mit zur Laufzeit dynamisch erzeugten SQL-Anweisungen

Mit den ADO-Komponenten des C++Builders ist es auch möglich, mit zur Programmlaufzeit dynamisch erzeugten SQL-Anweisungen auf Datenbanken zuzugreifen. Dabei können komplexe prozedurale Vorgänge durch einfache SQL-Befehle umgesetzt werden. Da SQL als Standardabfragesprache bei fast allen professionellen Datenbanken verfügbar ist, kann man in einer C++Builder-Anwendung sehr einfach auf diese Datenbanken zugreifen.

3.7.8.1 SQL-Zugriff auf eine Datenbank mit Ergebnismenge

Es soll ein Programm erstellt werden, mit dem man auf die Tabelle Kundenumsaetze der Datenbank Kunden (z. B. ORACLE-, MaxDB, MySQL oder ACCESS-Datenbank) zugreift. Der Benutzer soll die Möglichkeit haben, alle Umsätze der Kunden, die in einem auszuwählenden Ort ihren Geschäftssitz haben, anzeigen zu lassen. In dieser Anwendung dürfen nur die Datensätze in der Ergebnisliste (DBGrid) ausgegeben werden, die eine bestimmte Bedingung erfüllen. Am einfachsten lässt sich dieses Problem lösen, wenn man mit SQL-Anweisungen auf die Tabelle Kundenumsaetze zugreift.

Aufbau der Tabelle Kundenumsaetze:

Feldname	Datentyp	Feldbeschreibung
Kundenname	alphanumerisch, 30-stellig	Name des Kunden
Ort	alphanumerisch, 20 Zeichen	Geschäftssitz

Feldname	Datentyp	Feldbeschreibung
Kaufdatum	Datumsfeld	Datum des Kaufs
Umsatz	numerisch (Währungsformat)	Betrag
Bezirk	numerisch	Bezirke: 10, 20, 30, 40

Als Erstes erzeugen wir ein neues Hauptformular mit allen notwendigen Komponenten für den Zugriff auf die Datenbanktabelle Kundenumsaetze der Datenbank Kunden. In der DBGrid-Komponente sollen beim Programmstart alle Datensätze der Tabelle Kundenumsaetze sichtbar sein.

Hauptfenster: Kundenabfragen im Entwurfsmodus

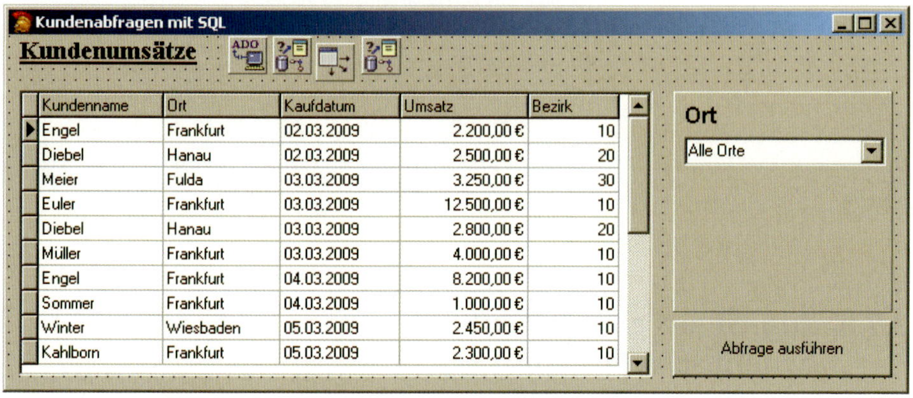

Neben den Komponenten für den Datenzugriff und die Ausgabe der Daten benötigen wir ein Kombinationsfeld, in dem der Benutzer den Ort eingeben kann, für den die Auswertung erfolgen soll, sowie einen Button, mit dem die Abfrage an die Datenbank ausgeführt werden kann.

Komponenten des Hauptfensters mit Eigenschaftswerten

Komponente	Bezeichnung der Komponente	Eigenschaft	Wert der Eigenschaft
ComboBox	ComboBoxOrt	Items	Alle Orte
ADO Connection	ADOConnection-Kunden	Eigenschaften zum Verbinden mit der Datenbank Kunden setzen	siehe Beispiel Kapitel 3.7.1
ADODataSet	ADODataSet Kunden	Command Text	select * from kundenumsaetze where ort like ' %'
		Active	true
DataSource	DataSourceKunden	DataSet	ADODataSetKunden

Komponente	Bezeichnung der Komponente	Eigenschaft	Wert der Eigenschaft
DBGrid	DBGrid1	DataSource	DataSourceKunden
		ReadOnly	true
Button	Button1	Caption	Abfrage ausführen
ADODataSet	ADODataSetOrt	CommandText	select distinct ort from kundenumsaetze order by ort

Um eine SQL-Anweisung auszuführen, muss die Eigenschaft CommandText der ADODataSet-Komponente mit dem String der SQL-Anweisung versehen werden. Für Datenbankabfragen verwendet man die SELECT-Anweisung. Eine ausführliche Einführung in die Datenbankabfragesprache SQL entnehmen Sie dem Buch „Datenbankentwicklung für IT-Berufe". An dieser Stelle wird lediglich die allgemeine Syntax für die SELECT-Anweisung aufgeführt.

SELECT-Anweisung

Syntax

SELECT [DISTINCT] {* | <Spaltenliste>} FROM <Tabellenname>
[WHERE <Vergleichsausdruck>]
[GROUP BY <Gruppierungsliste> [HAVING <Vergleichsausdruck>]]
[ORDER BY <Spaltenname> [<u>ASC</u> |DESC] [, <Spaltenname>
[<u>ASC</u> |DESC]] ...

Der Eigenschaft CommandText der Komponente ADODataSetKunden kann bereits zur Entwicklungszeit die SQL-Anweisung select * from kundenumsaetze where ort like '%' zugewiesen werden. Wenn Sie in Bedingungen Platzhalterzeichen (z. B. ‚%' für beliebige Zeichen oder ‚_' für ein beliebiges Zeichen) verwenden wollen, müssen Sie den like-Operator verwenden. Durch die Verwendung des Platzhalterzeichens ‚ %' in der where-Klausel der select-Anweisung werden alle Datensätze der Tabelle Kundenumsaetze selektiert. Wenn Sie anschließend die Eigenschaft Active der ADODataSet-Komponente mit dem Wert true belegen, können Sie bereits zur Entwicklungszeit in der Komponente DBGrid1 die Inhalte aller Datensätze sehen.

Sollen z. B. alle Informationen der Tabelle Kundenumsaetze für Kunden aus Frankfurt angezeigt werden, muss man die SQL-Anweisung

```
SELECT * FROM kundenumsaetze WHERE ort LIKE 'Frankfurt'
```

erzeugen. Da die SQL-Anweisung erst zur Laufzeit vollständig formuliert werden kann (Anwender muss erst Ort eingeben), wird der Eigenschaft ADODataSet-Kunden->CommandText die SQL-Anweisung erst zur Programmlaufzeit in der Ereignis-Routine Button1Click() zugewiesen.

```
1  //------------------------------------------------------------
2  void __fastcall THauptFenster::Button1Click(TObject
   *Sender)
3  {
4    AnsiString Kundenort;
5    ADODataSetKunden->Active = false;
6    if(ComboBoxOrt->Text == "Alle Orte")
7      Kundenort = "%";
8    else
9      Kundenort = ComboBoxOrt->Text;
10   ADODataSetKunden->CommandText =
11     "select * from Kundenumsaetze where (ort like '"
       + Kundenort + "')";
12   ADODataSetKunden->Active = true;
13 }
14 //------------------------------------------------------------
```

In der OnClick-Routine wird eine lokale Variable Kundenort deklariert. Die Eigenschaft Active der Komponente ADODataSetKunden wird auf false gesetzt. Um die Variable Kundenort mit der Benutzereingabe des Ortes zu belegen, muss der Inhalt der Eigenschaft Text des Elements ComboBoxOrt ausgelesen werden. Es ist jedoch zu beachten, dass bei Auswahl der Option „Alle Orte“ anstelle dieses Textes das Platzhalterzeichen für beliebige Zeichen („%“) in die Variable Kundenort geschrieben werden muss. Hat der Benutzer einen anderen Eintrag aus der Liste des Kombinationsfeldes gewählt, so wird der ausgewählte Text (ComboBoxOrt ->Text) der Variablen Kundenort zugewiesen (Zeilen 6 bis 9). Die SQL-Anweisung wird mit dem Inhalt der Variablen Kundenort in einem String erstellt (Zeile 11) und der Eigenschaft CommandText des Objektes ADODataSetKunde zugewiesen (Zeilen 10, 11). Wenn Sie in der Programmzeile 12 die Eigenschaft Active wieder auf true setzen, wird die Abfrage an die Datenbank abgeschickt und die neue Ergebnismenge erzeugt und sofort in der DBGrid-Komponente angezeigt.

Wichtig für die Programmausführung ist, dass das Kombinationsfeld ComboBox-Ort zur Laufzeit immer alle Orte enthält, die zum Zeitpunkt der Auswahl in der Tabelle Kundenumsaetze gespeichert sind. Zur Entwicklungszeit ist die Eigenschaft ADODataSetOrt->CommandText bereits mit der SQL-Anweisung select distinct ort from kundenumsaetze order by ort belegt. Die Ergebnismenge wird beim Ereignis OnEnter – dieses Ereignis tritt ein, wenn die ComboBox den Eingabefokus erhält – neu erzeugt (Zeilen 4 und 5). Die Einträge des Kombinationsfeldes werden gelöscht (Zeile 6), als erster neuer Eintrag für das ComboBox-Feld wird „Alle Orte“ hinzugefügt. Mit der Methode First() wird der erste Satz der Ergebnismenge ADODataSetOrt aktiviert und in einer Schleife, in der alle Datensätze der Ergebnismenge durchlaufen werden, wird der jeweilige Ort als Eintrag der Auswahlliste des Kombinationsfeldes hinzugefügt.

```
1  //------------------------------------------------------------
2  void __fastcall THauptFenster::ComboBoxOrtEnter(TObject
   *Sender)
3  {
4    ADODataSetOrt->Active = false;
```

```
    ADODataSetOrt->Active = true;
    ComboBoxOrt->Items->Clear();
    ComboBoxOrt->Items->Add("Alle Orte");
    ADODataSetOrt->First();
    while(!ADODataSetOrt->Eof)
    {
      ComboBoxOrt->Items->Add(
        ADODataSetOrt->FieldByName("Ort")->AsString);
      ADODataSetOrt->Next();
    }
  }
  //-----------------------------------------------------------
```

84 AUFGABE

Erstellen Sie eine C++-Windowsanwendung, mit der alle Kundendaten aus der Tabelle Kundenumsaetze selektiert werden können, die ihren Geschäftssitz in einem vom Benutzer auszuwählenden Bezirk (Kombinationsfeld mit den tatsächlich existierenden Bezirken) haben und die einen zur Laufzeit festzulegenden Mindestumsatz aufweisen. Die Ausgabe in einer DBGrid-Komponente soll nach dem Feld Name aufsteigend sortiert erfolgen. Speichern Sie das Programm unter dem Namen KUNDEN2_Project.BDSPROJ.

85 AUFGABE

Für die Verwaltung und statistische Auswertung unserer Kundendatenbank soll ein Programm erstellt werden, das folgende Anforderungen erfüllen soll:

- Editieren der Kundendaten in einer benutzerfreundlichen Maske.
- Navigation mit Menüpunkten und mit Navigationsleiste.
- Löschen und Anlegen neuer Sätze soll nicht möglich sein.
- Das Feld BEZIRK soll in einem Kombinationsfeld dargestellt werden.
- Darstellung aller Kundendaten in einem zweiten Fenster in einer DBGrid-Komponente. Der Benutzer soll dabei die Möglichkeit haben, die Daten alphabetisch oder nach Umsätzen aufsteigend oder absteigend zu sortieren. Die Auswahl des Sortiermodus ist über Radio-Buttons vorzunehmen.
- In einem dritten Fenster soll eine Gesamtkundenstatistik mit den Informationen Anzahl der Kunden, durchschnittlicher Umsatz, minimaler Umsatz, maximaler Umsatz ausgegeben werden.

Speichern Sie das Projekt unter dem Namen KUNDEN3_Project.BDSPROJ ab.

3.7.8.2 SQL-Zugriff auf eine Datenbank ohne Ergebnismenge

In einer Windowsanwendung soll für ein Datenbanksystem ein einfacher SQL-Editor erstellt werden (Projekt: SQLEditor1_Project.BDSPROJ). Wenn Sie mit einer Select-Anweisung auf Informationen einer Datenbank zugreifen wollen, benötigen Sie eine ADODataSet-Komponente, um die Ergebnismenge in Ihrer Anwendung verarbeiten zu können. Sollen SQL-Anweisungen an eine Datenbank abgeschickt werden, die keine Ergebnismenge erzeugen (z. B. create table, insert oder delete) so müssen Sie eine ADOCommand-Komponente aus der Tool-Palette der Kategorie dbGo in Ihr Formular einfügen. Der Einsatz dieser Komponente soll am Beispiel eines einfachen SQL-Editors verdeutlicht werden.

Hauptfenster: SQL-Editor in der Entwicklungsumgebung

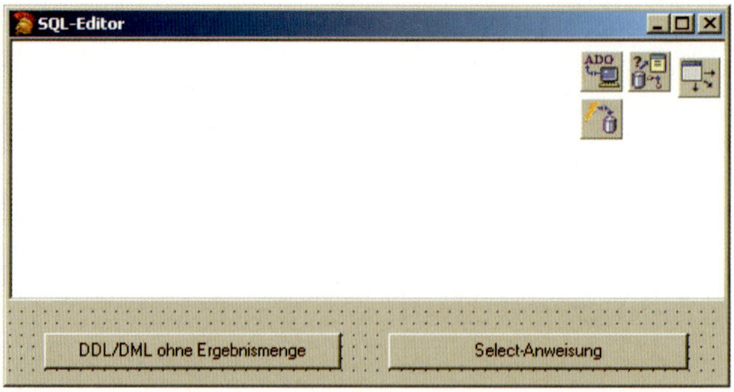

Die folgende Tabelle enthält eine Übersicht über die verwendeten Komponenten und die wesentlichen Eigenschaften dieser Elemente:

Komponente	Bezeichnung der Komponente	Eigenschaft	Wert der Eigenschaft
ADOConnection	ADOConnectionSQLDB	ConnectionString	mit Editor aufbauen (z. B. ACCESS-Datenbank SQLDB.MDB)
		KeepConnection	true
		LoginPrompt	false
		Active	true
ADOCommand	ADOCommandSQLDB	Connection	ADOConnectionSQLDB
		CommandText	ohne Inhalt (wird zur Programmlaufzeit erzeugt)
RichEdit	SQLEdit1	Font	Courier New
Button	Button1	Caption	DDL/DML ohne Ergebnismenge
Button	Button2	Caption	Select-Anweisung
ADODataSet	ADODataSQLDB	Connection	ADOConnectionSQLDB
		CommandText	ohne Inhalt (wird zur Programmlaufzeit erzeugt)
		Active	false
DataSource	DataSourceSQLDB	DataSet	ADODataSetSQLDB

Die OnClick-Routine des Button1 enthält die Funktionalität, die ausgeführt werden soll, wenn der Benutzer im Editfenster eine SQL-Anweisung, die keine Ergebnismenge erzeugt, erfasst hat und diese ausgeführt werden soll.

```
//---------------------------------------------------------------------
void __fastcall THauptFenster::Button1Click(TObject
```

```
     *Sender)
3    {
4      int i;
5      AnsiString SQLAnweisung = "";
6      for(i = 0; i <= (SQLEdit1->Lines->Count-1); i++)
7      {
8         SQLAnweisung += SQLEdit1->Lines->Strings[i] + " ";
9      }
10     ADOCommandSQLDB->CommandText = SQLAnweisung;
11     try
12     {
13        ADOCommandSQLDB->Execute();
14     }
15     catch(const Exception& e)
16     {
17        Application->MessageBox(e.Message.c_str(), "FEHLER",
     MB_OK);
18     }
19   }
20   //-------------------------------------------------------
```

Die einzelnen Zeilen der RichEdit-Komponente SQLEdit1 enthalten die SQLAnweisung. Der Inhalt der Zeilen wird in einer Zählschleife, die bei 0 beginnt (= 1. Zeile der Stringliste) und bei SQL1->Lines->Count -1 (= letzte Zeile der Stringliste) endet, in dem AnsiString-Objekt SQLAnweisung zu einem String zusammengefügt. In der Programmzeile 10 wird die Eigenschaft CommandText der ADOCommand-Komponente mit der auszuführenden SQL-Anweisung belegt. Mit Aufruf der Methode Execute() können Sie den in der Eigenschaft CommandText angegebenen Befehl ausführen (Zeile 13). Da bei der Erfassung der SQL-Anweisung syntaktische Fehler auftreten können bzw. die SQL-Anweisung beim Ausführen einen Laufzeitfehler hervorrufen kann (z.B. eine Tabelle, die erzeugt werden soll, existiert bereits), sollte man den Aufruf der Methode Execute() in einem try-catch-Block einbetten. Im Fehlerfall wird dann mithilfe des Exceptionobjektes e eine konkrete Fehlermeldung in einer MessageBox ausgegeben.

86 AUFGABE

Die Funktionalität für den zweite Button (Select-Anweisung) muss noch implementiert werden. Im Hauptformular wurden bereits die notwendigen VCL-Komponenten (ADODataSet- und Data-Source-Komponente) eingefügt. Wenn der Benutzer eine Select-Anweisung eingegeben hat und auf den zweiten Button klickt, soll in einem neuen Fenster die Ergebnismenge der SQL-Anweisung in einer DBGrid-Komponente visualisiert werden. Speichern Sie das veränderte Projekt unter dem Namen SQLEditor2_Project.BDSPROJ ab.

3.8 Besondere Anwendungen

Embarcadero liefert neben den Windowsstandardkomponenten eine Vielzahl von Komponenten für spezielle Zwecke, wie z.B. Komponenten zur Kommunikation mit den Programmen des Microsoft-Office-Pakets, zur Erstellung von multimedialen Anwendungen oder auch zur Erstellung von Internetanwendungen. Diese

Komponenten kapseln den Zugriff auf die entsprechende Anwendungsschnittstelle mithilfe der VCL-Bibliothek. Neue Programmversionen (z. B. Office XP bzw. Office 2003) oder die Weiterentwicklung von HTML führen häufig zu Veränderungen in den Zugriffsschnittstellen. Deshalb müssen auch die VCL-Komponenten und die Zugriffsmethoden für diese Objekte angepasst werden. Die folgenden Programme wurden mit dem C++Builder Version Developer System 2006 erstellt. Achten Sie auch darauf, dass die neuesten C++Builder-Updates installiert sind. Sollten Sie ältere Versionen verwenden, sind z. T. umfangreiche Programmänderungen notwendig.

3.8.1 Automation von Anwendungen des Microsoft Office-Pakets

In modernen Softwareumgebungen spielt die Interaktion einer Anwendung mit anderen Standardprogrammpaketen (z. B. Microsoft Office) eine wichtige Rolle. So können z. B. Bestellungen, Rechnungen oder auch Mitarbeiterbewertungen in einem Word-Dokument ausgegeben und weiterverarbeitet werden. Mit Excel lassen sich betriebswirtschaftliche Informationen, die in einer Datenbank erfasst sind, in Form von Tabellen oder Diagrammen grafisch darstellen. Um diese Anforderungen zu realisieren, hat Microsoft seine Office-Programme mit einer COM-Schnittstelle (Component Object Model) ausgestattet, über die der Datenaustausch erfolgen kann. Jede Office-Anwendung ist ein COM-Server, der eine Vielzahl an Schnittstellen und Methoden für die Kommunikation mit diesem Server zur Verfügung stellt. In der VCL-Komponentenpalette sind viele dieser Schnittstellen gekapselt und der C/C++-Entwickler kann auf einer hohen Abstraktionsebene diese Objekte verwenden. Leider existiert für die Office-Komponenten keine Dokumentation in der C++Builder-Hilfe. Deshalb ist es oft sehr mühsam, sich einen Überblick über die Eigenschaften, Methoden und Ereignisse dieser Objekte zu verschaffen. Wenn Sie Komponenten des Office-Pakets verwenden, werden z. B. bei der Verwendung von Office Word XP-Komponenten die Headerdateien Word_XP_srvr.h und Word_XP.h inkludiert. Diese Dateien enthalten die Deklarationen der Eigenschaften und Zugriffsmethoden für die zur Verfügung gestellten Objekte.

Die Datei Word_XP.h umfasst ca. 155.000 Quellcodezeilen. Es ist deshalb äußerst mühsam, diese Dateien zu durchforsten, um sich Informationen zur Funktionalität dieser Komponenten zu verschaffen. Es gibt jedoch eine andere Möglichkeit: Mithilfe von VBA (Visual Basic for Applications) kann man ebenfalls auf die Office-Schnittstelle zugreifen. VBA-Code wird z. B. bei der Erstellung von Makros erzeugt. Wenn Sie eine C++-Anwendung erstellen wollen, die mit Word kommuniziert, können Sie zunächst die Programmaktivitäten in Form eines Word-Makros aufzeichnen und den VBA-Quellcode anzeigen lassen. Die Methoden und Parameter, die in VBA verwendet werden, lassen sich meist auch in der Office-Tool-Palette des C++Builders (mit kleineren Syntaxkorrekturen) verwenden. Außerdem verfügt der VBA-Editor über einen Zugriff auf die Hilfe für diese Objekte. Sollten Sie weiterhin nicht alle Probleme lösen können, so können Sie im Internet in einem Forum für C++Builder-Programmentwicklung (z. B. http://www.c-plusplus.de/forum/) weitere wertvolle Hinweise erhalten.

3.8.2 Automatische Erstellung eines Microsoft Word-Dokuments

In der Tabelle HVUmsatz der Datenbank HV.MDB sind die Umsätze unserer Handelsvertreter enthalten. Zu einem bestimmten Zeitpunkt sollen die Provisionsabrechnungen für die Handelsvertreter erstellt und als Mitteilung für die Handelsvertreter ausgedruckt werden. Grundsätzlich lassen sich die Provisionsabrechnungen direkt aus einer C++Builder-Anwendung heraus ausdrucken (vgl. Kapitel 3.6). Wird jedoch die Anforderung gestellt, dass dieser Bericht als weiter zu verarbeitendes Dokument verfügbar sein soll, so ist es sinnvoll, den Programmoutput in Form eines Word-Dokuments zu erzeugen. Das Hauptfenster der Anwendung hat in der Entwicklungsumgebung folgendes Aussehen:

Hauptfenster: Word-Automation

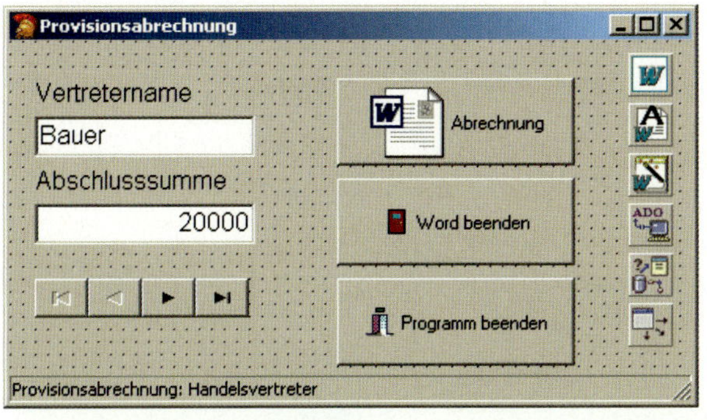

Komponenten: Formular zur Provisionsabrechnung

Komponente	Bezeichnung der Komponente	Eigenschaft	Wert der Eigenschaft
Form	HauptFenster	Caption	Provisionsabrechnung
ADOConnection	ADOConnection HVUmsatz	ConnectionString	mit Editor aufbauen
		KeepConnection	true
		LoginPrompt	false
		Active	true
ADODataSet	ADODataSet HVUmsatz	Connection	ADOConnectionHVUmsatz
		CommandText	select sum(abschlussbetrag), vertretername from hvumsatz group by vertretername
		Active	true
DataSource	DataSourceHVUmsatz	DataSet	ADODataSetHVUmsatz

Komponente	Bezeichnung der Komponente	Eigenschaft	Wert der Eigenschaft
DBNavigator	DBNavigator1	DataSource	DataSourceHVUmsatz
Label	Label1	Caption	Vertretername
Label	Label2	Caption	Abschlusssumme
DBEdit	DBEditVertretername	DataSource	DataSourceHVUmsatz
		DataField	Vertretername
DBEdit	DBEditSumme	DataSource	DataSourceHVUmsatz
		DataField	Expr1000
BitButton	BitBtnAbrechnung	Caption	Abrechnung
			Bitmap-Datei mit dem Bildeditor laden
BitButton	BitBtnWordBeenden	Caption	Word beenden
			Bitmap-Datei laden
BitButton	BitBtnBeenden	Caption	Programm beenden
			Bitmap-Datei laden
StatusBar	StatusBar1	Text von Panel[0]	Provisionsabrechnung: Handelsvertreter
WordApplication	WordApplication1		(Standardeinstellungen)
WordFont	WordFont1		(s. WordApplication1)
WordParagraphFormat	WordParagraph Format1		(s. WordApplication1)

Für die automatische Erstellung eines Word-Dokuments benötigen Sie aus der Kategorie OfficeXP der Tool-Palette des C++Builders die Komponenten WordApplication, WordFont und WordParagraphFormat. Diese nicht visuellen Komponenten können Sie an einer beliebigen Stelle Ihres Formulars ablegen. Die Standardeinstellungen der Eigenschaften der Objekte können übernommen werden. Der Zugriff auf diese Komponenten erfolgt in den Methoden des Formulars HauptFenster (siehe unten). Die Provisionsabrechnung soll für alle Umsätze eines Handelsvertreters erfolgen. Deshalb wird eine nach Handelsvertreternamen gruppierte SQL-Abfrage an die Tabelle HVUmsatz der Datenbank HV.MDB ausgeführt. Dazu benötigen wir eine ADOConnection-, eine ADODataSet- und eine Datasource-Komponente, um die Abfrage an die Datenbank zu implementieren. Die Ergebnismenge wird in DBEdit-Feldern im Hauptformular dargestellt. Klickt der Anwender auf den

Button Abrechnung, so wird für diesen Satz der Ergebnismenge der Abfrage die Provisionsabrechnung in Form eines Word-Dokuments erstellt. Die On-Click-Routine des Buttons enthält folgende Anweisungen:

```
//-----------------------------------------------------------
void __fastcall THauptFenster::BitBtnAbrechnungClick
(TObject *Sender)
{
   int i;
   double Summe, Provision;
   Summe = DBEditSumme->Text.ToDouble();
   Provision = Summe * 5.0 / 100.0;
   // Start von Word
   WordApplication1->Connect();
   // Word sichtbar machen
   WordApplication1->set_Visible(true);
   // Neues Word-Dokument erzeugen
   WordApplication1->Documents->Add(TVariant(EmptyParam),
      TVariant(False), TVariant(wdNewBlankDocument),
      TVariant(True));
   // Komponenten an die Word-Applikation anbinden
   WordFont1->ConnectTo(WordApplication1->Selection->Font);
   WordParagraphFormat1->ConnectTo(
      WordApplication1->Selection->ParagraphFormat);
   // Formatiertes Word-Dokument erstellen
  WordFont1->set_Size(TVariant(22.0));
  WordFont1->set_Bold(true);
  WordFont1->set_Name(TVariant("Arial"));
  WordFont1->set_Underline(wdUnderlineSingle);
  WordParagraphFormat1->set_Alignment(wdAlignParagraph
  Center);
  WordApplication1->Selection->TypeText(
     TVariant("Provisionsabrechnung"));
  WordFont1->set_Size(TVariant(12.0));
  WordFont1->set_Bold(false);
  WordFont1->set_Underline(wdUnderlineNone);
  WordApplication1->Selection->TypeParagraph();
  WordParagraphFormat1->set_Alignment(wdAlignParagraphLeft);
  for(i = 1; i <= 5; i++)
  {
     WordApplication1->Selection->TypeParagraph();
  }
  WordApplication1->Selection->TypeText(
     TVariant("Sehr geehrte/r Herr/Frau "));
  WordApplication1->Selection->TypeText(
     TVariant(DBEditVertretername->Text + "' "));
  WordApplication1->Selection->TypeParagraph();
  WordApplication1->Selection->TypeParagraph();
  WordApplication1->Selection->TypeText(TVariant(
     "Sie haben im Abrechnungszeitraum einen Umsatz von:
```

```
          "));
44     WordApplication1->Selection->TypeText(
45        TVariant(FloatToStrF(Summe, ffCurrency, 10, 2)
46        + " erzielt. Die dafür fällige "));
47     WordApplication1->Selection->TypeText(
48        TVariant("Provision in Höhe von "));
49     WordApplication1->Selection->TypeText(
50        TVariant(FloatToStrF(Provision, ffCurrency, 10, 2)
51        + " schreiben wir Ihrem Konto gut."));
52     WordApplication1->Selection->TypeParagraph();
53     WordApplication1->Selection->TypeParagraph();
54     WordApplication1->Selection->TypeText(
55       TVariant("Mit freundlichen Grüßen"));
56    // C++-Windowsanwendung wieder in den Vordergrund bringen
57     Show();
58   }
59   //----------------------------------------------------------
```

In den Programmzeilen 6 bis 7 wird zunächst die Abschlusssumme des aktuellen Handelsvertreters in einen numerischen Wert konvertiert und seine Provision berechnet. Ausgangspunkt für den Zugriff auf Word ist die Komponente WordApplication. Durch Aufruf der Methode Connect() dieser Komponente wird nur dann eine neue Instanz von Word gestartet, wenn keine andere läuft. Auf das Abfangen von Exceptions wurde im Beispiel verzichtet, um die Übersichtlichkeit über die grundlegenden Zugriffsmethoden zu erhöhen.

Wenn Word gestartet bzw. mit einer bestehenden Instanz die Verbindung hergestellt wurde, wird mit dem Aufruf der Methode set_Visible(true) für das Objekt WordApplication1 die Anwendung sichtbar gemacht. Bis zu diesem Zeitpunkt läuft die Anwendung lediglich als Prozess im Hintergrund. Mit dem Windows-Taskmanager können Sie das überprüfen.

Im Gegensatz zu den meisten Eigenschaften eines Standard-Windowselements kann man die Eigenschaftswerte eines Officeserverelements nicht mit einer einfachen Zuweisung setzen. Für das Belegen von Eigenschaften existiert im Regelfall eine Methode mit der Bezeichnung set_<propertyname>(parameter), der man in den Funktionsklammern den zu setzenden Attributswert der Eigenschaft übergeben muss. Das Lesen einer Eigenschaft erfolgt entsprechend mit einer get-Methode (get_<propertyname>()) und liefert als Rückgabewert den aktuellen Wert dieser Eigenschaft.

Nach dem Sichtbarmachen von Word wird mit der Methode Add() (Programmzeile 13 und 14, Beschreibung der Parameter siehe Tabelle unten) für die Eigenschaft WordApplication1->Documents ein neues, leeres Worddokument erzeugt. Mit dem Methodenaufruf WordApplication1->Selection->Font->set_Size(TVariant(22.0)) wird die Schriftgröße des aktuellen Absatzes auf 22 gesetzt. Um den Aufruf für diese Funktionen zu vereinfachen, können Sie die weiteren Elemente der OfficeXP-VCL-Objekte einsetzen. Wenn Sie mit der Anweisung WordFont1->ConnectTo(WordApplication1->Selection->Font) die Fonteigenschaft des aktuellen Dokuments Ihrer WordApplication an das Element WordFont1 binden, können

Sie anschließend direkt mit WordFont1->set_Size(TVariant(22.0)) die Schriftgröße verändern. Da die COM-Schnittstelle im Gegensatz zu der C/C++-Anwendung mit anderen Datentypen und auch mit einem anderen Zeichensatz arbeitet, ist es notwendig, die Parameter beim Methodenaufruf als Initialisierungsparameter für ein Objekt der Klasse TVariant zu übergeben. Dieses Objekt sorgt dafür, dass z. B. ein C++-Stringobjekt, das den ASCII-Zeichensatz verwendet, in das Unicode-Format umgewandelt und der COM-Schnittstelle übergeben wird. Die meisten Methodenaufrufe sind leicht zu verstehen, so wird mit der Anweisung set_Bold(true) Fettschrift eingeschaltet und mit set_Bold(false) wieder ausgeschaltet. Wenn Sie in den Editoroptionen den Menüpunkt Codecompletion (Codevervollständigung) eingeschaltet haben, werden Sie zur Entwicklungszeit über die Datentypen der Übergabeparameter informiert. Allerdings muss gesagt werden, dass Sie einen leistungsfähigen Entwicklungsrechner benötigen, denn bei der Vervollständigung des Quellcodes müssen immer alle Deklarationen der entsprechenden Headerdatei ausgewertet werden.

Bei einigen Methodenaufrufen ist es jedoch schwieriger, den Datentyp für die Parameterübergabe zu bestimmen. Die Methode set_Underline() erwartet einen Parameter vom Typ wdUnderline. Hierbei handelt es sich um eine Aufzählungstyp-Konstante. Der Datentyp Aufzählung (enum) erlaubt es, statt einer Menge von konstanten Integerwerten entsprechende Bezeichner zu verwenden. Zum Beispiel wird in der folgenden Deklaration:

```
typedef enum wdUnderline
{
   wdUnderlineNone = 0,
   wdUnderlineSingle = 1,
   wdUnderlineWords = 2,
   wdUnderlineDouble = 3,
   // … und weitere
} wdUnderline;
```

der Aufzählungstyp wdUnderline definiert. Erwartet eine Methode als Übergabeparameter den Datentyp wdUnderline, so können Sie als Parameter z. B. die Konstante wdUnderlineNone oder den Integerwert 0 übergeben. Da die Bezeichner jedoch meistens mnemotechnisch aufgebaut sind, empfiehlt sich die Verwendung dieser Konstanten.

Die folgende Tabelle enthält eine Übersicht sowie eine Kurzbeschreibung der wichtigsten Methoden für den Zugriff auf ein Word-Dokument:

Objekt	Methode	Beschreibung
WordApplication	Connect()	Verbindung zu Word herstellen
WordApplication	Quit()	Word schließen
WordApplication	Disconnect()	Verbindung zu Word lösen
WordApplication	set_Visible(bool)	Eigenschaft Visible setzen, um Word sichtbar/unsichtbar zu machen
WordApplication ->Documents	Add()	Neues Dokument hinzufügen 1. Parameter: Name der Dokumentvorlage, die mit dem neuen Dokument verwendet werden soll (ohne Parameter: Vorlage Normal). 2. Parameter: Dokument wird als Vorlage geöffnet, wenn dieser Parameter true ist. 3. Parameter: Dokumenttyp (wdNewBlankDocument: neues leeres Worddokument, wdNew EmailMessage: neue E-Mail u. a.) 4. Parameter: Sichtbarkeit des Dokumentes
WordApplication ->Selection	TypeParagraph()	Neuen Absatz einfügen
WordApplication ->Selection	TypeText(wchar_t Text)	Text an aktueller Position einfügen
Font, Paragraph-Format u. a.	ConnectTo()	Komponente mit Objekt verbinden
Font	set_Size(float)	Schriftgröße festlegen
Font	set_Bold(bool)	Schrift fett ein-/ausschalten
Font	set_Name(wchar_t Text)	Schriftart (im Format wide character – 2 Byte-Textformat)
Font	set_Underline (wdUnderline)	Unterstreichungsart einstellen
ParagraphFormat	set_Alignment (wdParagraphAlignment)	Absatz ausrichten

87 AUFGABE

Mit dem Programm VERKKALK3_Project.BDSPROJ (Aufgabe 75) wird eine Verkaufskalkulation direkt auf dem Drucker ausgegeben. Implementieren Sie einen zusätzlichen Menüpunkt, um die Verkaufskalkulation als Worddokument auszugeben. Achten Sie auf eine ansprechende Formatierung. Falls Sie neue Objekte und Methoden verwenden wollen, können Sie zunächst ein Makro aufzeichnen, die Visual Basic-Befehle analysieren und anschließend die Headerdatei Word_XP.h nach den benötigten Methoden durchsuchen. Speichern Sie das Projekt unter dem Namen VERKKALK4_Project.BDSPROJ ab.

3.8.3 Automatische Erstellung eines Microsoft Excel-Dokuments

Die statistische Auswertung und die Visualisierung der Ergebnisse in grafischer Form sind für betriebswirtschaftliche Analysen besonders wichtig. Häufig wird dazu Microsoft Excel eingesetzt. Die folgende Anwendung demonstriert, wie Informationen einer Datenbanktabelle zunächst in einer Excelarbeitsmappe aufbereitet und in Form eines Balkendiagramms grafisch ausgewertet werden. Das Hauptfenster der Anwendung hat in der Entwicklungsumgebung folgendes Aussehen:

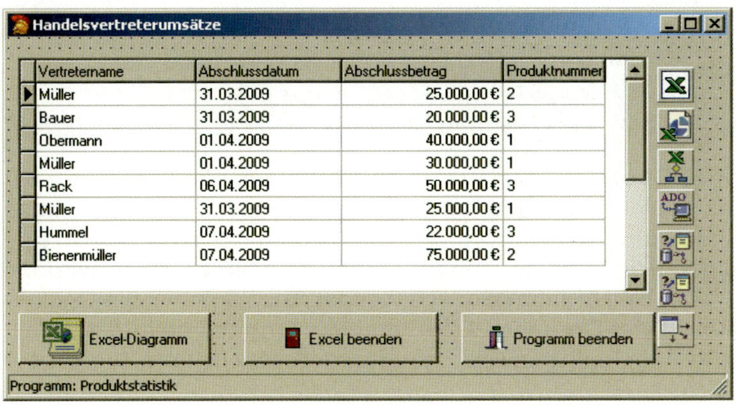

Hauptfenster: Excel-Automation

Die BitButton-Komponenten, die Panel-Komponente sowie das Hauptfenster entsprechen in ihren Eigenschaftseinstellungen der Anwendung zur Automation von Microsoft Word. Die Eigenschaftswerte der weiteren Komponenten sind der nachfolgenden Tabelle zu entnehmen.

Komponenten: Formular zur Excel-Automation

Komponente	Bezeichnung der Komponente	Eigenschaft	Wert der Eigenschaft
ExcelApplication	ExcelApplication1		(Standardeinstellungen)
ExcelWorksheet	ExcelWorksheet1		(s. ExcelApplication1)
ExcelChart	ExcelChart1		(s. ExcelApplication1)

Komponente	Bezeichnung der Komponente	Eigenschaft	Wert der Eigenschaft
ADOConnection	ADOConnectionHVUmsatz	ConnectionString	mit Editor aufbauen
		KeepConnection	true
		LoginPrompt	false
		Active	true
ADODataSet	ADODataSetHVUmsatz	Connection	ADOConnectionHVUmsatz
		CommandText	select * from hvumsatz
		Active	true
DataSource	DataSourceHVUmsatz	DataSet	ADODataSetHVUmsatz
ADODataSet	ADODataSetHVUmsatz-Sum	Connection	ADOConnectionHVUmsatz
		CommandText	select produktnummer, sum(abschlussbetrag) from hvumsatz group by produkt-nummer
		Active	true
DBGrid	DBGrid1	DataSource	DataSourceHVUmsatz

Die Komponente ADODataSetHVUmsatz wird benutzt, um alle Datensätze der Tabelle HVUmsatz in einer DBGrid-Komponente anzuzeigen. Für die Erstellung des Excel-Worksheets und des entsprechenden Diagramms muss jedoch eine gruppierte Abfrage nach Produktnummern ausgeführt werden. Dazu wird die Komponente ADODataSetHVUmsatzSum verwendet. Die Logik für die OnClick-Routine des Buttons Excel-Diagramm kann in einem Struktogramm dargestellt werden. Es entspricht der logischen Grundstruktur des sequenziellen Zugriffs auf eine Datei.

Programm: Excel-Automation (Diagramm Produktstatistik)
Variablen deklarieren (Zeile = 2, RangeZeiger)
Excel starten
Neue Arbeitsmappe erzeugen Excel-Komponenten verbinden
Excel-Spaltenüberschriften setzen (Produktnummer, Umsatzsumme)
Temporäre Tabelle (Gruppierte Abfrage Produktgruppen) öffnen
1. Datensatz Produktgruppen lesen

Solange nicht EOF (Produktgruppen)	
	Ausgabe: Produktnummer in Spalte 1, Zeile
	Ausgabe: Summe für Produkt in Spalte 2, Zeile
	Nächsten Datensatz Produktgruppen lesen
	Zeile <- Zeile + 1
Produktgruppenabfrage schließen	
Excel-Tabelle formatieren (Überschrift, Produktnummer, Summe)	
Excel-Diagramm erzeugen (Bereich, ChartTyp und Anzeigeort festlegen)	
Programmende	

Für die automatische Erstellung einer Excel-Tabelle und eines Diagramms benötigen Sie aus der Kategorie OfficeXP der Tool-Palette des C++Builders die Komponenten ExcelApplication, ExcelWorksheet und ExcelChart. Diese nicht visuellen Komponenten können Sie an einer beliebigen Stelle Ihres Formulars ablegen. Die Standardeinstellungen der Eigenschaften dieser Objekte können übernommen werden. Der Zugriff auf diese Komponenten erfolgt in den Methoden des Formulars HauptFenster (siehe unten).

Die statistische Auswertung soll für die Produkte des Unternehmens durchgeführt werden. Deshalb wird eine nach Produktnummern gruppierte SQL-Abfrage an die Tabelle HVUmsatz der Datenbank HV.MDB ausgeführt. Dazu benötigen wir eine ADODataSet- und eine Datasource-Komponente, um die Abfrage an die Datenbank absenden zu können. Um alle Datensätze anzuzeigen, wird eine zweite ADODataSet-Komponente verwendet, mit der die Datensätze in einer DBGrid angezeigt werden. Klickt der Anwender auf den Button Exceldiagramm erstellen, wird die On-Click-Routine des Buttons ausgeführt.

```
//-----------------------------------------------------------
void __fastcall THauptFenster::BitBtnExcelDiagrammClick
                 (TObject
                 *Sender)
{
   int Zeile = 2;
   ExcelRange *RangeZeiger;
   // Start von Excel
   ExcelApplication1->Connect();
   // Neue Excel-Tabelle erzeugen
   ExcelApplication1->Workbooks->Add(TVariant
   (xlWBATWorksheet),
      TDefLCID());
   ExcelWorksheet1->ConnectTo(ExcelApplication1->Active
   Sheet);
   ExcelWorksheet1->Cells->set_Item(TVariant(1),
   TVariant("A"),
```

```
        TVariant("Produktnummer"));
    ExcelWorksheet1->Cells->set_Item(TVariant(1),
    TVariant("B"),
        TVariant("Umsatzsumme"));
    ADODataSetHVUmsatzSum->Active = true;
    ADODataSetHVUmsatzSum->First();
    while(ADODataSetHVUmsatzSum->Eof != true)
    {
        ExcelWorksheet1->Cells->set_Item(TVariant(Zeile),
        TVariant("A"),
        TVariant(ADODataSetHVUmsatzSum->Fields->Fields[0]
        ->AsString));
        ExcelWorksheet1->Cells->set_Item(TVariant(Zeile),
        TVariant("B"),
        TVariant(ADODataSetHVUmsatzSum->Fields->Fields[1]
        ->AsFloat));
        ADODataSetHVUmsatzSum->Next();
        Zeile++;
   };
   // Excel sichtbar machen
   ExcelApplication1->set_Visible(TDefLCID(),true);
   // Tabelle formatieren
   RangeZeiger = ExcelWorksheet1->get_Range(TVariant("A1"),
      TVariant("B1"));
   RangeZeiger->Font->set_Bold(TVariant(true));
   RangeZeiger->Columns->AutoFit();
   RangeZeiger = ExcelWorksheet1->get_Range(TVariant("B2"),
      TVariant("B4"));
   RangeZeiger->set_NumberFormat(TVariant("###.##0,00 EUR"));
   // Excel-Diagramm erzeugen
   ExcelApplication1->Charts->Add(TVariant(EmptyParam),
      TVariant(EmptyParam), TVariant(EmptyParam),
      TVariant(EmptyParam), TVariant(TDefLCID()));
   ExcelChart1->ConnectTo(ExcelApplication1->ActiveChart);
   RangeZeiger = ExcelWorksheet1->get_Range(TVariant("B2"),
      TVariant("B4"));
   ExcelChart1->SetSourceData(RangeZeiger, TVariant
   (EmptyParam));
   ExcelChart1->set_ChartType(xl3DColumnClustered);
   ExcelChart1->Location(xlLocationAsObject, TVariant
   ("Tabelle1"));
}
//-----------------------------------------------------------
void __fastcall THauptFenster::BitBtnExcelBeendenClick
                   (TObject
                   *Sender)
{
   // Excel beenden
   ExcelApplication1->Quit();
   ExcelApplication1->Disconnect();
```

```
56  }
57  //---------------------------------------------------
```

Zu Beginn der OnClick-Routine werden zwei lokale Variablen deklariert. Die Variable Zeile wird benötigt, um die Zeilen der Ergebnismenge der gruppierten Abfrage in die Exceltabelle schreiben zu können. Die Pointervariable RangeZeiger vom Typ ExcelRange wird für die Formatierung von Bereichen einer Tabelle benötigt. Nach dem Start von Excel wird eine neue Tabelle erzeugt (ExcelApplication1 ->Workbooks->Add(TVariant(xlWBATWorksheet), TDefLCID())); 1. Parameter: Excelworksheet, 2. Parameter: Ländercode-ID des Systems).

Die Komponente ExcelWorksheet1 wird mit der aktuellen Tabelle verbunden. Mit der Methode set_Item() für die Eigenschaft ExcelWorksheet1->Cells können Sie einen Wert in die entsprechende Zelle der Tabelle schreiben. Die drei Parameter dieser Methode sind:

1. Zeile,
2. Spalte und
3. Wert, der in die Tabelle geschrieben werden soll.

Nach dem Schreiben der Spaltenüberschriften wird die Abfrage (ADODataSet-HVUmsatzSum) geöffnet und es wird in der Ergebnismenge auf den ersten Satz positioniert. Nun werden in einer Schleife alle Sätze der Ergebnismenge verarbeitet, d.h. die beiden Felder der Abfrage (Fields[0] und Fields[1]) werden im Stringformat bzw. als Gleitkommazahl in die Spalte 1 bzw. Spalte 2 der aktuellen Zeile in die Tabelle geschrieben. Nach der Verarbeitung eines Satzes kann der nächste Satz gelesen (ADOData-SetHVUmsatzSum->Next()) und der Zeilenzähler hochgezählt werden. In der Programmzeile 29 wird Excel sichtbar gemacht. Die Komponentfunktion set_Visible() für Excel erfordert im Gegensatz zur Methode für Word zwei Parameter. Der erste Parameter ist ein Objekt der Klasse TDefLCID einer ID für den Ländercode des Systems. Hier wird die Sprache, das Datums- und Währungsformat, das zur Anwendung kommen soll, festgelegt. Wird ein Objekt ohne Parameter erzeugt, so werden hier die Default-Einstellungen des Rechners verwendet.

Der zweite Parameter, ein boolscher Wert, legt fest, ob Excel sichtbar bzw. unsichtbar ist. Für die Formatierung der Exceltabelle wird die Methode get_Range() verwendet, um einen Bereich zu aktivieren. Der Rückgabewert der Methode get_Range(), ein Zeiger auf einen Bereich der Exceltabelle, wird in der lokalen Variablen RangeZeiger gespeichert. Die folgenden Methodenaufrufe für Fettschrift (set_Bold()), Spalte auf optimale Breite setzen (Columns->AutoFit()) und Formatierung im Währungsformat (set_NumberFormat()) beziehen sich immer auf den aktivierten Bereich der Exceltabelle. Nach der Formatierung der Tabelle wird ein neues Diagramm eingefügt (Zeile 39) und das Objekt ExcelChart1 wird mit dem aktiven Diagramm verbunden. Nun können Sie die Datenquelle für das Diagramm bestimmen (Zeilen 45) und durch Aufruf der Methode SetSourceData() für das Diagramm festlegen. Diese Komponentenfunktion erwartet zwei Parameter. Für den zweiten Parameter wird als Wert EmptyParam angegeben (Zeile 45). Da an dieser Stelle kein Parameter übergeben wird, wird die Standardeinstellung für diesen Übergabewert (hier: Verwendung des Datenbereichs in Form von Spalten) verwendet. Diese Möglichkeit, keinen speziellen Wert anzugeben, erleichtert vor allem bei Methoden wie z.B. Öffnen oder Speichern von Dateien, die z.T. mehr als zehn Parameter erfordern, den Methodenaufruf. Mit dem Methodenaufruf set_ChartType() wird der Diagrammtyp (hier: 3-dimensionales Balkendiagramm) bestimmt. In der Programmzeile 47 wird schließlich noch festgelegt, dass das Diagramm als Objekt in der aktuellen Tabelle dargestellt wird. In der OnClick-Routine des Buttons Excel beenden wird Excel geschlossen und die Verbindung zwischen dem Objekt ExcelApplication1 und Excel abgebaut.

AUFGABE 88

Die Tabelle HVUmsatz soll nach Handelsvertretern ausgewertet werden. Die Anteile der Handelsvertreter sollen in einer Exceltabelle ausgegeben (Umsatzsumme je Vertreter) und in einem Kreisdiagramm visualisiert werden. Speichern Sie das Projekt unter dem Namen OfficeAutomationEXCEL2_Project.BDSPROJ ab.

3.8.4 Web-Browser

In einer modernen Anwendungsumgebung kommt dem Zugriff auf das Internet eine hohe Bedeutung zu. Die Nutzung der angebotenen Internetdienste erfolgt z.B. über Web-Browser, Email- oder FTP-Clients. Zur Nutzung dieser Dienste gibt es auf dem Markt eine Reihe von Programmen, die Ihnen häufig sogar kostenlos zur Verfügung gestellt werden. Wenn Sie jedoch die Integration dieser Technologien in eigene Anwendungen beabsichtigen (z.B. Integration von Internet und Intranet oder Darstellung von HTML-Dateien), müssen Sie sich mit dem Zugriff auf diese Schnittstellen auseinandersetzen. Der C++Builder stellt Ihnen auch für diese Anwendungsbereiche in der VCL bereits fertige Komponenten zur Verfügung, die Sie in Ihren Programmen einsetzen können. Die Erstellung eines Web-Browsers soll die Verwendung dieser Komponenten verdeutlichen.

Die wichtigste Komponente eines Browsers ist die HTML-Komponente, die HTML-Dateien anfordern und auf dem Bildschirm darstellen kann. Der C++Builder (ab Version 5) verwendet ein ActiveX-Steuerelement von Microsoft mit dem Zugriff auf die neueste Version der HTML-Komponente des Microsoft Internetexplorers. Dadurch ist die Unterstützung von neuen Internettechnologien gewährleistet. Die Komponente wird auf dem Registerblatt Internet der VCL-Komponentenpalette zur Verfügung gestellt. Ein Screenshot und die Tabelle Komponenten der Anwendung geben Aufschluss über die verwendeten VCL-Elemente.

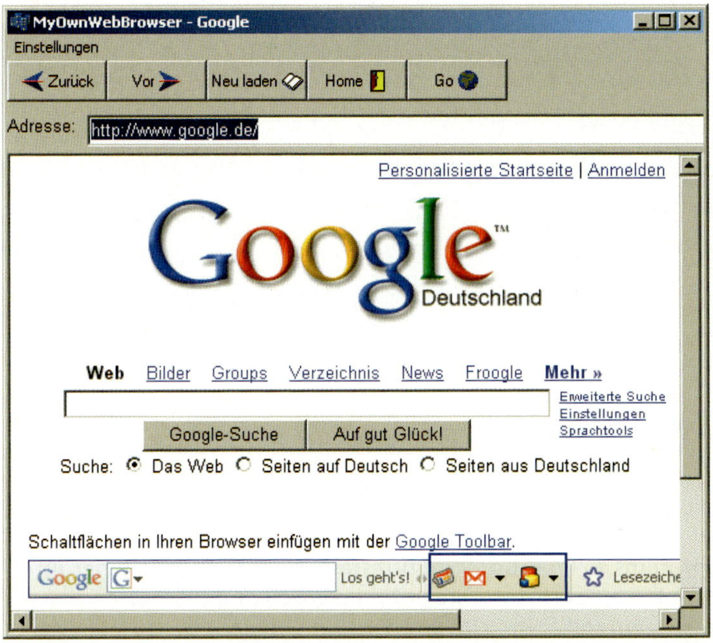

Hauptfenster: Web-Browser

Komponenten: Hauptfenster der Anwendung Web-Browser

Komponente	Bezeichnung der Komponente	Eigenschaft	Wert der Eigenschaft
Form	HauptFenster	Caption	MyOwnWebBrowser
MainMenu	MainMenu1		
MenuItem	Einstellungen1	Caption	Einstellungen
MenuItem	HistoryListeloe-schen1	Caption	History Liste löschen
MenuItem	Autocomplete1	Caption	Auto complete
		Checked	true
ToolBar	ToolBar1	Align	alTop
BitBtn	BitBtnBack	Caption	Zurück
			Bitmap-Datei laden (gilt auch für alle anderen BitBtns)
BitBtn	BitBtnForward	Caption	Vor
BitBtn	BitBtnGo	Caption	Go
BitBtn	BitBtnHome	Caption	Home
BitBtn	BitBtnRefresh	Caption	Neu laden
Panel	Panel1	Caption	(blank)

Komponente	Bezeichnung der Komponente	Eigenschaft	Wert der Eigenschaft
		Align	alTop
Label	Label1	Caption	Adresse:
ComboBox	ComboBoxURL	Anchors	akLeft, alTop, akRight auf true setzen
		Auto Complete	true (ab Version 6 verfügbar)
		Text	(blank)
CppWeb-Browser	CppWebBrowser1	Align	alClient

Beim Start des Programms soll das Kombinationsfeld für die Eingabe einer Internetadresse mit den Daten einer Historyliste gefüllt werden und die letzte Seite der vorherigen Internetsitzung soll angezeigt werden. Sinnvollerweise wird der Konstruktor des Formulars des Web-Browsers für diese Funktionalität verwendet.

```
 1  //---------------------------------------------------------------
 2  __fastcall THauptFenster::TFormHauptFenster(TComponent*
    Owner)
 3  : TForm(Owner)
 4  {
 5     if(FileExists("history.ini"))
 6     {
 7        ComboBoxURL->Items->LoadFromFile("history.ini");
 8        WebAdresse  = ComboBoxURL->Items->Strings[0];
 9     }
10     else
11     {
12        WebAdresse = "";
13     }
14     CppWebBrowser1->Navigate(TVariant(WebAdresse));
15  }
16  //---------------------------------------------------------------
```

Im Konstruktor des Hauptfensters der Anwendung wird überprüft, ob die Datei „history.ini“ im aktuellen Verzeichnis existiert. Wenn das der Fall ist, wird die Datei mit der Methode LoadFromFile() in die Eigenschaft Items des Kombinationsfeldes eingelesen. Außerdem wird das AnsiString-Objekt WebAdresse, das in der Headerdatei des Formulars deklariert ist, mit dem ersten Eintrag der Stringliste belegt (Zeile 8). Wird die Datei „history.ini“ nicht gefunden, so wird WebAdresse mit einem Blank belegt. In der Programmzeile 14 erfolgt der Aufruf einer Webseite. Die Klasse TCppWebBrowser stellt die Methoden zum Zugriff auf lokale und im Internet verfügbare Seiten zur Verfügung. Mit der Klasse TCppWebBrowser können

Sie auf die Browser-Funktionen der Microsoft-Systembibliothek SHDOCVW.DLL zugreifen. Sie können auf diese Weise angepasste Web-Anwendungen erstellen oder Ihre C++Builder-Programme um Funktionen für die Internet/Intranet-Kommunikation, das Anzeigen von lokalen HTML-Dokumenten und für den Download von Dateien erweitern. Für den Aufruf einer Webseite steht die Methode Navigate() zur Verfügung. Mit Navigate() können Sie eine bestimmte Ressource suchen und herunterladen. Die Methode sendet eine HTTP-Nachricht an die angegebene URL (bzw. lokale Adresse) und zeigt das Ergebnis an. Diese Komponentfunktion erwartet als Übergabeparameter die Adresse der angeforderten Seite in Form eines TVariant-Objektes. Da das C++-Stringobjekt WebAdresse den ASCII-Zeichensatz verwendet, die Komponente CppWebBrowser jedoch einen String im Unicodeformat benötigt, muss beim Aufruf der Methode zum Navigieren dieser String in ein Objekt der Klasse TVariant konvertiert werden (Programmzeile 14).

Neue Webseiten kann der Anwender entweder durch die Eingabe einer URL im Kombinationsfeld der Anwendung oder durch das Anklicken eines Links auf der aktuell im Web-Browser angezeigten Seite aufrufen. Die Historyliste und die Information in der Titelzeile des Browsers müssen nun angepasst werden. Die Klasse TCppWebBrowser stellt dem Programmierer verschiedene Ereignisse zur Verfügung, die für die Anpassung verwendet werden können. Mit der Ereignisbehandlungsroutine für OnDocumentComplete können bestimmte Aktionen durchgeführt werden, nachdem ein Frame oder Dokument vollständig in die Browser-Komponente geladen wurde. Bei einem Dokument ohne Frames tritt das Ereignis nur einmal auf. Bei Dokumenten mit mehreren Frames wird es zuerst für jeden Frame und dann noch einmal nach dem Laden des gesamten Dokuments ausgelöst. Die Methode CppWebBrowser1DocumentComplete() kann für die oben beschriebenen Anforderungen verwendet werden.

```
1  //----------------------------------------------------------
2  void __fastcall THauptFenster::CppWebBrowser1DocumentComplete(
3  TObject *Sender, LPDISPATCH pDisp, Variant *URL)
4  {
5     int i;
6     i = ComboBoxURL->Items->IndexOf(CppWebBrowser1->LocationURL);
7     if(i == -1 && CppWebBrowser1->LocationURL.IsEmpty() != true)
8        ComboBoxURL->Items->Insert(0, CppWebBrowser1->LocationURL);
9     else
10       ComboBoxURL->Items->Move(i, 0);
11
12    ComboBoxURL->Text = CppWebBrowser1->LocationURL;
13    FormHauptFenster->Caption = "MyOwnWebBrowser - "
14       + CppWebBrowser1->LocationName;
15 }
16 //----------------------------------------------------------
```

Wenn das Laden eines Dokuments beendet ist, muss überprüft werden, ob das angeforderte Element bereits in der Historyliste enthalten ist. Die Eigenschaft

LocationURL enthält die Bezeichnung der aktuellen Seite. Für die Suche, ob die aktuelle URL in der Historyliste enthalten ist, wird die Methode IndexOf() der Klasse TStringList verwendet. Die Methode IndexOf() gibt die Position eines Strings in der Liste zurück. Hierbei ist zu berücksichtigen, dass die Indizierung – wie in C/C++ üblich – bei 0 beginnt und bei n-1 endet. Sollte der gesuchte String nicht in der Liste enthalten sein, so gibt die Funktion den Wert -1 zurück. Falls der Eintrag bisher nicht in der Stringliste Items des Kombinationsfeldes ComboBoxURL enthalten und die URL nicht „leer" ist (CppWebBrowser1->LocationURL.IsEmpty() != true), wird die aktuelle Adresse mit der Methode Insert() der Stringliste an der ersten Stelle (Index 0) eingefügt (Zeile 9). Sollte die Adresse jedoch schon als Eintrag in der Liste existieren, wird dieser Eintrag mit der Methode Move() von der aktuellen Stelle in der Liste (i) an die erste Position (Stelle 0) bewegt. Damit im Auswahlfenster des Kombinationsfelds die Adresse des im Web-Browser dargestellten Elements erscheint, wird die Eigenschaft Text des Objektes ComboBoxURL mit der aktuellen Adresse (CppWebBrowser1->LocationURL) belegt. Schließlich soll noch die Titelzeile der Anwendung aktualisiert werden. Hierzu könnte man ebenfalls den Inhalt der Eigenschaft LocationURL verwenden. Die Klasse TCppWebBrowser verfügt aber auch noch über die Eigenschaft LocationName. Mit LocationName können Sie den Namen der aktuell in der WebBrowser-Komponente angezeigten Ressource abrufen. Bei einer HTML-Seite aus dem Web enthält die Eigenschaft den Titel der Seite. Bei einem Verzeichnis oder einer Datei im lokalen Netzwerk bzw. auf der Festplatte gibt LocationName den vollständigen UNC-Namen (Universal Naming Convention UNC-Pfad ohne Laufwerksverknüpfung) an.

Der Aufbau für die OnClick-Routinen der Buttons Vor, Zurück, Neu laden und Home sind sehr einfach. Es werden die Methoden GoBack(), GoForward(), Refresh() bzw. GoHome() der Klasse TCppWebBrowser aufgerufen. Der OnClick-Routine des Buttons Zurück können Sie die Verwendung dieser Methoden entnehmen.

```
//-------------------------------------------------------------
void __fastcall THauptFenster::BitBtnBackClick(TObject
*Sender)
{
   CppWebBrowser1->GoBack();
}
//-------------------------------------------------------------
```

Die Methoden GoBack(), GoForward() und Refresh() verwenden eine interne Liste der Browserkomponente, um in den Einträgen der aktuellen Websitzung zu navigieren. Die Methode GoHome() hingegen liest den Registrierungseintrag für die Startseite des Microsoft Internet Explorers aus und fordert diese Seite an.

Fordert der Anwender Webseiten durch Eingabe einer Adresse und Drücken der Return-Taste im Kombinationsfeld an bzw. klickt er auf den Button Go der Toolbar, so soll diese Seite im Browser angezeigt werden.

```
//-------------------------------------------------------------
void __fastcall THauptFenster::ComboBoxURLKeyDown(TObject
*Sender,
   WORD &Key, TShiftState Shift)
{
```

```
5     if(Key == VK_RETURN)
6     BitBtnGoClick(Sender);
7  }
8  //--------------------------------------------------------
9  void __fastcall THauptFenster::BitBtnGoClick(TObject
   *Sender)
10 {
11    WebAdresse = ComboBoxURL->Text;
12    CppWebBrowser1->Navigate(TVariant(WebAdresse));
13 }
14 //--------------------------------------------------------
```

Wenn bei der Eingabe in das Kombinationsfeld eine Taste gedrückt wird, wird das Ereignis OnKeyDown dieses Feldes ausgelöst. Deshalb wird in der Methode überprüft, ob die Return-Taste gedrückt wurde (Key == VK_RETURN). Ist das der Fall, wird die Methode BitBtnGoClick() aufgerufen. Diese Methode erwartet als Übergabeparameter einen Pointer auf das Objekt, das diese Methode aufruft. Für jedes Element der VCL existiert dieser Zeiger in Form der Eigenschaft Sender. Die Methode BitBtnGoClick() enthält nun den Navigationsaufruf der angeforderten Seite (Zeilen 11 und 12).

Die folgenden Programmzeilen enthalten den Quellcode der restlichen Methoden.

```
//--------------------------------------------------------
void __fastcall THauptFenster::HistoryListeloeschen1Click(
   TObject *Sender)
{
   ComboBoxURL->Items->Clear();
}
//--------------------------------------------------------
void __fastcall THauptFenster::Autocomplete1Click(TObject
*Sender)
{
   if(Autocomplete1->Checked == true)
   {
      Autocomplete1->Checked = false;
      ComboBoxURL->AutoComplete = false;
   }
   else
   {
      Autocomplete1->Checked = true;
      ComboBoxURL->AutoComplete = true;
   }
}
//--------------------------------------------------------
void __fastcall THauptFenster::FormClose(TObject *Sender,
   TCloseAction &Action)
{
   ComboBoxURL->Items->SaveToFile("history.ini");
}
//--------------------------------------------------------
```

Im Menüpunkt History-Liste löschen werden alle Einträge der Stringliste Items der ComboBoxURL mit der Methode Clear() gelöscht.

Die Eigenschaft AutoComplete steuert, ob das Kombinationsfeld automatisch Wörter ergänzt, deren Anfang der Benutzer eingibt, indem der erste Eintrag im Listenfeld ausgewählt wird, welcher der Benutzereingabe entspricht. Beim Einschalten/Ausschalten der Funktion AutoComplete muss überprüft werden, ob diese Funktion zurzeit aktiviert ist. Wenn sie aktiviert ist, wird das Häkchen vor dem Menüeintrag entfernt (Zeile 12) und die Property AutoComplete von ComboBox URL wird auf false gesetzt. Falls die automatische Ergänzung nicht eingeschaltet sein sollte, werden die Eigenschaft Checked des Menüpunktes und AutoComplete des Kombinationsfeldes auf true gesetzt.

Beim Beenden der Web-Browser-Anwendung werden schließlich noch die Einträge der Stringliste des Kombinationsfeldes mit der Methode SaveToFile() in der Datei „history.ini" gespeichert, damit der Anwender in der nächsten Sitzung wieder die zuvor angeforderten Webseiten aus der Liste auswählen kann.

AUFGABE 89

Erzeugen Sie die im Kapitel 3.8.4 dargestellte Funktionalität eines Web-Browsers. Die Funktionalität des Browsers soll jedoch noch erweitert bzw. verbessert werden. Fügen Sie dazu in den Web-Browser eine StatusBar-Komponente mit zwei Panels ein. Im ersten Panel soll der Fortschritt beim Laden eines Dokuments angezeigt werden. Dazu ist eine ProgressBar zu verwenden. Diese Komponente lässt sich jedoch nicht per Drag and Drop in der StatusBar platzieren. Deshalb können Sie die Komponente zunächst an beliebiger Stelle Ihres Formulars ablegen. In den Konstruktor Ihres Hauptfensters müssen Sie folgende Zeilen einfügen:

```
ProgressBar1->Parent = StatusBar1;
ProgressBar1->Top = 2;
ProgressBar1->Left = 2;
```

Die ProgressBar-Komponente wird somit der StatusBar1 untergeordnet und entsprechend der Angaben für den linken und oberen Rand in der übergeordneten Komponente (= Container) dargestellt. Für die Browserkomponente existiert das Ereignis OnProgressChange, das zur Aktualisierung der ProgressBar verwendet werden kann. Zur Aktualisierung der Eigenschaft Progress der ProgressBar können Sie die lokale Variable Progress der Methode CppWebBrowser1ProgressChange() verwenden. Im zweiten Panel soll der Text „Lade ..." bzw. „Fertig ..." stehen. Beim Beginn eines Ladevorgangs eines Dokuments wird das Ereignis OnDownloadBegin und am Ende des Ladevorgangs das Ereignis OnDownloadComplete ausgelöst.

Der Web-Browser soll auch für eine Web-Show genutzt werden können. Dazu ist ein Hauptmenüpunkt Datei mit folgenden Unterpunkten einzufügen:

- Web-Show-Datei laden
- Web-Show neu beginnen
- Web-Show beenden
- Beginn Web-Show aufzeichnen
- Ende Web-Show aufzeichnen

In einer Web-Show-Datei sollen Web-Adressen, die im Browser nacheinander angezeigt werden sollen, festgelegt werden. Durch den Aufruf des Menüpunktes Datei laden soll der Inhalt der Textdatei in eine von Ihnen deklarierte Stringliste eingelesen werden. Durch Anklicken eines zusätzlichen Buttons der

Toolbar soll die nächste Seite der Web-Show aufgerufen werden. Wenn die Web-Show beendet ist, muss der Button WebShow wieder deaktiviert werden. Das Ende lässt sich daran erkennen, dass alle Zeilen der Stringliste (= anzuzeigende Webseiten) dargestellt wurden. Wird der Menüpunkt Web-Show neu beginnen aufgerufen, so soll wieder die erste Seite entsprechend der Web-Show-Datei angezeigt werden.

Beim Aufruf des Menüpunktes Beginn Web-Show aufzeichnen sollen in einer Stringliste die ab diesem Zeitpunkt aufgerufenen Seitenadressen erfasst werden. Ruft der Benutzer den Menüpunkt Ende Web-Show aufzeichnen auf, soll die Aufzeichnung beendet werden und der Benutzer wird mit einem Datei-Speichern-Dialog aufgefordert, den Namen und Pfad für die neue Web-Show-Datei festzulegen.

3.8.5 Zugriff auf die Registrierdatenbank

Bei Anwendungen für Windows 3.1 war es üblich, Initialisierungsinformationen eines Programms wie z. B. Fenstergrößen, Fensterpositionen oder die Bezeichnung und den Pfad der zuletzt bearbeiteten Datei in Initialisierungsdateien (meist Textdateien mit der Erweiterung INI) abzulegen. Es besteht zwar immer noch die Möglichkeit, in dieser Form Konfigurationsinformationen zur Verfügung zu stellen, aber dieses Konzept hat vor allem den Nachteil, dass z. B. unbedarfte Anwender den Inhalt dieser Dateien verändern können und dadurch eventuell das korrekte Ausführen eines Programmes verhindert wird. Will man diesen Nachteil vermeiden, so muss man die Windows-Registry verwenden. Die Registrierdatenbank enthält neben den Initialisierungsinformationen für Software auch die wichtigsten Informationen über die Systemkonfiguration (Hardware und Software) sowie Userinformationen. Die Registry wird nicht nur beim Start des Betriebssystems benötigt, sondern auch zur Laufzeit werden Informationen gelesen und neue Daten abgespeichert.

3.8.5.1 Aufbau der Registry

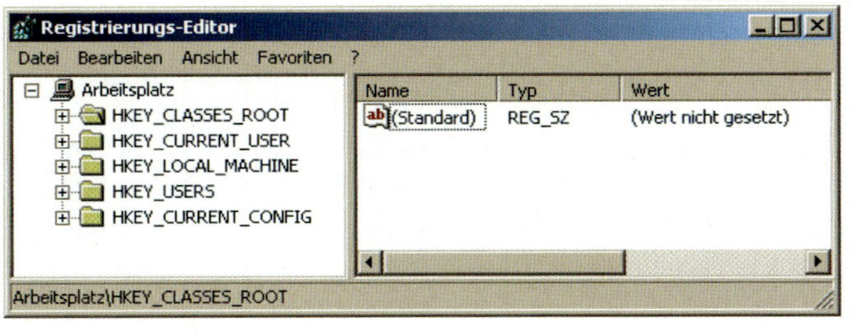

Die Windows-Registry (hier Windows XP) ist nach hierarchischen Gesichtspunkten in eine Baumstruktur aufgegliedert. Auf der obersten Ebene enthält die Registrierdatenbank fünf Hauptschlüssel. Jeder Hauptschlüssel verzweigt in einer baumartigen Struktur in weitere Schlüssel. Jeder Schlüssel kann Unterschlüssel sowie Datenwerte enthalten, die einen bestimmten Teil der Konfigurationsinformationen repräsentieren. Die Schachtelung eines Schlüssels in Unterschlüssel kann auf mehreren Ebenen erfolgen.

Die beiden Schlüssel HKEY_LOCAL-MACHINE sowie HKEY_USERS sind die wichtigsten Schlüssel der Registry. Sie enthalten ca. 90 Prozent der gesamten Information. Die Schlüssel HKEY_CLASSES_ROOT, HKEY_CURRENTUSER und HKEY_CURRENT_CONFIG können als Alias für die beiden erstgenannten Schlüssel betrachtet werden und enthalten einen Teil des Inhalts dieser Hauptschlüssel.

Registrierschlüssel HKEY_CLASSES_ROOT
Der erste Hauptschlüssel HKEY_CLASSES_ROOT enthält Informationen über OLE (Object Linking and Embedding), Drag and Drop-Operationen, Shortcuts und Dateinamenserweiterungen, etwa EXE, BPR, DOC usw. Die meisten Erweiterungen haben keine Unterschlüssel und besitzen Zeichenkettenwerte im Schlüssel Standard wie „exefile" für EXE-Dateien oder „BCBProjectFile" für BPR-Dateien. Weiter unten im Hauptschlüssel HKEY_CLASSES_ROOT existieren weitere Schlüssel, z. B. der Schlüssel bdsproj. Hier wird im Feld Standard der Wert „BDS.ProjectFile" angegeben. Für diesen Wert gibt es ebenfalls einen Schlüssel in der Registry. Der Wert dieses Schlüssels enthält die Information, wie beispielsweise eine C++Builder-Projektdatei in der Dateiliste des Explorers angezeigt wird. Außerdem enthalten diese Schlüssel meist noch Unterschlüssel, z. B. „DefaultIcon" (das Symbol, mit dem Dateien vom betreffenden Typ im Explorer angezeigt werden), sowie die Unterschlüssel „Shell" (Angaben, mit welchem Programm Dateien dieses Typs geöffnet werden) und „Shellex" (enthält eine Liste der Shell Extensions) und einige andere Unterschlüssel.

HKEY_CLASSES_ROOT ist also eine Datenbank mit Informationen, anhand derer die Shell gewöhnliche Dateien so handhaben kann, als würde es sich um Dokumente handeln, deren internes Dateiformat sie versteht. Angenommen, Sie führen einen Doppelklick auf eine BMP-Datei aus oder Sie klicken eine Datei mit der rechten Maustaste an und wählen dann „Öffnen" aus dem Kontextmenü. Woher weiß die Shell jetzt, wie sie diese BMP-Datei öffnen soll? Ganz einfach: Sie sucht in HKEY_CLASSES_ROOT nach einem BMP-Eintrag und stößt dabei auf „Paint.Picture". Daraufhin befragt sie den Eintrag „Paint.Picture" nach dem Kommando zum Öffnen der BMP-Datei. In diesem Fall enthält „Paint.Picture" einen Unterschlüssel Shell\Open\Command mit dem Standardwert MSPAINT %1, woraus die Shell erkennt, dass MSPAINT zusammen mit dem Dateinamen zu starten ist. Daraufhin startet MSPAINT und lädt automatisch die betreffende BMP-Datei.

Registrierschlüssel HKEY_CURRENT_USER
Der Hauptschlüssel HKEY_CURRENT_USER enthält Einstellungen des zurzeit gerade angemeldeten Users im System und stellt im Wesentlichen einen Verweis auf einen Teil des Schlüssels HKEY_USER dar.

Registrierschlüssel HKEY_LOCAL_MACHINE
Unter dem Schlüssel HKEY_LOCAL_MACHINE legt das Betriebssystem Informationen über die Hardware und die Software des Computers ab. In der Hardwarekonfiguration werden die benötigten Treiber und deren Einstellungen festgehalten. Der Unterzweig Config enthält eine Liste von Hardwarekonfigurationen. Wenn Windows startet, wird die Hardware des PCs untersucht und das Betriebssystem greift dabei – sofern möglich – auf eine passende Konfiguration aus HKEY_LOCAL_MACHINE\Config zu.

In dem Schlüssel HKEY_LOCAL_MACHINE\Software werden die Softwareeinstellungen, die für alle Benutzer Gültigkeit haben sollen, abgespeichert. Die Registrierinformationen in einem Unterschlüssel von HKEY_LOCAL_MACHINE sollen folgende Struktur haben: Software\FirmenName\ProduktName\Version. Unterhalb dieses Schlüssels werden die Registrierinformationen einer Anwendung, wie z. B. Pfadangaben (Programm- oder Datenpfade), abgelegt. Aber auch die Information, mit welchen Dateien der Anwender zuletzt gearbeitet hat oder die Fenstergrößen und Fensterpositionen können in diesem Teil der Registrierdatenbank erfasst werden. Somit kann die Anwendung beim nächsten Start automatisch die zuletzt bearbeitete Datei öffnen und auch die Fenstereinstellungen (Größe und Position) der letzten Sitzung wiederherstellen.

Registrierschlüssel HKEY_USERS
Der Schlüssel HKEY_USERS enthält Informationen zu allen Benutzern des Systems und deren Einstellungen. Er enthält zumindest einen Unterschlüssel namens Default, in dem das Standardprofil für die Anwender gespeichert ist, die ohne persönliches Profil arbeiten. Ein persönliches Profil wird immer dann angelegt, wenn sich ein neuer Anwender anmeldet und dieser wünscht, dass seine persönlichen Einstellungen abgespeichert werden sollen. Voraussetzung hierfür ist allerdings die Aktivierung der entsprechenden Option in der Systemsteuerung.

Registrierschlüssel HKEY_CURRENT_CONFIG
Der Hauptschlüssel HKEY_CURRENT_CONFIG ist ein Verweis auf die aktive Konfiguration in HKEY_LOCAL_MACHINE\Config\0001. Durch diesen Verweis auf die momentane Konfiguration hat Windows schnellen Zugriff auf die Konfigurationsinformationen der aktuellen Windows-Sitzung.

3.8.5.2 Zugriff auf die Registry

Die Schnittstelle der VCL zur Registrierdatenbank bildet die Klasse TRegistry. Diese Klasse stellt die Methoden zum Zugriff auf die Einträge und Schlüssel der Windows-Registry zur Verfügung. Um ein Objekt vom Typ der Klasse TRegistry zu erzeugen, muss man allerdings in jeder Unit, die diese Klasse verwenden soll, die Headerdatei Registry.hpp einbinden.

Anhand eines Beispiels soll der Zugriff auf die Registrierdatenbank verdeutlicht werden (Hinweis: Erzeugen Sie eine Sicherheitskopie der Registrierdatenbank, bevor Sie Veränderungen in der Registry vornehmen). Es soll ein Programm erstellt werden, mit dem man den Inhalt von Dateien in einem Textfenster (Memofeld) anzeigen kann. Die Auswahl der zu öffnenden Datei soll mit dem Menüpunkt Datei öffnen des Hauptmenüs Datei erfolgen. Wir erzeugen eine neue Windowsanwendung und platzieren im Hauptfenster der Anwendung folgende VCL-Komponenten:

Komponenten des Hauptfensters mit Eigenschaftswerten

Komponente	Bezeichnung der Komponente	Eigenschaft	Wert der Eigenschaft
MainMenu	MainMenu1	Items	Menüeinträge: Datei Datei öffnen Programm beenden Hinweis: Menüpunkte mit Menüeditor erzeugen
OpenDialog	OpenDialog1	DefaultExt	Txt
		Filter	Textdateien I *.txt Batchdateien I *.bat Hinweis: Einträge mit Filtereditor erzeugen
Label	Label1	Caption	Textfenster
Memo	Memo1		

Nun kann man in der Headerdatei der Unit des Hauptfensters die notwendigen Deklarationen vornehmen. Zuerst muss die Headerdatei Registry.hpp eingebunden werden (Zeile 11) und anschließend kann man ein Objekt Registry vom Typ der Klasse TRegistry erzeugen (Zeile 29).

```
 1  //---------------------------------------------------------
 2  #ifndef Registry1_MainH
 3  #define Registry1_MainH
 4  //---------------------------------------------------------
 5   #include <Classes.hpp>
 6  #include <Controls.hpp>
 7  #include <StdCtrls.hpp>
 8  #include <Forms.hpp>
 9  #include <Dialogs.hpp>
10  #include <Menus.hpp>
11  #include <Registry.hpp>
                //Headerd. für Zugriff auf Registrierdatenbank
12  //---------------------------------------------------------
13  class THauptFenster : public TForm
14  {
        ...
27  public: // Benutzerdeklarationen
28  __fastcall THauptFenster(TComponent* Owner);
29      TRegistry *Registry;
                   //Zeigervariable Registry vom Typ TRegistry
30  };
31  //---------------------------------------------------------
32  extern PACKAGE THauptFenster *HauptFenster;
```

```
//--------------------------------------------------------
#endif
```

Nach dem Erzeugen eines Objektes der Klasse TRegistry können Sie in der Quellcodeunit des Hauptfensters mit den Methoden dieser Klasse auf die Registrierdatenbank zugreifen. Damit beim Erstellen des Hauptfensters automatisch die Datei geöffnet wird, mit der der Anwender zuletzt gearbeitet hat, muss man die Ereignisbehandlungsroutine des Ereignisses OnCreate des Hauptfensters implementieren. Um den Quellcode besser verstehen zu können, sollen zuerst die wichtigsten Methoden der Klasse TRegistry in einer Tabelle dargestellt werden.

Methode/ Eigenschaft	Beschreibung
RootKey	Mit dieser Eigenschaft wird in der Anwendung der Hauptschlüssel festgelegt.
OpenKey()	Die Methode OpenKey() öffnet den angegebenen Schlüssel. Soll der Schlüssel, sofern er noch nicht existiert, angelegt werden, muss man für den Parameter CanCreate true angeben. Bei erfolgreichem Öffnen gibt die Methode den Wert true zurück.
CloseKey()	Schreibt aktuellen Schlüssel in die Registrierdatenbank und schließt den Schlüssel.
ReadString()	Die Funktion liest einen String aus einem Datenwert, der dem aktuellen Schlüssel zugeordnet ist. Der Parameter Name enthält den Namen des zu lesenden Datenwertes. Der Inhalt des Datenwertes wird von der Methode zurückgegeben.
ReadInteger()	Die Funktion liest eine Integerzahl aus einem Datenwert, der dem aktuellen Schlüssel zugeordnet ist. Der Parameter Name enthält den Namen des zu lesenden Datenwertes. Der Inhalt des Datenwertes wird von der Methode zurückgegeben.
WriteString()	Die Methode speichert einen String in dem Datenwert, der mit dem Parameter Name übergeben wird. Der zu speichernde String steht in dem Parameter Value.
WriteInteger()	Die Methode speichert einen Integerwert in dem Datenwert, der mit dem Parameter Name übergeben wird. Die zu speichernde Ganzzahl steht in dem Parameter Value.
CreateKey()	Diese Methode erzeugt einen neuen Registrierungsschlüssel. Bei erfolgreichem Erzeugen gibt die Methode den Wert true zurück, andernfalls liefert sie als Rückgabewert false.
DeleteKey()	Mit dieser Methode wird ein Registrierschlüssel gelöscht. Bei erfolgreichem Löschen liefert die Methode den Wert true, andernfalls gibt sie den Wert false zurück.

```
1  //-----------------------------------------------------------
2  void __fastcall THauptFenster::FormCreate(TObject *Sender)
3  {
4     AnsiString DateiName;
5     Registry = new TRegistry;
                       // Erzeugen e.Objekts vom Typ TRegistry
6     try                               // Beginn Fehlerhandling
7     {
8        Registry->RootKey = HKEY_LOCAL_MACHINE;
9        Registry->OpenKey("Software\\RoNoSoft\\Registry
         Use\\1.0", true);
10       DateiName = Registry->ReadString("LastFile");
11       Registry->CloseKey();
12       Memo1->Lines->LoadFromFile(DateiName);
13    }
14    catch(...)       // Anweisungsblock für Fehlerbehandlung
15    {
16       Application->MessageBox(
17       "Reg.Schlüssel fehlt bzw.Datei existiert nicht",
         "Fehler", MB_OK);
18    }
19 }
20 //-----------------------------------------------------------
```

In der Ereignisbehandlungsroutine FormCreate() wird in Zeile 5 ein neues Objekt der Klasse TRegistry erzeugt. Danach wird der Hauptschlüssel mit HKEY_LOCAL_MACHINE belegt. Dies geschieht dadurch, dass man der Eigenschaft RootKey den Wert HKEY_LOCAL_MACHINE zuweist. Mit der Methode OpenKey() soll dann der Schlüssel Software\RoNoSoft\Registry Use geöffnet werden (Zeile 9). Bei der Erzeugung des Schlüssels sollte man auf die vorgegebene Empfehlung für die Strukturierung achten. RoNoSoft ist der Firmenname, RegistryUse ist die Produktbezeichnung und 1.0 ist die Versionsnummer. Beim Aufruf der Methode OpenKey() wird als Wert für den zweiten Parameter true übergeben. Damit wird der angegebene Schlüssel erzeugt, sofern er noch nicht vorhanden ist. Die Methode ReadString() liest anschließend den String des Datenwertes LastFile und der String wird über den Rückgabewert der Variablen DateiName zugewiesen. Anschließend wird der Registrierungsschlüssel mit der Methode CloseKey() wieder geschlossen. Mit dem Methodenaufruf Memo1->Lines->LoadFromFile(Datei Name) kann die Datei, deren Bezeichnung im Datenwert LastFile in der Registry angegeben ist, geöffnet und den Zeilen des Memofeldes zugewiesen werden. Der gesamte Block des Zugriffs auf die Registrierdatenbank wurde im Rahmen des Fehlerhandlings mit try und catch (...) umgeben, um Laufzeitfehler abzufangen. Mögliche Fehler sind z. B.:

- die im Datenwert angegebene Datei existiert nicht
- der Datenwert selbst ist noch nicht vorhanden (z. B. beim ersten Start des Programms)

Im Fehlerfall wird eine MessageBox mit Fehlerhinweis auf dem Bildschirm ausgegeben (Zeilen 16–17). Damit sichergestellt ist, dass der Eintrag im Datenwert

LastFile immer auf die zuletzt bearbeitete Datei zeigt, muss noch die Ereignisbehandlungsroutine für das Öffnen einer Datei angepasst werden. Dazu werden folgende Quellcodezeilen in der Routine Dateioeffnen1Click() (Menüpunkt Datei öffnen) implementiert:

```
 1  //---------------------------------------------------------
 2  void __fastcall THauptFenster::Dateioeffnen1Click(TObject
    *Sender)
 3  {
 4     AnsiString DateiName;
                          // Variable für Namen der geöffneten Datei
 5     Registry = new TRegistry;
 6     OpenDialog1->Execute();
 7     Memo1->Lines->LoadFromFile(OpenDialog1->FileName);
 8     DateiName = OpenDialog1->FileName;
 9     Registry->RootKey = HKEY_LOCAL_MACHINE;
10     Registry->OpenKey("Software\\RoNoSoft\\RegistryUse\\
       1.0", true);
11     Registry->WriteString("LastFile", DateiName);
12     Registry->CloseKey();
13  }
14  //---------------------------------------------------------
```

Zunächst wird mit der VCL-Dialogkomponente OpenDialog der Dateiöffnendialog aufgerufen (Zeile 6). Danach wird die ausgewählte Datei mit der Methode Load FromFile() geöffnet und der Dateiinhalt den Zeilen des Memofeldes Memo1 zugewiesen. Anschließend weist man den Dateinamen der geöffneten Datei der lokalen Variablen DateiName zu. In der Zeile 9 wird der Hauptschlüssel (RootKey) mit dem Wert HKEY_LOCAL_MACHINE belegt und in der nächsten Programmzeile der Schlüssel Software\RoNoSoft\RegistryUse\1.0 geöffnet. Da wir der Methode OpenKey() als zweiten Parameter den Wert true übergeben, wird der Schlüssel in der Registrierdatenbank erzeugt, sofern er noch nicht vorhanden ist. Mit der Methode WriteString() wird der Inhalt der Variablen DateiName (= Name der zuletzt geöffneten Datei) im Datenwert LastFile abgespeichert (Zeile 11). Somit ist gewährleistet, dass beim nächsten Programmstart automatisch die zuletzt angezeigte Datei geöffnet wird. Das Programm können Sie mit dem Namen REGISTRY1_Project.BDSPROJ abspeichern.

90 AUFGABE

Das Programm REGISTRY1_Project.BDSPROJ soll noch um zwei Menüpunkte erweitert werden, und zwar um einen Menüpunkt Datei speichern, mit dem die editierte Datei ohne zusätzlichen Dialog mit gleichem Dateinamen wieder abgespeichert werden kann, sowie einen Menüpunkt, mit dem man die Datei unter einem neuen Namen abspeichern kann. Dabei soll die VCL-Dialogkomponente SaveDialog verwendet werden. Berücksichtigen Sie, dass der Registryeintrag für den Datenwert LastFile aktualisiert werden muss. Speichern Sie das Projekt unter dem Namen REGISTRY2_Project.BDSPROJ ab.

AUFGABE 91

Damit das Programm REGISTRY2_Project.BDSPROJ beim nächsten Aufruf mit den gleichen Einstellungen (Fenstergröße, Fensterposition) gestartet wird, sollen diese Informationen beim Beenden des Programms abgespeichert und beim nächsten Start automatisch wieder geladen werden. Die Fenstergrößen sind in den Eigenschaften

- Height
- Left
- Top
- Width
- ClientHeight
- ClientWidth

des Formulars erfasst. Verändern Sie die Programmmodule, die beim Starten bzw. Verlassen des Programms aufgerufen werden, um die zusätzliche Funktionalität zu implementieren und speichern Sie das Projekt unter dem neuen Namen REGISTRY3_Project.BDSPROJ ab.

3.9 Projektaufträge

3.9.1 Vokabeltrainer

Im Rahmen Ihrer Ausbildung benötigen Sie gute Englischkenntnisse, um beispielsweise englische Fachtexte verstehen zu können. Zur Verbesserung des Wortschatzes soll ein Vokabeltrainer erstellt werden.

Für dieses Softwareprojekt gibt es Mindestanforderungen:

- Alle Benutzer arbeiten mit einer Datenbank, in der die Informationen gespeichert werden sollen.
- Für die einzelnen Benutzer soll eine Lernstatistik erstellt werden, mit der man auch gezielt Vokabeln üben kann.
- Die Benutzerdaten müssen vor unbefugtem Zugriff geschützt werden.
- Für die Fachbegriffe soll zusätzlich eine inhaltliche Erläuterung dieser Begriffe angeboten werden (Fachlexikon).
- Die Vermarktung des Produktes als Shareware soll vorbereitet werden.

Erstellen Sie eine Windowsanwendung, die den Anforderungen moderner Software entspricht. Die Dokumentation des Projektes ist projektbegleitend zu erstellen.

3.9.2 SQL-Editor

Erstellen Sie in einem Projekt einen SQL-Editor zum Zugriff auf eine SQL-Datenbank. Folgende Anforderungen werden vom Auftraggeber an Ihr Sofwareprodukt gestellt:

- Editor zum Erfassen und Ausführen von SQL-Anweisungen. Das Programm soll automatisch erkennen, ob eine SQL-Anweisung mit Ergebnismenge bzw. ohne Ergebnismenge ausgeführt werden soll. Sofern eine Ergebnismenge erzeugt wird, ist diese in geeigneter Form auszugeben.
- Die Anweisungen sollen in einer separaten Datei (Dateierweiterung: sql) gespeichert und auch wieder geöffnet werden können.
- Automatisches Starten des SQL-Editors durch Doppelklick auf die SQL-Datei
- Menüpunkt Bearbeiten mit Kopieren, Ausschneiden, Löschen und Einfügen
- Toolbar für Schnellzugriff
- Fonteinstellmöglichkeit für SQL-Editor-Anweisungsfenster
- SQL-Syntax-Highlighting (Recherche des Quellcodes im Internet)
- SQL-Fehler-Behandlung
- Drucken der SQL-Anweisung
- Registry-Eintrag des Editors mit den vier zuletzt bearbeiteten SQL-Dateien, Standardverzeichnis und Laufwerk zum Öffnen und Schließen
- HTML-Seite mit Downloadmöglichkeit als SQL-Freeware-Editor auf den Seiten Ihres Bildungsträgers gestalten

Sie können auch noch weitere zusätzliche Anforderungen für den SQL-Editor aufstellen. Das Projekt ist gemäß den Prüfungsanforderungen für Ihren Ausbildungsberuf zu dokumentieren.

4 Erstellung von Webseiten

Das Kapitel 4 enthält eine kurze Einführung in die Gestaltung von Web-Seiten mit HTML und Cascading Style Sheets (CSS). Es dient als Grundlage für das selbstständige Erarbeiten weiterführender Themen.

Aufbau einer HTML-Seite

- Grundstruktur einer HTML-Seite
- Gestaltungsempfehlungen

HTML-Kennungen

- Textformatierungen, Listen, Tabellen, Grafiken, Links, Frames

Cascading Style Sheets

- Grundlagen, Syntax von CSS-Anweisungen, Einsatzmöglichkeiten von CSS

Um Informationen im World Wide Web zu veröffentlichen, müssen Dokumente erstellt werden, die mit Software unterschiedlichster Rechnersysteme dargestellt werden können. Dazu wurde HTML (Hypertext Markup Language) auf der Basis der Sprache SGML (Standard Generalized Markup Language) entwickelt und es wurden Standardisierungen dieser Sprache durch das W3-Konsortium vorgenommen. Die Standardisierung erfolgte über die Versionen 1.0, 2.0, 3.2 bis zum Standard HTML 4.01.

Mit HTML wird nicht das Layout einer Web-Seite festgelegt, sondern lediglich die Struktur der Seite beschrieben. Wird ein HTML-Dokument mit einem Web-Browser geöffnet, dann setzt der Browser die Beschreibung der Dokumentstruktur in eine visuelle Darstellung um. Das Layout, das unterschiedliche Browser erzeugen, ist nicht einheitlich.

4.1 Tools zum Erstellen von Webseiten

Zur Erstellung von Webseiten benötigt man nicht unbedingt zusätzliche Software. Eine einfache Möglichkeit stellt die Verwendung eines Texteditors, wie z. B. Notepad oder Wordpad, dar. Das Dokument muss als Textdokument mit der Erweiterung html bzw. htm abgespeichert werden und kann dann mit einem Browser dargestellt werden. Um die Erstellung von HTML-Dokumenten zu vereinfachen, kann man auch Kennungseditoren einsetzen. Es gibt sehr gute Editoren die als Freeware im Internet zum Download zur Verfügung stehen. Zur Erstellung von Webseiten können Sie z. B. den Kennungseditor HTML Phase 5 verwenden, der im Internet von der Seite www.phase5.info in der aktuellen Version heruntergeladen werden kann. Die komfortabelste Möglichkeit, eine Internetpräsentation zu erzeugen, ist die Verwendung eines WYSIWYG-Editors. Diese Editoren bieten die Möglichkeit, komfortabel in einer visuellen Umgebung Webseiten zu entwickeln. Doch für eine Einführung in HTML ist es ratsam, zunächst mit einem Tool zu arbeiten, mit dem man den Quelltext mit einem Editor erfasst, um die Grundlagen von HTML besser zu verstehen.

4.2 Grundsätzlicher Aufbau einer HTML-Seite

HTML-Dateien sind reine Textdateien und enthalten neben dem Text, der auf einer Webseite dargestellt werden soll, HTML-Befehle, die in sogenannten Tags (= Kennungen) stehen. Tags werden durch spitze Klammern markiert. Dabei enthalten die meisten Kennungen ein Beginntag (z. B. <html>) und ein Endetag (z. B. </html>, das mit einem Slash beginnt). Innerhalb des Beginns und des Endes eines Tags ist der Gültigkeitsbereich dieser Kennung. Die Groß- bzw. Kleinschreibung der Kennungen ist ohne Bedeutung.
Das folgende Beispiel zeigt das Grundgerüst einer HTML-Datei:

```
<!DOCTYPE HTML PUBLIC "-//W3C//DTD HTML 4.01 Transitional//EN"
  "http://www.w3.org/TR/html4/loose.dtd">
<html>
<head>
<title>Meine erste HTML-Seite</title> </head>
<body>
<h1>Dies ist eine &Uuml;berschrift der Stufe 1</h1>
<p>In diesem Abschnitt wird Text ohne besondere
Formatierung dargestellt.</p>
</body>
</html>
```

Die HTML-Datei beginnt mit der Dokumenttyp-Deklaration. In dieser Deklaration wird die Auszeichnungssprache und die verwendete Version dieser Sprache festgelegt. Webbrowser können diese Information verwenden, um die Ausgabe entsprechend der angegebenen Definition zu erzeugen. In dieser Deklaration wird das W3-Konsortium als Herausgeber der Dokumenttyp-Definition angegeben. Als Sprachversion ist die Version „-//W3C//DTD HTML 4.01 Transitional//EN" in der Sprache Englisch (EN) in unserem Grundgerüst der HTML-Datei festgelegt worden. Die Sprachdefinition Englisch bezieht sich nur auf die Sprache für die verwendeten Kennungen und nicht auf die Sprache für den eigentlichen Inhalt des HTML-Dokuments. Außerdem enthält die Dokumenttyp-Deklaration die Webadresse der Dokumentdefinition (http://www.w3.org/TR/html4/loose.dtd).

Der weitere Quellcode einer HTML-Datei wird innerhalb der Kennungen <html> (= Starttag) und </html> (= Endetag) codiert. Das Dokument selbst enthält zwei Bereiche, den Kopf (= HEAD) und den Körper (= BODY). Im Kopf des Dokumentes wird mit der Kennung title der Titel des Dokuments festgelegt. Der Text, der an dieser Stelle angegeben wird, erscheint in der Titelzeile des Browsers und sollte schon deshalb kurz und einprägsam sein. Außerdem verwenden viele Suchmaschinen des Internets diesen Titel für die Suche von Dokumenten im WWW. Im zweiten Teil (= BODY) steht der eigentliche Inhalt des HTML-Dokuments.

Ähnlich wie der Text einer normalen Textdatei besteht auch der Text einer HTML-Datei aus einigen grundsätzlichen Elementen. In unserem Einführungsbeispiel werden die Elemente Überschrift und Absatz verwendet. Überschriften beginnen mit den Tags h1 bis h6. Sie werden in ihrer Formatierung durch Größe, Fettschrift, Zentrierung oder Unterstreichung vom übrigen Text abgehoben. Überschriften enthalten jedoch keine Nummerierung. Um eine Stufung der Überschriften vorzunehmen, hat man die Möglichkeit, Überschriften 1. bis 6. Ordnung zu verwenden. In welcher Schrift, Schriftgröße und Schriftart diese Überschriften dann dargestellt werden, das übernimmt der Browser. Deshalb sollte man seine HTML-Dateien auch mit verschiedenen Browsern testen. Überschriften sowie der Text der Seite werden im Regelfall linksbündig dargestellt. Es gibt jedoch auch die Möglichkeit, durch Attribute die Überschrift rechtsbündig, zentriert oder im Blocksatz darzustellen. Soll die Überschrift aus obigem Beispiel zentriert angezeigt werden, so muss der Quellcode angepasst werden:

```
<h1 align = 'center'>Dies ist eine &Uuml;berschrift der Stufe
1</h1>
```

Sollen im Text zwischen den HTML-Kennungen Zeichen verwendet werden, die für die eigentliche Auszeichnung des Textes eine besondere Bedeutung haben, oder sollen spezielle Zeichen des Zeichensatzes (verwendbar ist der Unicode-Zeichensatz) bzw. länderspezifische Zeichen eingesetzt werden, so sollten Sie die dafür in HTML festgelegten Namen verwenden. Die Auszeichnung beginnt dann mit dem &-Zeichen, gefolgt von dem Namen des verwendeten Zeichens. Abgeschlossen wird die Angabe des Zeichens mit einem Semikolon. Die Angabe Ü bedeutet, dass an dieser Stelle der Umlaut „Ü“ als Zeichen im Text eingefügt wird. In der folgenden Tabelle sind einige wichtige Beispiele für HTML-Namen festgelegter Zeichen enthalten. Weitere Informationen können Sie der HTML-Referenz entnehmen.

Zeichen	HTML-Name	Beschreibung
"	"	Anführungszeichen oben
<	<	kleiner-Zeichen
>	>	größer-Zeichen
&	&amp:	Ampersand, kaufmännisches Und
ä	ä	kleines ä
Ä	Ä	großes Ä
ß	ß	scharfes s
©	©	Copyrightzeichen
(blank)		Leerzeichen (non-breaking space)

Das zweite Element, das in dem Einführungsbeispiel verwendet wurde, ist der Absatz (= Paragraph). Das Starttag für dieses Element ist <p> und entsprechend muss am Ende eines Absatzes als Kennung </p> verwendet werden.

Auch hier können Sie Attribute einsetzen, um eine andere Formatierung des Textes zu erzeugen.

Wenn Sie im Editor Zeilenumbrüche verwenden, so werden diese jedoch nicht im Browser dargestellt (es sei denn, Sie verwenden die Kennung für vorformatierten Text). Der Browser formatiert den Text entsprechend der aktuellen Fensterbreite des Browserfensters. Betrachten wir unser Einführungsbeispiel mit Mozilla-Firefox.

4.3 Wichtige HTML-Kennungen

4.3.1 Textgestaltung

Um Texte in einem HTML-Dokument hervorzuheben, gibt es eine Reihe von Formatierungsmöglichkeiten. So kann man Text fett (<b> = Bold), kursiv (<i> = Italic) oder unterstrichen (<u> = Underline) darstellen. Aber auch die Schriftart, Schriftgröße und die Schriftfarbe können mit HTML-Kennungen beeinflusst werden. Mit der Kennung font und dem Attribut face lässt sich die Schriftart definieren.

```
<font face = 'Arial'>Text in der Schriftart Arial</font>
```

Bei der Anzeige des Dokuments im Browser wird die angegebene Schriftart verwendet. Der Browser ist jedoch nur in der Lage, die Schriftarten anzuzeigen, die auf dem Browser-Rechner installiert sind. Es ist deshalb möglich, innerhalb der Anführungszeichen mehrere Schriftarten durch Kommata getrennt anzugeben. Der Browser verwendet dann die erste auf dem Rechner verfügbare Schriftart. Ist keine der angegebenen Schriftarten installiert, so ist die Angabe der Schriftart unbedeutend und der Browser verwendet die eingestellte Standardschrift. Bei der Erstellung von HTML-Dokumenten muss man sich auch bewusst sein, dass der Anwender eventuell in seinen Browsereinstellungen die Option aktiviert hat, dass alle Dokumente in der Standardschriftart dargestellt werden sollen. Da mit einer solchen Einstellung die Formatierung des HTML-Dokumentes außer Kraft gesetzt wird und da HTML-Dokumente auf sehr unterschiedlichen Rechnersystemen dargestellt werden, ist es ratsam, nur sparsam mit dem Einsatz von Schriftarten umzugehen.

Möchte man die Schriftgröße verändern, so verwendet man das Font-Tag mit dem Attribute size.

```
<font size = '5'>Dieser Text wird in Schriftgr&ouml;&szlig;e 5
dargestellt.</font>
```

Die Normalschriftgröße ist 3. Die Angabe der Schriftgröße ist eine relative Größe und bezieht sich auf die Normalschriftgröße. Es stehen die relativen Schriftgrößen von 1 bis 7 zur Verfügung.

Mit dem Attribut color lässt sich die Schriftfarbe verändern. Dabei kann man die Farbe in Hexadezimalschreibweise oder als Farbnamen angeben.

```
<font color='#FF0000'>Dieser Text wird rot dargestellt.</font>
<font color='red'>Dieser Text wird rot dargestellt.</font>
```

Wie schon im Eingangsbeispiel erwähnt, übernimmt der Browser die Formatierung des Textes. Zeilenumbrüche werden beispielsweise aufgrund der jeweiligen Fenstergröße automatisch durch den Browser vorgenommen. Es ist aber zum Teil auch notwendig, manuell einen Zeilenumbruch zu erzeugen. Dazu verwendet man die Kennung
 (= BREAK). Für diese Kennung gibt es keine Endekennung.

Um den Text visuell zu untergliedern, können Sie horizontale Linien einfügen. Diese Linien werden durch das Tag <hr> erzeugt. Auch dieses Tag verfügt über verschiedene Attribute. Das Attribut width gibt die Breite der Linie an. Man kann eine Zahl oder einen Prozentwert angeben. Wird eine Zahl verwendet, so interpretiert der Browser die Angabe der Breite in Pixel. Die Prozentangabe bewirkt, dass die Linie an der Gesamtbreite des Fensters gemessen dargestellt wird.

In allen Fällen wird eine Trennlinie standardmäßig zentriert dargestellt. Will man dies verändern, so muss das Attribut align eingesetzt werden. Auch die Liniendicke kann verändert werden. Der Ausgangswert der Höhe der Linien beträgt 2 Punkt.

Betrachtet man die Linien im Browser, so stellt man fest, dass die Linien schattiert dargestellt werden. Mit dem Attribut noshade wird eine nicht schattierte Linie erzeugt.

Wenn in einem HTML-Dokument sogenannte White-Space-Zeichen (Leerzeichen, Tabulatoren oder Zeilenumbrüche) verwendet werden, so werden diese Zeichen normalerweise vom Browser ignoriert. Es gibt jedoch die Möglichkeit, Text mit der Kennung <pre> als vorformatierten Text in einem Dokument zu implementieren. Dann wird der Text innerhalb dieser Kennung (<pre> … </pre>) in einer Schrift mit fester Schriftweite (z. B. Courier) dargestellt und auch die White-Space-Zeichen werden vom Browser umgesetzt. So ist es möglich, Text einzurücken oder auch Tabellen ohne die Verwendung der Table-Kennung zu erzeugen.

4.3.2 Listen

Informationen sollen in einer übersichtlichen Form dargeboten werden. Ein wesentliches Element, um diesen Anspruch umzusetzen, ist das Listenelement. Es gibt insgesamt fünf Listentypen. Die beiden wichtigsten Listen sind die nummerierten geordneten Listen und die ungeordneten Listen.

Geordnete Listen
Bei geordneten Listen wird jeder Listenpunkt nummeriert. Die Listeneinträge stehen zwischen den Tags <ol> und </ol>. Die Kennzeichnung eines einzelnen Listeneintrags beginnt mit dem Tag <li>. Dieses Tag benötigt keine Endekennung.

```
<p><b>IT-Berufe:</b></p>
<ol>
<li>Informatikkaufmann/Informatikkauffrau</li>
<li>IT-Systemkaufmann/IT-Systemkauffrau</li>
<li>IT-Systemelektroniker/IT-Systemelektronikerin</li>
<li>Fachinformatiker/Fachinformatikerin</li>
</ol>
```

Durch diese Anweisungen wird eine nummerierte Liste erzeugt, bei der der erste Eintrag mit der Ziffer 1 beginnt. Entsprechend werden die weiteren Aufzählungspunkte mit fortlaufender Nummerierung dargestellt. Auch beim OL-Tag können Sie Attribute verwenden, um die Liste an Ihre Bedürfnisse anzupassen. Möchten Sie – anstelle einer mit arabischen Zahlen nummerierten Liste – eine Liste mit römischen Ziffern erzeugen, so können Sie die OL-Kennung um das Attribut type erweitern: <ol type = 'I'>. Mit Attributwert „A" bzw. „a" lassen sich Aufzählungen mit Groß- bzw. Kleinbuchstaben erzeugen. Mit dem START-Attribut können Sie die erste Ziffer (oder Buchstaben) bestimmen, mit der die Nummerierung beginnen soll.

Ungeordnete Listen
Ungeordnete Listen sind Aufzählungen, bei denen die Einträge im Regelfall durch einen dicken Aufzählungspunkt oder eine andere symbolische Markierung gekennzeichnet werden. Eingeleitet wird diese Form der Liste durch das Tag <ul> und das Ende wird durch die Kennung </ul> festgelegt. Die Listeneinträge haben wie bei der geordneten Liste die Kennung <li>. Auch bei der ungeordneten Liste steht das TYPE-Attribut zur Verfügung. Mit diesem Attribut lässt sich festlegen, wie das Aufzählungszeichen aussehen soll. Mit der Kennung <ul type = 'square'> wird ein rechteckiges Aufzählungszeichen angezeigt. Der Attributwert circle führt zu einem nicht ausgefüllten Punkt. Die Standardeinstellung für die Darstellung ist der Attributwert disc, der einen dicken ausgefüllten Punkt erzeugt.

```
<h3>Verfügbare Listenarten in HTML</h3>
<ul type = 'square'>
<li>Nummerierte Listen Tag : ol</li>
<li>Ungeordnete Listen Tag : ul</li>
<li>Menülisten Tag: menu</li>
<li>Verzeichnislisten Tag: dir</li>
```

```
<li>Definitionslisten Tag: dl</li>
</ul>
```

Ausgabe in Mozilla Firefox

4.3.3 Tabellen

Um Daten darzustellen oder Texte einer HTML-Seite ansprechend zu formatieren, können Sie auch Tabellen definieren. Tabellen können verwendet werden, um Text mehrspaltig darzustellen oder Texte formatiert horizontal auszurichten. Eingeleitet wird eine Tabelle durch die Kennung <table> und beendet durch das Endetag </table>.

Tabellen können mit bzw. ohne Gitternetz angezeigt werden. Standardmäßig werden Tabellen ohne Trennlinien erzeugt. Um eine Tabelle mit Gitternetz der Linienstärke 2 zu erzeugen, muss man das Attribut border='2' verwenden. Die Definition einer Tabellenzeile erfolgt mit der Kennung <tr> ... </tr> (= table row). Die Tabelle selbst kann in Kopfzellen Spaltenüberschriften oder Zeilenbeschriftungen enthalten, die mit einer besonderen Formatierung hervorgehoben werden (z.B. fett und zentriert). Kopfzellen werden mit dem Tag <th> ... </th> (= table header) erstellt. Gewöhnliche Datenzellen können Sie mit der Kennung <td> ... </td> (= table data) erzeugen.

```
<table border='2'>
<tr>
<th>Seminarnummer</th>
<th>Seminarbezeichnung</th>
<th>Termin</th>
</tr>
<tr>
<td>1050</td><td>Windows Vista</td><td>07. Januar 2009</td>
</tr>
<tr>
<td>1051</td><td>MS-Office Word</td><td>23. Januar 2009</td>
</tr>
<tr>
```

```
<td>1052</td><td>C++-Programmierung</td><td>13. Juli 2009</td>
</tr>
<tr>
<td>1053</td>
<td>Erstellen von dynamischen Webseiten mit PHP</td>
<td>26. Oktober 2009</td>
</tr>
</table>
```

Beim Anzeigen der Tabelle analysiert der Browser den HTML-Quelltext und ermittelt die Anzahl der Zeilen und Spalten sowie die Breite der einzelnen Spalten. Die Anzahl der Zeilen ergibt sich durch die Anzahl der TR-Kennungen und die Anzahl der Spalten wird durch die Anzahl der TD-Kennungen in einer Zeile ermittelt. Bei der Berechnung der Spaltenbreite orientiert sich der Browser an der Breite des größten Eintrags in der jeweiligen Spalte. Erst nach dieser Analyse kann die Tabelle angezeigt werden.

Die Tabelle der Seminarveranstaltungen soll noch um eine Zeile erweitert werden, in der der Text Seminarveranstaltungen angezeigt wird. Dieser Text muss jedoch alle drei Spalten der Tabelle überschreiben. Dazu müssen Sie folgende Veränderungen am HTML-Dokument vornehmen:

```
<table border = '2'>
<tr>
<th colspan = '3''>Seminarveranstaltungen</th>
</tr>
<tr>
<th>Seminarnummer</th>
<th>Seminarbezeichnung</th>
</tr>
...
```

Das Ergebnis der Tabellendefinition lassen wir uns im Browser anzeigen.

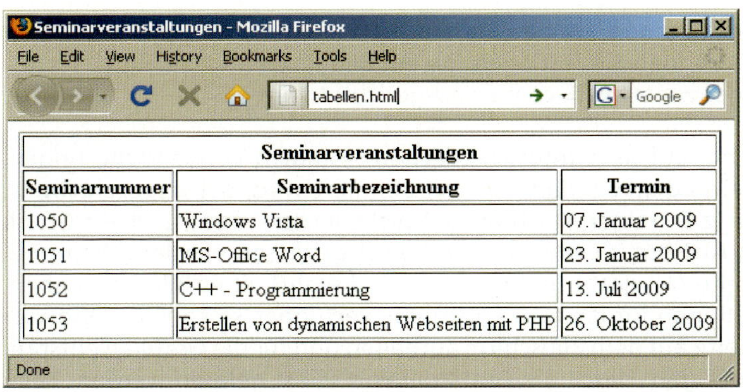

Seminarveranstaltungen		
Seminarnummer	**Seminarbezeichnung**	**Termin**
1050	Windows Vista	07. Januar 2009
1051	MS-Office Word	23. Januar 2009
1052	C++ - Programmierung	13. Juli 2009
1053	Erstellen von dynamischen Webseiten mit PHP	26. Oktober 2009

Da die spaltenübergreifende Überschrift mit der Kennung <th> erzeugt wurde, wird diese Überschrift zentriert und fett als erste Tabellenzeile dargestellt. Es wird anhand dieses Beispiels auch deutlich, dass eine Tabelle nicht nur eine Überschrift hat, sondern dass das TH-Tag mehrfach verwendet werden kann. Zur Formatierung von Tabellen existieren noch viele Kennungen, die die Darstellung der einzelnen Elemente der Tabelle beeinflussen. Wenn Sie weitere Gestaltungsanforderungen an Tabellen haben, so informieren Sie sich in der HTML-Referenz.

4.3.4 Einbinden von Grafiken

Durch das Einfügen von Grafiken können Webseiten visuell gestaltet werden. Die gängigen Browser unterstützen im Regelfall das GIF- und das JPEG-Grafikdatenformat. Hochauflösende Bilder benötigen viel Speicher und verursachen längere Ladezeiten beim Aufbau einer Webseite. Deshalb sollten Sie die Grafiken bearbeiten und nur in der Größe abspeichern, die Sie tatsächlich für Ihre Darstellung benötigen.

Das Einbinden einer Grafik erfolgt mit dem Tag <img>. Um die Datei zu bestimmen, die angezeigt werden soll, muss man das Attribut src einsetzen. Die Dateibezeichnung ist in Anführungszeichen zu setzen. Soll die Datei computer.gif, die sich im aktuellen Verzeichnis befindet, in einem Absatz ohne zusätzlichen Text abgebildet werden, müssen Sie die HTML-Anweisung

```
<p><img src = 'computer.gif'></p>
```

codieren. Durch konkrete Pfadangaben (z. B. „c:/html/computer.gif") oder relative Pfadangaben (z.B. „../bilder/computer.gif" - eine Verzeichnisebene nach oben und dort im Unterverzeichnis bilder) lassen sich Grafikobjekte auch in anderen Verzeichnissen referenzieren. Achten Sie darauf, dass auch bei Betriebssystemen, die normalerweise den Backslash als Trennzeichen in Pfadangaben verwenden, im HTML-Code ein einfacher Slash verwendet werden muss. Bei der Angabe von absoluten Quellverweisen ist zu bedenken, dass alle Referenzen angepasst werden müssen, wenn die Grafiken in ein anderes Verzeichnis verschoben werden oder wenn die Quelle sogar auf ein anderes Laufwerk bewegt wird. Es besteht auch die Möglichkeit, eine Grafik durch Angabe der Internetadresse im Internet selbst zu referenzieren.

Auch bei der Imagekennung können Sie zusätzliche Attribute verwenden. Mit dem Attribut align können Sie festlegen, ob ein Bild linksbündig (= left), rechtsbündig (= right) oder zentriert (= center) ausgerichtet wird.

Da HTML-Dokumente auf sehr unterschiedlichen Systemen Verwendung finden, sollte man auch daran denken, dass ein Text definiert wird, der angezeigt wird, wenn ein Browser (z.B. reiner Textbrowser) nicht in der Lage ist, diese Grafik darzustellen. Dem Attribut alt muss dieser Text zugewiesen werden. Weiterhin können Sie die Breite (= width) und die Höhe (= height) eines Bildes angeben. Sind diese Informationen für die Grafikelemente verfügbar, so kann der Browser bereits die HTML-Seite auf dem Bildschirm aufbauen und für die Grafiken entsprechend Freiraum anzeigen, bevor die Grafikdateien selbst gelesen werden. Beim Einbinden von Grafikelementen fügen verschiedene HTML-Editoren diese Werte automatisch ein. Um einen Rahmen um die Grafik zu ziehen, ist es notwendig, mit der Angabe border = '2' z. B. eine Umrahmung in der Linienstärke von 2 Pixel zu erzeugen.

Das folgende Beispiel verdeutlicht die Verwendung der beschriebenen Attribute, um einen Kopf für unser HTML-Dokument zu erzeugen. Die Überschrift „EDV-Schulung für IT-Auszubildende" umfließt die Grafik auf der linken Seite. Alle Elemente, die nach der Kennung <br clear = all> folgen, werden durch diese Anweisung unterhalb der Grafik angezeigt.

```
<p><img src='computer.gif' align = 'right' border='2'
        alt='Leider kann die Grafik nicht angezeigt werden'
        width='107' height='88'>
</p>
<h1>EDV-Schulung f&uuml;r IT-Auszubildende</h1>
<br clear='all'>
<hr>
```

4.3.5 Verknüpfungen (Links)

Eine wesentliche Neuerung im World Wide Web war die Möglichkeit, dass man durch Verknüpfungen mit einem Mausklick sehr schnell andere Dokumente öffnen kann. Wenn man an die Gesamtwebpräsentation denkt, so ist es grundsätzlich möglich, die Information auf einer einzigen Seite darzustellen. Da dies aber sehr unübersichtlich ist und die Navigation zu einem bestimmten Punkt im Text aufwendig ist, sollte man die Informationen auf unterschiedlichen Seiten implementieren und dem Benutzer durch Verweise den schnellen Zugriff auf wichtige Informationen ermöglichen. Dazu ist vor allem bei komplexen Projekten eine gute Strukturierung der Gesamtpräsentation notwendig.

Struktur einer Webpräsentation

In unserer Aufgabe scheint es sinnvoll, die Einführungsinformation und die Seminarübersicht auf der Hauptseite abzulegen. Durch Anklicken der Seminarbezeichnung soll für das jeweilige Seminar eine Seite geöffnet werden, auf der die Informationen zum ausgewählten Seminar dargestellt werden. Außerdem soll es möglich sein, durch Anklicken eines Buttons zwischen den Beschreibungen der Seminare zu wandern und der Verweis auf die Hauptseite sollte ebenfalls auf allen Seiten implementiert werden.

Mit dem Anchor-Tag <a> lassen sich Verknüpfungen erzeugen. Der gesamte Text, der für den Link hervorgehoben werden soll, muss zwischen dem Starttag <a> und dem Ende der Kennung </a> stehen. Durch das Attribut href der Anchor-Kennung wird das Verweisziel festgelegt. Die Angabe des Ziels kann in Form eines Dateinamens (Name eines HTML-Dokumentes) angegeben werden oder man kann auch einen Link zu einer anderen Seite des WWW erzeugen, indem man eine gültige WWW-Adresse als Verknüpfungsziel wählt.

```
<tr>
<td>1050</td>
<td><a href='windows.html'>Windows Vista</a></td>
<td>07. Januar 2009</td>
</tr>
```

Der Ausschnitt aus dem HTML-Dokument zeigt den Link zur HTML-Datei windows.html. Da keine Pfadangaben vorhanden sind, muss sich diese Datei im gleichen Verzeichnis wie die Hauptseite unserer Präsentation befinden. Damit die Verknüpfung auch ausgetestet werden kann, müssen Sie das Dokument windows.html und die anderen beiden Seminardokumente erzeugen. Durch das Einfügen aller notwendigen Anchor-Kennungen lassen sich die Links implementieren.

4.3.6 Frames

Mit Frames kann man das Anzeigefenster des Browsers in frei definierbare Bereiche aufteilen. Diese Segmente können z. B. statischen Inhalt haben, der unabhängig von den anderen Segmenten angezeigt und auch durch andere HTML-Dateien ersetzt werden kann. Um zu gewährleisten, dass beispielsweise alle Seiten unserer Präsentation den gleichen Kopf besitzen, kann ein einheitlicher Kopf in einer HTML-Datei abgelegt werden. Dieser Kopf wird dann in einem Frame angezeigt und muss beim Anzeigen der anderen Seiten nicht verändert werden. Außerdem ist es sinnvoll, auf jeder Seite unserer Präsentation einen Link zur Homepage unseres Unternehmens und zu den anderen Ausbildungsbereichen zur Verfügung zu stellen.

Struktur einer Webseite mit Frames

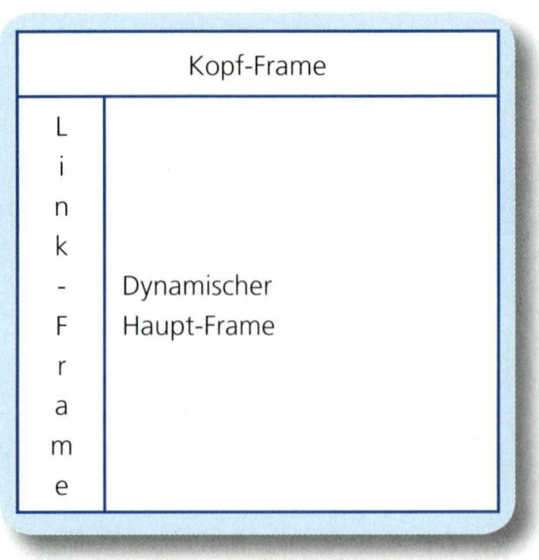

Um eine Seite in verschiedene Frames zu unterteilen, muss man in einer HTML-Datei eine Framesetdefinition erstellen. Das Anzeigefenster soll in zwei untereinanderliegende Bereiche aufgeteilt werden (= Zeilen, rows) und innerhalb des unteren Anzeigebereichs sind zwei nebeneinanderliegende Segmente (= Spalten, cols) zu definieren.

Aufbau der Framedefinitionsdatei:

```
<!DOCTYPE HTML PUBLIC "-//W3C//DTD HTML 4.01 Transitional//EN"
       "http://www.w3.org/TR/html4/loose.dtd">
<html>
<head>
<title>Framedefinition</title>
</head>
<frameset rows='20%,80%'>
  <frame src='kopf.html'>
  <frameset cols='250,*'>
    <frame src='linkseite.html'>
    <frame src='hauptseite.html'>
  </frameset>
</frameset>
<noframes>Ihr Browser unterst&uuml;tzt keine Frames!
    </noframes>
</html>
```

Im Rahmen der Definition des Framesets werden zuerst die beiden vertikalen Bereiche definiert. Die Angaben der Zeilen erfolgen in Prozentangaben. Anschließend wird der obere Frame (Kopf-Frame) mit der HTML-Quelldatei kopf.html belegt. Nun muss für den unteren Teil der Anzeige eine weitere Framesetdefinition vorgenommen werden. Dabei wird der linke Frame mit einer festen Größe von 250 Pixel definiert. Das rechte Segment wird mit einem Sternchen definiert, das bedeutet, dass dieser Frame die restliche verfügbare Fensterbreite erhält. In den zwei folgenden HTML-Quellcodezeilen wird festgelegt, welche HTML-Datei im jeweiligen Bereich angezeigt werden soll. Da nicht alle Browser die Anzeige von Frames unterstützen, wird auch noch das Tag <noframes> verwendet. In diesem Abschnitt wird festgelegt, was ein nicht framefähiger Browser anzeigen soll.

Auch für die Verwendung von Frames existieren zahlreiche Attribute, deren Darstellung den Rahmen dieses Buches sprengen würde. Zum Abschluss soll lediglich noch gezeigt werden, wie man die Framedarstellung wieder beenden kann. Dies ist vor allem dann notwendig, wenn ein Link auf eine fremde HTML-Seite erfolgt.

```
<a href = 'hauptseite.html' target = '_top'>Hauptseite
ohne Frames</a>
```

Aufgrund dieser Anweisung wird die HTML-Datei hauptseite.html wieder in der gesamten Fensterbreite des Browserbildschirms angezeigt.

4.3.7 Empfehlungen zur Gestaltung einer Webpräsentation

Soll Ihre Webpräsentation erfolgreich sein, so müssen Sie sich bei der Gestaltung Ihrer Webdokumente an einige Vorgaben halten:

- Gestalten Sie leicht überschaubare Dokumente.
- Verwenden Sie Überschriften.
- Verwenden Sie Listen.
- Schreiben Sie kurze und prägnante Texte.
- Seien Sie zurückhaltend mit Hervorhebungen.
- Verwenden Sie ein durchgehendes Layout für alle Seiten.
- Halten Sie die Gestaltung der Seiten so einfach wie möglich.
- Reduzieren Sie die Anzahl der Elemente (Grafiken, Multimediaobjekte).
- Denken Sie an die Ladezeiten für Ihre Seiten.
- Verwenden Sie keine aufwendigen Hintergründe.
- Implementieren Sie auf jeder Seite eine Verknüpfung zur eigenen Homepage.
- Unterzeichnen Sie Ihre Dokumente.

4.3.8 Verwendete HTML-Tags im Überblick

Die folgende Tabelle gibt einen Überblick über die in den Beispielen verwendeten HTML-Kennungen und Attribute.

Kennung	Attribut	Beschreibung
<html> … </html>		Umgibt das gesamte HTML-Dokument
<head> … </head>		Header des HTML-Dokuments
<body> … </body>		Dokumenthauptteil
<title> … </title>		Titel des HTML-Dokuments, wird in Browser-Fensterbeschriftung angezeigt
<h1> … </h1>		Überschrift Stufe1 (es gibt 6 Stufen)
<p> … </p>		Absatz
<ol> … </ol>		Ordered List (geordnete nummerierte Liste)
<ul> … </ul>		Unordered List (ungeordnete Liste, Listeinträge werden mit Punkten dargestellt)
<li> … </li>		Einzelner Listeneintrag (</li> kann weggelassen werden)

Kennung	Attribut	Beschreibung
<!- … ->		Kommentar
<hr>		Horizontale Trennlinie
<pre> … </pre>		Vorformatierter Text
<table> … </table>		Tabelle
<tr> … </tr>		Table Row (Tabellenzeile)
<td> … </td>		Table Data (Inhalt einer Zelle)
<th> … </th>		Table Header (Tabellenüberschriftszeile)
<table> … </table>	border = n colspan = n	Rahmenstärke der Tabelle Spaltenüberspannung (für Kennungen th, td)
<b> … </b>		Zeichenformatierung fett (bold)
<u> … </u>		Zeichenformatierung unterstrichen (underline)
<img >	src = dateiname align = left	Einbindung von Bildern über URL oder Dateinamen. Unterstützte Formate (i.d.R.): GIF, JPEG, PNG SOURCE (Quelle für Bilder) Ausrichtung (left, right, center)
<a> … </a>	href = dateiname	Verknüpfungskennung (anchor) HypertextREFerence verweist auf Verknüpfung

Eine umfassende Beschreibung der HTML-Standards finden Sie unter http://www.w3.org/TR/html401/. Manche der verwendeten Elemente bzw. Attribute sind vom W3C als deprecated (= missbilligt) eingestuft, werden jedoch noch sehr häufig in HTML-Dokumenten verwendet.

Bedeutung dieser Einstufung:

Deprecated
A deprecated element or attribute is one that has been outdated by newer constructs. Deprecated elements are defined in the reference manual in appropriate locations, but are clearly marked as deprecated. Deprecated elements may become obsolete in future versions of HTML.

User agents should continue to support deprecated elements for reasons of backward compatibility.
…
This specification includes examples that illustrate how to avoid using deprecated elements. In most cases these depend on user agent support for style sheets. In general, authors should use style sheets to achieve stylistic and formatting effects rather than HTML presentational attributes. HTML presentational attributes have been deprecated when style sheet alternatives exist …
Quelle http://www.w3.org/TR/html401/conform.html#deprecated (letzter Zugriff am 02.03.2009)

Informieren Sie sich über die betroffenen Elemente und Attribute im Internet auf der Seite http://www.w3.org/TR/html401/.

AUFGABE 92

Für das Intranet Ihrer Institution soll jedes Mitglied Ihrer Ausbildungsgruppe einen Steckbrief mit Angaben zu seiner Person in Form eines HTML-Dokumentes erzeugen. Ein Muster der zu visualisierenden Informationen liegt bereits vor.

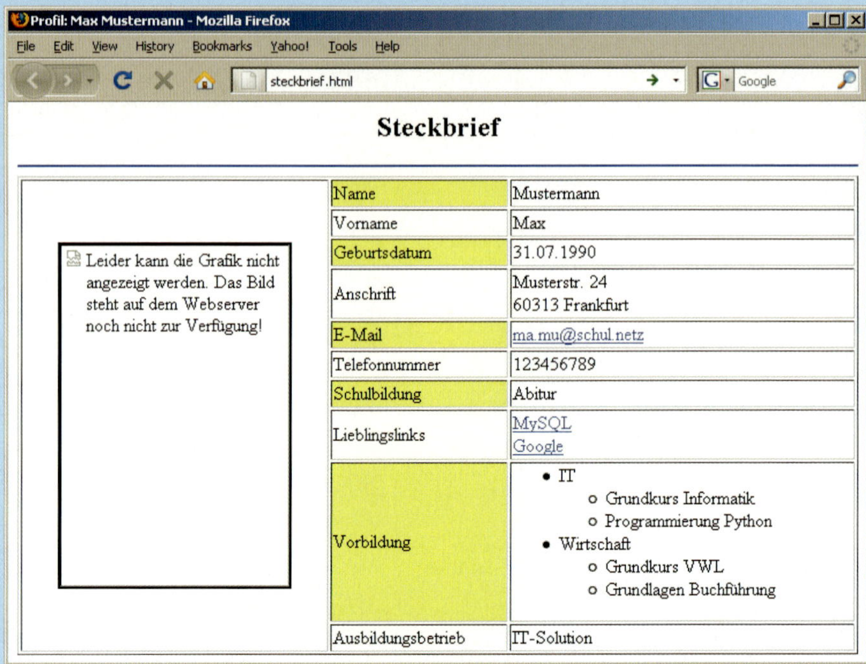

Erzeugen Sie eine benutzerfreundliche HTML-Seite, die die Informationen entsprechend der Musterseite enthält. Optische Verbesserungen der vorliegenden Seite sind erwünscht.

4.3.9 XHTML

HTML 4.01 ist der letzte veröffentlichte HTML-Standard. Die Weiterentwicklung von HTML erfolgt in Form von XHTML. XHTML basiert auf dem Standard von XML (Extensible Markup Language). XML ist eine Auszeichnungssprache zur Darstellung von hierarchisch strukturierten Daten in Textform. XML ist deshalb besonders geeignet, Informationen über verschiedene Systeme auszutauschen.

Basierend auf dem XML-Standard wurde XHTML 1.0 vom W3C-Konsortium verabschiedet. Es handelt sich bei dieser Version lediglich um eine Anpassung von HTML 4.01 an die formalen Anforderungen von XML. Inhaltlich wurden keine Neuerungen in diesen Standard aufgenommen. In der Version XHTML 1.0 können Sie auch noch die gewohnten Dokumenttypen Transitional, Strict und Frameset verwenden. In der aktuellen Version XHTML 1.1 können bereits keine Layoutelemente im Quellcode mehr verwendet werden, d.h. Sie müssen in dieser Version bereits auf alle missbiligten Elemente (deprecated elements) verzichten und die Formatierung der Webseiten ausschließlich mit CSS-Formatierungen realisieren.

Wenn ein Dokument nach dem XML-Standard geparst werden soll, muss dieses Dokument mit der Erweiterung xhtlm abgespeichert werden. Da ältere Browser jedoch Probleme haben, Dateien nach diesem Standard zu visualisieren, sollten Sie Ihre Dokumente zwar formal an den neuen Standard anpassen, sie aber mit der Erweiterung htm bzw. html abspeichern. So werden die Dokumente durch den Browser immer noch nach dem HTML-Standard geparst und angezeigt, es ist aber bei einem zukünftigen Umstieg mit geringerem Aufwand verbunden, die Dokumente an die neuen Anforderungen anzupassen und somit auch neuere Funktionalität zu verwenden. Dies wird vor allem dann der Fall sein, wenn die Neuerungen, die für die Version XHTML 2.0 vorgesehen sind, verwendet werden sollen.

4.3.9.1 Formale Anforderungen an XHTML

Die formalen Anforderungen an eine HTML-Datei sind relativ gering. Selbst fehlerhafte und unvollständige HTML-Dateien können durch entsprechende Korrekturen der Browser meistens korrekt angezeigt werden. Doch darauf sollte man sich beim Entwickeln von Webseiten nicht verlassen. Die neueren Browser werden immer mehr standard-konform, sodass es sinnvoll ist, Webseitenentwicklung an die formalen Anforderungen des XHTML-Formats anzupassen. Die folgende Tabelle enthält die wichtigsten formalen Anforderungen von XHTML:

Anforderung	Beispiele
Alle Elementnamen (Kennungen, Attribute, Attributwerte) müssen klein geschrieben werden.	<html>, </html>, <p>, </p>, <table>, </table>.
Jede Kennung muss mit einem Start-Tag und auch einem Ende-Tag codiert werden, d. h. auch Kennungen, die in HTML kein Ende-Tag benötigen (z. B. <hr>), müssen nach dem XHTML-Standard abgeschlossen werden. Es ist dabei möglich, die Ende-Kennung in das Tag miteinzubeziehen.	<p> … </p> <li> … </li> <hr /> <img src = "test.jpg" />
Alle Tags müssen korrekt ineinander geschachtelt werden. Das bedeutet, dass bei einer Schachtelung von HTML-Kennungen das zuletzt geöffnete Tag als erstes geschlossen werden muss.	<p><b>Text</b></p>
Alle Attributwerte müssen in einfache oder doppelte Anführungszeichen gesetzt werden.	<img src = '/test.jpg' /> <img src = "test.jpg" />
Attribute ohne Attributwerte sind nicht erlaubt, es muss deshalb jedem Attribut ein Attributwert zugewiesen werden.	<option selected='selected'>
Inline-Elemente erzeugen keinen eigenen Absatz in der Textdarstellung, sie sind innere Elemente. Inline-Elemente (z. B. a, img, b, br, span, button) müssen in ein Blockelement (z. B. p, div, form, h1-h6, hr, ol, table, ul) eingebettet werden.	<p>Text Text</p> <div><img src = "test.jpg" /></div>

4.3.9.2 Grundgerüst einer XHTML 1.0 Webseite

Die folgenden Quellcodezeilen enthalten das Grundgerüst einer XHTML-Datei. Es ist dem Grundgerüst einer HTML-Datei sehr ähnlich.

```
<?xml version=„1.0" ?>
<!DOCTYPE html PUBLIC "-//W3C//DTD XHTML 1.0 Transitional//EN"
  "http://www.w3.org/TR/xhtml1/DTD/xhtml1-transitional.dtd">
<html xmlns="http://www.w3.org/1999/xhtml">
<head>
<title>Beschreibung der Seite</title>
</head>
<body>

</body>
</html>
```

Die erste Zeile des XHTML-Grundgerüsts enthält die XML-Deklaration. Hier wird der Bezug zu XML hergestellt und mit dem Attribut version, das unbedingt verwendet werden muss, wird die Version XHTML 1.0 angegeben. Im einleitenden Tag kann wahlweise auch noch das Attribut encoding verwendet werden, um beispielsweise die Zeichencodierung festzulegen (z. B.

```
<?xml version="1.0" encoding="ISO-8859-1"?>
```

legt den Zeichensatz ISO-8859-1 als Zeichensatz für die Darstellung dieses Dokuments fest).

Erst in der zweiten und dritten Zeile folgt die Dokumenttypdeklaration. Als Version wird in unserem Grundgerüst XHTML 1.0 festgelegt. Die Variante Transitional erlaubt nach dem Standard für diese Deklaration noch den Einsatz von deprecated-elements (missbilligten Elementen). Ab XHTML 1.1 ist diese Deklaration nicht mehr möglich, wenn man standard-konforme Dateien erzeugen möchte.

Die Quellcodezeile 3 enthält den Verweis auf die entsprechende Datei für die Deklaration des Dokumenttyps auf den Webseiten des W3C-Konsortiums. Der letzte Unterschied im Grundgerüst betrifft das einleitende HTML-Tag. Im Gegensatz zum HTML-Standard muss in diesem Tag der verwendete XML-Namensraum mit dem Attribut

```
xmlns="http://www.w3.org/1999/xhtml"
```

angegeben werden. Der restliche Quelltext des Grundgerüsts entspricht dem Aufbau eines normalen HTML-Dokuments.

4.3.9.3 Validierung von Dokumenten

Unter Validierung versteht man einen Prozess, bei dem ein Dokument auf die Einhaltung eines formalen Standards (z. B. XHTML 1.0 Standard Strict des W3C-Konsortiums) überprüft wird. Ein Dokument, das so geprüft wurde und diese Prüfung bestanden hat, wird als valide bezeichnet. Die Vorteile, die sich aufgrund von validen Dokumenten ergeben, sind:

- Dokumente werden fehlerfreier dargestellt.

- Es ist keine Korrektur durch den Browser beim Parsen des Dokuments notwendig.
- Valider Code wird schneller wiedergegeben als fehlerhafter Code.

Viele HTML-Editoren haben bereits eingebaute Validierungshilfen. Sie können jedoch Ihre Dokumente auch Online auf den W3C-Seiten validieren. Im Internet stehen weitere Seiten für eine Online-Validierung zur Verfügung. Sie können aber auch mit im Internet verfügbaren Programmpaketen Ihre Dokumente offline validieren. Im Hinblick auf das nächste Kapitel (CSS) sei an dieser Stelle auch noch vermerkt, dass Sie Ihre CSS-Dokumente ebenfalls validieren sollten. Auch hierzu stellt Ihnen zum Beispiel das W3C-Konsortium einen Online CSS Validation Service zur Verfügung.

93 AUFGABE

Im Rahmen der Entwicklung von HTML-Seiten liegt ein Grobentwurf einer HTML-Datei (Inhalt: Darstellung der formalen Anforderungen an eine XHTML-Datei – Auszug) vor.

```
<?xml version="1.0"?>
<!DOCTYPE html PUBLIC "-//W3C//DTD XHTML 1.0 Transitional//EN"
"http://www.w3.org/TR/xhtml1/DTD/xhtml1-transitional.dtd">
<html xmlns="http://www.w3.org/1999/xhtml">
<head>
</head>
<body>
<h1><b><u>Formale Anforderungen an eine XHTML-Datei</h1></b>

<table border=2>
  <tr><th colspan=2>Formale Anforderungen XHTML</th></tr>
  <tr><th>Anforderung</th><th>Beispiele</tr>
  <tr><td>Alle Elementnamen müssen groß geschrieben werden</td>
      <td><ul><li>&lt;html&gt;, &lt;/html&gt;
              <li>&lt;p&gt;, &lt;/p&gt;</ul>
  </tr>
  <tr><td>Jede Kennung muss ein Start- und ein End-Tag haben</td>
      <td><ul><li>&lt;li&gt;, &lt;/li&gt;
              <li>&lt;img src = "test.jpg" /&gt;</ul>
  </tr>
</table>
<hr>
</body>
</html>
```

Bei der Validierung dieses Dokuments wurden folgende Warnungen bzw. Fehler erkannt:

- Warnung:
  No Character Encoding Found! Falling back to windows-1252. None of the standards sources gave any information on the character encoding labeling for this document. Before defaulting to windows-1252 the validator also tried to read the content with the following encoding(s), without success: UTF-8.
- Fehler:
  Line 6, Column 6: end tag for „head" which is not finished. Most likely, you nested tags and closed them in the wrong order. For example <p><em>...</p> is not acceptable, as <em> must be closed before <p>. Acceptable nesting is: <p><em>...</em></p>
  Another possibility is that you used an element which requires a child element that you did not include. Hence the parent element is „not finished", not complete. For instance, in HTML the <head> element must contain a <title> child element, lists (ul, ol, dl) require list items (li, or dt, dd), and so on.
- Fehler:
  Line 12, Column 51: end tag for „th" omitted, but OMITTAG NO was specified. You may have neglected to close an element, or perhaps you meant to „self-close" an element, that is, ending it with „/>" instead of „>".
- Fehler:
  Line 15, Column 15: document type does not allow element „li" here. The mentioned element is not allowed to appear in the context in which you've placed it.
- Fehler:
  Line 22, Column 4: end tag for „hr" omitted, but OMITTAG NO was specified. You may have neglected to close an element, or perhaps you meant to „self-close" an element, that is, ending it with „/>" instead of „>".

Die dargestellte Liste enthält nicht alle Fehlermeldungen. Außerdem sind die Fehlerhinweise teilweise verkürzt worden. Übersetzen Sie die Fehlermeldungen und korrigieren Sie das Dokument, sodass es erfolgreich validiert werden kann.

4.4 Cascading Style Sheets (CSS)

Mit zunehmenden Gestaltungswünschen für Webseiten entstehen aufgeblähte HTML-Seiten, in denen Elemente zur Strukturierung und Formatierung unübersichtlich zusammengewürfelt sind. Das Ziel von CSS ist es, Elemente zur Dokumentenstrukturierung (Absatz, Überschrift, Liste, Tabelle usw.) klar von Elementen zur Gestaltung (Schriftart, Schriftgröße, Hintergrundfarbe, Rahmentyp usw.) zu trennen: HTML ist für den Inhalt und seine Strukturierung zuständig, während CSS als Sprache zur Formatierung der HTML-Elemente verwendet wird („Separation of presentation and content!").

Die Verwendung von CSS ist mit verschiedenen Vorteilen verbunden:

- Übersichtlicherer HTML-Code
- Designänderungen und Wartung werden vereinfacht, da Änderungen nur an zentralen Stellen erforderlich sind.
- Kleinere Dateigrößen (geringerer Traffic), da Formatinformationen nicht mehrfach übertragen werden müssen.
- Zusätzliche Gestaltungsmöglichkeiten
- Gestaltung der Dokumente für unterschiedliche Ausgabemedien (z. B. verschiedene Stylesheets für die Bildschirmdarstellung und Druck)

Wie für HTML entwickelt das World Wide Web Consortium (W3C) Standards für CSS und spricht Empfehlungen aus (http://www.w3.org/). Zurzeit der Drucklegung ist die Spezifikation CSS Level 2 Revision 1 („CSS 2.1") aktuell.

4.4.1 Einbinden von CSS in HTML

Idealerweise werden die CSS-Statements zur Formatierung in einer eigenen – vom HTML-Dokument getrennten – Datei abgelegt.

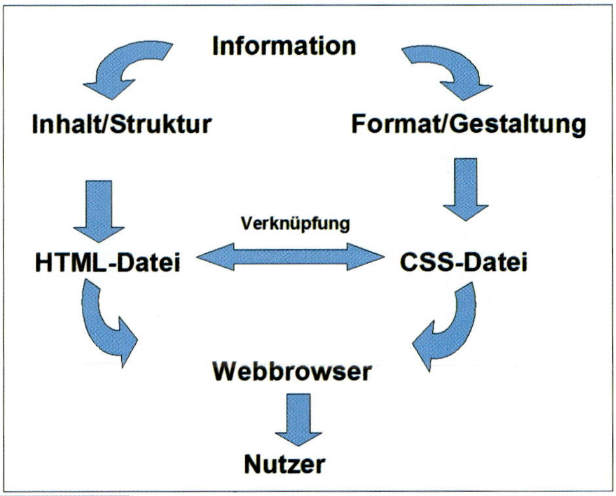

Die CSS-Formate sind in diesem Fall in allen Dokumenten gültig, in die die Stylesheet-Datei eingebunden wird. Stylesheets können aber auch im <head>-Bereich eines HTML-Dokuments festgelegt werden; die Formate sind dann nur in dieser HTML-Datei gültig. Als dritte Variante können CSS-Formatierungen in einzelnen HTML-Tags eingefügt werden. In den folgenden drei Abschnitten werden an dem einfachen Fall einer Überschriftformatierung diese drei Möglichkeiten näher beschrieben.

4.4.1.1 Formatdefinitionen in einer CSS-Datei

Überschriften 2. Ordnung <h2> sollen in der Schriftart Arial, blau, unterstrichen und in der Schriftgröße 12 Punkt dargestellt werden. Die zugehörige CSS-Datei ist eine reine Textdatei mit folgendem Inhalt:

```
1   /* CSSVORLAGEN.CSS
2      Hier ist die zentrale Definition für die Überschriften
       H2 hinterlegt
3     Kommentare in CSS-Dateien erfolgen im C-Stil.)
4   */
5
6   h2 { font-family:Arial, Verdana, Helvetica, sans-serif;
7      color:blue; font-size:12pt; text-decoration:underline; }
```

Die Zeilennummern 1…7 sind nicht Bestandteil der Datei; sie sind nur eingefügt, um den Text einfacher erläutern zu können.

Der Text zwischen /* und */ (Zeile1 bis 4) ist lediglich Kommentar und für die Formatdefinition unerheblich. Die CSS-Regel zur Formatierung beginnt in Zeile 6. Der erste Eintrag h2 gibt an, für welches HTML-Element eine Formatierung definiert wird. In den geschweiften Klammern folgen die Eigenschaften und die Werte, die festgelegt werden. In diesem Beispiel sind das die Schriftart (font-family), die Schriftfarbe (color), die Schriftgröße (font-size) und die Textdekoration (text-decoration). In der Formatdefinition wurden mehrere Schriftarten angegeben. Sollte die erste Schriftart nicht auf dem Browser-Rechner installiert sein, kann der Browser diese Schriftart nicht verwenden. Es ist deshalb möglich, innerhalb der Formatdefinition mehrere Schriftarten durch Kommata getrennt anzugeben. Der Browser verwendet dann die erste auf dem Rechner verfügbare Schriftart. Ist keine der angegebenen Schriftarten installiert, so ist die Angabe der Schriftart unbedeutend und der Browser verwendet die eingestellte Standardschrift.

Formatdefinitionen haben folgenden Aufbau:

Selektor { Eigenschaft:Wert }

Selektor: gibt an, auf welchen Bereich sich die Definition bezieht; hier Überschriften der Stufe 2: h2

Eigenschaft: bezeichnet das Attribut, dessen Ausprägung definiert werden soll: font-family, color usw.

Wert: gibt den „Wert" an, der für eine Eigenschaft festgelegt wird: Arial, blue, 12pt usw.

Die Deklaration Eigenschaft:Wert steht in geschweiften Klammern { }. Mehrere Deklarationen werden mit einem Semikolon getrennt.

Soll sich die Formatdefinition auf mehrere Elemente beziehen, werden die Elemente in der Liste mit einem Komma getrennt. Im folgenden Beispiel gilt die Definition für die Überschriften H1, H2, H3 und Absätze P:

```
h1, h2, h3, p { font-family:Arial; color:blue; }
```

Die Wirkung einer Formatierung für ein Element kann auch davon abhängig gemacht werden, ob dieses Element in einem bestimmten anderen Element enthalten ist (Verschachtelung). Mit der Angabe

```
p u { color:blue; text-decoration:none; }
```

wird ein Text zwischen <u> … </u> nicht mehr unterstrichen (text-decoration: none), sondern in blauer Schrift dargestellt (color:blue); diese gilt aber nur dann, wenn das <u> in einem Absatz <p> verwendet wird (p u { ... }). Innerhalb eines anderen Elementes (z. B. einer Überschrift) würde das u-Tag eine normale Unterstreichung erzeugen.

Hier nun eine HTML-Seite, die dieses Stylesheet verwendet:

```
1   <!DOCTYPE HTML PUBLIC "-//W3C//DTD HTML 4.01 Transitio-
    nal//EN"
2      "http://www.w3.org/TR/html4/loose.dtd">
3   <html>
4   <head>
5   <title>CSS3 - Zentrale Formatierung mit CSS-Datei</title>
6   <!--Hier folgt die Einbindung der Datei CSSVORLAGEN.CSS,
7       die das zentral definierte Format für
8       Überschriften H2 enthält.-->
9   <link rel="stylesheet" type="text/css" href="cssvorlagen.
    css">
10  </head>
11  <body>
12  <h2>F&uuml;r diese &Uuml;berschrift H2 gilt die Definiti-
    on: Arial,
13      blau, 12 Punkt und unterstrichen.</h2>
14  <h2 style="color:gray">
15      In dieser &Uuml;berschrift H2 ist die zentral defi-
        nierte
16      Farbe &uuml;berschrieben.</h2>
17  <h2> ... und diese &Uuml;berschrift H2 hat wieder
18       keine Direktformatierung.</h2>
19  </body>
20  </html>
```

Die Einbindung der CSS-Datei erfolgt im Dateikopf der HTML-Datei (Zeile 9). Mit dem LINK-Tag wird eine Verbindung zu einer anderen Datei hergestellt. rel="stylesheet" gibt an, dass es sich um einen Bezug auf eine Datei mit Stylesheets handelt rel: Relation: Beziehung); type="text/css" gibt den MIME-Typ an. (MIME=Multipurpose Internet Mail Extensions; ursprünglich ein Standard beim Austausch von E-Mails. Über die MIME-Festlegung können sich Sender und Empfänger über die Struktur und den Inhalt eines Dokumentes verständigen. In unserem Beispiel liefert die Typangabe ="text/css" die Information, dass es sich um eine CSS-Datei handelt.) href="cssvorlagen.css" ist der Verweis auf die einzubindende CSS-Datei. Da eine Pfadangabe fehlt, muss sich die Datei im gleichen Verzeichnis wie die HTML-Datei befinden.

Browserausgabe:

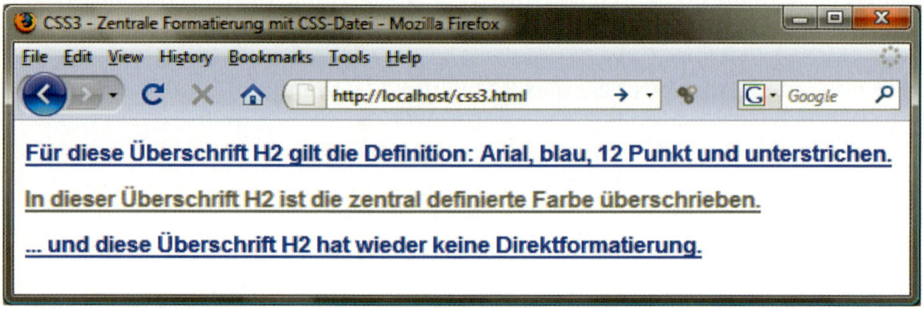

Die erste Überschrift (erzeugt in den Zeilen 12–13) zeigt, wie der Webbrowser die in der CSS-Datei festgelegten Formateigenschaften umsetzt. Die zweite Überschrift (Zeilen14–16) wird in grau ausgegeben. Mit der Angabe style="color:gray" wird die zentrale Formatdefinition durch eine Direktformatierung außer Kraft gesetzt. (Genaueres zur Direktformatierung mit CSS finden Sie weiter unten.) In der dritten Überschrift (Zeilen 17–18) gibt es keine Direktformatierung und es greifen wieder die in der CSS-Datei festgelegten Regeln.

4.4.1.2 Formatdefinitionen im Kopf eines HTML-Dokuments

Formate im CSS-Stil können auch im Kopf einer HTML-Seite festgelegt werden. Sie gelten dann nur für dieses HTML-Dokument. Im folgenden Beispiel sollen, wie oben, die Überschriften 2. Ordnung H2 in der Schriftart Arial, blau, unterstrichen und der Schriftgröße 12 Punkt dargestellt werden.

```
<!DOCTYPE HTML PUBLIC "-//W3C//DTD HTML 4.01 Transitio-
nal//EN"
  "http://www.w3.org/TR/html4/loose.dtd">
<html>
<head>
<title>CSS2 - Zentrale Formatierung f&uuml;r eine Datei
</title>
<!--Hier folgen die dokumentenweit gültigen, zentralen
    Formatdefinitionen:*-->
<style type="text/css">
h2 { font-family:Arial, Verdana, Helvetica, sans-serif;
  color:blue; font-size:12pt; text-decoration:underline; }
</style>
</head>
<body>
<h2>F&uuml;r diese &Uuml;berschrift H2 gilt die Definiti-
    on:
    Arial, blau, 12 Punkt und unterstrichen.</h2>
<h2 style="color:gray">In dieser &Uuml;berschrift H2 ist
    die
    zentral definierte Farbe &uuml;berschrieben.</h2>
<h2>... und diese &Uuml;berschrift H2 hat wieder keine
    Direktformatierung.</h2>
```

```
20  </body>
21  </html>
```

Zeile 8 leitet mit einem Style-Tag einen Bereich für CSS-Formatangaben ein. In diesem Tag wird angegeben, dass CSS für die Formatierung verwendet wird (Mime-Typ: text/css). Zwischen dem einleitenden Tag (Zeile 8) und dem abschließenden Tag (Zeile 11) stehen die Formatdefinitionen. Syntaktisch entsprechen sie der Angabe in einer separaten CSS-Datei (siehe vorhergehenden Abschnitt). Auch in diesem Beispiel wird für die zweite Überschrift die zentrale Formatierung durch eine Direktformatierung überschrieben (siehe Zeile 16).

Die Browserausgabe entspricht der des vorherigen Abschnitts.

Da die CSS-Formate direkt in einer HTML-Datei enthalten sind, können diese Definitionen nicht in andere HTML-Dateien eingebunden werden. Einige der genannten Vorteile von CSS entfallen damit, z. B. sind Designänderungen in zentralen CSS-Dokumenten nicht möglich.

4.4.1.3 Direktformatierung im CSS-Stil

Diese Ausgabe ist mit der folgenden CSS-Direktformatierung im HTML-Dokument entstanden.

```
<!DOCTYPE HTML PUBLIC "-//W3C//DTD HTML 4.01 Transitional
//EN"
  "http://www.w3.org/TR/html4/loose.dtd">
<html>
<head>
<title>CSS1 - Direktformatierung</title>
</head>
<body>
<h2>Diese &Uuml;berschrift H2 enth&auml;lt keine direkte
    Formatierung.</h2>
<h2 style="font-family:Arial; font-size:10pt;color:blue;
    text-decoration:underline">Diese &Uuml;berschrift H2
    ist direkt formatiert mit Arial, 10 Punkt, blau,
    unterstrichen.</h2>
<h2 style="font-family:Verdana; font-size:14pt;color:red;
```

```
      font-style:italic" >Diese &Uuml;berschrift H2 ist
      direkt formatiert mit Verdana, 14 Punkt, rot, kursiv.
      </h2>
</body>
</html>
```

Die erste Überschrift enthält keine Formatangaben; die Ausgabe zeigt, wie ein Browser das H2-Tag ohne Zusätze interpretiert. Für die zweite Überschrift erfolgt im einleitenden H2-Tag eine Style-Angabe, mit der die Schriftart (fontfamily), die Schriftgröße (font-size), die Schriftfarbe (color) und die Textdekoration (text- decoration) festgelegt werden. Diese Stilangaben sind nur für den Geltungsbereich des HTML-Elements zutreffend, in dem sie stehen; in diesem Beispiel also für die zweite Überschrift. Gleiches gilt für die dritte Überschrift, in der neben Schriftart, -größe und -farbe ein Schriftstil (font-style) definiert ist.

Die Anwendung der direkten Formatierung ist dann sinnvoll, wenn es um wenige Formatanweisungen geht und ansonsten nicht mit CSS gearbeitet wird. Die meisten genannten CSS-Vorteile entfallen bei diesem Vorgehen.

4.4.1.4 Kombination der drei Methoden

Die Verfahren zur Einbindung von Stylesheets in ein HTML-Dokument können miteinander kombiniert werden.

```
<!DOCTYPE HTML PUBLIC "-//W3C//DTD HTML 4.01 Transitional
//EN"
 "http://www.w3.org/TR/html4/loose.dtd">
<html>
<head>
<title>CSS4 - CSS-Datei, dokumentenweite und direkte
       Formatierung</title>
<!--Hier folgt die Einbindung der Datei CSSVORLAGEN.CSS,
die das
    zentral definierte Format für Überschriften H2 ent-
hält.-->
<link rel="stylesheet" type="text/css" href="cssvorlagen.
css">
<!--Hier folgen die dokumentenweit gültigen, zentralen
    Formatdefinitionen:*-->
<style type="text/css">
  h2 {color:black;text-decoration:none}
</style>
</head>
<body>
<h2>Die in der CSS-Datei definierten Eigenschaften sind
durch
    Dokumentendefintionen zum Teil &uuml;berschrieben:<br>
    Farbe schwarz statt blau und keine Unterstreichung.
    </h2>
<h2 style="color:red" >
    Und hier wird die dokumentenweit definierte
```

```
22       Farbe schwarz durch Direktformatierung mit rot
23       &uuml;berschrieben.</h2>
24    </body>
25    </html>
```

In diesem Beispiel wird die separate CSS-Datei cssvorlagen.css eingebunden (Zeile 9). Diese Datei enthält Formatdefinitionen für die Überschriften der Stufe 2 (siehe oben unter Formatdefinitionen in einer CSS-Datei). Zusätzlich werden dokumentenweit gültige Definitionen für diesen Überschriftentyp eingefügt (Zeilen 12–14). Zuletzt wird in Zeile 20 eine Direktformatierung für ein H2-Tag vorgenommen.

Der Webbrowser liefert folgende Ausgabe:

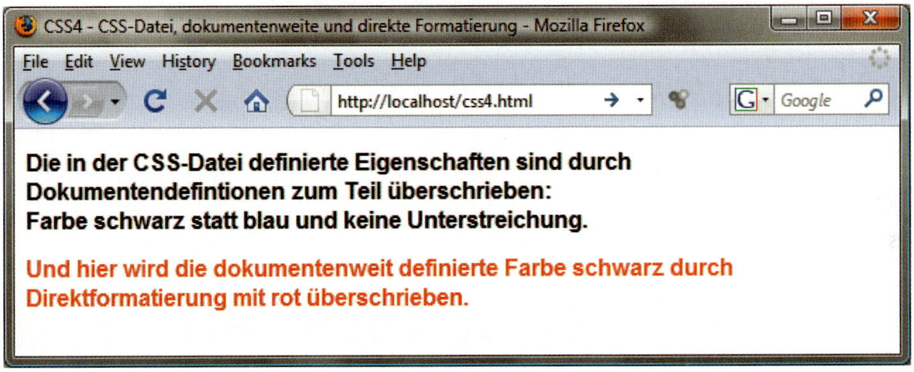

Browserausgabe

Wie man sieht, werden die Eigenschaften, die in der separaten CSS-Datei festgelegt sind, durch anderslautende Dokumentendefinitionen im STYLE-Tag überlagert (CSS-Datei: Schriftfarbe blau und Unterstreichung; Formatdefinition im STYLE-Tag: Farbe schwarz, keine Unterstreichung). Nicht neu definierte Eigenschaften bleiben erhalten (Schriftart Arial und Schriftgröße 12 Punkt). Die Direktformatierung überlagert wiederum die dokumentenweite Formatangabe (Schriftfarbe rot statt schwarz). Nicht neu definierte Eigenschaften aus der dokumentenweiten Formatangabe und der externen Datei bleiben erhalten (keine Unterstreichung aus dokumentenweiter Definition, Schriftart Arial mit 12 Punkt aus der externen CSS-Datei).

4.4.1.5 Das DIV- und das SPAN-Element

Im folgenden Beispiel ist die Schriftgröße und -farbe einer H2-Überschrift direkt formatiert.

```
<h2 style="font-size:14pt;color:red">
   In dieser &Uuml;berschrift H2 ist nichts unterstrichen.
</h2>
```

Browserausgabe

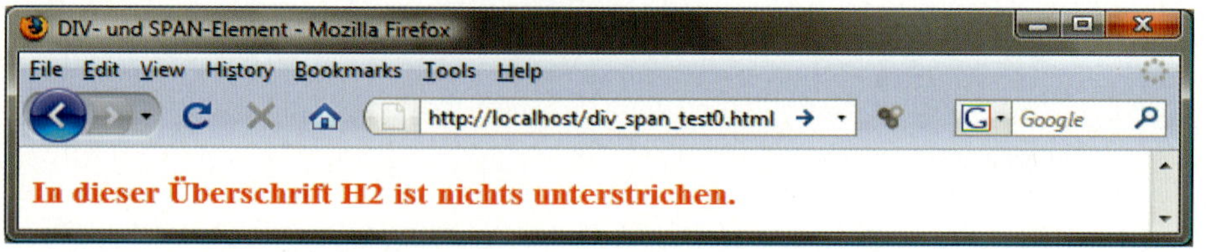

Wie ist es nun möglich, einem Teil des Überschriftentextes eine abweichende oder zusätzliche Formatierung zuzuweisen? Für diese Situation gibt es das SPAN-Tag. Dem Wort blau wird die Schriftfarbe blue und dem Wort Unterstreichung die Textdekoration underline zugewiesen:

```
<h2 style="font-size:14pt;color:red">
    In dieser &Uuml;berschrift H2 ist wird mit dem Span-Tag die
    Schriftfarbe
    <span style="color:blue">blau</span> und die Textdeko-ration
    <span style="text-decoration:underline">Unterstreichung</span>
    verwendet.
</h2>
```

Mithilfe des SPAN-Elements ist es möglich, weitere CSS-Formatierungen innerhalb eines bereits mit CSS formatierten Elements vorzunehmen. Ansonsten hat es keine weiteren Auswirkungen. Innerhalb des Span-Elements kann Text oder ein weiteres (Inline-)Element angegeben werden.

Mit dem DIV-Element können Sie einen Bereich festlegen, der weitere Elemente enthält. Die im DIV-Tag angegebenen Eigenschaften gelten für den gesamten Bereich und damit für alle enthaltenen Elemente. Als Blockelement erzeugt es einen Zeilenumbruch, hat aber darüber hinaus keine eigenen Wirkungen.

In diesem Beispiel wird mit div ein Bereich festgelegt, der eine Überschrift (h1), eine weitere Überschrift (h2), eine Liste (ul) und einen Absatz (p) enthält. Im DIV-Tag wird für diesen Bereich festgelegt, dass Text zentriert (text-align) und blau (color) dargestellt wird, diese Formatierung gilt für alle vier enthaltenen Elemente. Der Bereich erhält darüber hinaus einen doppelt durchgezogenen Rahmen (border-style) in der Farbe blau (border-color); der Rahmen ist 400 Punkt breit (width) und hat eine – hier hexadezimal angegebene – Hintergrundfarbe (background-color). Mit der Padding-Eigenschaft wird der Abstand des Elementinhalts zu seinem Rand auf 12 Punkt gesetzt (hier der freie Raum zwischen Inhalten und dem Rahmen). Im letzten Element des Bereichs (Absatz) wird die Schriftfarbe blau für einen Teil des Textes mit dem SPAN-Element durch schwarz ersetzt.

```
<!DOCTYPE HTML PUBLIC "-//W3C//DTD HTML 4.01 Transitio-
nal//EN"
  "http://www.w3.org/TR/html4/loose.dtd">
<html>
<head>
<title>DIV- und SPAN-Element</title>
</head>
<body>
<p>Jetzt beginnt ein DIV-Element.</p>
<div style="text-align:center;color:blue; padding:12pt;
   border-style:double; border-color:blue;
   background-color:#e6e6fa;width:400pt">
   <h1>&Uuml;berschrift H1</h1>
   <h2>&Uuml;berschrift H2</h2>
   <ul>
     <li>Listenelement</li>
   </ul>
   <p>... zun&auml;chst mit blauer und dann<br>
      <span style="color:black">mit schwarzer Schrift.
      </span>
   </p>
</div>
<p>und hier geht es nach dem DIV-Element weiter.</p>
</body>
</html>
```

So wird die Seite in einem Webbrowser angezeigt:

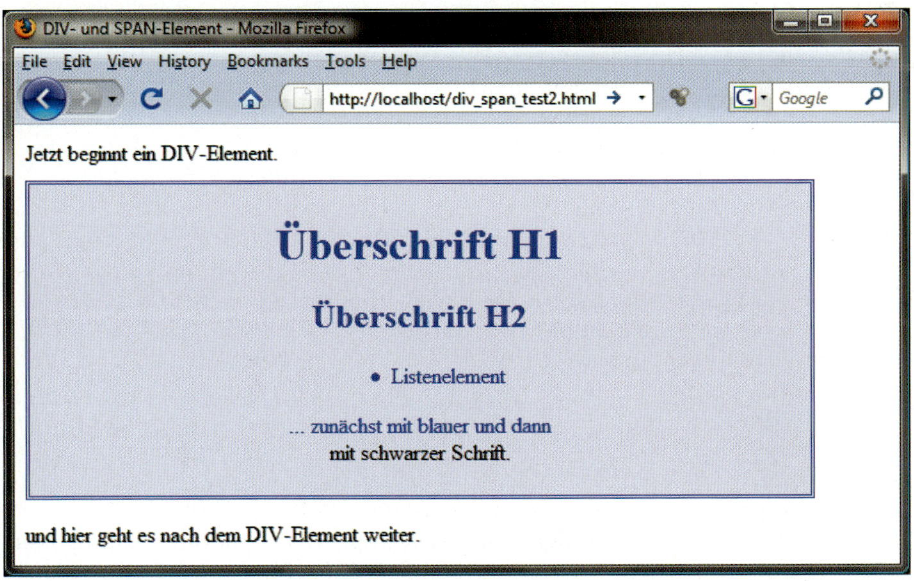

Browserausgabe

4.4.2 Stylesheet-Klassen

Mit dem Konzept der Klassen ist es möglich, Formatdefinitionen sehr flexibel einzusetzen. Das folgende Beispiel zeigt das Prinzip.

```
1  <!DOCTYPE HTML PUBLIC "-//W3C//DTD HTML 4.01 Transitional
   //EN"
2    "http://www.w3.org/TR/html4/loose.dtd">
3  <html>
4  <head>
5  <title>Stylesheet-Klassen</title>
6  <style type="text/css">
7     h1 { font-family:Arial; font-size:14pt; font-weight:
      normal; }
8     h1.invers { color:white; background-color:black; font-
      weight:bold; }
9     *.Rahmen { text-align:center;color:blue; padding:6pt;
10      border-style:double; border-color:blue;
11      background-color:#e6e6fa; }
12     .RahmenEinfach { text-align:center;color:white;
        padding:6pt;
13      border-style:solid; border-color:black;
14      background-color:teal; }
15 </style>
16 </head>
17 <body>
18   <h1>Normale &Uuml;berschrift H1 mit Arial, 12 Punkt</h1>
19    <h1 class="invers">H1 mit wei&szlig;er Schrift auf
      schwarzem Hintergrund.</h1>
20    <h1 class="Rahmen">H1 mit Rahmen.</h1>
21    <p class="Rahmen">Auch dieser Absatz ohne besondere
22    Schriftformatierung ist gerahmt.</p>
23    <h2>Normale &Uuml;berschrift H2</h2>
24    <h2 class="RahmenEinfach">... und jetzt mit Klassenfor-
      matierung
25    ganz anders.</h2>
26    <div class="RahmenEinfach" style="text-align:left">
27    <ul>
28       <li>Das funktioniert ebenso mit einem div-Element.
         </li>
29       <li>Es enth&auml;lt diese unsortierte Liste.</li>
30       <li>Die linksb&uuml;ndige entsteht mit Direktforma-
         tierung.</li>
31    </ul>
32    </div>
33 </body>
34 </html>
```

Zeile 7 zeigt keine Besonderheiten; es werden einige Eigenschaften für eine Überschrift h1 definiert. In Zeile 8 beginnt die Definition für eine StylesheetKlasse:

Der Selektor enthält nach dem Elementnamen h1 einen Punkt und einen frei gewählten (Klassen-)Namen (h1.invers); danach folgen wie gewohnt einige Definitionen.

In Zeile 19 wird diese Formatierung für eine Überschrift H1 verwendet: <h1 class="invers">H1 mit weißer Schrift auf schwarzem Hintergrund.</h1>. Mit dem Zusatz class="invers" wird festgelegt, dass das H1-Tag der Stylesheet-Klasse invers angehört und damit alle Formatdefinitionen dieser Klasse übernimmt. Und so gibt der Browser diese Überschrift aus:

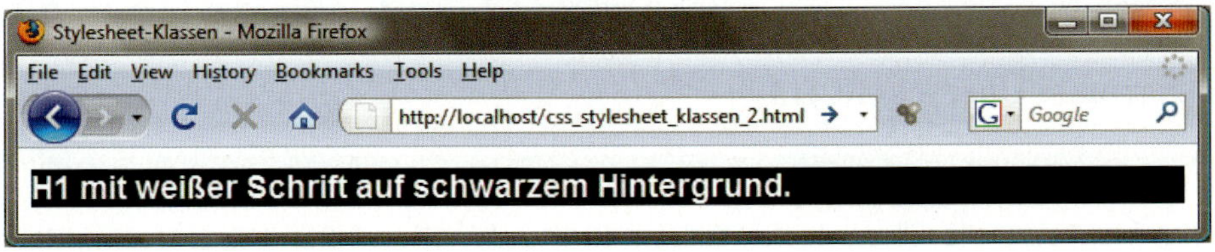

Browserausgabe

Schriftart und -größe entstammen der normalen Definition für H1 (Zeile 7). Diese Formatierung wird nun ergänzt um die Eigenschaften der Klassendefinition (Zeile 8): weiße Schrift auf schwarzem Hintergrund in Fettschrift. In diesem Beispiel wurde eine Klasse für die H1-Überschrift definiert (h1.invers) und kann damit nur mit diesem Tag verwendet werden (<h1 class="invers">). Diese Beschränkung auf ein bestimmtes Element ist nicht zwingend, wie Zeile 9 zeigt. Als Elementtyp wird hier ein Stern angegeben: *.Rahmen. Der Stern steht hierbei für ein beliebiges HTML-Element. Damit ist es möglich, eine Klasse in beliebigen Elementen zu verwenden. Auf die Angabe des Sterns kann auch verzichtet werden: .RahmenEinfach (siehe Zeile 12).

In Zeile 20 wird eine Überschrift mit der Klasse Rahmen ausgegeben:

Browserausgabe

Die Schriftformatierung (Zeile 7) ist nun um die Eigenschaften aus der Klasse Rahmen wie Schriftzentrierung, -farbe, Rahmenart usw. ergänzt (Zeilen 9–11). In Zeile 21 wird die Klasse Rahmen für einen Absatz verwendet.

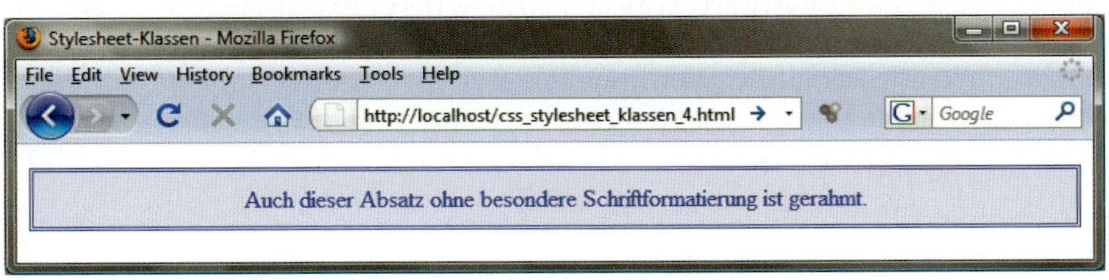

Browserausgabe

Wie man sieht, werden die definierten Eigenschaften nun auf das HTML-Element Absatz angewendet. Im Unterschied zum vorherigen Beispiel ist die Schrift nicht besonders formatiert, da die oben verwendeten Schrifteigenschaften nur für H1-Überschriften definiert waren.

Mit Zeile 23 wird eine normale Überschrift H2 ausgegeben:

Browserausgabe

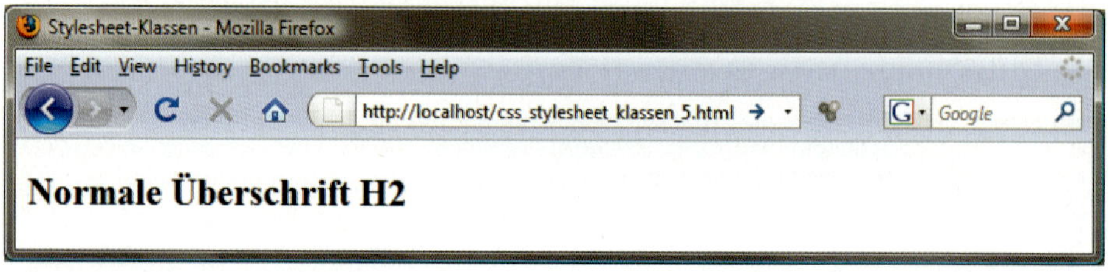

Die nachfolgende Überschrift H2 ist mithilfe der Klasse RahmenEinfach völlig anders gestaltet (Formatdefinition in Zeilen 12–14, Ausgabe in Zeile 24)

Browserausgabe

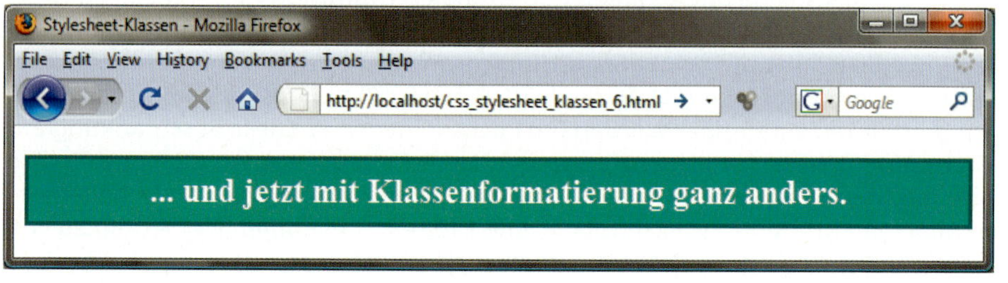

Zum Abschluss die Verwendung der Klasse RahmenEinfach mit einem DIV-Element:

Browserausgabe

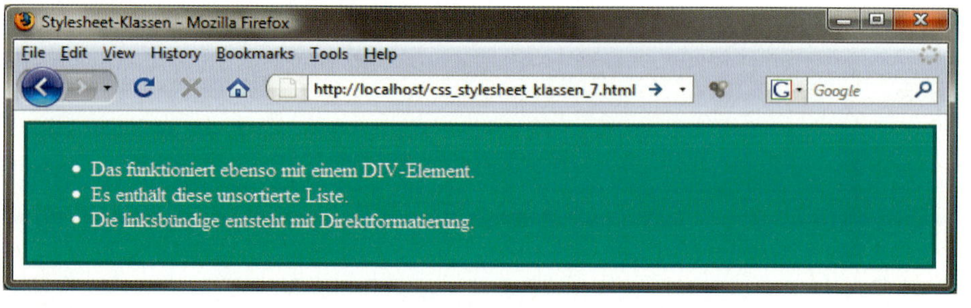

In Zeile 26 wird diese Klasse in einem DIV-Tag verwendet. Der mit DIV festgelegte Bereich enthält eine unsortierte Liste (Zeilen 27–31). Für den gesamten DIV-Bereich gilt die Formatierung aus der Klasse RahmenEinfach. Da im DIVTag eine Direktformatierung für die Textausrichtung angegeben ist (style="text-align:left"), wird die Textausrichtung der Klasse text-align:center (Zeile 12) überschrieben.

4.4.3 Gestaltung einer Seite

Als zusammenfassendes Beispiel soll folgende einfache Startseite einer Internetpräsenz gestaltet werden:

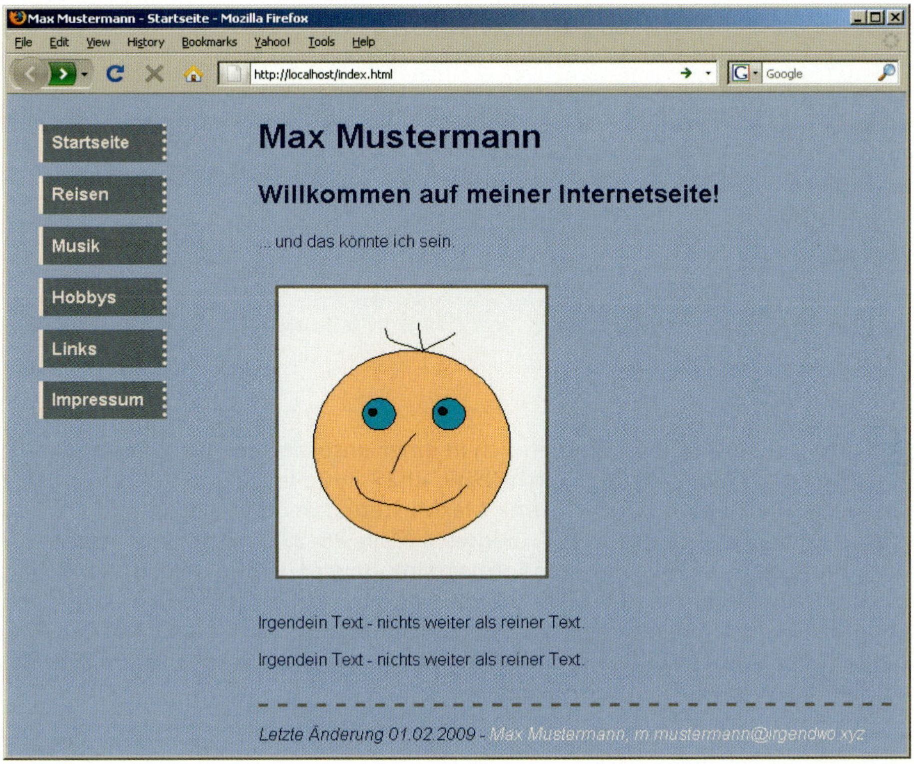

Im linken Teil befinden sich einige Balken zur Navigation; der eigentliche Seiteninhalt besteht aus zwei Überschriften, einer Grafik und Text. Der HTMLCode ist sehr einfach:

```
<!DOCTYPE HTML PUBLiC "-//W3C//DTD HTML 4.01 Transitional //EN"
"http://www.w3.org/TR/html4/loose.dtd">
<html>
<head>
  <title>Max Mustermann - Startseite</title>
  <link rel="stylesheet" href="navi.css">
</head>
<body>
<!-- Navigationbalken -->
<ul class="navigation">
  <li><a href="index.html">Startseite</a>
  <li><a href="reisen.html">Reisen</a>
  <li><a href="musik.html">Musik</a>
  <li><a href="hobbys.html">Hobbys</a>
```

```
15     <li><a href="links.html">Links</a>
16     <li><a href="impressum.html">Impressum</a>
17   </ul>
18   <!-- Inhalt -->
19   <h1>Max Mustermann</h1>
20   <h2>Willkommen auf meiner Internetseite!</h2>
21   <p>... und das k&ouml;nnte ich sein.</p>
22   <img src="MaxMustermann.gif" alt="Max Mustermann"
     border="0" >
23   <p>Irgendein Text - nichts weiter als reiner Text.</p>
24   <p>Irgendein Text - nichts weiter als reiner Text.</p>
25   <address>Letzte &Auml;nderung 01.02.2009 -
26     <a href="mailto:m.mustermann@irgendwo.xyz">Max Muster-
         mann,
27       m.mustermann@irgendwo.xyz</a>
28   </address>
29   </body>
30   </html>
```

Die Links zur Navigation befinden sich in einer unsortierten Liste (Zeilen 10–17). Es folgen zwei Überschriften (<h1> bzw. <h2> in Zeile 19 und 20), ein Absatz (Zeile 21), die Einbindung der Grafik MaxMustermann.gif (Zeile 22) und weitere Absätze mit Text. Neu ist das Tag <address> (Zeile 25–28), mit dem ein Absatz für eine Internetadresse mit eigenem Format erzeugt wird. In diesem Beispiel enthält es einen Verweis auf eine E-Mail-Adresse (mailto:). Mit einem Klick auf den Link kann der Nutzer direkt eine E-Mail an den Empfänger verfassen. (Für den Fall, dass ein Browser ein E-Mail-Programm nicht automatisch startet, ist im Link die vollständige E-Mail-Adresse angegeben.)

Für die Formatierung der Seite ist die separate CSS-Datei navi.css zuständig, die in Zeile 6 eingebunden wird.

Dem leichteren Verständnis der Breiten- und Höhenangaben für HTML-Elemente hier zunächst das CSS-Box-Modell:

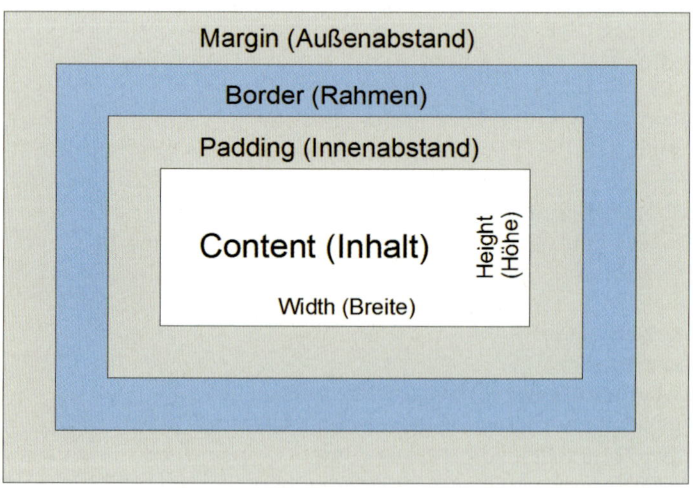

Content ist das eigentliche HTML-Element (Text, Bild usw.) mit einer bestimmten Höhe und Breite. Das Element selbst ist von einer „Polsterung“ (Padding) umschlossen, die ohne ausdrückliche Angabe 0 ist. Ein höherer Padding-Wert vergrößert also den Leerraum zwischen dem Inhalt des Elementes und seinem Rand. Mit Angaben zum Rahmen (border) werden Rahmenstärke, -farbe und -typ festgelegt. Mit Angaben zum Außenabstand (margin) legt man den Leerraum (oben, unten, links, rechts) zu dem Eltern- oder Nachbarelement fest.

Die Datei navi.css hat folgenden Aufbau:

```
body {
  padding-left: 14em;
  font-family: Arial, Verdana, Helvetica, Sans-Serif;
  color: #191970;
  background-color: #b0c4de; }
ul.navigation {
  list-style-type: none;
  padding: 0;
  margin: 0;
  position: absolute;
  top:1em;
  left: 1em;
  width: 9em; }
h1, h2 {
  color: 4682b4;
  font-family: Arial, Verdana, Helvetica, Sans-Serif; }
ul.navigation li {
  background: #778899;
  font-weight: bold;
  margin: 0.8em;
  padding: 0.5em;
  border-left: 0.3em solid;
  border-right: 0.3em dotted;
  border-color: #faf0e6; }
a:link {
  color: #faf0e6;
  text-decoration:none; }
a:visited {
  color: #faf0e6;
  text-decoration:none; }
a:hover {
  color: red;
  text-decoration:none; }
address {
  margin-top:2em;
  padding-top: 1em;
  border-top: dashed;
  border-color: #808080; }
img {
  margin: 1em;
```

```
    padding: 2em;
    border: 0.2em solid;
    border-color: #808080;
    background: whitesmoke; }
```

Erläuterungen:

body (Eigenschaften des Dokumentenkörpers):
Um Freiraum für die Navigationsleiste zu erhalten, wird mit padding-left: 14em der Inhalt des Dokuments nach rechts verschoben.

ul.navigation (Definition der Klasse navigation für unsortierte Listen):
Diese Klasse wird in der HTML-Datei für die Link-Liste zur Navigation eingesetzt (Zeile 9 im HTML-Code). Mit den Eigenschaften top, left und width werden Position und Breite der Liste spezifiziert. Diese Angaben sind absolute Werte (position: absolute) bezogen auf das Elternelement (hier: body).

h1, h2 (gemeinsame Eigenschaften für die Überschriften <h1> und <h2>):

ul.navigation li (Eigenschaften von Listenelementen, wenn sie in einem „Element" ul.navigation enthalten sind):
border-left: 0.3em solid bzw. border-right: 0.3em dotted erzeugen den geschlossenen Balken (links) bzw. unterbrochenen Balken (rechts) in jedem Listenelement.

a:link, a:visited, a:hover (Formate für Verweise):
Die Pseudoklassen :link, :visited und :hover werden hier für das <a>-Tag verwendet. Die definierten Eigenschaften gelten für nicht angeklickte Verweise (:link), für angeklickte Verweise (:visited) und für Verweise, über die der Anwender mit der Maus fährt (:hover). Sowohl angeklickte als auch nicht angeklickte Links haben die gleiche Farbe (color: `#faf0e6`) und sind nicht unterstrichen (text-decoration:none). Fährt man mit der Maus über einen Link, verändert sich die Schriftfarbe in rot (color: red).

address (Eigenschaften für das <address>-Tag):
Neben Abständen wird ein grauer (border-color: `#808080`), nur oben sichtbarer und gestrichelter Rahmen (border-top: dashed) festgelegt.

img (Eigenschaften für eingefügte Bilder):
Bilder erhalten einen grauen (border-color: `#808080`), durchgezogenen (border: 0.2em solid) Rahmen und einen blassweißen Hintergrund (background: whitesmoke).

4.4.4 CSS-Kurzreferenz (Auswahl)

Numerische Angaben		
absolut	pt	Punkt (ca. 0,35 mm)
	pc	Pica (12 Punkt)
	in	Inch (2,54 cm)
	mm	Millimeter
	cm	cm

Numerische Angaben		
relativ	em px %	Relativ zur Schriftgröße (bzw. zum Elternelement bei Anwendung auf die Schriftgröße) Pixel (relativ, da unterschiedlich auf verschiedenen Ausgabegeräten) Prozentangabe

Farbangaben		
Hexadezimal	#rrggbb #rgb	wie in HTML Kurzform (Hex-Angabe für jede Farbe wird intern verdoppelt)
Farbnamen		wie in HTML
Dezimal	rgb(R,G,B)	R, G bzw. B: Dezimalwerte von 0-255
Prozentual	rgb(R%,G%,B%)	R,G bzw. B: Prozentanteile von 0-100

Schrift		
Schriftart	font-family: Wert1, Wert2 ,...;	Namen der Schriftarten
Schriftstil	font-style:Wert;	normal, italic, oblique
Schriftgröße	font-size:Wert;	numerische Angabe oder: small, medium, large, smaller, larger
Schriftgewicht	font-weight:Wert;	100, 200, ..., 900 oder normal, bold, bolder, lighter
Textauszeichnung	text-decoration: Wert;	none, underline, overline, line-through, blink
Farbe	color:Wert;	Farbangabe

Text		
Einrückung	text-indent:Wert;	numerische Angabe
Zeilenhöhe	line-height:Wert;	numerische Angabe
Vertikale Ausrichtung	vertical-align:Wert;	top, middle, bottom
Horizontale Ausrichtung	text-align:Wert;	left, center, right, justify

Box-Modell		
Außenabstände	margin-top:Wert; margin-bottom:Wert; margin-left:Wert: margin-right:Wert; margin:Wert;	numerische Angabe
Innenabstände	padding-top:Wert; padding-bottom:Wert; padding-left:Wert; padding-right:Wert; padding:Wert;	numerische Angabe
Rahmenstärke	border-top-width:Wert; border-bottom-width:Wert; border-left-width:Wert; border-right-width:Wert; border-width:Wert;	numerische Angabe oder thin, medium, thick
Rahmenfarbe	border-top-color:Wert; border-bottom-color:Wert; border-left-color:Wert; border-right-color:Wert; border-color:Wert;	Farbangabe
Rahmentyp	border-top-style:Wert; border-bottom-style:Wert; border-left-style:Wert; border-right-style:Wert; border-style:Wert;	none, dotted, dashed, solid, double

Hintergrundfarbe, -bilder		
Hintergrundfarbe	background-color:Wert;	Farbangabe
Hintergrundbild	background-image:Wert;	Dateiname (ggfs.mit Pfad)

Listen		
Listentyp	list-style-type:Wert;	für ol-Listen: decimal, lower-roman, upper-roman, lower-alpha, upper-alpha; Bulletzeichen für ul-Listen: disc, circle, square, none
Eigene Bullet-Grafik	list-style-image:Wert;	Dateiname (ggf. mit Pfad)

Tabellen		
Position der Tabellenüberschrift	caption-side:Wert;	top, bottom, left, right
Spaltenbreite	table-layout:Wert;	fixed (Inhalt wird bei Bedarf abgeschnitten), auto
Zellenrahmen	border-collapse:Wert;	separate, collapse
Rahmenabstand im Gitternetz	border-spacing:Wert;	numerische Angabe

Positionierung		
Positionsart	position:Wert;	absolute, relative, static
Startposition (von oben, unten, links, rechts)	top:Wert; bottom:Wert; left:Wert; right:Wert;	numerische Angabe
Elementbreite	width:Wert;	numerische Angabe
Elementhöhe	height:Wert;	numerische Angabe

Eine umfassende Beschreibung der CSS-Standards finden Sie unter http://www.w3.org/Style/CSS/.

Hier exemplarische Auszüge zu den beiden Rahmenmodellen in Tabellen (Eigenschaft border-collapse) und den Werten der Eigenschaft border-style:

Borders

There are two distinct models for setting borders on table cells in CSS. One is most suitable for so-called separated borders around individual cells, the other is suitable for borders that are continuous from one end of the table to the other. Many border styles can be achieved with either model, so it is often a matter of taste which one is used.

'border-collapse'

Value:	collapse I separate I inherit
Initial:	separate
Applies to:	'table' and 'inline-table' elements
Inherited:	yes
Percentages:	N/A
Media:	visual
Computed value:	as specified

This property selects a table's border model. The value 'separate' selects the separated borders border model. The value 'collapse' selects the collapsing borders model.

Border styles

Some of the values of the 'border-style' have different meanings in tables than for other elements. In the list below they are marked with an asterisk.

none	No border.
*hidden	Same as 'none', but in the collapsing border model, also inhibits any other border (see the section on border conflicts).
dotted	The border is a series of dots.
dashed	The border is a series of short line segments.
solid	The border is a single line segment.
double	The border is two solid lines. The sum of the two lines and the space between them equals the value of ‚border-width'.
groove	The border looks as though it were carved into the canvas.
ridge	The opposite of 'groove': the border looks as though it were coming out of the canvas.
*inset	In the separated borders model, the border makes the entire box look as though it were embedded in the canvas. In the collapsing border model, same as 'ridge'.
*outset	In the separated borders model, the border makes the entire box look as though it were coming out of the canvas. In the collapsing border model, same as ‚groove'.

Quelle: http://www.w3.org/TR/CSS21/tables.html#borders (letzter Zugriff am 02.03.2009)

AUFGABE 94 Suchen Sie im Internet nach weiteren Tipps für die Gestaltung von Webseiten.

AUFGABE 95 Erstellen Sie für die Schulbibliothek die HTML-Seiten für das schulinterne Intranet. Verwenden Sie bei der Erstellung Ihrer Seiten nach Möglichkeit CSS und validieren Sie Ihre Dokumente und CSS-Dateien.

4.5 Projektauftrag: Schulung Netzwerktechnik

Sie arbeiten in einer Gruppe in der Ausbildungsabteilung eines Großbetriebes und sollen gemeinsam eine Einführungsschulung der neuen IT-Auszubildenden in Netzwerktechnolgie vorbereiten. Dazu sollen Unterlagen im HTML-Format erstellt werden, mit denen die Auszubildenden sich eigenständig in dieses Themengebiet einarbeiten können.

Stichwortverzeichnis